五禮通考

〔清〕秦蕙田 撰
方向東 王鍔 點校

五

吉禮〔五〕

中華書局

目録

五禮通考卷五十九

吉禮五十九

宗廟制度

廟祧昭穆

周禮春官守祧：掌守先王先公之廟祧。注：謂太祖之廟及三昭三穆。遷主所藏曰祧。先公之遷主藏于后稷之廟。先王之遷主藏于文、武之廟。疏：先公謂諸盩已前，不可下入子孫廟，故入后稷廟。后稷廟藏先公不名祧者，以有太祖廟名，又文、武已名祧，故后稷不名祧也。云「先王之遷主藏于文、武之廟」者，當周公制禮之時，文、武在親廟四之内，未毁，不得爲祧。然文、武雖未爲祧，已立其廟，至後子孫，文、武應遷而不遷，乃爲祧也。案：孔君、王肅之義，二祧乃是高祖之父、高祖之祖，與親廟四皆次第而遷，文、武爲祖宗，不毁矣。鄭不然者，以其守祧有奄八人，守七廟并姜嫄廟則足矣，若益二祧，則十廟矣。奄八人何以配之，明其義非也。

王氏應電曰：廟即祧，故聘禮不腆先君之祧，既拚以俟。此官雖名守祧，其職掌則總廟祧之事也。

華氏學泉曰：遷主所藏曰祧。周先公遷主藏于后稷之廟，則后稷之廟爲祧。成康以下先王之遷主藏于文、武之廟，故文、武之廟亦爲祧，此周所以有二祧。非凡王者，三昭三穆之外，必當有二祧廟也。諸侯遷主藏于太廟，故聘禮云「不腆先君之祧」，蓋指太廟爲祧言，祧則足以統群廟也。周官守祧掌先王先公之廟祧，而專以守祧名官，亦舉祧以該廟也。

蔡氏德晉曰：周初遷主藏于后稷廟之東西夾室，則后稷廟爲祧。至懿孝後，成康以下遷主藏于文、武兩世室，故文、武廟亦稱祧。此成王、周公時所稱祧，則專指后稷廟也。守祧兼掌七廟而專以祧名官者，舉遠以該親廟也。主以奄人者，高紫超謂古人廟近宫内之故，且祭祀之時有后妃内外宗行禮之事，故用奄人女奴爲宜也。

蕙田案：廟祧之説，華氏爲長。

廟則有司脩除之，其祧則守祧黝堊之。注：廟，祭此廟也。祧，祭遷主。有司，宗伯也。脩除、黝堊互言之，有司恒主脩除，守祧恒主黝堊。

華氏學泉曰：廟曰脩除，祧曰黝堊。康成曰互言之，其實廟之昭穆遞遷，則有毀壞，毀壞則當有脩除。春秋傳曰：壞廟之道，易檐可也，改塗可也。脩除之謂也。祧廟不毀，但當黝堊之，使常新而已。

方氏苞曰：文、武在七世之内，本爲祧廟，八世、九世則别立世室，而祧主藏焉。廟既增立，則守祧者亦以時增。疏乃謂奄八人守七廟及姜嫄廟而不得更增文、武二廟，則固矣。

蕙田案：華氏、方氏二説，可開鄭氏之蔽。

禮記祭法：遠廟爲祧，有二祧，饗嘗乃止。注：天子遷廟之主以昭穆合藏于二祧之中，諸侯無祧。

方氏慤曰：二祧，顯考之父祖也。

馬氏晞孟曰：説者謂七廟之中祧廟二則爲文、武之廟，其説非也。遠廟爲祧，而二祧之廟止于享嘗而已，苟文、武之廟而祭止享嘗，亦非先王所以尊祖宗之意也。

辨鄭氏三祧：

周禮春官守祧鄭注：遷主所藏曰祧。先公之遷主藏于后稷之廟。先王之遷主藏于文、武之廟。

小宗伯辨廟祧之昭穆，鄭注：祧，遷主所藏之廟。賈疏：周以文、武爲二祧。祭法遠廟爲祧，有二祧，鄭注：祧之言超也，超上去意也。天子遷廟之主以昭穆合藏于二祧之中，諸侯無祧，藏于祖考之廟中。聘禮不腆先君之祧，是謂始祖廟也。

孔穎達王制疏：儒者難鄭云：祭法遠廟爲祧，鄭注周禮云，遷主所藏曰祧，違經正文。鄭又云先公之遷主藏於后稷之廟，先王之遷主藏於文、武之廟，便有三祧，何得祭法云有二祧？祭法疏曰遷主所藏曰祧，是對例言之耳。若散而通論，則凡廟曰祧，故昭元年左傳云「其敢愛豐氏之祧」，彼祧，遠祖廟也。襄九年左傳云「君冠，必以先君之祧處之」。服虔注云「曾祖之廟曰祧」者，以魯襄公於時冠於衛成公之廟，成公是衛今君之曾祖，曰祧也。

何氏洵直曰：祭法遠廟爲祧，而鄭氏以文、武爲之，蓋非是也。

陳氏禮書曰：祭法云遠廟爲祧，則祧者兆也。天子則五世、六世之祖爲祧，所謂有二祧是也。諸侯以始祖爲祧，所謂先君之祧是也。鄭氏以祧爲超去之超，誤矣。既曰超矣，又以文、武爲不毁之祧，何耶？

蕙田案：周禮小宗伯辨廟祧之昭穆，守祧掌守先王先公之廟祧，廟者主未毁之廟，祧者主已毁之廟，設官不曰守廟而曰守祧，蓋尊之也。以仁率祖，則主近爲親；以義率親，則主遠爲尊。遠者以祧爲主，故言祧以該廟。蓋祧本以祧遷爲義，後遂借以爲祖廟之通稱也。如聘禮曰「不腆先君之祧」，昭元年左傳曰「其敢愛豐氏之祧」，襄九年左傳曰「君冠，必以先君之祧處之」，有明證矣。諸侯以太廟曰祧，從遠祖爲義，且以示謙，非百世不毁之廟云爾。祭法「遠廟爲祧，有二祧」，先儒皆以五世、六世祖爲二祧，蓋親盡世遠，漸即祧遷，享嘗乃止，禮亦從殺。鄭氏誤解，以文、武二廟當二祧，遂至七廟常數，反缺其二；且二廟不祧，反稱二祧，名實乖違；又謂遷主所藏曰祧，據先公之主藏后稷廟，先王之主藏文、武廟，則明有三祧，與二祧之文不合，蓋由誤解祭法，而即與祭法之文相戾，弗思甚矣。服虔訓「先君之祧」爲「曾祖之廟」，則知諸侯不拘何祖，通謂之祧。鄭以爲始祖廟，亦未見其必然也。陳用之訓祧爲兆，從壇、墠爲義類，但兆既非廟，又非壇、墠，不審何者名爲兆，恐仍不若鄭作「超」解，於祧遷之義爲近耳。

春官小宗伯：辨廟祧之昭穆。注：祧遷主所藏之廟，自始祖之後，父曰昭，子曰穆。疏：云「自始祖之後，父曰昭，子曰穆」者，周以后稷廟爲始祖，特立廟不毁，即從不窋已後爲數，不窋父爲昭，鞠子爲穆，從此以後，皆父爲昭，子爲穆，至文王十四世，文王第稱穆也。

小史：掌邦國之志，奠繫世，辨昭穆。疏：「奠繫世」者，謂定帝繫、世本。「辨昭穆」者，帝繫、世本之上，皆自有昭穆親疎，故須辨之。

大祭祀，以書叙昭穆之俎簋。注：大祭祀，小史主序其昭穆，以其主定繫世。祭祀，史主叙其昭穆，次其俎簋。

禮記王制：天子七廟，三昭三穆，與太祖之廟而七。諸侯五廟，二昭二穆，與太祖之廟而五。大夫三廟，一昭一穆，與太祖之廟而三。

周禮夏官司士：凡祭祀，賜爵呼昭穆而進之。注：賜爵，神惠及下也。此所賜王之子姓兄弟。疏：云及「賜爵」者，謂祭末旅酬無筭爵之時，皆有酒爵賜及之，皆以昭穆爲序也。

禮記祭統：凡賜爵，昭爲一，穆爲一。昭與昭齒，穆與穆齒。此之謂長幼有序。疏：「凡賜爵」者，爵，酒爵也。謂祭祀旅酬時，賜助祭者酒爵。在昭列者則爲一色，在穆列者自爲一色，各自相旅。尊者在前，卑者在後。若同班列，則長者在前，少者在後，是「昭與昭齒，穆與穆齒」。

夫祭有昭穆。昭穆者，所以别父子、遠近、長幼、親疎之序而無亂也。是故有事於太廟，而群昭群穆咸在，而不失其倫，此之謂親疎之殺也。注：昭、穆咸在，同宗父子皆來。疏：昭、穆，謂尸主行列於廟中。「所以」至「無亂」者，謂父南面，子北面，親者近，疎者遠，又各有次序。「是故有事於太廟，則群昭群穆咸在」者，祭太廟之時，則衆廟尸主皆來，及助祭之人、同宗父子皆至，則群昭穆咸在。若不於太廟，餘廟之祭，唯有當廟尸主及所出之廟子孫來至，不得群昭群穆咸在也。

「而不失其倫」者，尸主既有昭穆，故主人及衆賓亦爲昭穆列在廟，不失倫類。殺，漸也。列昭穆存亡名有遠近，示天下親疎有漸也。

仲尼燕居：嘗禘之禮，所以仁昭穆也。注：仁猶存也。凡存此者，所以全善之道也。

中庸：宗廟之禮，所以序昭穆也。注：序猶次也。

大傳：合族以食，序以昭穆，人道竭矣。

喪服小記：妾祔於妾祖姑，亡則中一以上而祔，祔必以其昭穆。注：中猶間也。

疏：「妾祔於妾祖姑」者，言妾死，亦祔夫祖之妾也。「亡則中一以上而祔」者，亡，無也；中，間也。若夫祖無妾〔一〕，則又間曾祖而祔高祖之妾也。「祔必以其昭穆」者，解所以祖無妾，不祔曾祖而祔高祖之義也。凡祔必使昭、穆同，曾祖非夫同列也。然此下云「妾母不世祭」，于孫否，則妾無廟，今乃云祔及高祖者，當爲壇祔之耳。

蕙田案：妾母不世祭，謂奠而不祭，無牲之謂，非竟不祭也。妾母無廟，謂以昭穆祔祭於妾祖姑，非無廟祭之謂也。疏謂「爲壇祔之」，王制之謬惑之耳。

雜記：士不祔大夫，祔於大夫之昆弟，無昆弟則從其昭穆。婦祔於其夫之所祔之

〔一〕「夫」，諸本作「太」，據禮記正義卷三三改。

妃，無妃，則亦從其昭穆之妃。妾祔於妾祖姑，無妾祖姑，則亦從其昭穆之妾。注：夫所祔之妃，於婦則祖姑。　疏：「大夫祔於士」者，謂祖爲士，孫爲大夫。若死，可以祔祭於祖之爲士者也。「士不祔於大夫」者，謂先祖爲大夫，孫爲士，不可祔祭於大夫，唯得祔於大夫之兄弟爲士者。「無昆弟則從其昭穆」者，謂祖爲大夫，無昆弟爲士，則從其昭穆，謂祔于高祖爲士者。若高祖爲大夫，則祔於高祖昆弟爲士者。「則亦從其昭穆之妃」，謂亦間一以上，祔於高祖之妃。高祖無妃，則亦祔於高祖之祖妃。若其祖有昆弟之妃，班爵同者，則亦祔之。

喪服小記：庶子不祭殤與無後者，殤與無後者從祖祔食。疏：己不得祭父祖，而以此諸親皆各從其祖祔食，祖廟在宗子之家，故己不得自祭之也。

儀禮士虞禮記：明日，以其班祔。注：卒哭之明日也。班，次也。喪服小記曰：祔必以其昭穆，亡則中一以上。凡祔已，復於寢。如既祫，主反其廟，練而后遷廟。　疏：引喪服小記者，彼解中猶間也。一以上，祖又祖。孫祔祖爲正，若無祖，則祔於高祖，以其祔必以昭穆，孫與祖同昭穆，故間一以上取昭穆相當者。若婦則祔於夫之所祔之妃，無亦間一以上，若妾祔，亦祔於夫之所祔之妾，無則易牲祔女君也。

周禮春官冢人：掌公墓之地，先王之葬居中，以昭穆爲左右。

春秋僖公五年左氏傳：宮之奇曰：太伯、虞仲，太王之昭；虢仲、虢叔，王季之穆。注：太伯、虞仲，皆太王之子。穆生昭，昭生穆，以世次計，故太伯、虞仲於周爲昭。王季者，太伯、虞仲之母弟也。虢仲、虢叔，王季之子，文王之母弟也。仲、叔皆虢君字。

二十四年左氏傳：富辰曰：管、蔡、郕、霍、魯、衛、毛、聃、郜、雍、曹、滕、畢、原、酆、郇，文之昭也。邘、晉、應、韓，武之穆也。疏：「文之昭」者，自后稷以後一昭一穆〔一〕，文王於次爲穆，故文子爲昭，武子爲穆。

二十八年左氏傳：曹侯曰：曹叔振鐸，文之昭也。先君唐叔，武之穆也。

文公二年：大祀於太廟，躋僖公。穀梁傳曰：先親而後祖，逆祀也。逆祀，是無昭穆也。無昭穆，則是無祖也。無祖，則無天也。君子不以親親害尊尊，春秋之義也。注：祫祭者，皆合祭諸廟已毁未毁之主於太祖廟中，以昭穆爲次序，父爲昭，子爲穆，昭南鄉，穆北鄉，孫從王父坐也。祭畢，則復還其廟。僖公雖長，已爲臣矣。閔公雖小，已爲君矣。臣不可以先君，猶子不可以先父，故以昭穆父祖爲喻。

國語：夏父弗忌爲宗伯，烝，將躋僖公。宗有司曰：「非昭穆也。」曰：「我爲宗伯，

〔一〕「后稷」，原作「后穆」，據光緒本、春秋左傳正義卷一五改。

明者爲昭，其次爲穆，何常之有？」有司曰：「夫宗廟之有昭穆也，以世次之長幼，而等胄之親疎也。夫祀，昭孝也。各致齊敬於其皇祖，昭孝之至也。故工史書世，宗祝書昭穆，猶恐其踰也。」弗聽，遂躋之。

劉歆曰：孫居王父之處正昭穆，則與祖相代，此遷廟之殺也。

張純曰：父子不並坐，而孫從王父。

決疑要注曰：凡昭穆，父南面，故曰昭，昭，明也。子北面，故曰穆，穆，順也。

通典：杜氏佑曰：太祖於室中之奥、西壁下，東面；太祖之子南面爲昭，次之。昭之子，北面相對爲穆。

張純曰：元始中禘禮，父爲昭，南向，子爲穆，北面，父子不並坐。

陳氏禮書：宗廟有迭毁，昭穆則一成而不可易。春秋傳言太王之昭，王季之穆，又言文之昭，武之穆，此世序之昭穆不可易也。周官冢人掌公墓之地，先王之葬居中，以昭穆爲左右，此葬位之昭穆不可易也。儀禮曰卒哭明日以其班祔，禮記曰祔必以其昭穆，此祔位之昭穆不可易也。司士凡祭祀賜爵，呼昭穆而進之，祭統曰凡賜爵，昭爲一，穆爲一，昭與昭齒，穆與穆齒，此賜爵之昭穆不可易也。大傳曰合族以食，序以昭穆，此合食之昭穆不可易也。生而賜爵合食，死而葬祔，皆以世序而不可易，則廟之昭穆可知矣。其制，蓋祖廟居中而父昭在左，子穆在右。始死者昭耶，則毁昭廟；始死者穆耶，則毁穆廟。昭與昭爲列，而無嫌乎子加於父；穆與穆爲列，而無嫌乎父屈於子也。先儒謂周藏先公木主於后稷之廟，先王木主穆在文王廟，昭在武王廟，於理或然。

周氏世樟曰：廟之外爲都宫，諸廟在内，各有門堂寢室牆宇環之。太祖居北，其餘以次而南。廟皆南向。廟主在本廟之室中皆東向。若群廟之主合食於太廟，則唯太祖東向，群昭皆列北牖下而南向，群穆皆列南牖下而北向。若禘祭，則於太廟中特設太祖所自出之帝於東向，而太祖退居南向以配之。太祖之主不遷，其餘親盡則遷。遷昭之首廟主，則以次廟末廟之主遞遷而上，而以新主祔於末廟，遷穆廟之主亦然。總之昭常爲昭，穆常爲穆。有時子在三昭，父在三穆，似乎倒置，然廟有門垣，各全其尊，不以左右爲尊卑也。凡遷主必毁其廟。穀梁傳云「壞廟之道，易簷可也，改塗可也」，謂更而新之移置其主也。古者遷主，皆入於太廟之東西兩夾室。至周，則王季以上穆之遷主入於太廟，文王以下穆之遷主入於文王世室，武王以下昭之遷主入於武世室。凡藏主必藏石室之中。左傳昭十四年鄭原繁云「我先人典司宗祏」，所謂宗祏者，宗廟中藏主石室也。

附辨陸氏佃昭穆爲父子之號及廟次世次不同：

陸氏佃曰：昭穆者，父子之號。昭以明下爲義，穆以恭上爲義。方其爲父則稱昭，取其昭以明下也；方其爲子則稱穆，取其穆以恭上也。豈可膠哉？張璪、何洵直謂昭常爲昭，穆常爲穆，左者不可遷於右，右者不可遷於左。既爲昭矣，又有時而爲穆，既爲穆矣，復有時而爲昭，是亂昭穆之名。此說非也。苟爲昭者不復爲穆，爲穆者不復爲昭，則是子常事父爲之子者。今雖有子，不得爲父，苟復爲父，則以爲是亂父子之名，可乎？又曰：假令甲於上世之次爲穆，今同堂合食，實屬父行，乙於上世之次爲昭，今同堂合食，實屬子行，則甲宜爲昭，乙宜爲穆，豈可遠引千歲以來世次，覆令甲爲右穆，乙爲左昭，以紊父子之序乎？又曰：世次與廟次不同。世次無遷法，而廟制親盡則移。世次無遷法，則昭生穆，穆生昭。廟制親盡而遷，則昭穆移易。祭統曰：昭穆者，所以別父子、遠近、長幼、親疏之序，故有事於太廟則昭穆咸在，而不失其倫。若廟次，昭常爲昭，穆常爲穆，則子或壓父，尊卑失序，豈所謂不失其倫者耶？

何氏洵直曰：案古者宫寢、宗廟，皆以孫居王父之處，而不以子代父。自始祖之後，父曰昭，子曰穆，孫爲昭，曾孫爲穆，玄孫爲昭，謂之昭穆，通於存亡。居昭位者，不可遷於穆行。居穆行者，不可入於昭位。本之於經，質之於傳，驗之以先儒之説，根據盤互，枝連葉貫，議論符合，如出一人。請得條別而陳之，何謂宮寢、宗廟皆以孫居王父之處？曰：春秋書高寢、路寢、小寢，何休曰：「父居高寢，子居路寢，孫從王父母。」疏義謂孫死亦從王父母，是殯於其宮之西序矣。殷則殯於祖廟之兩楹間，設朝而殯於祖是也。及家人辨其兆域，則以昭穆爲左右，至卒哭明日又各從其昭穆祔於祖父。女子則祔皇祖妣，婦則祔皇祖姑，故曰以其班祔。以士大夫言，若祖爵尊，則祔於諸祖父爲士大夫者。若無可以祔，或王父母在，則越曾祖一世當爲壇而祔高祖。若又無可以祔，則越高祖之父一世祔高祖之祖，記所謂亡則中一以上而祔，必以其昭穆者也。以諸侯五廟爲言，祔祭既畢，則主復於殯宮之寢，如既祫主還其廟然也。練而後遷廟，於是以始祔之孫入王父廟，以王父入高祖廟，以高祖之主藏於太祖廟。春秋穀梁傳曰：「作主壞廟有時日，於練焉壞廟。壞廟之道，易檐可也，改塗可也。」范甯曰：「親過高祖則毁其廟，將納新神，故示有所加。」孔穎達曰：「練時壞祖與高祖之廟，改塗易檐，示有壞意。」以其高祖入於太祖之廟，其祖祔入高祖廟，其新神入祖廟，是練時遷廟也。遷廟，以孫代王父，取其昭穆相當，所以壞祖與高祖廟而不毁曾祖爾。漢劉歆之論，最博而篤，曰「孫居王父之處正昭穆，則孫常與祖相代，此遷廟之殺也」。今之説者，祔廟與遷廟異，是不然也。至祥禫既終，而合食於祖，則室中之位太祖西方東向，太祖之子爲昭，北方南面，太祖之孫爲穆，南方北面，差次而東，孫與王父並列，下達於禰。張純曰：「父子不並坐，而孫從王父。」王肅引賈逵説「吉禘於莊公」，曰：「遷主遞位，孫居王父之處也。」雖祭殤與無後，亦以孫從王父。記曰從祖祔食，蓋曰自祭於殤，在於父廟，祭無後兄弟，當就祖廟，祭無後諸父，當於曾祖廟，各從其班也。祭成人者必有尸，尸必以孫。孫幼則使人抱之，皆衣其祖之遺衣服，而坐於祖主之左。然於祭者，子行也。父北面而事之，故曰君子抱孫不抱子。子不可以爲父尸，以其異昭穆而祖孫則同耳。祭統曰「群昭群穆咸在，而不失其倫」，謂同宗人皆來助祭也。又曰：「昭爲一，穆爲一。昭與昭齒，穆與穆齒。」賈公彦曰：「昭穆在助祭之中者，皆在東階之前面陳，假令父行爲昭，子行爲穆，孫行還爲昭，曾孫行還爲穆，就昭穆中各以年長者在上，幼者居下，故云齒也。」夫古者葬祔以其班，祫以其班，爲尸及賜爵以其班，故昭常爲昭，穆常爲穆，義據明白，有如日星。説者謂父昭子穆，何常之有？對父則身爲之穆，對子則身爲之昭，其意以爲廟次與世次不同，故昭穆遷徙無常，位右者可移之左，左者可移之右，殊不知廟次與世次一也。廟次雖遷，唯昭穆之班一定不移，祖以傳孫，孫以傳子，縱歷百世，其當爲昭當爲穆者，未之有改也。如武王之時，廟次以文王爲穆，至襄王之世凡歷十八君矣，猶謂之穆。左氏載富辰之語曰：「管、蔡、郕、霍、魯、衛、毛、聃、郜、雍、曹、滕、畢、原、酆、郇，文之昭也。」十六國，文王之子。文王於廟次、世次皆當爲穆，故謂其子云文之昭也。康王時，廟次以武王爲昭，至襄王之世猶謂之昭。富辰曰：「邘、晉、應、韓，武之穆也。」四國，武王之子。武王於廟次、世次皆當爲昭，則謂其子曰武之穆也。至於宫之奇謂太伯、虞仲爲太王之昭，虢仲、虢叔爲王季之穆，與此同意。夫文王、太王其子，對父皆稱昭，曰文王之昭、太王之昭。武王、王季其子，對父皆稱穆，曰武王之穆、王季之穆。其爲子一也，對父或稱昭，或稱穆，知昭穆爲定班，而廟次、世次未始異也。書曰七世之廟，記曰天子七廟，三昭三穆，書言世而禮言昭穆，則世與昭穆無不同之理。説者引魯語曰，工史書世，宗祝書昭穆，知廟次昭穆與世次異。臣以爲不然，工史所書者，帝繫、世本之屬。宗祝所書者，几筵、表著之位。自其譜諜，則謂之世。據其班秩，則謂之昭穆。此離而言之者也。又楚語曰，宗廟之事，昭穆之世。此合而言之者也。既曰昭穆之世，則廟次昭穆果與世次不同乎？經傳之言既然矣。觀先儒之論，則韋玄成曰父爲昭，子爲穆，孫復爲昭；杜預曰穆生昭，昭生穆；漢帝詔曰孝宣皇帝爲孝昭皇帝後，爲義一體；顏師古曰一體謂俱爲昭也。禮，孫與祖俱爲昭。鄭氏曰：周以文、武爲二祧藏遷主，文爲穆祧爲昭主，武爲昭祧爲穆主。此先儒論昭穆，一定不易，皆與經合，但祭法遠廟爲祧，而鄭氏以文、武爲之，蓋非是也。說者曰：穆王入廟，王季親盡而遷，則文王宜自右而左居昭位，武王宜自下而上居穆位。必如此言，則世次、廟次常以子代父，古無此理。又曰：王季既遷，文王居昭，成王、昭王次焉；武王居穆，康王、穆王次焉。所謂孫與祖昭穆同，臣謂此非禮意，何者？葬與祔祫皆以孫從王父。其無祖可祔者，必中一以上祔於高祖。論其爲尸，則抱孫不抱子，是昭是昭班，穆是穆班，故曰孫與祖同。若謂祖遷於上，則孫與玄孫皆次之。昔以爲穆，今以爲昭；昔以爲昭，今更爲穆。以葬位祔位祫位尸位觀之，皆顛倒失序，是但知有昭穆之名，不知有昭穆之班，何所謂孫與祖同？故曰此非禮意。竊嘗以爲天子七廟，三昭三穆，與太祖之廟而七。此據迭毁爲言也。祭法王立七廟，一壇一墠，曰考廟，曰王考廟，曰皇考廟，曰顯考廟，曰祖考廟。遠廟爲祧，去壇爲墠。此據定體爲言也。迭毁者，言乎其動也。言乎其動，則云三昭三穆，而孫代王父之意寓於其中矣。定體者，言乎其常也。言乎其常，則云考與王考，至於遠廟去壇而墠遷祖遞位之義，亦不外是矣。祔與廟遷，雖非一時，然均名昭穆，豈有二位？祔則孫從王父合食，遷則孫常與祖相代者，入其廟而襲其處，如劉歆、王肅之論是也。既生居王父之寢，殁則殯於其宫之西序，葬與祔袷俱從祖列；至其爲尸，亦襲祖之遺衣服，而坐於主之左；助祭賜爵各以昭穆，序以受氏，命族又以王父之序，是無所不用其班，何獨遷廟則以子代父而亂其班乎？説者又引適子冠於阼爲證，蓋亦不類。記曰適子冠於阼以著代，明其代父傳重，其當祖統昭穆相代也。又曰：禮記天子七廟，三昭三穆，與太祖之廟而七；諸侯二昭二穆，與太祖之廟而五；大夫一昭一穆，與太祖之廟而三。謂之祖則無對，故其位居中，而不以昭穆居之；且世世不毁，昭穆有對，故斷自始祖之後，父曰昭子曰穆，至親盡則迭遷。后稷爲周祖，其子不窋曰昭，其孫鞠陶曰穆。周公爲魯祖，其子伯禽曰昭，其孫考公曰穆。萬物本乎天，人本乎祖。祖者，天也。昭居左爲陽，穆居右爲陰。以三昭三穆言之，則一爲昭，二爲穆，三爲昭，四爲穆，五爲昭，六爲穆。一、三、五者，陽奇之數也；二、四、六者，陰耦之數也。自一世推而至百世皆然。昭者有昭班，與陽奇同類；穆者有穆班，與陰耦同類。故葬與祔祫必以孫從王父，蓋神得同班同類則爲安也。昭之王父以昭孫爲尸，穆之王父以穆孫爲尸，蓋神得同類則憑依之也。夫奇耦爲定數，左右爲定位，昭穆爲定班。若曰右者可移之左，左者可移之右，猶陽奇有時爲耦，陰耦有時爲奇，班類顛錯，尊卑失序矣。周禮冢人掌公墓之地，先王之葬居中，以昭穆爲左右，是葬位有昭穆。儀禮曰卒哭明日以其班祔，禮記曰祔必以其昭穆，亡則中一以上而祔，是祔位有昭穆。大祫室中太祖東向，昭南面，穆北面，父子不並坐，而孫從王父，是祫位有昭穆。孫爲王父尸，子不可以爲父尸，是尸位有昭穆。天子七廟，三昭三穆，諸侯五廟，二昭二穆，大夫三廟，一昭一穆，是廟位有昭穆。葬位之昭穆，一定不移，則祔可知也。祔位之昭穆，一定不移，則祫可知也。祫位之昭穆，一定不移，則尸可知也。尸位之昭穆，一定不移，則廟可知也。葬位、祔位、祫位、尸位、廟位五者，均謂之昭穆，豈有二義哉？在葬位爲昭，則於祔位、祫位、尸位、廟位俱爲昭。在葬位爲穆，則於祔位、祫位、尸位、廟位俱爲穆。今之説者曰，父昭子穆，何常之有？對父則爲穆，對子則爲昭，故有在廟位爲昭而於祔位祫位爲穆，在廟位爲穆而於祔位祫位爲昭，失禮意矣。王季之時，以太王爲穆，至惠王歷十八君而謂之穆。文王之時，以王季爲昭，至惠王時歷十八君而謂之昭。宫之奇曰太伯、虞仲，太王之昭；虢仲、虢叔，王季之穆。太伯、虞仲者，太王之子。虢仲、虢叔者，王季之子。太王於廟次、世次爲穆，故謂其子爲昭。王季於廟次、世次爲昭，故謂其子爲穆。武王時廟次以文王爲穆，康王時廟次以武王爲昭，襄王之世，亦謂其子曰文王之昭、武王之穆，周大夫富辰既言之矣。曹伯之臣侯獳又曰：曹叔振鐸，文之昭也；先君唐叔，武之穆也。襄王距文王之時無慮十有八世，景王之子恭王距襄王又七世而遠。魯定公四年，衛大夫祝鮀之言猶曰：曹，文之昭；晉，武之穆。由此論之，昭常爲昭，穆常爲穆，雖百世無易也。始祖之位定，則昭穆從而正；始祖之位不定，則昭穆從而不正。漢以太上廟瘞於陵園而悼皇考序於昭穆，是高皇帝以有功加其父，史皇孫以旁支干大統，有以知漢之昭穆不正也。唐以景皇帝爲太祖，而上有獻、懿二祖，貞元中，用陳京議遷獻、懿於別廟，而景皇帝正東向之位，有以知唐之昭穆不正也。漢、唐猶然，又況晉、隋、五代之末造乎！祖位定而昭穆正者，殷、周與本朝是也。

蕙田案：何氏之論，援據詳盡，斷制明確，論昭穆者，無出其右。

張氏璪曰〔二〕：以周制言之，王季爲昭，文王爲穆，武王爲昭，成王爲穆，則所謂父昭子穆也。然則王季親盡，其廟既遷，武王自右而上，從王季之位，而不嫌尊於文王，何也？蓋昭穆以定位也。武王既爲昭矣，則其位在左自爲尊卑，而無與乎文王之穆也。又四時常祀，各於其廟，不偶坐而相臨，此其所以進居王季之位而不嫌尊於文王也。及乎合食於太祖之廟，則王季、文王更爲昭穆，而世次雖遠，不可謂無尊卑之序矣。今若以王季親盡毁廟，文王自右而左居昭位，武王自下而上居穆位，及合饗之祭，而文王復爲穆，武王更爲昭，則是一身既爲昭矣，又有時而爲穆，既爲穆矣，復有時而爲昭。不唯亂昭穆之名，又考之經傳無所據矣。且生而居處，殁而殯葬，以至祔祭入廟爲尸賜爵，皆孫從祖而不從父，所以昭穆常用世次，奚至於廟次獨不然乎？

〔二〕「張氏璪」，原作「張氏璲」，據味經窩本、乾隆本、光緒本改。

蕙田案：張氏昭穆自爲尊卑而不嫌相臨，可補何氏所未及。

張子曰：夏、殷以前，太祖亦以世數而遷，復於郊禘。及之至周，則太祖常存。當文、武時，則以后稷爲太祖，至後世則以文王爲太祖，稷則郊祀以配天，二祧則武王必居其一，武王是其德可宗者也。凡廟須推始祖以爲太祖，又須有一創業之主，即所謂祖也。又須有一有功業致太平之主，所謂宗也。祖宗二祧與始祖之廟，永不祧也。若後世之君有中興大勛業者，亦當爲不祧之主，如祖宗也。若漢高祖爲創業之主，文帝爲太宗，武帝爲世宗，此二宗者，後世祧之亦可。若光武復興，後世安得不立爲宗也？又如東漢既滅，劉先主復立漢嗣，後世安得不以宗事也？以此言之，則周之文、武二祧，蓋亦不可爲定數。又如四親廟，自高至禰，皆不可不祭，若使一世之中各有兄弟數人代立，不可以廟數確定，却有所不祭也。雖數人止是當得一世，故雖親廟亦不害爲數十廟也。

朱子禘祫議：王制天子七廟，三昭三穆，與太祖之廟而七。諸侯、大夫、士降殺以兩。而祭法又有適士二廟、官師一廟之文，大抵士無太祖而皆及其祖考也。鄭氏曰：夏五廟，商六廟，周七廟。今案商書已云七世之廟，鄭説恐非。顔師古曰：父爲昭，子爲穆，孫復爲昭。昭，明也。穆，美也。後世晉室諱昭，故學者改「昭」爲「韶」。其制皆在中門之左外爲都宫，内各有寢，廟别有門垣，太祖在北，左昭右穆，以次而南。晉博士孫毓議。天子太祖，百世不遷；一昭一穆爲宗，亦百世不遷。

二昭二穆爲四親廟，高祖以上親盡則毁而遞遷。昭常爲昭，穆常爲穆。昭之二廟，親盡則毁而遷其主於昭之宗，曾祖遷於昭之二，新入廟者祔於昭之三，而高祖及祖在穆如故。穆廟親盡倣此，新死者如當爲昭則附於昭之近廟，而自近廟遷其祖於昭之次廟。而於主祭者爲曾祖，自次廟遷其高祖於昭之世室，蓋於主祭者爲五世而親盡故也。其穆之兩廟如故不動，其次廟於主祭者爲高祖，其近廟於主祭者爲祖也。主祭者殁，則祔於穆之近廟而遞遷其上倣此。凡毁廟遷主，改塗易檐，示有所變，非盡毁也，見穀梁傳及注。諸侯則無二宗，大夫則無二廟，其遷毁之次，則與天子同。但毁廟之主藏于太祖。儀禮所謂以其班祔，檀弓所謂祔於祖父者也。曲禮云：君子抱孫不抱子，此言孫可以爲王父尸，子不可以爲父尸。鄭玄云：以孫與祖昭穆同也。周制自后稷爲太祖，不窋爲昭，鞠爲穆，以下十二世至太王復爲穆，十三世至王季復爲昭，十四世至文王又爲穆，十五世至武王復爲昭，故書稱文王爲穆考，詩稱武王爲昭考，而左氏傳曰：「太伯、虞仲，太王之昭也；虢仲、虢叔，王季之穆也。」又曰：「管、蔡、魯、衛，文之昭也；邘、晉、應、韓，武之穆也。」蓋其次序一定，百世不易，雖文王在右，武王在左，嫌於倒置，而諸廟别有門垣，足以各全其尊，初不以左右爲尊卑也。

三代之制，其詳雖不得聞，然其大略不過如此。漢承秦弊，不能深考古制。諸帝之廟，各在一處，不容合爲都宫，以序昭穆。韋玄成傳云：宗廟異處，昭穆不序，但考周制，先公廟在岐，文王在豐，武王在鎬，則都宫之制亦不得爲，與漢亦無甚異，未詳其説。貢禹、韋玄成、匡衡之徒雖欲正之，而終不能盡合古制，旋亦廢罷。後漢明帝又欲遵儉自抑，遺詔毋起寢廟，但藏其主於光武廟中更衣别室，其後章帝又復如之，後世遂不敢加，而公私之廟皆爲同堂異室之制。見後漢明帝紀、祭祀志。又云其後積多無别，而顯宗但爲陵寢之號。自是以來，更歷魏、晉，下及隋、唐，其間非無奉先思孝之君、據經守禮之臣，而皆不能有所裁正其弊，至使太祖之位下同子孫，而更僻處於一隅，既無以見其爲七廟之尊、群廟之神，則又上厭祖考，而不得自爲一廟之主。以人情而論之，則生居九重，窮極壯麗，而没祭一室，不過尋丈之間，甚或無地以容鼎俎，而陰損其數。孝子順孫之心，於此宜亦有所不安矣。肆我神祖，始獨慨然。深詔儒臣，討論舊典。蓋將以遠迹三代之隆，一正千古之謬，甚盛舉也。不幸未及營表，世莫得聞，秉筆之士又復不能特書以詔萬世。今獨具見於陸氏之文者，爲可考耳。然其所論昭穆之説，亦未有定論。圖説在後。獨原廟之制，外爲都宫，而各爲寢廟門垣，乃爲近古，但其禮既不經，儀亦非古，故儒者得以議之，如李清臣所謂略於七廟之室，而爲祠於佛、老之側，不爲木主而爲之象，不爲禘祫烝嘗之祀而行一酌奠之禮，楊時所論舍二帝三王之正禮，而從一謬妄之叔孫通者，其言皆是也。然不知其所以致此，則由於宗廟不立，而人心有所不安也。不議復此而徒欲廢彼，亦安得爲至當之論哉！

韋玄成王者五廟圖

		北		
		太祖		
	穆		**昭**	
西				東
	穆		**昭**	
		都宮門		
		南		

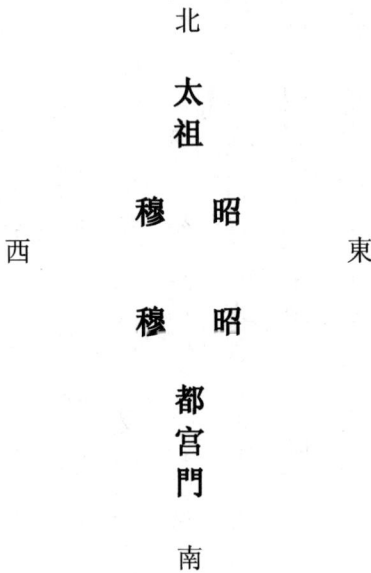

廟制圖

北

寢

廷

廟

廷

垣門

東　西

南

王者始受命，諸侯始封之君，皆爲太祖。以下五世而迭毁，毁廟之主藏乎太祖，五年而再殷祭，言一禘祫也。祫祭者，毁廟與未毁廟之主皆合食於太祖，父爲昭，子爲穆，孫復爲昭，古之正禮也。

韋玄成等周廟圖

太祖后稷

昭武王世室　昭　昭

穆文王世室　穆　穆

劉歆宗無數圖

周之所以七廟者，以后稷始封，文王、武王受命而王，是三廟不毁，與親廟四而七。

太祖后稷

武世室　昭　昭　昭

文世室　穆　穆　穆

七者，其正法數，可常數者。宗不在此數中，宗變也。苟有功德則宗之，不可預爲設數。故於殷有三宗。周公舉之，以勸成王。由是言之，宗無數也。

朱子曰：「劉歆説文武爲宗，不在七廟數中。此説是。」

周世數圖

后稷　不窋　鞠　公劉　慶節　皇僕　差弗　毀隃　公非　高圉　亞圉　公叔　太王　王季　文王　武　成　康　昭　穆　共　懿　孝　夷　厲　宣　幽

周七廟图

文王時
稷　高圉以上藏主　公叔　亞圉　王季　古公

武王時
稷　亞圉以上藏主　公叔　太王　王季　文王

成王時
稷　公叔以上藏主　王季　太王　武王　文王

康王時
稷　太王以上藏主　王季　文王　武王　成王

昭王時
稷　王季以上藏主　武　文　康　成

穆王時
稷　文世室　武　成　康　昭

周九廟圖

武王時
稷　公非以上藏主　高圉　亞圉　公叔　太王　王季　文王

成王時
稷　高圉以上藏主　公叔　亞圉　王季　太王　武王　文王

康王時
稷　亞圉以上藏主　公叔　太王　王季　文王　武王　成王

昭王時
稷　公叔以上藏主　王季　太王　武王　文王　康王　成王

穆王時
稷　太王以上藏主　王季　文王　武　成　康　昭

共王時	懿王時	孝王時	夷王時	厲王時	宣王時	幽王時
稷	稷	稷	稷	稷	稷	稷
文世室 武世室	文成 武世室	文成 武康	文成昭 武康	文成昭 武康穆	文成昭共 武康穆	文成昭共 武康穆懿
成 康	昭 康	昭 穆	共 穆	共 懿	孝 懿	孝 夷
昭 穆	共 穆	共 懿	孝 懿	孝 夷	厲 夷	厲 宣

共王時	懿王時	孝王時	夷王時	厲王時	宣王時	幽王時
稷	稷	稷	稷	稷	稷	稷
王季以上藏主	文世室	文世室 武世室	文成 武	文成 武康	文成昭 武康	文成昭 武康穆
文 武	成 武	成 康	昭 康	昭 穆	共 穆	共 懿
成 康	昭 康	昭 穆	共 穆	共 懿	孝 懿	孝 夷
昭 穆	共 穆	共 懿	孝 懿	孝 夷	厲 夷	厲 宣

朱子曰：韋玄成、劉歆廟數不同，班固以歆説爲是，今亦未能決其是非，姑兩存之。至於遷毁之序，則昭常爲昭，穆常爲穆。假令新死者當祔昭廟，則毁其高祖之廟，而祔其主於左，祧遷其祖之主於高祖之故廟，而祔新死者於祖之故廟。即當祔於穆者，其序亦然。蓋祔昭則群昭皆動而穆不移，祔穆則群穆皆移而昭不動，故虞之明日祔於祖父，蓋將代居其處，故爲之祭，以告新舊之神也。今以周室世次爲圖如右。所謂「高祖以上親盡當毁，虞之明日祔於祖父」者也。元豐議禮，何洵直、張璪以此爲説，而陸佃非之曰：「昭穆者，父子之號。昭以明下爲義，穆以恭上爲義。方其爲父則稱昭，取其昭以明下也；方其爲子則稱穆，取其穆以恭上也。豈可膠哉？壇立於右，墠立於左。以周制言之，則太王親盡，去右壇而爲墠，王季親盡，去左祧而爲壇，左右遷徙無嫌。」又曰：「顯考、王考廟與左祧爲昭，皇考廟與右祧爲穆。如曰成王之世，武王爲昭，文王爲穆，則武不入考廟，而入王考廟矣。」此皆爲説之誤，殊不知昭穆本以廟之居東居西、主之向南向北而得名，初不爲父子之號也。必曰父子之號，則穆之子又安得復爲昭哉？壇、墠之左右，亦出先儒一時之説，禮經非有明文也。政使果然，亦爲去廟之主藏夾室而有禱之祭，且壇墠又皆一而已。昭不可以越壇而徑墠，穆不可以有壇而無墠，故迭進而無嫌。非若廟之有昭穆，而可以各由其序而遞遷也。又況昭穆之分，自始封以下，入廟之時，便有定次，後雖百世，不復移易，而其尊卑，則不以是而可紊也。故成王之世，文王當穆而不害其尊於武，武王爲昭而不害其卑於文，非謂之昭即爲王考，謂之穆即爲考廟也。且必如佃説，新死者必入穆廟，而自其父以上穆遷於昭，昭遷於穆，祔一神而六廟皆爲之動，則其祔也，又何不直祔於父，而必隔越一世，以祔於其所未應入之廟乎？佃又言曰：「假令甲於上世之次爲穆，今合堂同食，實屬父行，乙於上世之次爲昭，今合堂同食，實屬子行，則甲宜爲昭，乙宜爲穆，豈可遠引千歲以來世次，覆令甲爲右穆，乙爲左昭，以紊父子之序乎？」此亦不曉前説之過也。蓋昭穆之次既定，則其子孫亦以爲序。禮所謂「昭與昭齒，穆與穆齒」，傳所謂「太祖之昭，王季之穆」、「文之昭，武之穆」者是也。如必以父爲昭，而子爲穆，則太伯、虞仲乃太王之父，而文王反爲管、蔡、魯、衛之子矣，而可乎哉？且一昭穆也，既有上世之次，又有今世之次，則所以序其子孫者，無乃更易不定而徒爲紛紛乎？曰然則廟之遷次，如圖可以見矣。子孫之序，如佃所駮，得無真有難處者耶？曰古人坐次，或以西方爲上，或以南方爲上，未必以左爲尊也。且又安知不如時祫之位乎？其虞祭、祔禮，俱詳見讀禮通考中。

周太禘圖

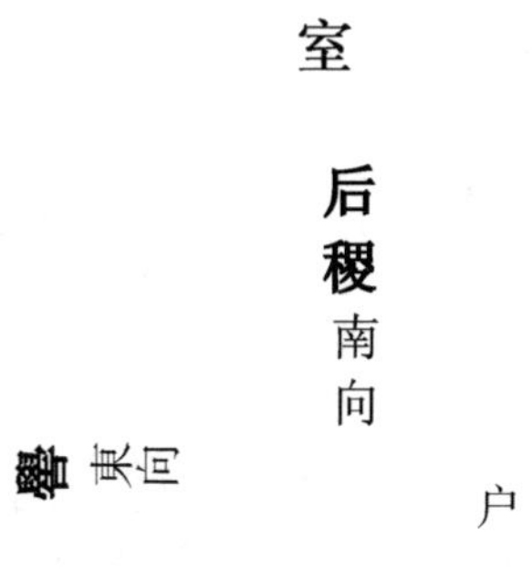

趙伯循曰：「禘，王者之大祀也。王者既立始祖之廟，又推始祖之所自出，祀之於始祖之廟，而以始祖配之也。」

周太祫圖

不窋至宣王爲昭皆南向

太祖后稷

鞠至幽王爲穆皆北向

春秋傳曰：「祫祭者，毁廟之主，皆陳於太祖；群廟之主，皆升，合食於太祖。」

周時祫圖

文王時
稷　東向
南向：王季　公叔
北向：大王　亞圉

武王時
稷　東向
南向：王季　公叔
北向：文王　大王

成王時
稷　東向
南向：武王　王季
北向：文王　大王

康王時
稷　東向
南向：武王　王季
北向：成王　文王

昭王時
稷　東向
南向：康王　武王
北向：成王　文王

穆王時
稷　東向
南向：康王　武王
北向：昭王　成王　文王

共王時
稷　東向
南向：穆王　康王　武王
北向：昭王　成王　文王

懿王時
稷　東向
南向：穆王　康王　武王
北向：共王　昭王　成王　文王

孝王時
稷　東向
南向：懿王　穆王　康王　武王
北向：共王　昭王　成王　文王

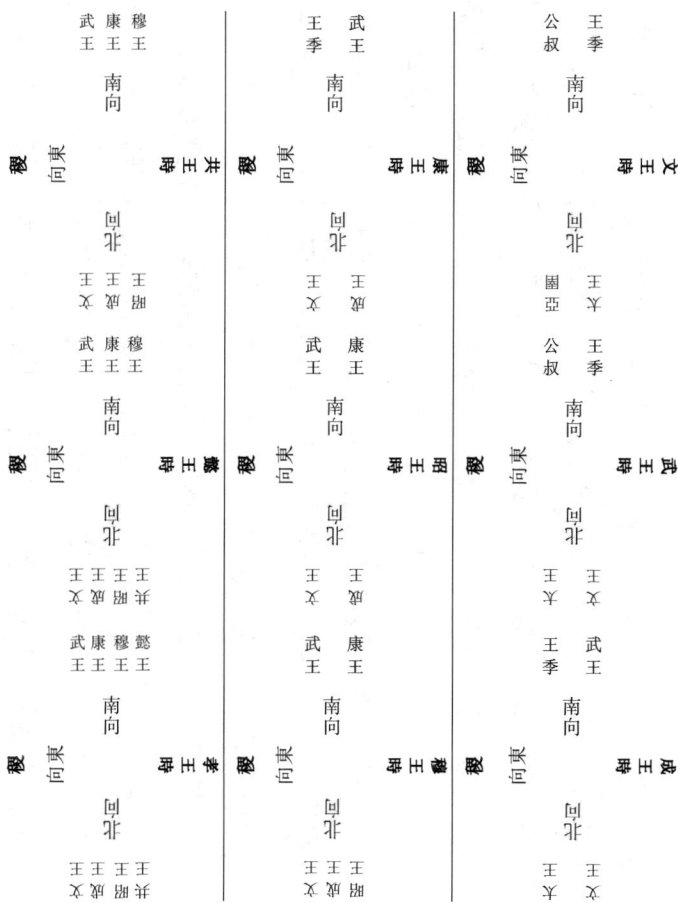

昭穆之不爲尊卑，説已前見。其大祫，則始封以下以次相承，亦無差舛，故張璪以爲四時常祀各於其廟，不偶坐而相臨，故武王進居王季之位而不嫌尊於文王。及合食乎祖，則王季、文王更爲昭穆，不可謂無尊卑之序者是也。但四時之祫，不兼毁廟之主，則有右無昭而穆獨爲尊之時，若兩世室之主，則文常爲穆而武常爲昭也。故陸佃以爲毁廟之主有皆不祫之時，難之而未見璪之所以對也。余竊謂以上世之次推之，一昭一穆，固有定矣，而其自相爲偶，亦不可易。但其散居本廟，各自爲主而不相厭，則武王進居王季之位而不嫌尊於文王。及其合食於祖，則王季雖遷，而武王自當與成王爲偶，未可以遽進而居工季之處也。文王之爲穆，亦虚其所向之謂而已，則雖北向，而何害其爲尊哉？

朱子或問：昭穆之昭，世讀爲韶，今從本字，何也？曰：昭之爲言明也，以其南面而向明也。其讀爲韶，先儒以爲晉避諱而改之，然禮書亦有作「佋」字者，則假借而通用耳。曰：其爲向明，何也？曰：此不可以空言曉也。今且假設諸侯之廟以明之。蓋周禮建國之神位，左宗廟，則五廟皆在公宫之東南矣。其制則孫毓以爲外爲都宫，太祖在北，二昭二穆以次而南，是也。蓋太祖之廟，始封之君居之。昭之北廟，二世之君居之。穆之北廟，三世之君居之。昭之南廟，四世之君居之。穆之南廟，五世之君居之。廟皆南向，各有門堂寢室而牆宇四周焉。太祖之廟，百世不遷，自餘四廟，則六世之後每一易世而一遷。其遷之也，新主祔於其班之南廟，南廟之主遷於北廟，北廟親盡則遷其主於太祖之西夾室，而謂之祧。凡廟主在本廟之室中皆東向，及其祫於太廟之室中，則唯太祖東向自如而爲最尊之位。群昭之入乎此者，皆列於北墉下而南向。群穆之入乎此者，皆列於南墉下而北向。南向者取其向明，故謂之昭。北向者取其深遠，故謂之穆。蓋群廟之列，則左爲昭而右爲穆，祫祭之位則北爲昭而南爲穆也。曰：六世之後，二世之主既祧，則三世爲昭而四世爲穆，五世爲昭而六世爲穆乎？曰：不然也。昭常爲昭，穆常爲穆，禮家之説有明文矣。蓋二世祧，則四世遷昭之北廟，六世祔昭之南廟矣。三世祧，則五世遷穆之北廟，七世祔穆之南廟矣。昭者祔，則穆者不遷。穆者祔，則昭者不動。此所以祔必以班，尸必以孫，而子孫之列，亦以爲序。若武王謂文王爲穆考，成王稱武王爲昭考，則自其始祔而已然，而春秋傳以管、蔡、郕、霍爲文之昭，邘、晉、應、韓爲武之穆，則雖其既遠而猶不易也。豈其交錯彼此，若是之紛紛哉？曰：廟之始立也，二世昭而三世穆，四世昭而五世穆，則固當以左爲尊而右爲卑矣，今乃三世穆而四世昭，五世穆而六世昭，是則右反爲尊而左反卑也，而可乎？曰：不然也。宗廟之制，但以左右爲昭穆，而不以昭穆爲尊卑。故五廟同爲都宫，則昭常在左，穆常在右，而外有以不失其序。一世自爲一廟，則昭不見穆，穆不見昭，而内有以各全其尊。必大祫而會於一室，然後序其尊卑之次。則凡已毁未毁之主，又畢陳而無所易。唯四時之祫，不陳毁廟之主，則高祖有時而在穆，其禮未有考焉。意或如此，則高之上無昭，而特設位於祖之西禰之下，無穆，而特設位於曾之東也歟？曰：然則毁廟云者，何也？曰：春秋傳曰：壞廟之道，易檐可也，改塗可也。説者以爲將納新主，示有所加耳，非盡撤而去之也。曰：然則後世公私之廟，皆爲同堂異室，而以西爲上者，何也？曰：由漢明帝始也。夫漢之爲禮略矣，然其始也，諸帝之廟皆自營之，各爲一處，雖其都宫之制、昭穆之位，不復如古，猶不失其獨專一廟之尊也。至於明帝，不知禮義之正，而務爲抑損之私，遺詔藏主於光烈皇后更衣别室，而其臣子不敢有加焉。魏、晉循之，遂不能革，而先王宗廟之禮始盡廢矣。降及近世，諸侯無國，大夫無邑，則雖同堂異室之制，猶不能備，獨天子之尊，可以無所不致，顧乃牿於漢明非禮之禮，而不得以致其備物之孝，蓋其別爲一室，則深廣之度或不足以陳鼎俎，而其合爲一廟，則所以尊其太祖者，既褻而不嚴，所以事其親廟者，又厭而不尊，是皆無以盡其事生事存之心，而當世宗廟之禮，亦爲虚文矣。宗廟之禮既爲虚文，而事生事存之心有終不能自已者，於是原廟之議不得不盛，然亦至於我朝而後，都宮別殿前門後寢，始略如古者宗廟之制，是其沿襲之變，不唯窮鄉賤士有不得聞，而自南渡之後，故都淪没，權宜草剏，無復舊章，則雖朝廷之上，禮官博士，老師宿儒，亦莫有能知其原者。幸而或有一二知學古之人，乃能私議而竊嘆之。然於前世則徒知孝惠之飾，非責叔孫通之舞禮，而於孝明之亂命，與其臣子之苟從，則未有正其罪者。於今之世，則又徒知論其惑異端，狥流俗之爲陋而不知本，其事生事存之心有不得伸於宗廟者，是以不能不自致於此也。抑嘗觀於陸佃之譏，而知神祖之嘗有意於此。然而考於史籍，則未見其有紀焉。若曰未及營表，故不得書，則後日之秉史筆者，即前日承詔討論之臣也。所宜深探遺旨，特書總序，以昭來世，而略無一詞以及之，豈天未欲斯人者復見二帝三王之盛，故尼其事而嗇其傳耶？嗚呼，惜哉！然陸氏所定昭穆之次，又與前説不同；而張璪之議，庶幾近之。讀者更詳考之，則當知所擇矣。

辨朱子兄弟異昭穆：

朱子禘祫議：周九廟圖，宣王時穆、懿、夷三昭，共、孝、厲三穆。

祧廟議狀：第七室欽宗爲穆，第八室高宗爲昭。

文獻通考：馬氏曰：七廟之制，諸儒皆能言之，而歷代不能如其制而建造者，又在昭穆之位太拘。諸儒之言昭穆者，莫詳明於晦菴之説矣。既爲之説，又爲之圖覽者，一見可決然。愚謂此制也，必繼世有天下者，皆父死子立而後可，若兄終弟及，則其序且紊矣。姑以其圖考之，圖自武王至於幽王，皆定六廟三昭三穆之位，然自懿王之前，皆父傳之子，則其序未嘗紊也。懿王崩，孝王以共王之弟、懿王之叔繼懿王而立，故晦菴廟圖宣王之世則以穆、懿、夷爲昭，共、孝、厲爲穆。夫穆王於世次，昭也，共王爲穆王之子，於世次，穆也，懿王爲穆王之孫，則繼穆而爲昭也，皆是也。孝王爲共王之弟，而以繼共王爲穆，雖於世次不紊，然以弟而據孫之廟矣。至夷王爲懿王之子，世次當穆，而圖反居昭；厲王爲夷王之子，世次當昭，而圖反居穆。則一孝王立而夷、厲之昭穆遂至於易位，於是晦菴亦無以處此，不過即其繼立之先後以爲昭穆，而不能自守其初説矣。又況宣王之世，三昭三穆爲六代，則所祀合始於昭王，今以孝王厠其間，而其六世祖昭王雖未當祧，而已在三昭三穆之外，則名爲六廟，而所祀止於五世矣。然此所言昭穆祧遷之紊亂者，不過一世耳。前乎周者爲商，商武丁之時所謂六廟者，祖丁、南庚、陽甲、盤庚、小辛、小乙是也。然南庚者，祖丁兄子，陽甲、盤庚、小辛、小乙，又祖丁子也。姑以祖丁爲昭言之，則南庚至小乙皆祖丁子屬，俱當爲穆，是一昭五穆，而武丁所祀者，上不及曾祖，未當祧而祧者四世矣。後乎周者有唐，唐懿宗之時所謂六廟者，憲、穆、敬、文、武、宣是也。然穆、宣皆憲之子，敬、文、武，又皆穆之子。姑以憲宗爲昭言之，則穆、宣爲穆，憲、敬、文、武爲昭，是四昭二穆，而懿宗所祀，上不及高祖，未當祧而祧者三世矣。至此則不特昭穆之位偏枯，而祧遷之法亦復紊亂。若必祀及六世，則武丁之時，除太祖之外必剏十廟，懿宗之時，除太祖之外必剏九廟而後可。且繼世嗣位者，既不能必其爲子爲弟而剏立宗廟，又安能預定後王之入廟爲穆多昭少、爲昭多穆少哉？則立廟之制，必合於升祔之時，旋行營剏。屬於昭者，於太祖之左建之，屬於穆者，於太祖之右建之，方爲合宜。而預爲六廟，定爲三昭三穆之説，不可行矣。又必如晦菴之説，外爲都宫，内則各有廟有寢有門有垣，則其制甚大，且必在國中門之左，則其地有限。昭穆之位既已截然，則雖昭多於穆，昭必不可侵穆之位，而穆位多虚，雖穆多於昭，穆必不可居昭之地，而昭地半闕，易世之後，又不知爲昭爲穆者何如。而已祧之廟，其世代之近者，既未可祧遷，如武丁十廟之類。其昭穆之不順者，則必逐代旋行位置營建而後可，而其地又拘於中門之内太祖之左右，夥造煩擾，非所以安神明，對偶偏枯，又無以聳觀聽，則反不如漢代之每帝建廟，各在一所，東都以來之同堂異室共爲一廟之渾成也。故曰：昭穆之位太拘也。

蕙田案：朱子昭穆之説，止言父死子立之常，而未及兄終弟及之變。設有善發問者舉以相難，朱子必有説以處之矣。馬氏所駁，雖爲明辨，然其説實先自疏家發之。春秋文公二年左傳孔疏云：「若兄弟相代，即異昭穆。」設令兄弟四人皆立爲君，則祖父之廟即已從毁，知其理必不然。此與馬氏同義。且張子亦嘗曰：「若使一世之中各有兄弟數人代立，不可以廟數確定，却有所不祭也。」雖數人，止是當得一世，則已發其端矣。馬氏乃以衆難自塞，而欲苟安於漢代之末失，豈古禮真不可行耶？又檢諸儒，近世四明萬氏能發揮其説，而不失禮之意，附於後以補馬氏所不及云。

萬氏斯大曰：天子七廟，固爲定制。然而處常則易明，遇變則難曉。何謂常？父死子繼是也。何謂變？兄終弟及或以兄繼弟、以叔繼兄子之類是也。經傳止道其常，而處變者無從考見。唯春秋躋僖公一事，三傳以祖禰父子爲言；國語則直謂異昭穆。諸家注疏皆謂閔雖弟先爲君，僖雖兄嘗爲臣，臣不可以先君，猶子不可以先父，故假祖禰昭穆爲喻，范甯獨不然之。胡安國亦以兄亡弟及爲易世。以愚觀之，則諸家爲善會傳文而深得乎禮意者也。蓋嘗思之，昭穆之爲義，生於太廟中祫祭位鄉，而子孫因之以定其世次，故父子異昭穆，而兄弟則昭穆同，如左傳所謂太伯、虞仲，太王之昭也，虢仲、虢叔，王季之穆也，管、蔡、郕、霍，文之昭也，邘、晉、應、韓，武之穆也，皆一定而不可易。在虞、虢、管、蔡諸子，雖生列藩封，死亦不得入先王之廟。然而昭穆之稱，太伯、虞仲不聞異於王季也，虢仲、虢叔不聞異於文王也。管、蔡及邘、晉而下，不聞異於武王、成王也。是則身爲諸侯，且不與天子異昭穆之班，而如以兄終弟及之故，即如父子之易世，則設武王無子立管、蔡而下一人，成王無子立邘、晉而下一人。此一人者，反以天子故而昔爲文之昭者，今且爲武之穆，昔爲武之穆者，今更爲成之昭矣，而可乎？故曰：父子異昭穆，兄弟昭穆同。此至當不易之理也。至於兄而繼弟，則弟爲適而兄爲庶，庶不並適；又昔已爲臣，故雖兄不得加於弟。叔而繼兄子，雖本異昭穆，亦必進之先廟，謂其兄廟。始不至以兄子而子叔，以兄而孫弟。若夫廟制，則一準王制之言，太祖而下，其爲父死子繼之常也，則一廟一主，三昭三穆而不得少，其爲兄弟相繼之變也，則同廟異室，亦三昭三穆而不得多。觀考工記匠人營國所載，世室、明堂皆五室，知周同廟異室，古人已有通其變者，正不得指之爲後人之臆見也。得乎此制，則位置井然。雖如殷之兄弟四人相繼，亦豈有昭多穆少或昭少穆多，如馬端臨所謂對偶偏枯之慮哉？朱子之圖，可以處常而不可以處變。故孝王以叔居子列，弟處孫行，遂使夷王以穆而居昭，厲王以昭而居穆，蓋亦未酌乎此制也。

蕙田案：昭穆之説，何氏洵直爲的，至朱子始詳。然馬貴與猶有昭穆偏枯、祧遷紊亂之疑，萬充宗據兄弟同昭穆之義，定爲同廟異室之制，則世次不紊，而廟制有常。不唯補先儒之闕，直可爲萬世之典矣。

顧氏炎武曰：商之世，兄終弟及，故十六世而有二十八王，如仲丁、外壬、河亶甲兄弟三王，陽甲、盤庚、小辛、小乙兄弟四王，未知其廟制何如。商書言七世之廟，賀循謂殷世有二祖三宗，若拘七室，則當祭禰而已。徐邈亦云：若兄弟昭穆者，設兄弟六人爲君，至其後世，當祀不及祖禰。唐書禮樂志自憲宗、穆宗、敬宗、文宗四世祔廟，睿、玄、肅、代以次遷。至武宗崩，德宗以次當遷，而於世次爲高祖，禮官始覺其非，以謂兄弟不相爲後，不得爲昭穆，乃議復祔代宗，而議者言已祧之主不得復入太廟。禮官舊史亦但言禮儀使，不載其名。曰：昔晉元、明之世已遷豫章、潁川，豫章府君，宣帝之曾祖。潁川府君，宣帝之祖。惠帝崩，遷豫章。元帝即位江左，升懷帝，又遷潁川。位雖七室，其實五世，蓋從刁協以兄弟爲世數故也。後皆復祔，元帝時已遷豫章、潁川，尋從温嶠議復故。明帝崩，又遷潁川。簡文帝立復故。此故事也。議者又言廟室有定數，而無後之主當置別廟。開元初，奉中宗別廟，升睿宗爲第七室。禮官曰：「晉武帝時，景、文同廟。廟雖六代，其實七主。至元帝、明帝廟皆十室。」賀循曰：「廟以容主爲限，而無常數也。」於是復祔代宗，而以敬宗、文宗、武宗同爲一代。何休解公羊傳文公二年躋僖公，謂惠公與莊公當同南面西上，隱、桓與閔、僖當同北面西上。據大祫如此，則廟中昭穆之序亦從之而不易矣。鄞萬斯大本之立説，謂「廟制當一準王制之言，太祖而下，其爲父死子繼之常也，則一廟一主，三昭三穆而不得少，其爲兄弟相繼之變也，則同廟異室，亦三昭三穆而不得多。觀考工記匠人營國所載，世室、明堂皆五室，則知同廟異室。古人或已有通其變者，正不可指爲後人之臆見也。記曰「協諸義而協，則禮雖先王未之有，可以義起」，然則賀循之論，可爲後王之式矣。

任氏啓運曰：同堂異室，以西爲上。朱子謂其失始於漢明帝，蓋別爲一室，則深廣不足以容俎豆，而合爲一廟，則事太祖者既褻而不嚴，事親廟者又厭而不尊也。然愚謂禮有經有權，朱子之説以論父子祖孫當異廟而同堂者耳，若兄弟嗣位不當以此拘也。朱子議祫禘，以太祖爲昭，太宗爲穆，欽宗爲昭，高宗爲穆，蓋因宋制而言。觀欽宗、高宗當爲一世而同祧一，疏則知朱子云昭常爲昭、穆常爲穆者爲定論，而欽昭高穆之説，非確論矣。故兄弟嗣位，必同堂異室，並祔同祧也。

蕙田案：此與萬氏義同。

蔡氏德晉曰：天子諸侯廟祧昭穆之制，天子始受命、諸侯始封之君爲太祖，不在昭穆之數。其子爲昭之始，孫爲穆之始，以後穆生昭，昭生穆，相間而下，至於無窮。太祖之廟，百世不毁。昭穆之廟，謂之親廟。親盡而迭毁。凡廟必建於宫室之左、中門之外，總度立廟之地，而環之以牆，其南爲門，謂之都宫。都宫之内，乃建群廟。每一廟爲三屋，皆南向。一爲門塾，士冠禮「筮於廟門」是也。一爲廟，以奉神主而祭祀焉。一爲寢，以藏衣冠，祭祀畢則燕飲於此，小雅「樂具入奏」是也。三屋總周之，以牆爲一廟。天子七廟，太祖居中，坐北而向南，三昭居左，三穆居右，皆下於太祖，以次而出，向南。廟必有主，藏於本廟室中，皆居奥而東向。及祫祭於太廟，惟太祖東向居尊，群昭皆列坐於北而南向，群穆皆列坐於南而北向，位皆自西而東，以近至尊者爲上也。南向者，取其向明，故謂之昭。北向者，取其深遠，故謂之穆。昭穆所以别世次，而名義必取於祫祭之位者，祫祭則祖考子孫咸在。死者以世次爲坐位，生者以世次爲立位，秩然不紊，而名分可因以正也。七廟初立之時，一世爲太祖，二世居一昭，三世居一穆，四世居二昭，五世居二穆，六世居三昭，七世居三穆。至第八世没，仍當祔於三昭内，而以六世主遷於二昭，四世主遷於一昭，而祧其二世主藏於太廟之東夾室。如第二世主有功德不當祧而爲後世所當宗者，則别立廟於三昭之上，與太祖並，謂之世室；第九世没，仍當祔於三穆内，而以七世主遷於二穆，五世主遷於一穆，而祧其第三世主藏於太廟之西夾室，如第三世主有功德不當祧而爲後世所當宗者，則別立廟於三穆之上，亦與太祖並，而謂之世室。世室或稱祖，或稱宗，家語所謂「古者祖有功而宗有德，謂之祖宗者，其廟皆不毁」是也。凡死者卒哭而祔祭於祖，祔祭者將代居其廟，故爲之祭以告新舊之神也。既祭，復反於寢，練而毁廟。毁廟者，穀梁傳云易檐可也，改塗可也，以示將納新主，而有所加，非盡撤去而更造之也。始死者昭，則群昭之廟皆毁；始死者穆，則群穆之廟皆毁。三年喪畢而後祔廟，祔昭則群昭皆動而穆不移，祔穆則群穆皆移而昭不動。何氏洵直所謂「昭常爲昭，穆常爲穆」、「居昭位者不可遷於穆行，居穆行者不可入於昭位」是也。然昭穆初建之位，二世昭而三世穆，則左尊而右卑。至八世升祔於昭而祧其第二世，於是四世昭而五世穆，則左反卑而右反尊者。陳用之謂昭與昭爲列，而無嫌乎子加於父；穆與穆爲列，而無嫌乎父屈於子。朱子謂宗廟之制，但以左右爲昭穆，不以昭穆爲尊卑，蓋諸廟各有門垣，足以各全其尊故也。況禮之尚左尚右何常，父居昭而子居穆，則以東爲上，父居穆而子居昭，則以西爲上，固無不可也。特是父死子繼，昭穆之廟得其常。如兄終弟及或以兄繼弟、以叔繼姪，則昭穆之廟際其變。考之商書，云七世之廟，而禮天子七廟，三昭三穆，與太祖之廟而七，則每一世而一廟明矣。故父子異昭穆而各爲一世，兄弟同昭穆而並爲一世。各爲一世則祔於祖而各居一廟，並爲一世即祔於其兄同居一廟而異其室。蓋禮祔必以其昭穆，故孫祔於祖，子不祔於父；弟可祔於兄，士虞禮所謂以其班祔也。孫祔於祖，則有祔必有遷，有遷必有祧，而同班之廟皆毁。弟祔於兄，則有祔而無所遷，亦無所祧，但毁其兄廟之室並爲二室，兄居第一室，弟居第二室耳。如三人祔，則並爲三室，一居中，二居左，三居右。四人祔，則並爲四室，一居中之左，二居中之右，三居左，四居右。五人祔，則並爲五室，一居中，二居中之左，三居中之右，四居左，五居右。古者廟皆有五室，故五人並祔而不嫌多。廟後之寢，其室數亦同於廟，而各藏其廟主之衣冠也。如弟先立而兄繼之，亦同祔一廟而爲二室，但弟當居第一室，兄當居第二室。其祫祭之位，則弟與兄同班，而兄必位於弟之下。兄弟之序，不先君臣故也。如姪先立而叔繼之，則叔當祔於姪之父廟而異其室。然不嫌躋於姪之上者，同昭穆則有嫌，異昭穆則無嫌也。至祫祭於太廟，則叔必與姪之子同班。叔姪之序，亦不先君臣故也。兄弟既同廟異室，故祔則並祔，遷則並遷，祧則同祧，是以昭穆不紊而廟數有常也。祫祭之位，昭穆相對。兄弟嗣位者，或三人俱昭，則唯第三昭與穆相對，而一昭二昭對面之穆位皆虚；或三人俱穆，則唯第一穆與昭相對，而二穆三穆對面之昭位皆虚。餘可例推也。以歷代之制言之，家語云天子立七廟，自有虞以至於周之所不變也。朱子云劉歆謂宗不在七廟中者，恐有功德者多，則占了七廟數也。其説是，故虞、夏皆以顓頊爲太祖，虞之時以帝嚳爲文祖，帝堯爲神宗，皆功德廟，而自立親廟五，祀瞽瞍以上。史記瞍父曰蟜牛，蟜牛父曰勾芒，勾芒父曰敬康，敬康父曰窮蟬，窮蟬即帝顓頊之子，故親廟止於五也。夏禹之時，增立舜爲功德廟，而自立親廟五，祀鯀以上。漢書律曆志鯀爲顓頊五世孫，則可具五廟。若史記以鯀爲顓頊之子，恐太近而非也。其後子孫又祖鯀宗禹爲功德廟，而親廟漸增爲六焉。商以契爲太祖而祖冥宗湯，後以湯爲烈祖，太甲爲太宗，太戊爲中宗，武丁爲高宗，皆爲功德，而親廟則六。周以后稷爲太祖，其後祖文王而宗武王爲功德廟二，而親廟亦六也。至於昭穆之制，莫詳明於周。后稷第一世爲太祖，第二世不窋爲昭，第三世鞠爲穆，傳至太王十三世復爲穆，王季十四世復爲昭，十五世文王又爲穆，十六世武王又爲昭，故書稱文王爲穆考，武王爲昭考。而左傳宫之奇曰：太伯、虞仲，太王之昭；虢仲、虢叔，王季之穆。富辰曰：管、蔡、郕、霍、魯、衛、毛、聃、郜、雍、曹、滕、畢、原、豐、郇，文之昭也；邘、晉、應、韓，武之穆也。衛祝鮀曰：曹，文之昭；晉，武之穆。何氏洵直謂父於廟次世次爲昭者，故謂其子爲穆；父於廟次世次爲穆者，故謂其子爲昭。由此論之，昭常爲昭，穆常爲穆，雖百世無易，是也。若諸侯之制，則都宫中立五廟，一爲太祖，二昭二穆爲高曾祖禰，四親廟升祔祧遷之法與天子同，但第六世祔於昭即當祧第二世，第七世祔於穆即當祧第三世，而有功德不當祧者亦爲世室，如祝、陳、杞、宋以堯、舜、禹、湯爲太祖，而陳胡公、杞東樓公、宋微子之屬，皆始封之君，當另立世室也。至如魯始封，周公尚存，而禮諸侯不得祖天子，故不立廟。周公薨，始立昭，第一廟至五世當祧。以魯之受封實始於魯公，故另立世室於二昭之上，如齊太公始封，即立二昭二穆四親廟而無太祖，以諸侯非始受封不爲太祖故也。太公薨，則入禰廟，而上祧一世，所祧之主則瘞埋於墓所。至五世當祧，乃正太公之位於太祖，而更定其子丁公爲昭之始。丁公以後，祧主則不瘞埋而藏於太廟之夾室矣。丁公不立世室者，以齊之受封，實始於太公也。任翼聖謂後世帝王掘起，其禮亦當如齊之例。漢元瘞太上主於園寢，晉初祀征西六世，唐初祀宣簡四世，宋初祀僖祖六世，皆有昭穆而虚太祖。司馬温公以爲太祖未正位，故止祀三昭三穆，太祖已正位，乃並昭穆爲七世，是也。蓋祖有功宗有德，與郊議謚同義，皆本天以衡之，非意爲推崇。王安石以僖祖爲始祖，謬甚。其説精當不可易矣。

又周世次昭穆圖説：后稷第一世爲太祖。不窋第二世爲昭。鞠第三世爲穆。公劉第四世仍爲昭。慶節第五世仍爲穆。皇僕六世昭。差弗七世穆。毁隃八世昭。公非九世穆。高圉十世昭。亞圉十一世穆。祖紺十二世昭。史記作公叔祖類。太王十三世穆。王季十四世昭。文王十五世穆。武王十六世昭。成王十七世穆。康王十八世昭。昭王十九世穆。穆王二十世昭。共王二十一世穆。懿王二十二世昭。案周自后稷以至懿王凡二十二世，皆父死子繼。后稷爲太祖，其下一世昭一世穆，相間而下，故文王以前立五廟，二昭二穆，與太祖而五。武王以後立七廟，三昭三穆，與太祖而七。凡親盡而祧之主，皆藏於太廟之夾室。至懿王時，文王親盡當祧，而以有功當宗，因另立文世室於三穆之上。及懿王崩，孝王立，孝王者，共王之弟，懿王之叔也。懿王本有子乃不立子而立叔，昭穆之變，於此始矣。史稱，懿王時，王室始衰，此亦其明徵也。然懿王既崩，自當祔廟，懿王爲共王之昭，其主自當祔於第三昭廟之内，由是穆王遷於二昭，康王遷於一昭，而武王當祧矣，亦以有功當宗，因另立武世室於三昭之上。夫孝王爲共王之弟，孝王在位，猶共王在位也。共王時，文王且不當祧，況武王乎！今以共王祔之，故不得不祧文王；又以懿王祔之，故不得不祧武王。是則孝王時三昭三穆之廟雖仍有六世之主，而上事止四世矣。幸而文、武有功當宗得立二世室，而所事仍六世，否則僅得事四世而止矣。故成周廟制之變，於此始也，然猶變而不失其常者也。至孝王没，夷王立，而廟制抑又變矣。孝王共王弟，二十一世穆。夷王懿王子，二十三世穆。夷王，孝王之姪孫而懿王之子也。以常制論，則孝王當祔於第三穆廟之内，由是共王遷於二穆，昭王遷於一穆，而成王當祧，然天子七廟本七世，商書所謂七世之廟也，則三穆廟當三世，今共王與孝王本同一世，而居二穆廟，則三穆廟二世矣。設兄弟四人嗣位，則三廟止一世，而祖亦在祧毁不祀之列矣，其可乎？然則孝王之主當祔於何廟？曰：祔於共王之廟，而共王之主不遷爲同廟異室之制可也。同廟異室，則遷則並遷，祧則同祧，則廟制之極其變而仍不失其常者也。夷王崩，厲王立，夷王爲懿王之穆，當祔於第三穆廟之内，由是共、孝並遷於二穆，昭王遷於一穆，而成王祧矣。至厲王之子，宣王當祔於三穆，則夷王當遷於二穆，共、孝並遷於一穆，而昭王祧矣。宣王之孫平王當祔於三穆，則宣王當遷於二穆，夷王當遷於一穆，而共、孝同祧矣。所謂並祔同祧，廟制之變而不失其常者也。其廟主之祧者，既立文、武之世室，則穆主之祧者，藏於文世室之夾室中，昭主之祧者，藏於武世室之夾室中，鄭康成所謂先公之遷主藏於后稷廟，先王之遷主藏於文、武廟也。厲王二十四世昭。宣王二十五世穆。幽王二十六世昭。平王二十七世穆。洩父平王太子，未立而卒。二十八世昭。夷王以後，厲、宣、幽、平皆父子相繼，昭穆世次井然矣。及平王時，太子洩父卒，立其子林，是爲桓王，蓋以嫡孫而承正統也。然則洩父當祔廟乎，不當祔廟乎？洩父之没在平王時，其卒哭而祔當祔於祖乎，不當祔於祖乎？雜記言公子祔於公子，喪服小記言諸侯不祔於天子，士大夫不祔於諸侯祔於諸祖父之爲士大夫者，則王子不當祔於先王矣。然太子儲君也，非王子比，固可祔於先王，但不立其子而立其弟，則正統有屬。異日太子不當祔廟，則卒哭而不祔於先王可也，如伯邑考是也。既立其子，則正統昭穆不容缺一世。異日太子必當祔廟，則卒哭而祔，不可不祔於先王矣。如洩父及明懿文太子是也。特是喪畢祔廟，王不當祔其子而遷其父，且父爲王而主祭，則子亦不得獨居一廟之尊，故喪畢祔廟不毁廟，不遷主，但以廟之夾室藏其主可也。及子嗣位，則當取父之主，追尊其號，祔之於正室，以爲禰廟，而遷其曾祖於上廟，此不易之理也。明建文帝以太孫嗣高祖位，元年追尊皇考懿文太子爲孝康皇帝，廟號興宗，皇妣懿敬皇太子妃爲孝康皇后，祔享宗廟，禮之正也。否則不父其父而禰其祖，天下豈有無父之人乎？漢宣帝以昭帝之兄孫而嗣昭位，因立悼皇考廟，明孫纘謂以孫繼祖不嫌爲考立廟是也。此禮之權也。而漢尹更始及王莽乃以皇考廟爲不當立，則必將以孫禰祖，而紊昭穆之序，可乎？至正統昭穆不缺，而以旁支藩裔入繼大統者，其祖仍當祀之於本國，非唯不得祔享太廟，并不得追尊其號也。明世宗之祔興獻王於太廟也，欲尊其父，而陷其父以三罪：以臣匹君，一也；以支庶亂大宗，二也；以藩王干天位，三也。不孝莫大於是矣。桓王太子泄父子。二十九世穆。莊王三十世昭。僖王三十一世穆。惠王三十二世昭。襄王三十三世穆。頃王三十四世昭。匡王三十五世穆。定王匡王弟。三十五世穆。桓王爲平王孫，同居穆位，歷莊、僖、惠、襄、頃五王至匡王，而世次復爲穆，定王以弟而繼兄之位，故匡、定二王當同居一穆廟而異其室也。簡王三十六世昭。

靈王三十七世穆。景王三十八世昭。　案景王有太子晉壽，蚤卒，因立子猛，壽之弟也。晉壽雖爲太子，而其弟嗣位，則晉壽非正統相繼者矣，故皆不當祔廟也。子猛未終喪而卒，其弟敬王立，謚猛爲悼王，以猛嘗立爲王當祔廟也。其後敬王亦當與悼王同廟異室也。　悼王三十九世穆。敬王三十九世穆〔一〕。元王四十世昭〔二〕。貞王四十一世穆〔三〕。　貞王，史記作定王，世本作貞王，皇甫謐帝王世紀作貞定王，司馬貞索隱以爲周家不應有兩定王，況世數非遠，史記乃文偶誤。皇甫謐彌縫兩用之，未爲得也，當以貞王爲正。蘇氏古史從之爲允。　哀王四十二世昭。思王四十二世昭。考王四十二世昭。　貞王崩，長子去疾立，是爲哀王。哀王立三月，弟叔襲殺哀王而自立，是爲思王。思王立五月，少弟嵬攻殺思王而自立，是爲考王。夫哀、思皆嘗爲王當祔廟，而思、考攻殺其兄，或未必以其兄之主祔廟，然所以攻殺兄者，不過利其國耳。既奪其國，而兄又死，謚典虚名，廟享虚位，可以不吝，故既爲立謚，必祔廟可

〔一〕「三十九世」，原作「四十世」，據光緒本改。
〔二〕「四十世」，原作「四十一世」，據光緒本改。
〔三〕「四十一世」，原作「四十二世」，據光緒本改。

知。如祔廟則哀、思、考當同廟而異室矣。威烈王四十三世穆。安王四十四世昭。烈王四十五世穆。顯王烈王弟。四十五世穆。烈、顯二王，兄弟相繼，則其廟必同廟異室，並祔同祧，明矣。慎靚王四十六世昭。赧王四十七世穆。周自后稷至於赧王，凡四十七世，皆父死子繼以爲常，而際其變者五，一則懿、孝、夷之交也，二則平王、洩父、桓王之交也，三則匡、定之交也，四則靈、景、悼、敬之交也，五則哀、思、考之交也。余因考其世次，而論定其昭穆如此，則變而仍不失其常者也。或疑兄弟同廟異室，固可無疑，以孫繼祖而祔其父於廟，必太子未立而死者可也。設太子有罪而廢者，恐不可以罪人而祔廟也。周禮冢人職死於兵者不入兆域，王昭明謂刑戮之人惡其毁傷故也，廟制宜亦當如是。然則祖與孫同昭穆，其中虛其一世，不亦可使昭穆不紊乎？曰：是不然。死於兵者不入兆域，先王以是閑其臣子，而不可以加於君父，故魯昭公失國而死，季氏葬之於墓道之南，孔子溝而合諸墓，況宗廟之制又非墓域比，雖厲王之流彘，幽王之被弑，楚穆王弑父自立皆得祔廟，蓋立廟而祭，孝子順孫所以申其孝養之志也，不以祖父之賢不肖而異也。惟親盡廟毁始論其功德，而立不祧之廟，非所論於親廟也。唯歷代帝王廟專以歷數相繼爲次序，亦非所論於親廟也。親莫親於父子，乃以有罪不立，而不使入廟可乎？且父廢而子得立，易所謂「幹父之蠱，有子，考无咎」者也。子幹父蠱，猶己之悔過遷善也。悔過遷善，不失爲全人。子幹父蠱，則考得无咎，故禹幹父蠱，而鯀可以配天，蔡仲幹父蠱，而叔度可爲始祖，又何嫌祔於昭穆之廟乎哉？昔蒯聵得罪出奔，其子輒立，而拒其入，孔子以爲不仁。及蒯聵入立，仍謚爲莊公而祔廟，君子不以爲非，而謚輒爲孝公。蓋罪者，一時之過舉而可贖；父子者，千古之大倫而不可廢。擯斥之權，祖父得加之子孫，而享祀之孝，子孫當自盡於祖父者也。惟爲人後者爲之子，父不可二，既以所後者爲父，不得復以本。生父爲父，而僅得以伯叔稱之。今既未嘗爲人後，而有所後之父，乃廢其父而不祀，則是無父也。人有無子者，不聞有無父者。無父者，其必禽獸乎！禽獸之行而可爲乎？或疑不祔廟而別立廟以祀之，可乎？曰：禮無別立廟之文，昭穆之廟皆親廟也。既爲吾父，惡得不入親廟？然則虞舜嗣堯之位，當祀堯爲禰乎？曰：禮，同宗則可爲之後，異姓不相爲後。使舜與堯爲同宗，當以堯爲禰，而封其弟象以奉瞍祀，無弟則立瞍同宗之子爲後，亦封之使奉瞍祀。今舜既與堯異姓，故祀堯於功德之廟，謂之神宗，而自立高、曾、祖、禰四親廟祀瞍以上，孔子所謂宗廟饗之者，此也。孟子言孝子之至，莫大乎尊親而以天下養。生而爲天子，父以天下養，没則以爲禰而祭之，所謂追養繼孝者也。曰：後世如周世宗爲郭氏養子則何如？曰：養異姓爲子，非禮也。然其生也，既撫育之爲子，嚴事之爲父，没而禰之，所謂事死如事生者也，似不得以異姓不相爲後之禮繩之矣。酌乎人情，以變而通之，同宗爲後之禮可也。

蕙田案：蔡氏推廣萬氏之説，曲鬯旁通，殆無剩義。由是宗廟不易之制，古今事勢之變，經可守而權可達矣。惟天子七廟，引家語云自虞至周所不變，又謂舜宗堯爲功德廟而自立四親廟，不知所云七廟者指堯以上之祖乎，抑瞽瞍以上乎？所謂功德廟者，將合親廟爲一局乎，抑分爲兩事乎？合之則宗在堯而祖在瞍，無此兩岐之理。分之則宗堯一廟而祀瞍四廟，不合七廟之文，此尚未深考也。

觀承案：昭穆之説，自漢以來紛然聚訟，至朱子而始有定論，然是乃父子相繼之常經，若有兄弟相及或以伯叔繼統則昭穆紊矣。萬充宗據張子之説，謂兄弟當同廟而異室，而叔則祔於所繼之考廟，始有以通其變，而仍不紊其常。蔡德晉因之，更爲推廣焉，亦云詳已。雖然，禮莫大於宗廟。蓋一舉而尊尊親親賢賢貴貴之義無不盡，固未可以一端論也。夫廟制太祖居上而昭穆分列者，所以尊尊也。三昭三穆以次遞遷而不容少減者，所以親親也。而又有祖有功、宗有德，祀帝配天，百世不遷之廟，則所以賢賢也。諸侯不得祖天子，有以藩侯入承正統者，亦不得顧私親而祔廟，又所以貴貴也。今於尊尊親親之禮，可以無憾矣，而賢賢貴貴之道，似尚未盡，何也？夫所謂祖有功、宗有德者，必其功德在人炳然難掩，則没身而後定謚稱宗已衆著其爲百世不遷之主矣。而説者論周之文、武一似隨例祔廟，茫不知其爲宗者。直至懿、孝之世當遷，始覺其不可而爲之立廟，則聖人之垂典則以遺後人者，不已疎乎！夫周公制禮，於文王既没，特宗祀於明堂以配上帝，東都甫建，又特立文、武二廟而不及其餘，則百世不遷，當時已有定制，必不以世室大典委諸六七世後不可預知之子孫也决矣！殷武之詩亦然。蓋高宗没而即立廟，必不遲之又久至武乙時也。漢書使顧成之廟稱爲太宗，是文帝在時且有此論，若武帝則原有不滿人意處，故數世之後尚煩集議爾。觀此乃知説者多事後懸揣之詞，而未合於當日之情形也。若夫太子無後而立其弟，則不得祔廟，當如伯邑考，太子有後而其子立，不妨追尊祔廟，如周之洩父、明之懿文，此固例之可援者也。顧其説曰，太子本宜爲君，故可稱宗入廟，則彼無後而令終之，太子豈不宜爲君者耶？又謂天下無無父之人，則彼同宗之入繼者，獨可爲無父之人耶？是不知君命立其弟，則兄弟不相爲後，故不可祔，若立其子，則祖孫不可異昭穆，故不得不祔也。與夫旁枝入繼、非一脈相承者，固不可同年而語矣。至若得罪於父而廢斥以死者，而其子或得立，竟可追崇而祔廟，則有所未安焉。夫天下無無父之人，亦無無祖之人，母出而與廟絶，則子雖繼位，而不可以欺死父，然則獨可以死父而欺其王父乎？非所謂不以父命辭王父命也。説者謂子爲天子，則已能幹蠱而父罪可贖，然繼世而立，乃承襲之常，而未可遂謂之幹蠱也。幹蠱如周宣之中興，而不敢改其父之謚也。禹之配鯀於郊，則鯀但斥於君而未嘗絶於宗也。或更例之，孔子溝昭公之葬而合諸墓，然昭公乃君逐於臣，而非父之逐其子也。是所未安於心者也。雖然，苟不祔，則將與王父異昭穆，是正所謂不父其父而禰其祖者，而昭穆之次不乃大亂乎？此所以不得已而爲之辭也。然而其意是也，其説非也。當曰：父子天性無終絶，既生而斥之使不爲君，則已足以蔽其辜矣。初未嘗没而并欲絶其後也。今而其子既立，則子固不可以無父，而孫亦不可以禰祖。然則追王祔廟，固亦義之可安，而爲王父在天之靈所許者歟？夫如是，則於賢賢貴貴之義固兩無所妨，而其所以尊尊而親親者亦益以篤厚而不替也已。

右廟祧昭穆

五禮通考卷六十

吉禮六十

宗廟制度

廟門之制

儀禮士冠禮：筮于庿門。注：冠必筮日于廟門者，重以成人之禮成子孫也。廟謂禰廟。乃宿賓。厥明夕，爲期于廟門之外。賓立于外門之外。注：外門，大門外。主人迎，出門左。與賓揖，先入。每曲揖。注：周左宗廟，入外門，將東曲，揖；直廟，將北曲，又揖。疏：言此皆欲見入大門東向入廟。云「入外門，將東曲，揖」者，主人在南，賓在北，俱東向〔一〕，是一曲，故一揖

〔一〕「東向」，諸本誤倒，據儀禮注疏卷一乙正。

也。至庿南，主人在東，北面，賓在西，北面，是曲爲二揖，故云「直庿，將北曲，又揖」也。通下將入廟又揖，三也。至于廟門。

聘禮：公皮弁，迎賓于大門内。賓入門左。公揖入，每門、每曲揖。及廟門，公揖入。疏：諸侯三門，皋、應、路，則應門爲中門，左宗廟。入大門東行，即至廟門，其間得有每門者，諸侯有五廟，太祖之廟居中，二昭居東，二穆居西。廟皆别門，門外兩邊皆有南北隔墻，隔墻中夾通門。若然，祖廟已西，隔墻有三，則閤門亦有三。東行經三門，乃至太祖廟，門中則相逼，入門則相遠，是以每門皆有曲，有曲即相揖，故「每曲揖」也。是以司儀亦云「每門止一相」，亦據閤門而言也。

蕙田案：諸侯三門，庫、雉、路，無皋、應。疏謂諸侯三門皋、應、路者，非也。

朱子儀禮釋宫：宫室之名制，不盡見于經。其可考者，宫必南鄉，廟在寢東，皆有堂有門，其外有大門。周禮建國之神位，左宗廟，宫南鄉而廟居左，則廟在寢東也。寢廟之大門一曰外門，其北蓋直寢，故士喪禮注以寢門爲内門、中門，凡既入外門，其向廟也，皆曲而東行，又曲而北。案士冠禮賓立于外門之外，主人迎賓入，每曲揖，至于廟門，是也。又案聘禮公迎賓于大門内，每門、每曲揖，及廟門。大夫三廟，其牆與門亦然，故賓問大夫，大夫迎賓入，亦每門、每曲揖，乃及廟門。其説當考。大夫士之門，惟外門、内門而已，諸侯則三，天子則五，庠、序則惟一門。鄉飲酒、射禮主人迎賓于門外，入門即三揖至階，是也。

蕙田案：以上門。

士冠禮：主人即位于門東，西面。疏〔一〕：主人即位于禰廟門外東，西面立，以待筮事也。有司如主人服，即位于西方，東面，北上。疏：主人有司立位于廟門外西方，東面以待事也。

燕禮：卿大夫皆入門右。注：凡入門而右由闑東〔二〕，左則由闑西。

周禮考工記：廟門容大扃七个。注：大扃，牛鼎之扃，長三尺。每扃爲一个，七个二丈一尺。

爾雅釋宫：閍謂之門。注：詩曰：「祝祭于祊。」疏：李巡曰：「閍，廟門名。」

儀禮士冠禮：布席于門中，闑西閾外，西面。注：闑，門橛也。古文「闑」爲「槷」。疏：闑，一名橛也。

聘禮記：擯者立于閾外以相拜。

〔一〕「疏」，諸本作「注」，據儀禮注疏卷一改，下同。
〔二〕「東」，原脱，據光緒本、儀禮注疏卷一補。

爾雅釋宫：樞謂之椳。注：門户扉樞。疏：樞者，門扉開合之所由。易曰「樞機之發」是也。

闔謂之扉。注：公羊傳曰：「齒著于門闔。」疏：李巡曰：「闔，門扇也。一名扉。」

陳氏禮書：爾雅：「柣謂之閾。棖謂之楔。樞謂之椳。樞達北方謂之落時。門持樞者，或達北檼以爲固。落時謂之戺。樴謂之杙。在地謂之臬。」又曰：「橛謂之闑。闔。楣謂之梁。」蓋界于門者，楣也，亦曰柣，曰閾。中于門者，闑也，亦曰闑，曰橛。旁于門者，楔也，亦曰棖。所以開闔者，樞也，亦曰椳。樞上之横梁，楣也。樞達北棟，落時也。月令曰：「以修闔扇。」爾雅：「闔謂之扉。」公羊曰：「齒著于門闔。」左氏：「以枚數闔。」越語曰：「乃闔左闔。」荀卿曰：「子貢觀于魯廟之北堂，復瞻九蓋，彼皆繼耶？」蓋即闔也。則扇也，闔也，扉也，其實一也。鄭氏釋月令謂木曰闔，竹葦曰扇，蓋對而言之然也。禮，君入中門，上介拂闑，大夫中棖與闑之間，士介拂棖入，以自高爲戒，故賓不履閾。君入中門，諸侯相朝之禮也。賓不入中門，諸侯來聘之禮也。凡入門而右由闑東，左由闑西。曲禮曰：「大夫、士出入君門由闑右。」燕禮大夫皆入門右，臣統于君也。聘禮賓入門左，賓伉于主也。聘，公事也，故入門而左，所以致敬。覿面，私事也，故入門而右，所以致親。

朱子釋宮：門之内外，東方曰門東，西方曰門西。特牲饋食禮注曰：「凡鄉内以入爲左右，鄉外以出爲左右。」士冠禮注又曰：「出以東爲左，入以東爲右。」以入爲左右，則門西爲左，門東爲右。鄉飲酒禮賓入門左，燕禮卿大夫皆入門右，是也。以出爲左右，則門東爲左，門西爲右。士冠禮主人迎賓出門左，西面，士虞禮側亨于廟門之右，是也。闑東曰闑右，亦自入者言之也。

中門，屋爲門，門之中有闑。士冠禮曰：「席于門中，闑西閾外。」注曰：「闑，橛也。」玉藻正義曰：「闑，門之中央所竪短木也。」釋宮曰：「樴在地者謂之臬。」郭氏曰：「即門橛也。」然則闑者，門中所竪短木在地者也。其東曰闑東，其西曰闑西。

門限謂之閾。釋宮曰：「柣謂之閾。」郭氏曰：「閾，門限。」邢昺曰：「謂門下横木爲内外之限也。」其門之兩旁木，則謂之棖。棖闑之間則謂之中門，見禮記。

闔謂之扉。邢昺曰：「闔，門扉也。」其東扉曰左扉。門之廣狹，案士昏禮曰：「納徵，儷皮。」記曰：「執皮，左首，隨入。」注曰：「隨入，爲門中阨狹。」賈氏曰：「皮皆横執之，門中阨狹，故隨入也。匠人云：『廟門容大扃七个。』大扃，牛鼎之扃，長三尺，七个二丈一尺。彼天子廟門，此士之廟門降殺，甚小，故云阨狹也。」推此，則自士以上宮室之制雖同，而其廣狹則異矣。

四書大全：汪氏份曰：門以向堂爲正。自外而言，東扉實爲右扉，西扉則左扉也。君臣出入，恒由右扉，則固就東扉而言矣。右扉左扉，此東彼西，原有定所。饒氏謂出則以東扉爲左，入則以西扉爲左，是謂左右扉無定所也。其爲麟士所駁，宜矣。但麟士謂由闑右，非不中門正解，則非也。燕禮注云：「凡入門而右由闑東，左則由闑西。」所謂入門而右，入右扉也。所謂由闑東者，拂闑之東而行，即不中門之謂也。陸稼書疑由闑右即拂闑之義，而不敢遽定，麟士以爲非，何也？麟士又引玉藻「介拂闑，士介拂棖」爲不中門之證，亦非也。玉藻所言，乃兩君相見，若擯介者，隨君而入，如此與平時入公門之禮不同。若如麟士之言，則「介拂闑」之下，所謂「大夫中棖與闑之間」者，豈大夫獨當中門耶？

蕙田案：古人門制，兩旁有棖，中間有闑，棖闑之間爲中門。棖者，門之兩旁長木。闑則兩扉相合處，有一木常設而不動者。門以向堂爲正，故闑東爲右，闑西爲左。東爲主位，西爲賓位。闑東，主所出入。闑西，賓所出入。曲禮主人入門而右就東階，賓入門而左就西階，是也。臣子在本國則出入皆由闑東。曲禮謂士大夫出入君門由闑右，燕禮卿大夫皆入門右，是也。若聘于他國，則玉藻謂公事自闑西，私事自闑東。公事，聘享用賓禮。私事，覿面從臣禮也。東西兩扉各有中，君出入由東扉之中。玉藻閏月則闔門左扉，立于其中。臣子不敢當尊，鄉黨立不中門，曲禮爲人子者，立不中門，此東扉之中也。兩君相見，則賓由西扉之中，臣爲賓則否。玉藻賓入不中門，此西扉之中也。饒雙峰謂君出入則皆由左，出則以東扉爲左，入則以西扉爲左；士大夫出入君門則皆由右，出以闑西爲右，入以闑東爲右。郝仲輿謂闑東西自定左右，隨身出入。君自内，南面東出，由闑左，入由右，亦闑左也。臣自外，北面東入，爲闑右，出由西，亦闑右也。入由闑西，則疑于爲賓，出由闑東，則疑于爲主，故不敢也。今案：二説皆誤。曲禮言闑右，燕禮言門右，據門闑爲左右，則左右皆有定所，未聞隨身出入爲左右也。賓主有闑東、闑西之分，君臣但有中門、不中門之分，未聞君左臣右之説也。君臣常時出入皆在闑東，未聞爲君者東出西入，爲臣者東入西出也。曰入由闑西則疑于爲賓，是矣，曰出由闑東則疑于爲主，夫不敢疑于主，反儼然疑于賓矣。入不敢爲賓，而出乃敢爲賓，有是理乎？總由不知東西，但别賓主而不别君臣，左右有定所而不隨身之出入，故爲此交互紛錯之説耳。至人臣出入由闑右，既不敢當中，即當稍近闑而行。陸稼書謂由闑右即拂闑之義，甚允。玉藻大夫中棖與闑之間，士介拂棖，蓋大夫、士與上介雁行于後，不敢相沿，乃兩君相見之儀，非常時出入之儀也。

又案：以上門東西左右。

周禮考工記：闈門容小扃參个。注：廟中之門曰闈。小扃，膷鼎之扃，長二尺。參个，六尺。

禮記雜記：如三年之喪，則君夫人歸。夫人至，入自闈門，升自側階。

儀禮士冠禮：冠者降自西階，適東壁，北面見于母。注：適東壁者，出闈門也。時母在闈門之外，婦人入廟由闈門。

冠者降自西階，適東壁。

逸雅：壁，辟也，辟禦風寒也。

萬氏斯大曰：東壁，東堂下。何以知之？特牲禮主婦視饎爨於西堂下，記又云饎爨在西壁，特牲一禮饎爨無兩，既云西堂下，復云西壁，則西堂下即西壁矣。然則東壁非東堂下乎？鄭注冠者適東壁見母爲出闈門，且云時母在闈門之外，婦人入廟由闈門，非惟于解不明，抑亦乖古人左祖之制。

鄉飲酒記：俎由東壁，自西階升。

郝氏敬曰：東壁，東側室。亨狗于東北，熟而實之于俎，故自東壁出，由西階升堂也。

士虞禮：饎爨在東壁。

士喪禮：爲垼于西牆下。

特牲饋食禮：主婦視饎爨于西堂下。

饋食禮記：饎爨在西壁。注：西壁，堂之西牆下。

周禮考工記：牆厚三尺，崇三之。

林氏希逸曰：凡牆之厚若有三尺，則其高至九尺而止。舉其大概以爲準，高厚可以是推也。

爾雅釋宫：牆謂之墉。

逸雅釋宫：室牆，障也，所以自障蔽也。

陳氏禮書：爾雅曰：「牆謂之墉。」詩曰：「崇墉言言。」易曰：「乘其墉。」則墉，牆之高者也。儀禮于房室言墉，士冠禮：陳服于房中西墉下。聘禮〔一〕：西夾六豆設于西墉下。既夕記：士東首于北墉下。于堂下言壁，牆之卑者也。鄉飲酒：俎由東壁，自西階升。士虞

〔一〕「聘禮」，諸本作「大射」，據儀禮注疏卷二一改。

禮：饎爨在東壁。特牲禮：饎爨在西壁。士冠禮：冠者降自西階〔一〕，適東壁。書有東序、西序。爾雅曰「東西牆謂之序」，則序，堂上之東西牆也。詩曰：「之子于垣，百堵皆作。」書曰：「既勤垣墉。」春秋傳曰：「子産使盡壞其館之垣，納車馬焉。」則垣宮室之外牆也。考工記曰：「牆厚三尺，崇三之。」則牆者，垣墉之總名與？

朱子釋宮：自門以北皆周以牆。聘禮釋幣于行，注曰：喪禮有「毁宗躐行，出于大門」，則行神之位在廟門外西方。檀弓正義曰：毁宗躐行，毁廟門西邊牆以出柩也。士喪禮爲垼于西牆下，注曰：西牆，中庭之西。特牲饋食禮主婦視饎爨于西堂下。記曰饎爨在西壁。注曰：西壁，堂之西牆下。案門之西有牆，則牆屬于門矣。西牆在中庭之西，則牆周乎庭矣。西壁在西牆下，則牆周乎堂矣。牆者，墉壁之總名。室中謂之墉，昏禮尊于室中北墉下，是也。房與夾亦謂之墉，冠禮陳服于房中西墉下，聘禮西夾六豆設于西墉下，是也。堂上謂之序，室、房與夾謂墉，堂下謂之壁、謂之牆，其實一也，隨所在而異其名爾。堂下之壁，闈門在焉。案士冠禮

〔一〕「西」，諸本作「東」，據儀禮注疏卷二改。

冠者降適東壁見于母，注曰：適東壁者，出闈門也。時母在闈門之外，婦人入廟由闈門。士虞禮賓出，主人送，主婦亦拜賓。注曰：女賓也，不言出，不言送，拜之于闈門之内，闈門，如今東西掖門。釋宫曰宫中之門謂之闈。郭氏曰：謂相通小門也。是正門之外又有闈門，而在旁壁也。

蕙田案：以上闈門牆垣。

儀禮士冠禮：筮與席、所卦者，具饌于西塾。注：西塾，門外西堂也。疏：筮在門外，故知西塾，門外西堂也。擯者玄端，負東塾。注：東塾，門内東堂，負之北面。疏：擯者是主人擯，相事在門内，故知在門内東堂。負之北面，向主人也。

敖氏繼公曰：東塾、西塾，其北蓋與東、西堂相對，而廣亦如之。立于塾北而云負，則塾之崇，其過於堂與？士之堂崇三尺。

士喪禮：陳一鼎于寢門外，當東塾，少南，西面。

士虞禮：匕俎在西塾之西，羞燔俎在内西塾。

書顧命：先輅在左塾之前，次輅在右塾之前。傳：先輅、次輅皆在路寢門内，左右塾前北面。疏：塾前陳車，必以轅向堂，故知左右塾前皆北面也。左塾者謂門内之西，右塾者門内之東，故以北面言之爲左右。所陳坐位、器物皆以西爲上，由王殯在西序故也。其執兵宿衛之人則先東而後西者，以王在東，宿衛敬新王故也。顧氏云：「先輅在左塾之前，在寢門内之西，北面對玉輅。次輅在右塾之前，在寢門内之東，對金輅也。」

爾雅釋宮：門側之堂謂之塾。注：夾門堂也。疏：門側之堂夾門東西者名塾。

朱子釋宮：夾門之堂謂之塾。釋宮曰門側之堂謂之塾。郭氏曰：夾門堂也。門之内外，其東西皆有塾，一門而塾四，其外南鄉。案士虞禮陳鼎門外之右，匕俎在西塾之西。注曰：塾有西者，是室南鄉。又案士冠禮擯者負東塾，注曰：東塾，門内東堂，負之北面。則内塾北向也。凡門之内，兩塾之間謂之宁。案聘禮賓問卿，大夫迎于外門外，及廟門，大夫揖入，擯者請命，賓入，三揖，並行。注曰：大夫揖入者，省内事也。既而俟于宁也。凡至門内霤爲三揖之始。上言揖入，下言揖、並行，則俟于霤南門内兩塾間可知矣。李巡曰：「宁，正門内兩塾間。」義與鄭同。謂之宁者，以人君門外有正朝，視朝則于此宁立故耳。周人門與堂，修廣之數不著于經。案匠人云夏后氏世室堂修二七，廣四，修一。堂修，謂堂南北之深，其廣則益以四分修之一也。門堂三之二，室三之一，門堂通謂門與塾。其廣與修取數于堂，門得其三之二室三之一者，兩室與門各居一分也。以夏后氏之制推之，則周人之門殺于堂之數，亦可得而知矣。

陳氏禮書：尚書大傳：上老平明坐于右塾，庶老坐于左塾。食貨志亦曰：里胥平旦坐于右塾，鄰長坐于左塾。書言先路在左塾之前，次路在右塾之前。先路，象路也。次路，木路也。象路貴于木路，則左塾者，東塾也。里胥尊于鄰長，而在右塾，則右塾者，西塾也。何則？自内視外則左東而右西，自外視内則左西而右東。曲禮曰：主人入門而右，客入門而左。此左西而右東也。玉藻曰：公事自闑西，私事自闑東。此左東而右西也，然則書言左塾，史言右塾，皆西塾也，自内外言之異耳。

蕙田案：爾雅：門側之堂謂之塾。邢疏：門側之堂夾門東西者名塾。顧命先輅在左塾之前，次輅在右塾之前。孔疏：左塾者，門内之西；右塾者，門内之東。蓋門堂北面，故以西塾爲左塾，東塾爲右塾。自天子五門至大夫、士二門皆有之。尚書大傳：上老平明坐于右塾，庶老坐于左塾。漢書食貨志：里胥平旦坐于右塾，鄰長坐于左塾。此係里門之塾，分南北，不分東西。陳用之謂史之右塾係西塾者，非是。又引玉藻「公事自闑西，私事自闑東」，證左東而右西，亦非是。闑東，主所出入，爲右；闑西，賓所出入，爲左。曲禮士大夫出入君門由闑右，主人入門而右，客入門而左，是也。公事用賓禮，故自闑西〔一〕。私事從臣禮，故自闑東〔二〕，非左東而右西也。

吴氏紱曰：士虞禮：「羞燔俎在内西塾上，南順。」則塾之有内外東西易明也，但其堂與室未知如何位置耳。或云棟之下爲壁隔斷，内外各以其一爲塾，近壁一半爲室，近檐一半爲堂，而皆無户牖，如房與北堂之制。然月令疏謂祀竈、祀門、祀行皆在廟門外，先設席于廟門之奥，門亦有奥，則似非無户牖者矣。

蕙田案：吴氏之説近是。考工記：門堂三之二〔三〕，室三之一。注：兩室與門，各居一分。既名爲室，則其户牖雖不可知，而其制度必有異于堂者矣。

又案：以上塾。

儀禮燕禮：賓所執脯以賜鐘人于門内霤。

郝氏敬曰：内霤，門内檐下。

〔一〕「西」，原作「東」，據光緒本改。
〔二〕「東」，原作「西」，據光緒本改。
〔三〕「二」，原作「一」，據光緒本、周禮注疏卷四一改。

禮記雜記：襚者降，受爵于門内霤。

蕙田案：以上門内霤。

右廟門之制

中庭碑堂塗階阤堂廉垂

儀禮鄉射禮：司正實觶，降自西階，中庭。楅乃設，楅于中庭，南當洗。

大射禮：司正適洗〔一〕，洗角觶，南面坐奠于中庭。疏：燕禮及此射禮，司正不以觶升而奠之于地，比鄉飲酒又鄉射爲顯。

聘禮：公揖入，立于中庭。擯者退中庭。宰夫受幣于中庭以東。設于中庭，十以爲列。注：庭實固當庭中，言當中庭者，南北之中也。言中庭，則設碑近如堂深也。疏：上享時，直言庭實入設〔二〕，不言中庭，則在東西之中，其南北三分庭一在南，此更言中庭，欲明南北之中也。上文公立于中庭，宰受幣于中庭，皆南北之中也。大夫降中庭。注：大夫降出，言中庭者，爲賓降節

〔一〕「適」，原作「設」，據儀禮注疏卷一七改。
〔二〕「庭實入設」，諸本作「庭入室」，據儀禮注疏卷二〇改。

也。　疏：大夫授擯圭訖，降自西階，將出門至中庭，不止。今云大夫降出中庭者，大夫至中庭，賓乃降，故鄭云爲賓降節也。

士喪禮：主人進中庭，弔者致命。　甸人置重于中庭，三分庭一在南。　有禭者，賓入中庭，北面致命。　宵，爲燎于中庭。

特牲饋食禮：佐食北面立于中庭。

朱子釋宫：堂下至門謂之庭，三分庭一在北設碑。聘禮注曰：宫必有碑，所以識日景，知陰陽也。賈氏釋士昏禮曰：碑在堂下，三分庭一在北。案聘禮歸饔餼醯醢夾碑，米設于中庭。注曰：庭實固當庭中，言中庭者，南北之中也，列當醯醢南。列米在醯醢南，而當庭南北之中，則三分庭一在北可見矣。聘禮注又曰：設碑近如堂深。堂深謂從堂廉北至房室之壁。三分庭一在北設碑，而碑如堂深，則庭蓋三堂之深也。又案鄉射之侯去堂三十丈，大射之侯去堂五十四丈，則庭之深可知，而其降殺之度從可推矣。

蕙田案：以上中庭，門之内堂之下也。

禮記祭義：君牽牲入廟門，麗于碑。注：麗猶繫也。　疏：君牽牲入廟門，繫著中庭碑也。

王肅云〔一〕：「以紖貫碑中，君從此待之也。」

儀禮聘禮：當碑南陳。注：宮必有碑，所以識日景、引陰陽也。凡碑引物者，宗廟則麗牲焉，以取毛血。其材，宮廟以石，窆用木。疏：「宮必有碑」者，案諸經云「三揖」者，鄭注皆云：入門將曲揖，既曲北面揖，當碑揖。若然，士昏及此聘禮是大夫士廟内皆有碑矣。鄉飲酒、鄉射言三揖，則庠序之内亦有碑矣。祭義云：「君牽牲，麗于碑。」則諸侯廟内有碑明矣。天子廟及庠序有碑可知，但生人寢内不見有碑。雖無文，兩君相朝，燕在寢，豈不三揖乎？明亦當有碑矣。言「所以識日景」者，周禮匠人云「爲規識日出之景與日入之景」者，自是正東西南北。此識日景，惟可觀碑景邪正，以知日之早晚也。又云「引陰陽」者，又觀碑景南北長短。十一月，日南至，景南北最長，陰盛也。五月，日北至，景南北最短，陽盛也。二至之間，景之盈縮、陰陽進退可知也。云「凡碑引物者，宗廟則麗牲焉，以取毛血」者，云凡碑引物，則識日景、引陰陽皆是引物，則宗廟之中是引物，但廟碑又有麗牲。麗，繫也。案祭義云：「君牽牲，麗于碑。」以其鸞刀以取血毛，毛以告純，血以告殺，兼爲此事也。云「其材，宮廟以石，窆用木」者，此雖無正文，以義言之，葬碑取縣繩繂，暫時之間，往來運載，當用木而已，其宮廟之碑，取其妙好，又須久長，用石爲之，理勝于木，故云「宮廟以石，窆用木」也。是以檀弓云：「公室視豐碑，三家視桓楹。」時魯與大夫皆

〔一〕「王肅」，諸本作「王甫」，據儀禮注疏卷四七改。

僭，言視桓楹，桓楹，宮廟兩楹之柱。

醯醢百罋，夾碑，十以爲列。　賓自碑内聽命。　賓降自碑内。

公食大夫禮：陳鼎于碑南。　庶羞陳于碑内，庭實陳于碑外。

陳氏禮書：公食大夫禮「庶羞陳于碑内，庭實陳于碑外」，燕禮「賓自碑内聽命」，聘禮「醯醢百罋，夾碑，十分以爲列」、「賓自碑内聽命」，祭義曰「君牽牲入于廟門，麗于碑」，士昏禮「賓入廟門」，鄉飲酒「賓入庠門」，鄉射「賓入序門」，皆三揖，至于階，而三揖之中有當碑揖，則諸侯大夫士之宮皆有碑矣。鄭氏曰：「宮必有碑，所以識日景，引陰陽也。凡碑引物者，宗廟則麗牲焉。其材，宮室以石，窆用木。」禮，天子之窆豐碑，諸侯桓楹，大夫二碑，士無碑。喪大記。魯之季也，公室視豐碑，三家視桓楹。鄭氏曰：「豐碑斵大木爲之，形如石碑，于椁前後四角植之，穿中于間爲鹿盧。天子四碑，前後各重鹿盧也。桓楹斵之如大楹耳。四植謂之桓。」窆碑如桓楹，則宮室碑制可知。

蕙田案：以上碑。朱子論庭之深，以碑爲節，則碑固宜屬于庭也。

詩小雅何人斯：胡逝我陳。傳：陳，堂塗也。　箋：堂塗者，公館之堂塗也。

陳風防有鵲巢：中唐有甓。傳：中，中庭也。唐，堂塗也。甓，瓴甋也。　疏：以堂是門内之路，故知中是中庭。李巡曰：「唐，廟中路名。」孫炎引詩云：「中唐有甓。堂塗，堂下至門之徑也。」然則唐之與陳，廟庭之異名耳，其實一也，故云「唐，堂塗」也。

爾雅釋宫：廟中路謂之唐。注：詩曰：「中唐有甓。」堂塗謂之陳。注：堂下至門徑也。疏：堂下至門徑名陳。

陳氏禮書：詩曰：「不入我陳。」又曰：「中唐有甓。」爾雅曰：「廟中路謂之唐。堂塗謂之陳。」唐與陳皆堂下至門之徑，特廟堂異其名耳。考工記曰：「堂涂十有二分。」鄭氏曰：「階前，若今令辟械也。分其督旁之修，以二分爲峻。」蓋令辟即甓也，械其道也。中央爲督，峻其督，所以去水。

朱子釋宫：堂塗謂之陳。郭氏曰：堂下至門徑也。其北屬階，其南接門内霤。凡入門之後，皆三揖，至階。昏禮注曰：三揖者，至内霤將曲揖，既曲北面揖，當碑揖。賈氏曰：「至内霤將曲者，至門内霤。主人將東，賓將西，賓主相背時也。既曲北面者，賓主各至堂塗，北行向堂時也。」至内霤而東西行，趨堂塗則堂塗接于霤矣。既至堂塗，北面至階而不復有曲，則堂塗直階矣。又案聘禮，饔鼎設于西階前，陪鼎當内廉，注曰：辟，堂塗也。則堂塗在階廉之内矣。鄉飲酒禮注「三揖」

曰：將進揖，當陳揖，當碑揖。陳即堂塗也。

蕙田案：以上堂塗，由門上堂之路。朱子曰其北屬階，則堂塗當下接兩階矣。

儀禮少牢饋食禮：祝盥于洗，升自西階；主人盥，升自阼階。

士昬禮：舅姑共享婦。舅姑先降自西階，婦降自阼階。注：授之室，使爲主，明代己。

書顧命：大輅在賓階面，綴輅在阼階面。傳：面，前。皆南向。

禮記曲禮：主人就東階，客就西階。

書顧命：夾兩階戺。傳：堂廉爲戺。疏：堂廉曰戺，相傳爲然。廉者，稜也。所立在堂下，迎于堂廉。

儀禮鄉飲酒禮：設席于堂廉，東上。注：側邊曰廉。燕禮曰：「席工于西階上少東，樂正先升，北面。」此言樂正先升，立于西階東，則工席在階東。

聘禮：陪鼎當内廉。注：當内廉，辟堂塗也。

書顧命：一人冕，執戣，立于東垂。一人冕，執瞿，立于西垂。傳：戣、瞿皆戟屬。立于東西堂之階上。疏：釋詁云：「疆、界、邊、衛、圉，垂也。」則「垂」是遠外之名。堂上而立東垂、西垂，知在堂上之遠地，當于序外〔一〕。東廂、西廂必有階上堂，知此立于東西堂之階上也。

朱子釋宮：升堂兩階，其東階曰阼階。士冠禮注曰：「阼，酢也。東階所以答酢賓客也。每階有東西兩廉。」聘禮饔鼎設于西階前，當内廉。此則西階之東廉，以其近堂之中，故曰内廉也。士之階三等。案士冠禮降三等受爵弁，注曰：「下至也。」賈氏曰：「匠人云：天子之堂九尺。」賈氏以爲階九等，諸侯堂宜七尺，階七等，大夫宜五尺，階五等，士宜三尺，故階三等也。兩階各在楹之外而近序。案鄉射禮，升階者，升自西階，繞楹而東。燕禮：媵爵者二人，升自西階，序進東楹之西，酌散，交于楹北。注曰：「楹北，西楹之北。」則西階在西楹之西矣。士冠禮冠于東序之筵，而記曰冠于阼。喪禮攢置于西序，而檀弓曰周人殯于西階之上，故知階近序也。

堂之側邊曰堂廉。鄉飲酒禮：「設席于堂廉。」注曰：「側邊曰廉。」喪大記正義曰：「堂廉，堂基南畔廉稜之上也。」又案鄉射禮：「衆弓倚于堂西，矢在其上。」注

〔一〕「當」，諸本作「堂」，據尚書正義卷一八改。

曰：「上堂西廉。」則堂之四周皆有廉也。

陳氏禮書：書曰：「四人執戈，夾兩階戺。」鄉飲酒：「設工席于堂廉。」聘禮：「陪鼎當内廉。」鄭氏曰：「側邊曰廉。」孔安國曰：「堂廉曰戺。」又曰：書曰：「一人執戣，立于東垂。一人執瞿，立于西垂。」史曰坐不垂堂。孔安國曰：「東西垂者，東西下之階上。」

蕙田案：以上阼階、賓階、堂廉、戺垂。

右中庭碑堂塗階戺堂廉垂

廟中房室之制

禮記郊特牲：詔祝于室，坐尸于堂。

禮器：室事交乎户，堂事交乎階。

天子之堂九尺，諸侯七尺，大夫五尺，士三尺。疏：天子堂九尺，此周法也。案考工記「殷人重屋」，「堂崇三尺」，鄭差之，云「夏高一尺」，故知此九尺者周制也。

朱子釋宫：堂之屋，南北五架，中脊之架曰棟，次棟之架曰楣。鄉射禮記曰：

「序則物當棟，堂則物當楣。」注曰：「是制五架之屋也。」正中曰棟，次曰楣，前曰庪。賈氏曰：「中脊爲棟，棟前一架爲楣，楣前接簷爲庪。」今見于經者，惟棟與楣而已。棟一名阿，案士昏禮「賓升當阿，致命」，注曰：「阿，棟也。」又曰：「入堂深，示親親。」賈氏曰：「凡賓升皆當楣。」此深入當棟，故云入堂深也。又案聘禮，賓升亦當楣，賈氏曰：「凡堂皆五架，則五架之屋通乎上下，而其廣狹隆殺則異耳。」

後楣以北爲室與房。後楣以下以南爲堂，以北爲室與房。室與房東西相連爲之。案少牢饋食禮「主人室中獻祝，祝拜于席上，坐受」，注曰：「室中迫狹。」賈氏曰：「棟南兩架，北亦兩架。棟北楣下爲室，南壁而開户，以兩架之間爲室，故云迫狹也。昏禮『賓當阿致命』，鄭云『入堂深』，明不入室，是棟北乃有室也。」序之制則無室。案鄉射禮記曰：「序則物當棟，堂則物當楣。」注曰：「序無室，可以深也。」又「禮席賓南面」，注曰：「不言于户牖之間者，此射于序。」賈氏曰：「無室，則無户牖故也。」釋宮曰「無室曰榭」，即序也。

殿屋夏屋説：殿屋五間，前皆爲堂，後爲房室。中間之前爲兩楹間，後爲室。東間之前爲東楹之東，又少東爲阼階上，少北爲東序，後爲東房。西間之前爲西楹之西，又少西爲賓階上，少北爲西序，後爲西房。序即牆也。設位在東西序者，負牆而立也。其南爲序端，東序之東、西序之西爲夾，亦謂之廂。又説文云：「廂，廊也。」「廊，東西序也。」此亦可見，但疑「序」下脱一「外」字。其前爲東西堂，其後爲東西夾室。夾外之廉爲側階，房後爲北階。此其地之盤也。其棟則中三間爲一棟，横指東西，至兩序之上而盡，遂自此處分爲四棟，邪指四隅，上接横棟，下與霤齊。此其上棟之制，所謂四阿也。其宇則横棟前後即爲南北兩下，横棟盡外即爲東西兩下。四棟之旁即各連所向而下，四面榱桷覆堂廉、出階外者，謂之廡。説文云：「廡，堂下周屋也。」其屋盡水下處謂之霤。此其下宇之制也。

厦屋則前五間，後四間，無西房，堂中三間之後，只分爲兩間，東房、西室。其餘並如殿屋之制。但五間皆爲横棟，棟之前後，皆爲兩下之宇，横棟盡外，有版下垂，謂之摶風。摶風之下，亦爲兩廡，接連南北以覆側階，但其廡亦不出摶風之外耳。儀禮疏云：「卿大夫爲夏屋，其室兩下而四周之。」

殿屋，四阿連下爲廡。四面之簷，其水皆多，故其簷皆得以霤爲名。厦屋，南北兩下之廡與殿屋同，故其簷亦謂之霤。東西兩廡，則但爲腰簷，不連棟下，又不出搏風之外，雖或有水，亦不能多，故但謂之榮、謂之翼，而不得以霤名也。榮、翼乃接簷之名，疏乃直指搏風，誤矣。

蕙田案：朱子謂夏屋前四間、後五間，是仍鄭氏無西房之説也。前五後四，何以成堂宇之制耶？詳見後條。

陳氏禮書：天子諸侯之寢廟，四阿有霤。士大夫則五架有榮而已。五架之制，棟居中而南北薦簷曰庪。棟、庪之間曰楣。昏禮賓升當阿致命，阿，棟也。則是大夫士之廟室設于棟北矣。少牢禮主人獻祝，設席南面，祝拜于席上，則是大夫士之廟室迫狹矣。爾雅曰：「無東西廂有室曰寢。」其文對廟言之，則廟寢也。鄭氏謂天子路寢、太廟、明堂同制，豈非惑于明堂位太廟、天子明堂之説乎？所謂太廟、天子明堂者，蓋其崇其飾，與明堂同，非必五室四門一如明堂也。不然書言路寢詳矣，而無是制，何耶？

蕙田案：以上總論廟屋堂室。

儀禮士昏禮：尊于室中北墉下。　夫入于室，即席。

士喪禮：親者在室。　婦人髽于室。

既夕記：室中惟主人主婦坐。

少牢饋食禮：主人室中獻祝，祝拜于席上。

周禮考工記：庭中度以几。

禮記曲禮：室中不翔。注：爲其迫也。

朱子語類：李丈問太廟堂室之制。曰：古制是不可曉。禮説士堂後一架爲室，蓋甚窄。天子便待加得五七架亦窄狹，不知周家三十以上神主位次相逼，如何行禮？室在堂後一間，從堂内左角爲户而入，西壁如今牆上爲龕，太祖居之，東向，旁兩壁有牖，群昭列于北牖下而南向，群穆列于南牖下而北向。堂又不爲神位，而爲人所行禮之地，天子設黼扆于其中，受諸侯之朝。

蕙田案：朱子以室之制爲窄狹，信有之。然古人之制，畢竟與後不同。詩「于我乎夏屋渠渠」，渠渠，言高也。屋高則屋内之楝、楣相去自遠，而兩楹間尤較廣矣。考工記：「周人明堂，度九尺之筵。五室，凡室二筵。」則東西當有一丈八尺。或太廟之室較明堂更爲廣闊，未可知也。又謂兩壁有牖，考室内惟南壁有牖，詩「宗室牖下」是也。北則惟有墉而無牖，士昏禮「尊于室中北墉下」是也。南牖故明，北墉則幽，昭穆之義，並取于此，亦未可定兩牖之説，未確。

又案：以上正室，堂之北居中一間也。

儀禮特牲饋食禮：主人及祝升，祝先入，主人從，西面于户内。　席于户内。

士昏禮：贊户内北面答拜。　贊洗爵，酌于户外尊。入户，西北面，奠爵，拜。婦出，祝闔牖户。　注：凡廟無事則閉之。　疏：祭訖，先闔牖，後閉户，是無事則閉之，以其鬼神尚幽闇故也。

士虞禮：贊闔牖户。

士虞禮記：祝闔牖户，降。　啓户，主人入，祝從，啓牖。鄉如初。　注：牖先闔後啓，扇在内也。

朱子釋宫：室南其户，户東而牖西。　説文曰：「户，半門也。」「牖，穿壁以木爲交窗也。」月令正義曰：古者窟居，開其上取明，雨因霤之，是以後人名室爲中霤。開牖者，象中霤之取明也。牖一名鄉，其扇在内。　案士虞禮祝闔牖户，如食間，啓户啓牖鄉，注曰：「牖先闔，後啓扇，在内也。」鄉，牖一名是也。

蕙田案：易曰：「不出户庭。」又曰：「闢户之謂乾，闔户之謂坤。」一扉爲户，兩扉爲門，故户陽而門陰。　六書精藴：「户，室之口也。凡室之口曰户，堂之口曰門。内曰户，外曰門。」古人堂内爲室，室東南啓一扉曰户也。户之制，又隨室而移。詩「西南其户」，疏謂在北者南户，在東者西户。廟之室在堂北，南向，西有牖。故知爲東南扉也。玉藻君子居恒當户，檀弓當户而坐，注謂當户向明，非是。蓋户開則户直東南隅之壁，尊者居主奥，適與户相對，故曰當户。當户而坐，坐于奥也，所謂居恒當户也。

又案：以上室前户牖也。

儀禮士昏禮：媵布席于奥。御衽于奥。婦奠菜，席于廟奥東面，右几。

禮記曲禮：居不主奥。

朱子曰：古人室在東南隅開門謂之窔，東北隅爲宧，西北隅爲屋漏，西南隅爲奥。人纔進，便先見東北隅，却到西北隅，然後到西南隅，此是至深密之地。

朱子釋宫：室中西南隅謂之奥。邢昺曰：室户不當中而近東，西南隅最爲深隱，故謂之奥，而祭祀及尊者常處焉。

詩召南：于以奠之，宗室牖下。

朱傳：牖下室西南隅所謂奥也。

蕙田案：鄭氏箋：「牖下在户外。」非是，今不從。

大雅抑：相在爾室，尚不愧于屋漏。

禮記曾子問：凡殤與無後者祭于宗子之家，當室之白。尊于東房，是謂陽厭。

注：當室之白，謂西北隅得户明者也。

吴氏澄曰：孔子曰：有陽厭，有陰厭。陰者，室之西南隅，謂之奥，正當牖下，不受牖明，屋之隱奥處也，以其幽闇，故曰陰。陽者，室之西北隅，謂之屋漏，正與牖對，受牖之明，屋之漏光處也，又爲室之白。白，光明也。以其光明，故謂之陽。

儀禮既夕記：掃室聚之窔。

管子弟子職：拚前而退，聚于户内。

蕙田案：户内，窔也。掃地自奥而屋漏，而宧，而窔也。

爾雅釋宫：西南隅謂之奥，西北隅謂之屋漏，東北隅謂之宧，東南隅謂之窔。疏：此别室中四隅之異名也。奥者，孫炎云，室中隱奥之處也。古者爲室，户不當中而近東，則西南隅最爲深隱，故謂之奥，而祭祀及尊者常處焉。屋漏者，孫炎云，當室之所白〔一〕，日光所漏入也。宧者，李巡云，東

〔一〕「白」，諸本作「向」，據爾雅注疏卷五改。

北者，陽始起育養萬物，故曰宧。宧，養也。窔亦隱暗之義也。

朱子釋宫：東南隅謂之窔。郭氏曰：窔亦隱闇。西北隅謂之屋漏，詩所謂「尚不愧于屋漏」是也。曾子問謂之當室之白，孫炎曰：當室日光所漏入也。鄭謂當室之白，西北隅得户明者。經止曰西北隅。

蕙田案：窔、宧、屋漏、奥，室中四隅也。

儀禮士冠禮：陳服于房中西墉下。

何氏楷曰：房，説文云：室在旁也。崔氏云：宫室之制，中央爲正室，正室左右爲房。

將冠者采衣紒，在房中，南面。

朱子曰：房户宜當南壁東西之中，而將冠者宜在所陳器服之東，當户而立也。

贊者盥于洗西，升，立于房中，西面，南上。

朱子曰：贊者西面，則負東墉而在將冠者之東矣。

特牲饋食禮記：尊兩壺于房中西墉下，南上。内賓立于其北，東面，南上。

鄉飲酒禮記：薦脯五挺，横祭于其上，出自左房。注：在東，陽也〔一〕。陽主養，房饌陳處也。

特牲饋食禮：豆、籩、鉶在東房。

鄉射禮：薦脯用籩，醢以豆，出自東房。

大射儀：宰胥薦脯醢由左房。注：左房，東房也，人君左右房。

公食大夫禮記：宰夫筵，出自東房。

少牢饋食禮：主婦被錫衣侈袂，薦自東房。

士昏禮：女次純衣纁袡，立于房中，南面。主人説服于房。側尊甒醴于房中。饌于房中。

士昏禮記：婦席薦饌于房中。

蕙田案：以上東房亦曰左房。

聘禮：賓受圭，退，負右房而立。疏：大夫士直有東房西室，天子諸侯左右房，今不在大夫

〔一〕「陽」，原作「養」，據光緒本、儀禮注疏卷一〇改。

廟，于正客館，故有右房也。

敖氏繼公曰：記曰：卿館于大夫，而此云負右房，則大夫之家亦有左右房明矣。

吴氏紱曰：鄉射記豆籩出自東房，特牲豆、籩、鉶在東房，記賓長兄弟之薦自東房，如此者非一，言左對右，言東對西，何于天子諸侯則云爾，于大夫則不云爾乎？經文同而疏解異岐，語徒滋眩耳。

聘禮記：若君不見，使大夫受，自下聽命，自西階升受，負右房而立。

禮記祭統：君純冕立于阼，夫人副褘立于東房。疏：夫人副褘立東房，以俟行事。尸既入之後，轉就西房。故禮器云夫人在房，雖不云東西房，下云東酌罍尊，則知夫人在房，謂西房也。

儀禮士喪禮：主婦髽于室。疏：男子髺髮與免在東房，若相對，婦人宜髽于西房。大夫士無西房，故于室内户西，皆于隱處爲之也。

禮記喪大記：婦人髽，帶麻于房中。注：髽、帶麻于房中，則西房也。天子諸侯有左右房〔一〕。

〔一〕「有」，諸本脱，據禮記正義卷二一四補。

禮器：廟堂之上，罍尊在阼，犧尊在西。廟堂之下，縣鼓在西，應鼓在東。君在阼，夫人在房。大明生于東，月生于西。此陰陽之分，夫婦之位也。君西酌犧象，夫人東酌罍尊。注：人君尊東也。天子諸侯有左右房。疏：罍尊在阼，謂夫人所酌也。犧尊在西，謂君所酌也。上云「罍尊在阼」，當阼階堂上而設之，則「犧尊在西」，當西階堂上而陳之，故君于阼階西嚮酌犧尊，夫人于西房之前東嚮酌罍尊。云「天子諸侯有左右房」者，以士喪禮「主婦髽于室」，在主人西，喪大記「君之喪，婦人髽，帶麻于房中」，亦當在男子之西，故彼注亦云「則西房」，又顧命云「天子有左右房」，此云「夫人在房」，又云「夫人東酌罍尊」，是西房也，故云「天子諸侯有左右房」。

書顧命：胤之舞衣、大貝、鼖鼓在西房。兑之戈、和之弓、垂之竹矢在東房。傳：西房，西夾坐東。東房，東廂夾室。疏：西序即是西夾，西夾之前已有南向坐矣。西序所陳之寶，近在此坐之西，知此「在西房」者，在西夾坐東也。東夾室無坐，故直言「東廂夾室」，陳于夾室之前也。案鄭注周禮，宗廟、路寢制如明堂。明堂則五室，此路寢得有東房、西房者，鄭志張逸以此問〔一〕，鄭答云：「成王崩在鎬京。鎬京宮室因文、武，更不改作，故同諸侯之制，有左右房也。」

蕙田案：以上西房，亦曰右房。東房、西房經有明文，疏以爲即夾室，併房與

〔一〕「鄭志」，諸本作「鄭注」，據尚書正義卷一八改。

夾室爲一，非是。東、西房在序之内，夾室在序之外也。

朱子釋宫：人君左右房。大夫士東房西室而已。聘禮記：「若君不見，使大夫受聘，升受，負右房而立。」大射儀薦脯醢由左房，是人君之房有左右也。公食大夫禮記「筵出自東房」，注曰：「天子諸侯左右房。」賈氏曰：「言左對右，言東對西，大夫士惟東房西室，故直云房而已。」然案聘禮賓館于大夫士，君使卿還玉于館也，賓亦退負右房，則大夫亦有右房矣。又鄉飲酒禮記薦出自左房，少牢饋食禮主婦薦自東房，亦有左房、東房之稱，當考。

陳氏禮書：以書考之，天子路寢之制，室居中，左户右牖，東西有房，又有東序西序、東堂西堂、東垂西垂、賓階阼階。房之南有東西夾室。鄭康成釋儀禮，謂房當夾室北是也。孔安國謂西房西夾室，東房東夾室，誤矣。諸侯路寢與士大夫之室皆東西房。士喪禮男子髻髮于房，婦人髽于室，在男子之西，則諸侯之禮，婦人髽于房爲西房矣。士亦有西房，而婦不于此髽者，尊卑之别然也。公食大夫于廟，宰夫饌于東房，贊者負東房，大夫立于東夾南，宰東夾北，則諸侯之廟亦東西房、東西夾矣。少牢禮司宫尊兩甒于房户之間，士冠、鄉飲亦尊于房户之間，特牲禮尊于户東，皆指東房言之，非謂無西房也。鄉飲記曰薦出自左房，鄉射記曰出自東，與大射諸侯擇士之宫，宰胥薦脯醢由左房，其言相類，蓋言左以有右，言東以有西，則大夫之房室與天子諸侯同可知。鄭氏謂大夫士無西房，誤矣。然房皆南户，而無北墉，室有北墉，而無北堂，則房户之外由半以南謂之堂，其内由半以北亦謂之堂。昏禮尊于房户之東，是房有南户矣。禮大射羞膳者，升自北階，立于房中，而不言入户，是房無北墉矣。昏禮尊于室中北墉下，是室無北堂矣，故昏禮洗在北堂，直室東隅，則北堂在房之北可知。

萬氏斯大曰：鄉飲酒禮席次第云：乃席賓，主人、介、衆賓之位皆不屬焉。不詳何方何鄉，當于鄉飲酒義及鄉射禮考之。義曰：坐賓于西北，坐介于西南，主人坐于東南，坐僎于東北，此言其方也。又曰：賓必南鄉，介必東鄉，主人坐于東方，此言其鄉也。鄉射禮曰：賓南面，衆賓之席繼而西，主人阼階上面西，略著其方與鄉也。鄭本此二者注飲酒云：賓席牖前，南面；主人席阼階上，西面；介席西階上，東面；衆賓席于賓席之西。其方其嚮，各得其正。但古人房室在堂之北，鄭謂惟天子諸侯有左右房，大夫士東房西室，無右房，若是則賓席牖前固當西北矣。然而實

逼西序，牆也。席西餘地無幾，何能容衆賓之席？陳用之云，鄉飲禮薦脯出自左房，

鄉射籩豆出自東房，大射宰胥薦脯醢由左房，夫鄉射，大夫禮，大射，諸侯禮，其言

相類，蓋言左以有右，言東以有西，則大夫士房室與諸侯同可知。如其言，則賓席

之西得容衆賓之席，乃得其解矣。

蕙田案：鄭康成謂天子諸侯左右房，大夫士東房西室而無右房，陳用之、萬斯大皆主士大夫有東西房之説。夫天子諸侯臺門兩觀，大夫士無之，此尊卑之差。若如右房，無之不爲卑，有之不爲僭，而何必無之？且吉凶之禮，多行于户牖之間，以其爲堂之正中也。設若果無西房，則户牖之前，乃堂之西偏而非正中矣。豈有行冠、昏諸大禮，不在于正中而在旁側者哉？況堂上則有東西楹，堂下則有東西階，門側則有東西塾，皆取其規制之正耳。若無西房，則無西楹并無西階矣。士喪禮弔者入，升自西階，有大賓則特拜之，即位于西階下，何以解之？且有西房，而後兩階之中爲中庭，西階之下爲中庭西。士喪禮甸人掘坎于階間，少西爲坄于西牆下。注：「中庭之西。」若無西房，則中庭以何者爲中，而又何有中庭之西耶？士喪禮皆饌于西序下，若無西房，則西序之前即正堂之前矣。正

室之前爲堂，方是時，衆婦人户外北面。注：「婦人户外堂上。」且君使人弔，君使人襚，皆在堂上行事，何地可容貝以下之諸饌乎？竹杠長四尺，置于宇西階上，既無西房，則宇西階上何地？種種皆不可解，豈復成其規制乎哉？蓋西房之名，不多見于禮經者。禮，東爲主位，西爲賓位，故主人主婦薦自左房，而賓受享自西階升受，負右房而立。主禮之及于房中者多，而賓禮之及于房中者少，故略而不及耳。大射儀及鄉飲酒記言左房，注疏以爲即東房；聘禮賓受圭，退負右房而立，則右房是西房也。賈疏謂于正客館，故有右房。敖君善謂卿館于大夫，而此云負右房，則大夫之家亦有左右房明矣，證佐最明。至郝仲輿又泥大夫無西房之説，謂此右房即東房。言右房者，升堂以東爲右，注疏謂西房，誤也。案郝于釋左房處，既謂之東房，此釋右房處，又謂之東房，是一東房而兼左右兩名，有是理乎？郝仲輿又謂堂後爲室，室西深入爲奥，是堂之西北也，故西不復得有房。案爾雅奥、屋漏、宧、窔俱室中四隅之名，故西南隅謂之奥，未聞堂之西北爲奥也。邢疏古者爲室，户不當中而近東，則西南隅最爲深隱，故謂之奥。今以室西深入爲奥，而旁侵堂西北之地，是未明乎室之制但在堂北中央，而奥之位止在室之西南隅也。其誤甚矣！

又案：以上左右房接于正室兩邊者也。

儀禮特牲饋食禮記：宗婦北堂，東面，北上。注：北堂，中房而北。疏：謂房中半以北爲北堂也。

士昏禮記：婦洗在北堂，直室東隅，篚在東，北面盥。注：洗在北堂，所謂北洗。北堂，房中半以北。洗南北直室東隅，東西直房户與隅間。疏：房與室相連爲之房，無北壁，故得北堂之名，故云「洗在北堂」也。云「北堂，房半以北」者，以其南堂是户外，半以南得堂名，則堂是户外之稱，則知此房半以北得堂名也。知房無北户者，見上文云「尊于房户之東」，房有南户矣。燕禮、大射皆云羞膳者升自北階，立于房中。不言入房，是無北壁而無户，是以得設洗直室東隅也。云「洗南北直室東隅」者，是南北節也。云「東西直房户與隅間」者，是東西節也。

有司徹：酌，致爵于主婦。主婦北堂。

大射儀：工人、士與梓人升自北階。卒畫，自北階下。司宫埽所畫物，自北階下。注：工人、士、梓人、司宫，位在北堂下。疏：南方不見有其位，其人升降自北階，明位在北堂下也。

郝氏敬曰：北階，堂後階。

乃命執幕者。執幕者升自西階，立于尊南，北面，東上。注：羞膳者由堂東升自北階，立于房，西面，南上。不言命者，不升堂，略之。

朱子釋宫：房中半以北曰北堂，有北階。士昏禮記婦洗在北堂，直室東隅，注曰：北堂，房中半以北。賈氏曰：房與室相連爲之房，無北壁，故得北堂之名。案特牲饋食禮記尊兩壺于房中西墉下，南上。内賓立于其北，東面，南上。宗婦北堂，北上。内賓在宗婦之北，乃云北堂。又婦洗在北堂而直室東隅，是房中半以北爲北堂也。婦洗在北堂，而士虞禮主婦洗足爵于房中，則北堂亦通名房中矣。大射儀工人、士與梓人升，下自北階。注曰：「位在北堂下。」則北階者，北堂之階也。

蕙田案：以上房内北堂。儀禮所載，皆主東房爲之，蓋主人主婦位在東也。詩衛風「焉得諠草，言樹之背」，傳：「背，北堂也。」疏：「背者，向北之義。」豈男子居恒常在奥，而婦人常在北堂歟？北階即北堂之階，其西房之制不可考矣。

又案：以上東房西房。

儀禮聘禮：西夾六豆，設于西墉下，北上。六壺，西上，二以並，東陳。注：東陳在北墉下。饌于東方亦如之。注：東方，東夾室。堂上之饌八，西夾六。注：八、六者，豆數也。

公食大夫禮：大夫立于東夾南。　宰東夾北。

禮記雜記：成廟則釁之。門、夾室皆用雞，先門而後夾室。割雞，門當門，夾室中室。疏：門，廟門也。夾室，東西廂也。

內則：大夫七十而有閣。天子之閣，左達五，右達五。公、侯、伯于房中五，大夫于閣三。注：閣以板爲之，庋食物也。達，夾室，大夫言于閣，與天子同處〔一〕。疏：宫室之制，中央爲正室，正室左右爲房，房外有序，序外有夾室。天子尊，庖厨遠，故左夾室五閣，右夾室五閣。諸侯卑，庖厨宜稍近，減降于天子〔二〕，惟在一房之中而五閣也。大夫既卑無嫌，故亦于夾室而閣三也。

方氏慤曰：夾室以自是而夾于外，故謂之達。

陸氏佃曰：堂上爲達。公、侯、伯于房中，下天子也。左達，左夾室前堂。右達，右夾室前堂。

朱子釋宫：序之外謂之夾室，公食大夫禮大夫立于東夾南，注曰：東于堂。賈氏曰：序以西爲正堂，序東有夾室。今立于堂下，當東夾，是東于堂也。又案公食

〔一〕「處」，諸本作「文」，據禮記正義卷二八改。
〔二〕「減」，諸本作「故」，據禮記正義卷二八改。

禮辛東夾北，西面，賈氏曰：位在北堂之南，與夾室相當。特牲饋食禮豆、籩、鉶在東房，注曰：東房，房中之東，當夾北。則東夾之北通爲房中矣。室中之西與右房之制無明文，東夾之北爲房中，則西夾之北蓋通爲室中。其有兩房者，則西夾之北通爲右房也歟？

蕙田案：夾室之制，孔安國謂房與夾室實同而異名，鄭康成又謂房當夾室之北，非也。尚書顧命明分西夾與西房爲二，孔氏何得合而一之？房之南，即堂之東西空處，疏謂序中半以南乃得堂稱，堂上行事，非專一所，近户則爲户東户西，近房則言房外之東、房外之西，康成何得云夾在房南乎？夾室在序之兩旁，當以賈氏公彦之疏爲定。其士喪禮「襲絰于序東」之疏云：序牆之東，當東夾之前。又公食大夫禮「賓升，大夫立于東夾南」之疏云：序以西爲正堂，序東有夾室。又「公許賓，升，公揖，退于廂」之疏云：室有東西廂曰廟，其夾皆在序外。是也。蓋夾室與房，一在序外，一在序内，不相混也。乃郝仲輿又謂夾室在庭之兩旁，東西相向，與堂不屬。萬氏斯同謂顧命明言西夾南向，則夾非東西相向可知矣。禮，祖宗之祧主皆藏于夾室，以其在序之兩旁，故可藏于此。若在庭之左右，則是子孫儼然居上，而坐祖宗于堂下矣，有是理乎？夾室與左右房並在堂北，何云與堂不屬乎？陳用之謂房之南有東西夾室，亦同鄭氏之誤。不知夾室之前亦謂堂，内則謂之左達、右達。山陰陸氏謂堂上爲達，左達左夾室前堂，右達右夾室前堂，是也。内則又謂大夫于閣三，是大夫兼有夾室，不特有左右房而已。

又案：以上東西夾室。

右廟中房室之制

五禮通考卷六十一

吉禮六十一

宗廟制度

堂制

周禮春官司几筵：凡大朝覲、大饗射，凡封國、命諸侯，王位設黼依〔一〕。注：斧謂之黼，其繡白黑采，以絳帛爲質。依，其制如屏風然。疏：屏風之名，出于漢世。鄭以今曉古，故舉屏風而爲況也。孔注顧命，其置竟户牖間。竟，終也。户牖間狹，故置之終滿户牖間也。筵國賓于牖前。

〔一〕「依」，原作「衣」，據光緒本、儀禮注疏卷二〇改。

儀禮覲禮：天子設斧依于户牖之間，左右几。天子衮冕，負斧依。注：依，如今綈素屏風也。有繡斧文，所以示威也。斧謂之黼。天子衮冕南面而立，以俟諸侯見。疏：爾雅「户牖之間謂之扆」，以屏風爲斧文，置于依地。孔安國顧命傳云「扆，屏風，畫爲斧文，置户牖間」是也。白與黑謂之黼。

士虞禮：佐食無事，則出户，負依南面。注：户牖之間謂之依。疏：此爾雅文，謂户西南面也。

書顧命：狄設黼扆、綴衣。傳：狄，下士。扆，屏風，畫爲斧文，置户牖間。復設屋帳，象平生所爲。疏：釋宫云：「牖户之間謂之扆。」李巡曰：「謂牖之東户之西爲扆。」郭璞曰：「窗東户西也。」禮云『斧，扆者』，以其所在處名之。」郭璞又云：「禮有斧扆，形如屏風，畫爲斧文，置于扆地，因名爲扆。」是先儒相傳黼扆者，屏風，畫爲斧文，在于户牖之間。考工記云：「畫繢之事，白與黑謂之黼。」是用白黑畫屏風置之于扆地，故名此物爲黼扆。

爾雅釋宫：牖户之間謂之扆。

書顧命：牖間南嚮，敷重篾席。疏：「牖」，謂窗也。「間」者，窗東户西户牖之間也。周禮司几筵云：「凡大朝覲、大饗射，凡封國、命諸侯，王位設黼扆，扆前南向設席。」彼所設者，即此坐也。户牖之間謂之扆。彼言扆前，此言牖間，即一坐也。又覲禮，天子待諸侯，設斧依於户牖之間。彼在廟，此在寢，其牖間之坐則同。

儀禮士昏禮：贊醴婦，席于户牖間。注：室户西牖東〔一〕，南面位。疏：以其賓客位于此，是以禮子禮婦，皆于此尊之故也。

鄉飲酒禮：乃席賓。注：賓席牖間，南面。

朱子釋宫：户牖之間謂之依。郭氏曰：「窗東户西也。」覲禮斧扆亦以設之于此而得扆名。士昏禮注曰：户西者，尊處。以尊者及賓客位于此，故又曰客位。

陳氏禮書：黼或作斧。扆或作依。則依欲其有所依，黼明其有所斷也。舊圖從廣八尺，畫斧無柄，設而不用之意。朝于寢，覲于廟，射于郊學，朝于明堂，皆于户牖之間設之。其制，則左右有張容焉。荀卿曰：居則設張容負扆〔二〕。容之爲物，蓋若唱射之容。爾雅曰容謂之防，郭璞謂如曲屏風。觀此，則天子張容之制可知矣。然禮言負黼扆，則張容不畫黼矣。詩曰「既登乃依」，士虞禮佐食無事，出户，負扆南面，蓋諸侯至士皆有依焉。或畫或否，不可考也。掌次「王大旅上帝，張氈案，設皇

〔一〕「室」，諸本作「設」，據儀禮注疏卷五改。
〔二〕「張」，諸本在「負」下，據陳氏禮書卷四五乙正。

邸」，鄭司農曰：「皇，羽覆上。邸，後版也。」鄭康成謂：「後版，屏風與？染羽，象鳳羽色而爲之。」孔穎達謂：「大方版于坐後。」此不在寢廟，無扆，不得云扆，故別名皇邸。然皇邸非扆類也，其説誤矣。

蕙田案：以上扆户牖間。人君之制，則設黼依于此。士大夫設賓席焉，尊賓也。

燕禮：司宫筵賓于户西，東上。

士昏禮：主人筵于户西，西上，右几。

士冠禮：賓受醴于户東。

聘禮：主人立于户東，祝立于牖西。堂上八豆設于户西。注：户，室户也。夫人歸禮，堂上籩豆六，設于户東。

朱子釋宫：户東曰房户之間。士冠禮注曰：「房西室户東也。」寢廟以室爲主，故室户專得户名。凡言户者，皆室户。若房户，則兼言房以別之。大夫士房户之間，于堂爲東西之中。案詩正義曰：「鄉飲酒義云：『尊于房户之間，賓主共之。』由無西房，故以房與室户之間爲中也。」又鄉飲酒禮席賓于户牖間，而義曰賓坐于西北，則大夫士之户牖間在西，而房户間爲正中，明矣。人君之制，經無明證。案釋宫曰：「兩階間謂之鄉。」郭氏曰：「人君南鄉，當階間。」則人君之室正中，其西爲右房，而户牖間設扆處正中矣。又案詩斯干曰：「築室百堵，西南其户。」箋曰：「天子之寢左右房，異于一房者之室户也。」正義曰：「大夫惟有一東房，故室户偏東，與房相近。」天子諸侯既有右房，則室當在其中，其户正中，比一房之室户爲西，當考。

蕙田案：以上户東、户西、牖西、户東。正室外近東房之處，户西則中也，故筵賓户西兼户牖而言，則曰户牖間，省文，則但曰户西也。牖西則近西房矣。朱子以房户間爲正中，夫房與室户之中則有楹矣，豈成規制？鄭注所以不可從也。

公側襲，受玉于中堂與東楹之間。注：中堂，南北之中也。入堂深，尊賓事也。東楹之間，亦以君行一，臣行二。疏：凡廟之室堂皆五架，棟南面皆有兩架，棟北一架，下有壁，開户。棟南一架，謂之楣。則楣北有二架，楣南有一架。今于當楣北面拜訖，乃更前北侵半架，于南北之中乃受玉，故云「南北之中」，乃「入堂深，尊賓事」故也。云「東楹之間，亦以君行一，臣行二」者，兩楹之間爲賓主處中，今乃于東楹之間，更侵東半間，故云「君行一，臣行二」也。振幣進授，當東楹北面。受幣堂中西，北面。注：堂中西，中央之西。受幣于楹間。注：敵也。

士昏禮：授于楹間，南面。注：授于楹間，明爲合好。疏：楹間，謂兩楹之間。凡賓主敵者，授于楹間。非敵者，不于楹間。是以聘禮賓覿大夫云「受幣于楹間，南面」，鄭注云：「授幣于楹間，敵也。」聘禮又云：「公側襲，受玉于中堂與東楹之間。」鄭注云：「東楹之間，亦以君行一，臣行二。」至禮賓及賓私覿，皆云「當東楹」，是尊卑不敵，故不于楹間也。今使者不敵，而云楹間，故云「明爲合好」也。

鄉射禮：司正由楹内適阼階上，遂立于楹間以相拜。注：楹内，楹北。相，謂贊主人。

鄉射禮記：射自楹間。注：楹間，中央東西之節也。

鄉飲酒禮：介揖讓升，授主人爵于兩楹之間。注：就尊南授之。疏：以上云尊于房户間，當兩楹之北，故云「就尊南授之」也。

禮記檀弓：夫子曰：殷人殯于兩楹之間，則與賓主夾之也。

儀禮鄉飲酒禮：主人坐奠爵于西楹南，介右。主人坐取爵于西楹下。

燕禮：司宫尊于東楹之西。

詩小雅斯干：有覺其楹。疏：有覺然高大者，其宫寢之楹柱也。何氏楷曰：楹謂之柱。説文云：「楹之言盈，盈然對立之貌。」

朱子釋宫：堂之上東西有楹。楹，柱也。古之築室者以垣墉爲基，而屋其上，惟堂上有兩楹而已。楹之設，蓋于前楣之下。案鄉射禮曰：「射自楹間。」注曰：「謂射于庠也。」又曰：「序則物當棟，堂則物當楣。物，畫地爲物，射時所立處也。堂謂庠之堂也。」又曰：「豫則鉤楹内，堂則由楹外，當物，北面揖。」豫即序也。鉤楹，繞楹也。物當棟而升射者，必鉤楹内，乃北面就物，則棟在楹之内矣。物當楣而升射者，由楹外，北面就物。又鄭氏以爲物在楹間，則楹在楣之下也。又案釋宫曰：「梁上楹謂之棁。」棁，侏儒柱也。梁，楣也。侏儒柱在梁之上，則楹在楣之下又可知矣。

堂東西之中曰兩楹間，公食大夫禮：「致豆實陳于楹外，簠簋陳于楹内。」兩楹間言楹内外矣，又言兩楹間。知凡言兩楹間者，不必與楹相當，謂堂東西之中爾。南北之中曰中堂。聘禮受玉于中堂與東楹之間，注曰：「中堂，南北之中也。」入堂深，尊賓事也。」賈氏曰：「後楣以南爲堂。堂凡四架，前楣與棟之間爲南北堂之中。公當楣拜訖，更前北侵半架受玉，故曰入堂深也。」案東楹之間侵近東楹，非堂東西之中，而曰中堂，則中堂爲南北之中明矣。又案士喪禮注曰：「中以南謂之堂。」賈氏曰：「堂上行事，非專一所。若近户，即言户東、户西；近房，則言房外、房東；近楹，即言東楹、西楹；近序，即言東序、西序；近階，即言東階、西階；其堂半以南無所繼屬者，即以堂言之，『祝淅米于堂』是也。」

蕙田案：以上中堂兩楹間。中堂即堂中，蓋南北東西之中。兩楹間則稍南矣。

儀禮士冠禮：將冠者出房，南面。注：南面立于房外之西。疏：知在房外之西，不在東者，以房外之東當阼階，是知房外者皆在房外之西，故昏禮「女出于母左」，母在房外之西，故得出時在母左也。庶子冠于房外，南面，遂醮焉。注：房外，謂尊東也。不于阼階，非代也。不醮于客位，成而不尊。疏：尊東者，以陳尊在房户間故也〔一〕。

士昏禮：席于房外，南面，姑即席。注：房外，房户外之西。疏：知房外是房户外之西者，以其舅在阼，阼當房户之東。若姑在房户之東，即當舅之北，南面向之不便。又見下記云「父醴女而俟迎者，母南面于户外，女出于母左」，以母在房户西，故得女出于母左，是以知此房外亦房户外之西也。

士昏禮記：父醴女而俟迎者，母南面于房外。注：女既次純衣，父醴之于房中，南面，蓋

〔一〕「陳」，諸本作「成」，據儀禮注疏卷二改。

母薦焉，重昏禮也。

士冠禮：尊于房户之間。注：房户間者，房西室户東也。

有司徹：司宫以爵授婦贊者于房東。注：房户外之東。

士昏禮：尊于房户之東。

鄉飲酒禮：尊兩壺于房户間。疏：凡設尊之法，但醴尊見其質，皆在房内，故士冠禮禮子，昏禮禮女，醴皆在房隱處。若然，聘禮禮賓尊于東廂、不在房者，見尊欲與卑者爲禮，相變之法。設酒之尊，皆于顯處見其文，是以此及醮子與鄉射、特牲、少牢、有司徹皆在房户之間是也。

鄉飲酒禮記：鄉人、士、君子尊于房户之間，賓主共之也。疏：鄉大夫等惟有東房，故設酒尊于東房之西，室房之東，在賓主之間，示賓主之共有此酒也。酒雖主人之設，賓亦以阼主人，故云賓主共之也。

吴氏紱曰：孔、賈所據，以爲大夫士無西房，惟東房而西室者，執此鄉飲酒文耳，固無他佐證也。然所云坐賓于西北，與夫賓主夾尊者，中室而東西有房，論賓主之大分，賓未嘗不在西北，未嘗不與主夾尊也。且西房之外，三賓之席在焉，此寧不爲西北之賓坐耶？而執此以爲士大夫無西房，愚未之敢信也。

朱子釋宫：房户之西曰房外。士昏禮記母南面于房外，女出于母左。士冠禮尊于房户之間，若庶子則冠于房外，南面，注曰「謂尊東也」，是房户之西得房外之名也。房之户于房南壁，亦當近東。案士昏禮注曰：「北堂在房中半以北。洗南北直室東隅，東西直房户與隅間。」隅間者，蓋房東西之中兩隅間也。房中之東，其南爲夾，洗直房户而在房東西之中，則房户在房南壁之東偏可見矣。

吴氏紱曰：庶子冠于房外，外即房户之間是也。但設席則近房，設尊則近户耳。房户則當房之中。朱子經傳通解注云「房户當南壁東西之中」是也。釋宫云近東者，非定論。又案：房户外之東曰房東。有司徹「司宫以爵授婦贊者于房東」，注云「房户外之東」。士昏禮「尊于房户之東」，士喪禮「君視大斂，祝負墉，南面」，皆謂房外之東也。則房户當東西之中而不偏東彌可見矣。

蕙田案：以上房外、房户東、房户間。房户居東房南壁之中，房外即房户間，室户之東而房户之西也。朱子謂房户在房南壁之東偏，吴氏謂當東西之中而不偏東，吴氏説近是。房户東則直阼階矣。

儀禮士冠禮：主人玄端爵韠，立于阼階下，直東序，西面。注：堂東西牆謂之序。疏：直，當也。謂當堂上東序牆也。主人升，立于序端，西面。賓西序，東面。主人之贊者筵于東序，少北，西面。注：東序，主人之位也。

鄉射禮記：西序之席，北上。疏：衆賓之席繼賓以東，西上。今謂衆賓有東面者，則北上非常，故記之也。賓與大夫之弓倚于西序，主人之弓矢在東序東。

士喪禮：皆饌于西序下，南上。注：東西牆謂之序，中以南謂之堂。疏：云「中以南謂之堂」者，謂于序中半以南乃得堂稱，以其堂上行事非專一所。若近户，即言户東、户西；若近房，即言房外之東、房外之西；若近楹，即言東楹、西楹；若近序，即言東序下、西序下；若近階，即言東階、西階；若自半以南無所繼屬者，即以堂言之，即下文「淅米于堂」是也。其實房外、户外皆是堂，故論語云「由也升堂矣，未入于室也」。

書顧命：西序東嚮，敷重底席。東序西嚮，敷重豐席。傳：東西廂謂之序。疏：「東西廂謂之序」，釋宫文。

蕙田案：釋宫本作「牆」，孔傳作「廂」，誤。

儀禮士冠禮：孤子冠之日，主人紒而迎賓，拜，揖讓，立于序端。疏：主人升堂，立東序端，賓升，立西序端。

鄉飲酒禮：主人坐奠爵于篚，興，對。賓復位，當西序，東面。

朱子釋宫：堂之東西牆謂之序，郭氏曰：所以序别内外。

蕙田案：以上東序、西序、序端。

公食大夫禮：大夫立于東夾南，西面，北上。注：東夾南，東西節也。取節于夾，明東于堂。疏：序已西爲正堂，序東有夾室。今大夫立于夾室之南，是東于堂也。小臣東堂下，南面，西上。宰東夾北，西面，南上。疏：「宰東夾北，西面，南上」者，謂在北堂之南，與夾室相當，故云夾北也。

蕙田案：公食大夫禮大夫立于東夾南，若如陳氏禮書以房之南爲夾室，則東夾南即東堂下，當與小臣同辭矣。

書顧命：西夾南嚮。傳：西廂夾室之前。疏：下傳云「西房，西夾坐東」，「東房，東廂夾室」，然則房與夾室實同而異名。天子之室有左右房，房即室也。以其夾中央之大室，故謂之夾室。此坐在西廂夾室之前，故繫夾室言之。

蕙田案：孔疏非是。

儀禮公食大夫禮：賓升，公退揖于廂。

覲禮記：几俟于東廂。注：東廂，東夾之前。

聘禮記：醴尊于東廂。

爾雅釋宫：室有東西厢曰廟，無東西厢有室曰寢。注：夾室前堂。但有大寢。疏：凡大室，有東西厢夾室及前堂有序牆者曰廟，但有大室者曰寢。

儀禮大射儀：小射正授弓、拂弓〔一〕，皆以俟于東堂。小臣正退俟于東堂。射器皆入。君之弓矢適東堂，賓之弓矢與中、籌、豐，皆止于西堂下。賓之矢，則以授矢人于西堂下。

書顧命：一人冕，執劉，立于東堂。一人冕，執鉞，立于西堂。傳：立于東西厢之前堂。疏：鄭玄云：「序内半以前曰堂。」謂序内簷下，自室壁至于堂簾，中半以前總名爲堂。此立于東堂、西堂者，當在東西厢近階而立，以備升階之人也。一人冕，執鋭，立于側階。傳：側階，北下立階上。疏：東厢西厢，必有階上堂，知此立于東西堂之階上也。鄭、王皆以側階爲東下階也，然立于東垂者已在東下階上，何由此人復共並立？故傳以爲「北下階上」，謂堂北階，北階則惟堂北一階而已。側猶特也。

禮記雜記：夫人至，入自闈門，升自側階。

朱子釋宫：夾室之前曰厢，亦曰東堂、西堂。覲禮記注曰：「東厢，東夾之前，

〔一〕「拂」，諸本作「佛」，據儀禮注疏卷一六改。

相翔待事之處。」特牲饋食禮注曰：「西堂，西夾之前，近南耳。」賈氏曰：「即兩廂也。」釋宮曰：「室有東西廂曰廟。」郭氏曰：「夾室前堂是東廂，亦曰東堂，西廂亦曰西堂也。」釋宮又曰：「無東西廂有室曰寢。」案書顧命疏寢有東夾、西夾，士喪禮死于適寢，主人降，襲經于序東，注曰：「序東，東夾前。」則正寢亦有夾與廂矣。釋宮所謂無東西廂者，或者謂廟之寢也歟？凡無夾室者，則序以外通謂之東堂、西堂。案鄉射禮主人之弓矢在東序東，大射儀君之弓矢適東堂，大射之東堂，即鄉射之東序東也。此東西堂，堂各有階。案雜記夫人奔喪，升自側階，注曰：「側階，旁階。」奔喪曰：「婦人奔喪，升自東階。」注曰：「東階，東面階。」東面階則東堂之階，其西堂有西面階也。東堂下、西堂下曰堂東、堂西。大射儀賓之弓矢止于西堂下，其將射也，賓降取弓矢于堂西，堂西即西堂下也。特牲饋食禮「主婦視饎爨于西堂下」，記曰「饎爨在西壁」，則自西壁以東皆謂之西堂下矣。又案大射儀執冪者升自西階，注曰「羞膳者從而東，由堂東升自北階，立于房中」，則東堂下可以達北堂也。

顧氏棟高曰：特牲几席兩敦在西堂，注云：西夾以前，近南。疏云：案爾雅注夾室前謂之廂，此云在西堂，在西廂耳。又公食大夫賓升，將飯，公揖，退于廂。注云：夾室前俟事之處。則廂爲夾室之前，堂之左右無疑也。以其在東西序外，故亦名東堂、西堂耳。萬充宗乃不取此，别圖于堂下爲小屋，東西相向，不經之甚。古人堂下别無屋。案爾雅有東西厢曰廟，無東西厢有室曰寢。邢疏以廟之後寢言之，非也。寢即正寢耳。廟之夾室，與前隔斷，别名其外曰東西厢，亦曰東西堂。寢則直連，不别名厢，通謂之東西夾室。所以然者，廟之夾室，以藏祧主，不容一直，故須隔斷，隔斷便有户。若寢，則無嫌直開。尚書西夾南向，孔傳亦云西厢夾室之前，明即寢内西堂之地，與牖間東西序相望者，故須陳設以爲觀美，若如廟中隔斷，用户相通，此係隱奧之處，又何須陳設儀物乎？此寢廟夾室一直與隔斷之明證也。

蕙田案：東西夾皆南向，其階在兩旁。房之北有北階，房有左右，而北階則惟一。崑山徐氏訂正寢廟之圖甚明，然以側階列于南向則誤，又不列北階亦未爲完備。

又案：以上東夾南、西夾南，即東厢、西厢，東堂、西堂。又側階。

右堂制

堂室屋宇之制

儀禮士昏禮：賓升西階，當阿，東面致命。注：阿，棟也。入室深，示親親。今文「阿」爲

「庪」。　疏：案鄉飲酒、聘禮皆云「賓當楣」，無云「當阿」者，獨此云「當阿」，故云「示親親」也。凡士之廟，五架爲之，棟北一楣下有室户，中脊爲棟，棟南一架爲前楣，楣前接簷爲庪。鄉射記云：「序則物當棟，堂則物當楣。」故云是制五架之屋也。鄉大夫射于庠，庠則有室，故物當前楣。士射于序，序則無室，故物當棟。此士之廟，雖有室，其棟在室外，故賓得深入當之也。

鄉射禮記：序則物當棟，堂則物當楣。注：是制五架之屋也。正中曰棟，次曰楣，前曰庪。　疏：五架之屋，庠序皆然，但有室無室爲異。

吴氏紱曰：五架者，舉其欜數言之也。其地四架而已，蓋南北分爲四段，以爲行禮之節。其實屋深、架寬、欜數必不止于此。據多士傳士廣三雉，以二雉爲内。其廣九丈，則深當七丈二尺，分爲四架，每架一丈八尺，加峻四尺五寸，一椽長二丈二尺五寸，亦以二架爲一架矣。序無室必不然之説也。無室則亦無房，豆籩無所置之，而記所云出自東房者爲長語矣。

鄉飲酒禮：主人阼階上當楣，北面再拜。賓西階上當楣，北面答拜。注：楣，前梁也。　疏：「楣，前梁也」者，對後梁爲室户。

聘禮：公當楣再拜。

禮記内則：妻抱子出自房，當楣立，東面。

蕙田案：以上棟、楣、庪。凡云當楣，皆謂前梁。

明堂位：山節，藻棁，復廟，重檐，天子之廟飾也。注：山節，刻欂盧爲山也〔一〕。藻棁，畫侏儒爲藻文也。復廟，重屋也。重檐，重承壁材也。疏：「復廟」者，上下重屋也。重檐，謂就外檐下壁復安板檐，以辟風雨之洒壁，故云重檐承壁材。

禮器：管仲鏤簋朱紘、山節藻棁，君子以爲濫矣。注：栭謂之節。梁上楹謂之棁。宫室之飾，士首本，大夫達棱，諸侯斲而礱之，天子加密石焉。無畫山藻之禮也。疏：山節謂刻柱頭爲斗栱，形如山也。「藻棁」者，謂畫梁上短柱爲藻文也。此天子廟飾。

春秋莊公二十四年穀梁傳：刻桓公桷。禮，天子之桷，斲之礱之，加密石焉。諸侯之桷，斲之礱之。大夫斲之，士斲本。刻桷，非正也。

釋文：方曰桷，圓曰椽。斲，削也。

國語晉語：天子之室，斲其椽而礱之，加密石焉。諸侯礱之，大夫斲之，士首之。

詩魯頌閟宫：松桷有舄。傳：桷，榱也。舄，大貌。

〔一〕「欂」，原作「欂」，據光緒本、禮記正義卷三一改。

春秋桓公十四年左氏傳：宋伐鄭，以大宫之椽歸，爲盧門之椽。

釋文：椽，榱也。圓曰椽，方曰桷。說文云：周謂之椽，魯謂之桷。

何氏楷曰：桷，說文云：榱也。秦謂之榱，周謂之椽，魯謂之桷。劉熙云：桷，确也，其形細而疏确也。或謂之椽，椽，傳也，相傳次而布列也。或謂之榱，在櫺房下列，衰衰然垂也。

易漸卦：六四：或得其桷。

何氏楷曰：桷者，椽也。淮南子云：曲木不可以爲桷。

蕙田案：以上節、棁、桷。

儀禮士喪禮：爲銘，竹杠長三尺，置于宇西階上〔一〕。注：宇，梠也。

詩豳風：八月在宇。疏：蟋蟀八月在堂宇之下。

何氏楷曰：宇，韓詩云：屋霤也。陸德明云：屋四垂爲宇。說文以爲屋邊也。

〔一〕「上」，諸本作「下」，據儀禮注疏卷三五改。

釋名云：宇，羽也〔一〕，如鳥羽翼自覆蔽也。

儀禮士冠禮：設洗直于東榮。注：榮，屋翌也。周制，自卿大夫以下，其室皆爲夏屋。疏：屋翌，即今之摶風。云榮者，與屋爲榮飾；言翌者，與屋爲翅翌也。云「周制，自卿大夫以下，其室爲夏屋」者，言周制也。夏殷卿大夫以下屋無文，故此經是周法，即以周制而言也。案此經是士禮，而云榮，鄉飲酒卿大夫禮，鄉射、喪大記大夫士禮，皆云榮。又案匠人云：「夏后氏世室，堂修二七，廣四修一，五室。」此謂宗廟。路寢同制，則路寢亦然。雖不云兩下爲之，彼下文云殷人重屋、四阿，鄭云：四阿，四注重屋。屋謂路寢。殷之路寢四阿，則夏之路寢不四阿矣。當兩下爲之，是以檀弓孔子云：「見若覆夏屋者矣。」鄭注云：夏屋，今之門廡。漢時門廡也，兩下爲之，故舉漢法以況。夏屋兩下爲之，或云兩下屋爲夏屋。夏后氏之屋亦爲夏屋。鄭云卿大夫以下其室爲夏屋兩下，而周之天子諸侯皆四注，故喪大記云「升自屋東榮」，鄭以爲卿大夫士，其天子諸侯當言東霤也。周天子路寢，制似明堂五室十二堂，上圓下方，明四注也。諸侯亦然。故燕禮云「洗當東霤」，鄭云：人君爲殿屋也。

鄉飲酒禮：設洗于阼階東南，南北以堂深，東西當堂榮。疏：榮在屋棟兩頭，與屋爲翌，若鳥之有翌。故斯干詩美宣王之詩云：「如鳥斯革，如翬斯飛。」與屋爲榮，故云榮也。

〔一〕「羽」，原作「内」，據光緒本、釋名疏證補卷五改。

蕙田案：鄉射同。

士喪禮：復者升自前東榮，降自後西榮。

禮記喪大記：復者升自東榮，降自西北榮。注：榮，屋翼。升東榮者，謂卿大夫、士也。天子、諸侯言東霤。疏：天子、諸侯四注爲屋，而大夫以下不得四注，但南北二注〔一〕，而爲直頭，頭即屋翼。復者升東翼而上也。賀瑒云：「以其體下于屋，故謂上下在屋，兩頭似翼，故名屋翼也。」

孟子：榱題數尺。注：榱題，屋霤也。

爾雅釋宫：杗廇謂之梁。其上楹謂之棁。閞謂之槉。栭謂之楶。桷謂之榱。桷直而遂謂之閲。直不受檐謂之交。檐謂之樀。注：梁，屋大梁也。棁，侏儒柱也。槉，柱上欂也，亦曰枅，又曰楮。楶即櫨也。榱，屋椽。閲，謂五架屋際椽正相當。交，謂五架屋際椽不直上檐，交于檼上。樀，屋梠。疏：梁即屋大梁也，一名杗。廇，楹柱也。其梁上短柱名棁。禮器云「藻棁」者，謂畫梁上柱爲藻文也。一名侏儒柱，以其短小故也。閞者，柱上木名也，又謂之槉，又名欂，亦名枅，柱上方木是也，又名楮，是一物五名也。栭，一名楶，即櫨也，皆謂斗栱也。禮器云「管仲山節」者，謂刻柱頭爲斗栱，形如山也。桷，屋椽也，一名榱梠。沈云：「齊魯名桷，周人名榱。」易曰：「鴻漸于木，或得其桷。」左傳

〔一〕「二注」，諸本作「一注」，據禮記正義卷四四改。

子産曰：「棟折榱崩。」屋椽長直而遂達五架屋際者名閲。郭云：「謂五架屋際椽正相當。」若其椽直不上于檐者名交，言相交于櫺上也。郭云：「謂五架屋椽不直上檐，交于櫺上。」屋檐，一名樀，一名屋梠，又名宇，皆屋之四垂也。故士喪禮曰「爲銘置于宇西階上」，鄭注云「宇，梠」是也。

陳氏禮書：明堂位曰：複廟重檐。爾雅曰：檐謂之樀。士喪禮爲銘置于宇西階上〔一〕，鄭氏曰：宇，梠也。説文曰：齊人謂之檐，楚人謂之梠。樀、宇、梠，同實異名也。夫轑末謂之宇，疆境亦謂之土宇，又謂之邊垂，則宇與垂皆檐之窮也，故轑末疆境取名焉。自屋言之曰檐，自堂言之曰垂。檐，亦作「⿵門詹」。

儀禮鄉飲酒禮：磬階間縮霤，北面鼓之。注：縮，從也。霤以東西爲從。疏：縮，從也。上當堂之南霤，南北節也。凡東西爲横，南北爲從。南霤則以東西爲從，謂之縮霤。

燕禮：設洗篚于阼階東南，當東霤。注：當東霤者，人君爲殿屋也，亦南北以堂深。疏：言東霤，明亦有西霤，對士大夫言東榮〔二〕，兩下屋故也。

禮記檀弓：季孫之母死，曾子、子貢弔焉，涉内霤。

〔一〕「上」，諸本作「下」，據儀禮注疏卷三五改。

〔二〕「東」，原作「者」，據光緒本、儀禮注疏卷一四改。

春秋宣公二年左氏傳：三進，及溜。疏：溜謂簷下水溜之處。入門伏而不省，起而更進，三進而及于君之屋溜，言迫于君之前。

朱子釋宫：人君之堂屋爲四注，大夫、士則南北兩下而已。士冠禮設洗直于東榮，注曰：榮，屋翼也。周制，自卿大夫以下，其室爲夏屋。燕禮：設洗當東霤。注曰：人君爲殿屋也。案考工記殷四阿重屋，注曰：四阿，若今之四柱屋。殷人始爲四柱屋，則夏后氏之屋南北兩下而已。周制，天子諸侯得爲殿屋，四柱；卿大夫以下但爲夏屋兩下。四柱則南北東西皆有霤，兩下則惟南北有霤，而東西有榮，是以燕禮言東霤，而大夫士禮則言東榮也。霤者，説文曰：屋水流也。徐鍇曰：屋檐滴處。榮者，説文曰：屋梠之兩頭起者爲榮。又曰：屋，齊謂之檐，楚謂之梠。郭璞注上林賦曰：南榮，屋南檐也。義與説文同。然則檐之東西起者曰榮，謂之榮者，謂屋之榮飾。謂之屋翼者，言其軒張如翬斯飛耳。士喪禮升自前東榮，喪大記降自西北榮，是屋有四榮也。門之屋，雖人君亦兩下爲之，燕禮之門内霤，則門屋之北霤也。凡屋之檐亦謂之宇。案士喪禮爲銘置于宇西階上，注曰：宇，梠也。説文曰：宇，屋邊也。釋宫曰：檐謂之樀。郭氏曰：屋梠。邢昺曰：屋檐一名樀，一名梠，又名宇，皆屋之四垂也。宇西階上者，西階之上，上當宇也。階之上當宇，則堂廉與坫亦當宇矣。特牲饋食禮「主婦視饎爨于西堂下」，注曰「南齊于坫」，其記又注曰「南北直屋梠」是也。階上當宇，故階當霤。鄉射禮記「磬階間縮霤」是也。霤以東西爲從，故曰縮霤。此霤謂堂之南霤也。

吴氏紱曰：屋榮之解兩下之屋，檐在前後，榮在兩旁，榮從而檐横。郭氏以南榮爲屋南檐，非也。蓋横亘乎棟上，而爲南北之界者，曰脊。脊之東西兩端盡處有鴟吻，各外鄉兩端之牆，爲全屋之扞蔽者，曰屋山。以其自屋外之東西視之，上鋭下闊，似山形也。榮在屋山之上，自鴟吻南北兩分，迤邐而下，或不盡檐，數尺而止，其崇與廣大約如屋脊而少殺，但脊平，而榮則高下如橋梁耳。因爲榮飾，亦爲升屋者，防衛使不顛踣也。

蕙田案：以上宇、榮、霤。吴氏解榮與舊不同，存參。

右堂室屋宇之制

屏

禮記明堂位：疏屏，天子之廟飾也。注：屏謂之樹，今桴思也。刻之爲雲氣蟲獸，如今闕上爲之矣。疏：疏，刻也，謂刻于屏，樹爲雲氣蟲獸也。漢時謂屏爲罘思，天子外屏，人臣至屏俯伏思念其事。則罘思小樓也，城隅、闕上皆有之。然則屏上亦爲屋以覆屏牆，故稱屏曰罘思。

爾雅釋宫：屏謂之樹。注：小牆當門中。

陳氏禮書：會有表，朝有著，祭有屏攝，皆明其位也。周禮太史祭之日，執書以次位常。左傳稱鄭火，子產使子寬、子上巡群屏攝，至于大宫。楚語曰：屏攝之位。韋昭曰：「屏，屏風也。攝如要扇。皆所以明尊卑，爲祭祀之位。近漢亦然。」鄭氏釋檀弓曰：翣，以布衣木，如攝與？釋喪大記曰：漢禮，翣以木爲筐，廣三尺，高二尺四寸，方兩角高，衣以白布，柄長五尺。是漢亦名翣，無攝也。

爾雅曰：門屏之間謂之宁。詩曰「俟我于著」，記言「天子春朝當宁而立」，則「著」、「宁」一也。大夫以簾，士以帷，則無屏矣。詩曰「俟我于著」，而大夫士與焉者，蓋簾帷之爲蔽限，亦謂之屏。

朱子釋宫：天子、諸侯門外之制，其見于經者，天子有屏，諸侯有朝。案覲禮，侯氏入門右，告聽事，出自屏南，適門西。注曰：天子外屏。釋宫曰：「屏謂之樹。」郭氏曰：小牆當門中。曲禮正義曰：天子外屏，屏在路門之外；諸侯內屏，屏在路門之内。此侯氏出門而隱于屏，則天子外屏明矣。釋宫又曰：門屏之間謂之宁。謂宁在門之内、屏之外，此屏據諸侯内屏而言也。

右屏

坫

儀禮士冠禮：爵弁、皮弁、緇布冠各一匴，執以待于西坫南，南面，東上。注：坫在堂角。疏：坫有二文，有一者謂若明堂位云「崇坫亢圭」，及論語云「兩君之好，有反坫」之等，在廟中有之，以亢反爵之屬。此篇之内言坫者，皆據堂上角爲名，故云堂角。

朱子釋宫：堂角有坫，士冠禮注曰：坫在堂角。賈氏釋士喪禮曰：堂隅有坫，以土爲之，或謂堂隅爲坫也。

士喪禮：牀笫夷衾饌于西坫南。

饌于東堂下。疏：凡設物于東西堂下者，皆南與坫齊，北陳之堂隅。有坫，以土爲之，或謂堂隅爲坫也。

既夕記：設棜于東堂下，南順，齊于坫。

大射禮：乃管新宫三終。卒管。大師及少師、上工皆東坫之東南，西面，北上，坐。小射正一人，取公之決拾于東坫上。以笥退奠于坫上。小射正以笥受決拾，退奠于坫上。

禮記内則：士于坫一。疏：士卑，不得作閣，但于室中爲土坫以庋食。

陸氏佃曰：士言于坫一，則凡閣用坫可知。

郝氏敬曰：閣高坫卑。閣，木爲之；坫，則土器，相似異名耳。

明堂位：反坫出尊，崇坫康圭。注：反坫，反爵之坫也。出尊，當尊南也〔一〕。惟兩君爲好，既獻，反爵于其上。禮，君尊于兩楹之間。崇，高也。康，讀爲「亢龍」之「亢」。又爲高坫，亢所受圭，奠于上焉。疏：「反坫」者，兩君相見，反爵之坫也。築土爲之，在兩楹間，近南。人君飲酒既獻，反爵于坫上，故謂之反坫也。「出尊」者，尊在兩楹間，坫在尊南，故云「出尊」。「崇坫康圭」者，崇，高也；亢，舉也，爲高坫，受賓之圭，舉于其上也。

方氏慤曰：坫，奠圭與爵之器也。反坫者，爵坫也。崇坫者，圭坫也。凡器仰之爲正，覆之爲反。反坫，所以覆爵也，故爵坫謂之反。崇坫，所以薦圭也，故圭坫謂之崇。反坫亦可以崇爵矣。獨于坫曰

〔一〕「南」，諸本作「面」，據禮記正義卷三一改。

崇者，措圭之時，無反覆之異故也。出尊者，爵坫在尊之外也。凡物内爲入，外爲出，故在尊外則曰出。康圭者，圭以坫而康也。凡物措之則康，故以措圭曰康圭。此皆天子之禮，故管仲反坫，君子以爲僭。

輔氏廣曰：反坫出尊，言其所在。崇坫康圭，言其所用。互備也。

郝氏敬曰：崇，高也。坫，所以閣。康，安也。圭，禮器。受賓之圭，安措高閣之上，防動摇也。

徐氏師曾曰：坫，築土爲之，在兩楹之間。兩君好會，獻酬飲畢，則反爵于其上。坫在廟，故亦于廟言之。尊在坫之南，迴露向外，故謂之出。崇，高也。康，安也。圭爵，禮器之重者，不可不謹，故爲高坫以康之，使無危墜之失。舊讀爲亢者，非。

論語：邦君爲兩君之好，有反坫。管氏亦有反坫。何解：鄭曰：「反坫，反爵之坫，在兩楹之間。與鄰國爲好會，其獻酬之禮更酌，酌畢，則各反爵于坫上。」邢疏：反坫，反爵之坫，在兩楹之間者。以鄉飲酒是鄉大夫之禮，于房户間。燕禮是燕己之臣子，故尊于東楹之西。若兩君相敵，則尊于兩楹間，故其坫在兩楹間也。熊氏云：主君獻賓，賓筵前受爵，飲畢，反虚爵于坫上，于西階上拜。主人于阼階上拜，賓答拜。是賓主飲畢，反爵于坫上也。而云「酌畢，各反爵于坫上」者，文不具耳。其實當飲畢。

朱注：好謂好會，坫在兩楹之間，獻酬飲畢，則反爵于其上。

大全古注圖說：坫以木爲之，高八寸，足高二寸，漆赤中。

蔡氏清曰：坫，受爵之器也。依注以木爲之，高約一尺，只在地，不如今人承以案。蓋古者地坐，未有椅桌。坫字從土，恐是瓦器。坫在兩楹之間，如今人把盞，置橐盞于廳前中央也。

郝氏敬曰：坫在堂下東西南隅，築土爲之。如士冠禮「爵弁、皮弁、緇布冠各一匴，執以待于西坫南」，是堂下西南隅也。又既夕記云「設棜于東堂下，南順，齊于坫」，是堂下東南隅也。坫有在堂上者，以木爲之，如大射禮「小射正取公之決拾于東坫上，卒射，小射正以笥受決拾，退奠于坫上」是也。明堂位云「反坫出尊，崇坫康圭，天子之廟飾也。」古者兩君相見必于廟，尊于兩楹間，反爵之坫在尊南，故曰出尊。又其南設高坫，安置君圭于上，曰崇坫。又房中庋食之閣亦謂坫，皆木也。坫，奠也，所以奠爵。或云高八寸，足高二寸，蓋豐類。古人飲饌席地，故設坫以奠爵。鄉飲酒、燕禮獻酬畢，皆反爵于堂下篚内。惟兩君相獻酬，則反爵于堂上之坫。今俗酒盞盤亦謂坫，制異而義同。爾雅垝謂之坫，俗呼小方几爲杌，音與垝近。坫，閣物之具，猶今几案之類。

逸周書作雒：乃立太廟、路寢、明堂，咸有四阿反坫。

陳氏禮書：坫者，以土爲之，其别有四。記曰「反坫出尊」，語曰「邦君爲兩君之好，有反坫」，此反爵之坫也。記曰「崇坫康圭」，此奠玉之坫也。記又曰「士于坫一」，此庋食之坫也。士冠禮「爵弁、皮弁、緇布冠各一匴，執以待于西坫南」，大射「將射，工遷于下東坫之東南」，士喪禮「牀第夷衾饌于西坫南」，既夕禮「設棜于東堂下，南順，齊于坫」，此堂隅之坫也。蓋兩君相見于廟，尊于兩楹之間，而反爵之坫出于尊南，故曰「出尊」。鄉飲酒是卿大夫禮，尊于房戶之間，燕禮燕其臣，尊于東楹之西，皆無坫。特兩君相見，尊于兩楹間，有坫，管仲有反坫，故孔子譏之。又于其南，爲之崇坫，以安玉焉，故曰「康圭」。庋食之坫在房，堂隅之坫在北陳。爾雅曰「垝謂之坫」，郭璞曰：坫，端也。北堂之隅之坫也。鄉飲、鄉射、燕禮皆奠爵于篚，則反爵于坫，特兩君相好之禮也。聘禮公受玉于中堂與東楹之間，賓出，公側授宰玉而不康之于坫，蓋亦兩君相見之禮也。鄭康成改康爲亢，非也。

蕙田案：儀禮鄉飲酒是卿大夫禮，尊于房戶間，獻酬畢，後反爵于篚内，無坫。燕禮是燕其臣，尊于東楹之西，獻酬畢後，亦反爵于篚内，無坫。唯兩君相見，尊于兩楹間，有坫。陳氏謂坫以土爲，聶氏謂坫以木爲，豈堂角之坫以土爲之，兩楹之坫以木爲之？存疑俟考。

爾雅：垝謂之坫。注：在堂隅。坫，端。疏：坫者，堂角也，一名垝。坫名見于經傳者有三。案禮記明堂位云「反坫出尊，崇坫康圭」，及論語「邦君爲兩君之好，有反坫」，此二者在兩楹之間，以土爲之，非此經所謂也。案既夕記云「設棜于東堂下，南順，齊于坫」，士冠禮云「爵弁、皮弁、緇布冠各一匴，以待于西坫南」，則此經所謂也。鄭注云坫在堂角，然則堂之東南角爲東坫，西南角爲西坫，故郭云：

「在堂隅。坫，端也。」端則端也，言坫是堂角端也。

聶氏崇義曰：坫以承爵，亦以承尊。若施之於燕射之禮則曰豐音豐。皆用豐年之豐，從豆爲形，以豐爲聲也。何者？以其時和年豐，穀豆多有，粢盛豐備，神歆其祀，人受其福也。故後鄭注云豐似豆而卑，都斲一木爲之，口圓微，侈徑，尺二寸，其周高厚俱八寸，中央直者與周通高八寸，横徑八寸，足高二寸，徑尺四寸，漆赤中，畫赤雲氣，亦隨爵爲飾。今祭器内無此豐坫，或致爵于俎上。

右坫

寢

周禮夏官隸僕：掌五寢之埽除糞洒之事。注：五寢，五廟之寢也。詩云：「寢廟繹繹。」前曰廟，後曰寢。　疏：引詩「寢廟繹繹」者，欲見前廟後寢，故云相連之貌也。案爾雅釋宫云：「有東西廂曰廟，無曰寢。」寢廟大況是同，有廂無廂爲異耳〔一〕。必須寢者，祭在廟，薦在寢，故立之也。案昭公十八

〔一〕「廂」，原作「廟」，據光緒本、周禮注疏卷三一改。

年鄭災，「簡兵大蒐，子大叔之廟在道南，其寢在道北」者，彼廟不在宮中，地隘，故廟寢別處也。

祭祀修寢。注：于廟祭寢，或有事焉。月令凡新物，先薦寢廟。疏：祭祀則在廟可知，復云修寢者，寢或有事，不可不修治之也。引月令「薦寢廟」者，欲見寢有事。彼薦只在寢，不在廟，連廟言者，欲見是廟之寢，非生人之寢故也。

大喪，復于小寢、大寢。注：小寢，高祖以下廟之寢也。始祖曰大寢。疏：隸僕職位卑小，故使之復于小寢也。以其高祖以下廟稱小〔一〕，始祖廟稱大，故寢亦隨廟爲稱也。

詩魯頌閟宮：路寢孔碩，新廟奕奕。

朱傳：路寢，正寢也。

黄氏佐曰：路寢在廟之後，所以藏衣冠。

輔氏廣曰：廟後之正寢，又甚宏大，則僖公所修之廟大矣。

商頌殷武：寢廟孔安。

朱傳：寢，廟中之寢也。

何氏楷曰：朱子云此蓋特爲百世不遷之廟，不在三昭三穆之數。寢成孔安者，高宗功德盛大，今

〔一〕「下」，原作「上」，據光緒本、周禮注疏卷三一改。

特爲别設寢廟，與太宗太甲、中宗太戊號爲三宗，既成，則人心甚安也。萬尚烈云高宗之寢廟，其成與不成，關係非小；倘不成，則一切俱不相安。今寢成如是，乃甚相安也。見得此寢廟之作，乃報功追遠之典，萬萬非所得已者也。

小雅楚茨：樂具入奏，以綏後禄。疏：以上章云「備言燕私」，故此即陳燕私之事。以祭時在廟，燕嘗在寢，故言祭時之樂皆復來入于寢而奏之。

朱傳：凡廟之制，前廟以奉神，後寢以藏衣冠。祭于廟而燕于寢，故于此將燕而祭時之樂皆入奏于寢也。

禮記月令：仲春之月，乃修闔扇，寢廟畢備。疏：廟是接神之處，其處尊，故在前。寢，衣冠所藏之處，對廟爲卑，故在後。但廟制有東西廂，有序牆，寢制惟室而已。

孟夏之月，天子乃以彘嘗麥，先薦寢廟。

春秋昭公八年左氏傳：子太叔之廟在道南，其寢在道北。

爾雅釋宫：室有東西廂曰廟，無東西廂曰寢。

陳氏禮書：詩曰「寢廟奕奕」，鄭氏釋周禮謂：「寢廟繹繹，相連貌也。」蓋古詩之文或作「繹繹」。又春秋之時，子太叔之廟在道南，其寢在道北，此古者前廟後寢之遺象也。漢自明帝詔遵儉約，無起陵寢，藏主于世祖廟更衣，自此魏立二廟，文帝之高祖處士、曾祖高皇、祖太皇帝共一廟，考太祖皇帝特一廟。晉、宋、齊、隋及唐皆一廟異室，非古制也。

朱子釋宮：寢之後有下室。士喪禮記士處適寢，又曰朔月若薦新，則不饋于下室，注曰「下室，如今之内堂。正寢聽事」。賈氏曰：「下室，燕寢也。」然則士之下室，于天子諸侯則爲小寢也。春秋傳曰：「子太叔之廟在道南，其寢在廟北。」其寢，廟之寢也。廟寢在廟之北，則下室在適寢之後可知矣。又案喪服傳曰：有東宮，有西宮，有南宮，有北宮，異宮而同財。内則曰：由命士以上父子皆異宮。賈氏釋士昏禮曰異宮者别有寢，若不命之士，父子雖大院同居，其中間亦隔别，各有門户。則下室之外又有異宮也。

禮經雖亡缺，然于覲見天子之禮，于燕、射、聘、食、見諸侯之禮，餘則見大夫士之禮，宫室之名制，不見其有異，特其廣狹降殺，不可考耳。案書顧命成王崩于路寢，其陳位也，有設斧扆，牖間南鄉，則户牖間也。西序東嚮，東序西嚮，則東、西序也。西夾南鄉，則夾室也。東房、西房，則左右房也。賓階面阼階，面則兩階前也。左塾之前、右塾之前，則門内之塾也。畢門之内，則路寢門也。兩階戺，則堂廉也。

東堂、西堂，則東西厢也。東垂、西垂，則東西堂之宇階上也。側階，則北階也。又曰：諸侯出廟門俟，則與士喪禮殯宫曰廟合也。然則鄭氏謂天子廟及路寢如明堂制者，蓋未必然。明堂位與考工記所記明堂之制度者，非出于舊典，亦未敢必信也。又案書多士傳曰：天子之堂廣九雉，三分其廣，以二爲内，五分内以一爲高，東房、西房、北堂各三雉；公侯七雉，三分廣，以二爲内，五分内以一爲高，東房、西房、北堂各一雉；伯、子、男五雉，三分廣，以二爲内，五分内以一爲高，東房、西房、北堂各一雉；士三雉，三分廣，以二爲内，五分内以一爲高，有室無房堂。注曰：廣，榮間相去也。雉，長三丈。内，堂東、西序之内也。高，穹高也。此傳説房、堂及室，與經亦不合，然必有所據，姑存之以備參考。

右寢

蔡氏德晉曰：宫室之制，四周有牆，前爲門屋，中于門屋爲門，門之闔者爲扉，兩扉之中有闑，亦謂之橛，蓋門中所竪短木在地者也。門限謂之閾，亦謂之柣。門兩旁木謂之棖，亦謂之楔。棖闑之間曰中門。夾門之堂謂之塾，門之東西皆有塾，一門而塾四，外二塾南向，内二塾北向。門宇下水處謂之霤，自門内霤至寢之堂下謂之庭，庭三堂之深，三分庭一，在北設碑，碑如堂深。庭必有碑，所以識日影、知陰陽也。廟則繫牲焉。自門內霤至堂階之途，謂之陳，在廟則謂之唐。升堂兩階東曰阼階，西曰賓階。兩階各在楹之外而近序，序之外東堂下、西堂下曰堂東、堂西。東堂下壁門有闈門，婦人出入由之。寢之制，其址曰堂基，四畔有棱曰堂廉，自南至北凡五架，自東至西凡五間，中脊一架曰棟，亦曰阿，次棟一架曰楣，次楣一架曰庪。自前庪至後楣四架，虚之爲堂。自後楣至後庪一架，實之爲室與房。以堂五間分言，其名則中間東西之中曰兩楹間，以前楣下東西有楹也。其南北之中曰中堂，近前曰兩階間，亦謂之鄉。近北曰户牖之間，亦謂之扆。左右兩間東間之前近楹處爲東楹之東，少東爲阼階上，又東爲東序，西間之前近楹處爲西楹之西，少西爲賓階上，又西爲西序，蓋堂之東、西牆謂之序也。序之前爲序端。又左右兩間在序之外曰東夾、西夾，亦曰東堂、西堂，又曰東廂、西廂。堂角有坫，以土爲之，東、西堂兩房各有階，東曰東下階，西曰西下階，總名側階。以室五間分言，其名則中間爲室，室之中西南隅謂之奥，西北隅謂之屋漏，東北隅謂之宧，東南隅謂之窔。户牖在室之南，户東而牖西，其北有壁曰北墉，左右兩間爲房，房户在南之正中，房中半以北曰北堂，無北壁。其北堂下有北階，又左右兩間爲夾室，亦名翌室。正寢之後謂燕寢，燕寢之後爲中門，亦曰内門，其後爲内宫，自天子至于大夫士一也。其尊卑之異等者，天子、諸侯臺門兩觀，天子五門，諸侯三門，大夫、士二門。天子外屏，諸侯内屏。大夫以簾，士以帷。天子之堂九尺，階九等；諸侯七尺，階七等；大夫五尺，階五等；士三尺，階三等。天子、諸侯殿屋四注，大夫、士夏屋兩下。天子山節，藻棁，復廟，重檐。天子、諸侯之楹黝堊，大夫蒼，士黈。天子之桷斲之，礱之，加密石焉；諸侯斲之，礱之；大夫斲之，士斲本。天子、諸侯寢在中，左祖而右社；大夫左廟而右寢。天子六寢，后六宮；諸侯三寢，夫人三宮；大夫、士二寢，妻二宮。此則等威之不容紊者也。

蕙田案：古者宗廟宮室之制，天子、諸侯建于中門之左，大夫、士左廟而右寢，四周有垣，朱子所謂「都宮」是也。都宮之内，天子七廟，諸侯五，大夫三，士二，皆南向。昭在左，穆在右。每一廟則爲三屋，天子、諸侯殿屋，大夫、士夏屋，殿屋霤四注，夏屋前後兩下也。第一屋爲廟門。士冠禮「筮于廟門」，周禮閽人「蹕宮門、廟門」是也。屋五間，中一屋爲門。考工記「廟門容大扃七个」，鄭注：「大扃，牛鼎之扃，長三尺。七个，二丈一尺也。」門東西之堂謂之塾，内外四，外二南向，内二北向。士冠禮「具饌于西塾」，擯者玄端，負東塾」，顧命「先輅在左塾之前，次輅在右塾之前」是也。門内宇下謂之霤。燕禮「賓所執脯以賜鐘人于門内霤」是也。自門内霤至堂階之宇下謂之庭。特牲禮「佐食北面〔一〕，立于中庭」，注：「庭，三堂之深。」庭中自門至堂之途謂之陳，在廟謂之唐。詩「胡逝我陳，中

〔一〕「食」，原作「侍」，據光緒本改。

唐有甓」是也。三分庭一之北設碑，在廟所以繫牲。祭義「君牽牲入廟門，麗于碑」是也。士冠禮「至于廟門，揖入，三揖至于階，三讓」，鄭注：「入門將右曲，揖；將北面，揖；當碑，揖。」疏：「入門，賓主將欲相背，故須揖。賓主各至堂途，北面相見，故亦須揖。至碑，碑在堂下，三分庭之一在北，是庭中之節，故亦須揖也。」升堂兩階，東曰阼階，西曰賓階。少牢禮「祝盥于洗，升自西階，主人盥，升自阼階」是也。第二屋爲廟之堂室。廟之制，自南至北凡五架，自東至西凡五間，中脊一棟曰阿。士昏禮「賓升西階，當阿」是也。次棟一架曰楣，次楣一架曰庪。鄉射禮記「序則物當棟，堂則物當楣」，鄭注「五架之屋，正中曰棟，次曰楣，前曰庪」是也。自前庪至後楣四架，虚之爲堂。自後楣至後庪一架，以牆間之，爲室與房。郊特牲「詔祝于室，坐尸于堂」，禮器「室事交乎户，堂事交乎階」是也。天子之堂九尺，階九等；諸侯七尺，階七等；大夫五尺，階五等；士三尺，階三等也。其房屋之制，堂之北中一間爲正室，少牢禮「主人室中獻祝」，考工記「室中度以几」是也。北有壁曰北墉，户牖在室之南，户東而牖西。士虞禮「啓户，主人入，祝從，啓牖」，記「贊闔户牖」，注「牖先闔後啓」是也。室之東南隅謂之窔，東北隅謂之宧，西北隅謂之屋漏，西南隅謂之奧。既夕記「埽室，聚之窔」，曾子問「祭于宗子之家，當室之白」，詩「尚不愧于屋漏」，士昏禮「婦奠菜，席于廟奧」，曲禮「居不主奧」，孔疏「室向南，户近東南，則西南隅隱奧無事，故尊者居必主奧」是也。祭有陽厭，有陰厭。陰者，室之奧，正當牖下，不受牖明。詩「于以奠之，宗室牖下」，蓋屋之隱奧處也。以其幽暗，故曰陰厭。陽者，室之屋漏，正與牖對，受牖之明，屋之漏光處也，故曰「室之白」。白，光明也。以其光明，故曰陽厭也。正室左一間曰東房，右一間曰西房。特牲禮「豆、籩、鉶在東房」，大射儀「宰胥薦脯醢，由左房」，左房即東房。聘禮「賓受圭，退負右房而立」，右房即西房也。書顧命「胤之舞衣、大貝、鼖鼓在西房。兑之戈、和之弓、垂之竹矢在東房」是也。陳氏祥道曰：「諸侯路寢與士大夫之室，皆有東西房。士喪禮男子髻髮于房，婦人髽于室，在男子之西，則諸侯之禮，婦人髽于房，爲東、西房矣。凡禮言房户者，皆指東房言之。或言左，以有右也；或言東，以有西也。乃鄭康成謂大夫士無西房，甚謬。」萬氏斯大曰：「鄉飲酒鄭注『賓席牖前，南嚮；衆賓席于賓席之西』，士大夫若無右房，席西餘地無幾，何能容衆賓之席？」且吉凶之禮，多行于户牖之間，以其爲堂之正中也。若無西房，則户牖之前乃堂之西偏，豈有行冠、昏、享祀諸大禮于宗廟，不在正中而在旁側者哉？況堂上則有東、西楹，堂下則有東、西階，門側則有東、西塾，規制方正，配合整齊，若西房而可無，天下有此偏缺欹零之宫室乎哉？蓋西房之不多見于經者。禮，東爲主位，西爲賓位，故主人、主婦薦自左房，而賓受享，自西階升，受，負西房而立。主禮之及于房中者多，而賓禮之及于房中者少，故略而不及也。烏得謂之無哉？東房之左一間曰東夾室，西房之右一間曰西夾室。先儒所謂「毁廟之主，藏于太廟之夾室」者也。亦名翼室。顧命「延入翼室」是也。聘禮：「西夾六豆，設于西墉下，饌于東方，亦如之。」注：「東方，東夾室。」公食大夫禮「大夫立于東夾南」，尚書顧命「西夾南向」，内則「天子之閣，左達五，右達五」，孔疏「宫室之制，中央爲正室，正室左右爲房，房外有序，序外有夾室」。陸氏佃曰「堂上爲達。左達，左夾室、前堂。右達，右夾室、前堂」是也。乃孔仲達顧命疏謂房與夾室實同而異名，房即室也，鄭康成又謂房當夾室之北，萬氏斯同駁之曰：「尚書顧命明分西夾與西房爲二，孔氏何得合而一之？房之南，即堂之東西空處，鄭何得云夾在房南也？夾室在序之兩傍，當以賈氏公彦之疏爲定。其士喪禮『襲絰于序東』之疏云：『序牆之東，當東夾之前。』公食大夫禮『大夫立于東夾南』之疏云：『序以西爲正堂，序東有夾室。』又『公揖退于廂』之疏云：『室有東西廂曰廟，其夾皆在序外。』是夾室與房一在序外，一在序内，未可混也。陳祥道謂房之南有東、西夾室，不知房與夾室並在堂北，夾室之前亦謂堂，内則謂之『左達、右達』者也。至郝氏敬謂夾室有東西，今之厢房在庭之兩傍，東西相向，不知顧命明言『西夾南向』，即非東西相向可知矣。禮，祖宗之祧主皆藏于夾室，以其在序之兩旁，故可藏于此。若在庭之左右，則是主祭之子孫居上，而坐祖宗于堂下矣，有是理乎？内則又謂『大夫七十而有閣』，注：『閣以板爲之，庋食物。公侯伯于房中五，大夫于閣三。』疏：『大夫卑無嫌，故于夾室而閣三。』是大夫兼有夾室，不特有左右房而已。」此廟内房室之制也。古者大朝覲、大饗射，凡封國、命諸侯，皆行禮于廟之堂。其堂五間之名，正室前户牖之間謂之扆。覲禮「天子設斧依于户牖之間，左右几，天子衮冕，負斧依」是也。户之東曰户東，户之西曰户西。燕禮「司宮筵賓于户西，東上」，冠禮「賓受醴于户東」，聘禮「主人立于户東，祝立牖西」是也。前楣下東、西有楹，正室前東、西之正中曰兩楹間，南北之中曰中堂。鄉射禮「介揖讓升，授主人爵于兩楹之間」，聘禮「公側襲，受玉于中堂與東楹之間，受幣于楹間」是也。東房之前近楹處爲東楹，西房之前近楹處爲西楹。聘禮「振幣，進授堂東楹，北面」，鄉飲酒禮「主人坐奠爵于西楹南，主人坐取爵于西楹」是也。東楹之東爲阼階上，少牢禮：「主人盥，升自阼階。」西楹之西曰西階上，士冠禮「凡拜，北面于阼階上，賓亦北面于西階上答拜」是也。東房之前有堂，東牆曰東序。西房之前有堂，西牆曰西序。序之前皆曰序端。士冠禮：「主人玄端爵韠，立于阼階下，直東序，西面。主人升，立序端，西面。賓西序，東面。」鄉射禮「西序之席，北上」，書顧命「西序東嚮，東序西嚮」是也。東西序之外兩夾室之前堂，曰東夾、西夾，亦曰東廂、西廂，又曰東堂、西堂。公食大夫禮「大夫立于東夾南，宰東夾北」，顧命「西夾南嚮」，聘禮「醴尊于東廂」，爾雅「室有東西廂曰廟」，大射儀「君之弓矢適東堂，賓之矢則以授矢人于西堂下」，書顧命「立于東堂」、「立于西堂」是也。東房、西房之户，在南之正中，房中半以北曰北堂，無北壁。北堂有北階。特牲禮「宗婦北堂，東面，北上」，大射儀「工人、士與梓人升自北階，卒畫，自北階下」。

陳氏祥道曰：「房皆南户而無北墉。室有北墉而無北堂。」則房户之外，由半以南謂之堂，其内由半以北亦謂之堂。昏禮「尊于房户之東」，則房有南户矣。禮大射「羞膳者升自北階，立于房中」，而不言入户，是房無北墉矣。昏禮「尊于室中北墉下」，是室無北堂矣。故昏禮「洗在北堂，直室東隅」，則北堂在房之北可知。其言是已。東西堂各有側階。顧命「立于側階」，雜記「主人升自側階」是也。堂之邊曰堂廉，亦曰阬，又曰垂。鄉飲酒「設席于堂廉」，顧命「夾兩階阬，立于東垂，立于西垂」是也。堂又有坫，陳氏祥道曰：「坫之别有四：明堂位『反坫出尊』，周書作雒『大廟路寢，咸有四阿反坫』，論語『邦君爲兩君之好，有反坫』，此反爵之坫；『崇坫康圭』，此奠玉之坫；内則『士于坫一』，此庋食之坫；士冠禮『爵弁、皮弁、緇布冠各一匴，執以待于西坫南』，大射『將射，工遷于下東坫之東南』，士喪禮『牀第夷衾饌于西坫南』，既夕禮『設棜于東堂下，南順，齊于坫』，此堂隅之坫。」聶氏三禮圖謂坫以致爵，于燕、射則曰豐。豐似豆而卑，斵木爲之，高八寸。今案：陳氏謂坫以土爲之，聶氏謂以木爲之，豈堂角之坫以土，兩楹之坫以木，或土即陶器歟？堂之西通于寢者曰闈門。考工記「闈門容小扃三个」，注謂在東壁，誤也。第三屋堂之後爲寢。周禮隸僕「掌五寢之埽除糞洒之事」，注：「五廟之寢，蓋以藏先世之衣冠，祭則設之以授尸，月朔則薦新。」中庸所謂「設其裳衣，薦其時食」，「事死如事生，事亡如事存」者也。祭祀畢，又燕飲于寢，小雅「樂具入奏」，孔疏「祭當在廟，燕當在寢，故祭時之樂皆復來入于寢奏之也」。廟、寢、宫、室之大略蓋如此。

宗元案：廟、寢、宫、室之制，古今不同。其見于顧命、明堂位、爾雅者，彼此參互，今人殊多未辨。朱子釋宫文頗爲明畫，然亦有未盡詳晰處，此編薈萃經傳之文，并諸儒箋疏之説，通貫曉了，皎若列眉矣。考禮者，必先考核于此，然後揖讓登降之節，陳列薦獻之儀，乃可目覩手揣，以徧通三禮之曲折也。

五禮通考卷六十二

吉禮六十二

宗廟制度

尸

禮記郊特牲：尸，神象也。

方氏慤曰：見乃謂之象。神隱而尸陳，以其陳者見于隱者，故曰尸神象也。

陸氏佃曰：尸是象而已。其所謂神，在彼不在此也。

尸，陳也。注：尸或詁爲主。此尸神象，當從主訓之，言陳非也。

陸氏佃曰：尸，陳也者，神無象也，以尸陳之而已。

坊記：祭祀之有尸也，宗廟之有主也，示民有事也。疏：祭祀有尸，宗廟有主，下示于民，有所尊事也。

方氏慤曰：尸用于祭祀之時，主藏于宗廟之内，故于祭祀言有尸，宗廟言有主也。爲尸以象其生，爲主以偶其存。經曰事死如事生，事亡如事存。此所以言示民有事也。

白虎通：祭所以有尸者，鬼神聽之無聲，視之無形，升自阼階，仰視榱桷，俯視几筵，其器存，其人亡，虚無寂寞，思慕哀傷，無所寫泄，故坐尸而食之。毁損其饌，欣然若親之飽。尸醉，若神之醉矣。

通典：杜氏佑曰：祭所以有尸者，鬼神無形，因尸以節醉飽，孝子之心也。祝迎尸於門外者，象神從外來也。

程子曰：古人祭祀用尸，極有深意，不可以不思也。蓋人之魂氣既散，孝子求神而祭，無尸則不饗，無主則不依。魂氣必求其類而依之，人與人既爲類，骨肉又爲一家之類，己與尸各既已潔齋，至誠相通，以此求神，宜其饗之。後世不知此道，以尊卑之勢，遂不肯行耳。

吕氏大臨曰：求神必以其類，升其堂也，入其室也，其形不可見也，其聲不可聞也。烹孰羶薌而薦之，莫知其來享也。此孝子之心，所以必立尸也。主人之事尸，以子事父也。然獻酢拜跪，禮無不答，猶賓之也。父母而賓客之，自殯于西階始，此事人事鬼之所以異也。尸必筮之，求于神而不敢專也。

朱子語録：用之問祭用尸之意。曰：「古人祭祀，無不用尸，非惟祭祀家先用尸，祭外神亦用尸。不知祭天地如何，想惟此不敢爲尸。杜佑説，古人用尸者，蓋上古樸陋之禮，至聖人時尚未改，文蔚録云：是上古樸野之俗，先王制禮，是去不盡者。相承用之，至今世，則風氣日開，樸陋之禮已去，不復可用，去之方爲禮。而世之迂儒，必欲復尸，可謂愚矣。杜佑之説如此，今蠻夷徭洞中有尸之遺意。每遇祭祀鬼神時，必請鄉之魁梧姿美者爲尸，而一鄉之人相率以拜祭。爲之尸者語話醉飽，每遇歲時，爲尸者必連日醉飽，此皆古之遺意。嘗見崇安余宰，邵武人，説他之鄉里有村名密溪，去邵武數十里，此村中有數十家，事所謂中王之神甚謹。所謂中王者，每歲以序輪一家之長一人爲中王，周而復始。凡祭祀祈禱，必請中王坐而祀之。歲終則一鄉之父老合樂置酒，請新舊中王者講交代之禮。此人既爲中王，則一歲家居寡出，恭謹畏慎，略不敢爲非，以副一村祈向之意。若此村或有水旱災沴，則人皆歸咎于中王，以不善爲中王之所致。此等意思，皆古之遺聞。近來數年，此禮已廢矣。看來古人用尸，自有深意，非樸陋也。」陳丈云：「蓋不敢死其親之意。」曰：「然。」用之云：「祭祀之禮，酒殽豐潔，必誠必敬，所以望神之降臨，乃歆饗其飲食也。若立之尸，則爲尸者既已享其飲食，鬼神豈復來享之？如此却爲不誠矣。」曰：「此所以爲盡其誠也。蓋子孫既是祖宗相傳一氣下來，氣類固已感格，而其語言飲食若其祖考之在焉，則有以慰其孝子順孫之思，而非恍惚無形、想象不及之可比矣。古人用尸之意，所以深遠而盡誠，蓋爲是耳。今人祭祀，但能盡誠，其祖考猶來格，況既是他親子孫，則其來格也益速矣。」因言：「今世鬼神之附著生人而説話者甚多，亦有祖先降神于其子孫者，又如今之師巫亦有降神者，蓋皆其氣類之相感，所以神附著之也。周禮祭墓，則以墓人爲尸，亦是此意。」

蕙田案：古人祭必立尸。其不立者三事：曰薦，如薦新，薦寢廟，無田則薦是也；曰厭，如殤祭之陰厭、陽厭是也；曰奠，如喪奠、朔奠、釋奠是也。後世祭不立尸，强名曰祭，實爲薦、爲厭、爲奠而已。豈知古人之祭必設尸以事之者，易所謂「原始反終，而知死生之説」，又曰「知鬼神之情狀」，故陟降飲食，必有所憑依，几筵祝奠，實有其對越，固非聖人莫能制，而非人所能盡喻矣。朱子謂「今世鬼神之附著生人而説話者甚多，亦有祖先降神于其子孫者」，豈非實有以見其必然耶？

又案：以上立尸之義。

曲禮：禮曰：「君子抱孫不抱子。」此言孫可以爲王父尸，子不可以爲父尸。注：孫爲王父尸，以孫與祖昭穆同也。疏：凡稱「禮曰」者，皆舊禮語也。祭祀必有尸，尸必以孫。今子孫行並幼弱，則必抱孫爲尸，不得抱子爲尸也。作記者又自解云「此言孫可以爲王父尸，子不可以爲父尸」也。曾子問云：「孫幼則使人抱之，無孫則取于同姓可也。」謂無服内之孫，則取服外同姓也。天子至士皆有尸，天子必取孫列之爲卿大夫者，謂諸侯入爲卿大夫者，故云公尸。諸侯亦然。

朱子曰：神主之位東向，尸在神主之北。古人用尸，本與死者一氣，又以生人精神去交感他，那精神是會附著歆享。又曰：古者立尸，必隔一位。孫可以爲王父尸，子不可以爲父尸，以昭穆不可亂故也。

新安王氏曰：特牲禮注「大夫士以孫之倫爲尸」，言倫，明非己孫。崔靈恩謂大夫用己孫爲尸，非也。特牲禮有尸，士禮也。少牢禮有尸，大夫禮也。祭統言君執圭瓚裸尸，諸侯禮也。守祧言以其服授尸，天子禮也。

曾子問：曾子問曰：「祭必有尸乎？」孔子曰：「祭成喪者必有尸，尸必以孫。孫幼則使人抱之。無孫則取于同姓可也。」疏：曾子以祭是祭神，神無形象，以生人象之，無益死者。若如厭祭，亦可。謂祭初尸未入之前，祭末尸既起之後，並皆無尸，直設饌食以厭飫鬼神也。孔子謂必須有尸，以成人之喪，威儀具備，必須有尸以象神之威儀也。尸必以孫，若其孫幼，則使人抱之。若無孫，則取同姓昭穆孫行適者可也。以其成人威儀既備，有爲人父之道，不可無尸。

祭統：孫爲王父尸。所使爲尸者，于祭者子行也。注：子行，猶子列也。祭祖則用孫列，皆取于同姓之適孫也。

通典：杜氏佑曰：天子宗廟之祭，以公卿大夫孫行者爲尸。一云天子不以公爲尸，諸侯不以卿爲尸，爲其太尊，嫌敵君，故天子以卿爲尸，諸侯以大夫爲尸，卿大夫不以臣爲尸，俱以孫者，避君也。天子諸侯雖以卿大夫爲尸，皆取同姓之嫡也。

楊氏復曰：特牲饋食「筮尸」，疏：「大夫士以孫之倫爲尸，皆取無爵者，無問成人與幼皆得爲之。若天子諸侯，雖用孫之倫，取卿大夫有爵者爲之。故鳧鷖祭尸之等，皆言公尸。又春秋公羊子何休注曰：『禮，天子以卿爲尸，諸侯以大夫爲尸，卿大夫以下以孫爲尸。』」又鳧鷖詩「公尸來燕來寧」，疏曰：「其尸以卿大夫爲之。」

曲禮：爲人子者，祭祀不爲尸。注：尸者，尊者之處，爲其失子道，然則尸卜筮無父者。疏：尸代尊者，人子不爲也。

孟子：弟爲尸。

白虎通：曾子曰：王者宗廟以卿爲尸，不以公爲尸，避嫌。三公尊近天子，親稽首拜尸，故不以公爲尸。

蕙田案：以上立尸之法。

禮記檀弓：虞而立尸，有几筵。疏：未葬由生事之，故未有尸。既葬，親形已藏，故立尸以係孝子之心也。前所云「既窆，而祝宿虞尸」是也。

既封，主人贈，而祝宿虞尸。疏：士虞禮記云：「男，男尸。女，女尸。」是虞有尸也。虞者，葬日還殯宮安神之祭名。方氏慤曰：既封而贈，則虞祭有期矣，故祝先反而宿虞尸焉。宿亦戒也，以事戒之曰戒，以期戒之曰宿。

蕙田案：此立尸之始也。父母之神去而體魄留，故立重立主以存其神。體魄歸于土，又立尸以象其形。然則主者，神事之也。尸者，形事之也。孝子之志合于冥漠，昭于法象，此所以致愛而存、致慤而著也夫！

儀禮士虞禮記：男，男尸。女，女尸，必使異姓，不使賤者。注：異姓，婦也。賤者，謂庶孫之妾也。尸配尊者，必使適也。疏：虞，卒哭之祭〔一〕，男女別尸，故男女別言之也。云「異姓，婦也」者，以男無異姓之禮故也。孫與祖爲尸，孫婦還與祖姑爲尸，故不使同姓女爲尸也。「尸配尊者，必使適也」者，男尸先使適孫，無適孫乃使庶孫。女尸先使適孫妻，無適孫妻使適孫妾，又無妾乃使庶孫妻，即不得使庶孫妾，以庶孫之妾是賤之極者。鄭云「必使適也」者，據經不使賤，有適孫妻則先用適而言，其實容用庶孫妻法也。此經男女別尸，據虞祭而言。至卒哭已後，自禫已前，喪中之祭皆男女別尸。案司几筵云「每敦一几」，鄭注云：「雖合葬及同時在殯，皆異几，體實不同。祭于廟，同几，精氣合。」篇末云「是月也，吉祭猶未配」，注云：「是月，是禫月也。未以某妃配某氏，哀未忘也。」

禮記少儀：婦人爲尸坐，則不手拜，肅拜。注：爲尸，爲祖姑之尸也。士虞禮曰：「男，男尸。女，女尸。」疏：周禮「坐尸」，嫌婦人或異，故記者明之。尸坐謂虞祭。若平常吉祭，共以男子一人

〔一〕「祭」，原作「時」，據光緒本、儀禮注疏卷四三改。

爲尸，祭統云「設同几」是也。

喪服小記：練，筮日、筮尸，皆要絰、杖、繩屨，有司告具而后去杖。筮日、筮尸，有司告事畢而后杖，拜送賓。大祥吉服而筮尸。疏：筮尸，筮小祥之尸。小祥，男子除首絰，唯有要絰。豫著小祥之服，臨此筮尸也。吉服，朝服也。大祥之日，縞冠朝服，亦豫服以臨筮尸。

蕙田案：以上喪事内尸。

禮器：周坐尸，詔侑武方，其禮亦然，其道一也。夏立尸而卒祭，殷坐尸。注：武，當爲「無」，聲之誤也。方猶常也。告尸行節，勸尸飲食無常，若孝子就養無方。此亦周所因于殷也。夏禮，尸有事乃坐。殷無事猶坐。疏：此論三代尸禮不同。殷人坐尸，周因坐之。詔，告也。侑，勸也。凡預助祭，皆得告尸威儀，勸尸飲食，無常人也。夏禮質，言尸是人，不可久坐神坐，故唯飲食時暫坐。非飲食，則尸倚立，以至祭竟也。殷因夏禮而損其不坐之禮，益爲常坐之法，是殷轉文也。

方氏慤曰：夏立尸而殷坐尸，殷雖坐尸，而詔侑未必無方。周則文又備，不唯坐尸，而且詔侑無方，爲此特文備之事爾，而于禮莫不然也，故曰其禮亦然。以其道未始不相因，故曰其道一也。

郊特牲：古者尸無事則立，有事而後坐也。注：古謂夏時也。疏：夏立尸，唯有飲食之時乃坐。若無事則倚立，由世質故耳。

少儀：其有折俎者，取祭，反之，不坐，燔亦如之。尸則坐。注：尸尊也。少牢饋食禮曰：「尸左執爵，右兼取肺肝，擩于俎鹽，振祭嚌之，加于菹豆。」疏：折俎，折骨于俎。俎既有足，故立而就俎取所祭肺，升席坐祭。祭訖，反此所祭之物，加之于俎，皆立而爲之，故云「取祭，反之，不坐」，唯祭時坐耳。燔，謂燔肉。雖非折骨，其肉在俎，其取及祭、反時亦不坐。尸尊，雖折俎，取祭、反之皆坐也。鄭引少牢饋食禮證「尸坐」之義。

禮器：周旅酬六尸。曾子曰：「周禮其猶醵與？」注：周旅酬，使之相酌也。后稷之尸，發爵不受旅。合錢飲酒爲醵，旅酬相酌似之也。疏：旅酬六尸，謂祫祭時聚群廟之主于太祖后稷廟中，后稷在室西壁東嚮，爲發爵之主，尊，不與子孫爲酬酢，餘自文、武二尸就親廟中〔二〕，凡六，在后稷之東，南北對爲昭穆，更相次序以酬也。然大祫多主，唯云「六尸」者，毁廟無尸，但有主也。

陸氏佃曰：案周九廟而旅酬六尸，則旅酬蓋言成、康之世，而文、武親未盡，猶在七廟之數，蓋以時祭，何必大祫？

逸禮：祫于太廟之禮，毁廟之主，升合食，而立二尸。

通典：案鄭玄禘祫志云：太王、王季以上遷主祭于后稷之廟，其坐位與祫祭同。文、武以下遷主，若穆之遷主，祭於文王之廟，文王居室之奥，東面，文王孫成

〔二〕「中」，諸本作「尸」，據禮記正義卷二四改。

王居文王之東而北面，以下穆王直至親盡之祖〔一〕，以次繼而東，皆北面，無昭主；若昭之遷主，祭於武王之廟，武王亦居室之奧，東面，其昭孫康王亦居武王之東而南面，亦以次繼而東，直至親盡之廟，無穆主也。其尸，后稷廟中后稷尸一，昭穆尸各一。文王廟中文王尸一，穆尸共一。武王廟中武王尸一，昭尸共一。逸禮稱，二尸圖據文王之廟及太祖昭穆而言也。其實太祖、文、武廟三尸也，故云獻昭尸如穆尸之禮。

禮記祭統：鋪筵設同几，爲依神也。注：祭者以某妃配，亦不特几也。疏：人生時形體異，故夫婦別几，死則魂氣同歸于此，故夫婦共几。鄭注「以某妃配」，儀禮少牢禮文。不但不特設辭，亦不特設其几。故鄭注司几筵云：「祭于廟，同几，精氣合也。」席亦共之。

通典：杜氏曰：夫婦共尸者，婦人祔從于夫，同牢而食，故共尸也。

楊氏復曰：愚案曲禮孫爲王父尸，疏云新喪虞祭之時，男女各立尸，故士虞禮云「男，男尸。女，女尸」，至祔祭之後止。用男一尸，以其祔祭，漸吉故也。凡吉祭止用一尸，故祭統云「設同几」是也。又案司几筵「每敦一几」，注云：「周禮雖合葬

〔一〕「穆王」，通典卷四九作「穆主」。

及同時在殯，皆異几，體實不同。祭于廟，同几，精氣合。」朱子語類：或問：古人合祭時，每位有尸否？曰：固是。周家旅酬六尸，是每位各有尸也。古者，主人獻尸，尸酢主人。開元禮猶如此，每一獻畢，則尸便酢主人，主人受酢已，又獻第二位。不知是甚時、緣甚事廢了，到本朝都把這樣禮數併省了。

又曰：古人不用尸，則有陰厭，書儀中所謂闔門垂簾是也，欲使神靈厭飫之也。

蕙田案：以上三代祭事立尸。

禮記坊記：七日戒，三日齋，承一人焉以爲尸，過之者趨走，以教敬也。注：戒，謂散齋也。承猶事也。

方氏慤曰：齋戒以承之，趨走以避之，敬之至矣，故云以教敬也。

曲禮：爲君尸者，大夫士見之則下之。君知所以爲尸者，則自下之。尸必式，乘必以几。注：下，下車也。所以尊尸。國君時或幼小，不能盡識群臣，有以告者，乃下之。尸必式，禮之也。乘以几，尊者慎也。疏：爲君尸，謂臣爲君作尸者。已被卜吉，君許用者也。古者致齋各于其家，散齋亦猶出在路，及祭日之旦，俱來入廟，故群臣得于路見君之尸，皆下車而敬之。君若于散齋之時在路見尸，亦自下車敬之尸。在廟門之外，其尊未伸，不敢亢禮，不可下車，故式爲敬以答君也。式謂俯下頭也。古者車箱長四尺四寸而三分之，前一後二，横一木，下去車牀三尺三寸，謂之式。于式上二尺二寸横一木，謂之較，較去車牀五尺五寸。于時立乘，平常則馮較。詩「倚重較兮」是也。若應爲敬，則落手隱下式，而頭得俯俛，「式視馬尾」是也。尸至廟中禮伸則亢，故答拜。几案在式之上，尊者有所敬事，以手據之。几上有冪，君以羔皮，以虎緣之也。

吕氏大臨曰：几者，尊者之所馮以養安也，故尸之乘車用之。

方氏慤曰：必曰爲君尸者，則知非爲君尸者有所不下矣。

曾子問：孔子曰：尸弁冕而出，卿、大夫、士皆下之。尸必式，必有前驅。注：爲君尸或弁者，先祖或有爲大夫、士也。卿、大夫、士見而下車。尸小俛禮之。前驅謂辟道。疏：孔子廣説事尸之法〔一〕。案士虞禮「尸服卒者之上服」，以君之先祖有爲士者，當著爵弁以助君祭，故子孫祭之，尸得服爵弁者。若以助君祭服言之，大夫著冕。注云大夫，因士連言耳。案儀禮特牲「尸服玄端」，少牢又云「尸服朝服」，尸皆服在家自祭之服，不服爵弁及冕者，大夫、士卑屈于人君，故尸服祖父自祭之上服。人君禮伸，故尸服助祭之上服也。

〔一〕「説」，諸本作「設」，據禮記正義卷一八改。

少儀：酌尸之僕，如君之僕。其在車，則左執轡，右受爵。祭，左右軌、范，乃飲。

注：如君之僕，當其爲尸則尊也。周禮大御：「祭兩軹，祭軌，乃飲。」軌與軹于車同謂轊頭也。軌與范聲同，謂軾前也。　疏：尸之僕，爲尸御車之僕。將欲祭軷，酌酒與尸之僕。今爲軷祭，如酌酒與君之僕也。其在車，謂僕在車中時也。僕既主尸車，故于車執轡受爵。尸位在左，僕立在右，故左執轡，右受爵祭酒也。君僕亦然。軌謂轂末，范謂式前。僕既受爵將飲，則祭之于車左右軌及前范。

學記：當其爲尸，則弗臣也。

方氏慤曰：以神言之，故爲尸則弗臣。

蕙田案：以上敬尸之禮。

周禮天官掌次：凡祭祀，張尸次。注：尸則有幄。鄭司農云：「尸次，祭祀之尸所居更衣帳。」　疏：諸祭皆有尸。尸尊，故別帳尸次。

春官守祧：掌守先王先公之廟祧，其遺衣服藏焉。若將祭祀，則各以其服授尸。

注：遺衣服，大斂之餘也。尸當服卒者之上服，以象生時。　疏：先王之尸服衮冕，先公之尸服鷩冕也。

禮記中庸：設其裳衣。注：裳衣，先祖遺衣服，設之當以授尸也。

楊氏時曰：裳衣，守祧所藏是也。祭則各以其所服衣授尸，所以依神也。

儀禮士虞禮記：尸服卒者之上服。

禮記喪服小記：父爲士，子爲天子諸侯，則祭以天子諸侯，其尸服以士服。父爲天子諸侯，子爲士，祭以士，其尸服以士服。疏：尸服士服，謂玄端。若君之先祖爲士大夫，則服助祭之服，故曾子問云：「尸弁冕而出。」是爲君尸，有著弁者，有著冕者。若爲先君士尸，則著爵弁，若爲先君大夫尸，則著玄冕是也。若大夫士之尸，則服家祭之服，故鄭注士虞記「尸服卒者之上服，士玄端」是也。

方氏慤曰：言天子諸侯士之祭其别如此，則王制所謂「祭從生者」也，與中庸所言亦同。父爲士，其尸服以士服者，則與喪從死者同義。

玉藻：服之襲也，充美也，是故尸襲。注：尸尊則襲。疏：尸居尊位，無敬于下，故襲也。

陳氏祥道曰：揜而充裘曰襲。

方氏慤曰：裘之上有裼衣，裼衣之上有襲衣，襲衣之上有正服。則所謂裼者，未嘗無襲，由露其裼衣，故謂之裼爾。所謂襲者，未嘗無裼，由揜以襲衣，故謂之襲爾。由内達外，則有裘而後有裼，故于裼言裘；自外至内，則有服而後有襲，故于服言襲。由内達外，則出乎顯，故曰見美，以示其文；自外至内，則入乎隱，故曰充美，以示其質。充言充于内也，見言見于外也。

周禮春官大祝：逆尸，令鐘鼓，右亦如之。相尸禮。注：右讀亦當爲侑。相延其出入，詔其坐作。疏：凡言「相尸」者，諸事皆相。尸出入者，謂祭初延之入，二灌訖，退出坐于堂上，南面，朝踐饋食訖，又延之入室。「詔其坐作」者，郊特牲云：「詔祝于室，坐尸于堂。」饋獻訖，又入室。坐，凡坐皆有作，及與主人答拜，皆有坐作之事。

小祝：大祭祀，送逆尸，沃尸盥，贊隋。注：隋尸之祭也。疏：「送逆尸」者，爲始祭迎尸而入，祭末送尸而出。「沃尸盥」者，尸尊不就洗。案特牲、少牢，尸入廟門，盥于盤，其時小祝沃水。「贊隋」者，案特牲、少牢，尸始入室，拜妥尸，尸隋祭，以韭菹擩于醢，以祭于豆間，小祝其時贊尸以授之。

禮記祭統：君迎牲而不迎尸，别嫌也。尸在廟門外則疑於臣，在廟中則全於君。君在廟門外則疑於君，入廟門則全於臣、全於子。注：「不迎尸」者，欲全其尊也。尸，神象也。鬼神之尊在廟中，人君之尊出廟門則伸。疏：尸體既尊，君宜自卑。若出迎尸，尸道未伸，嫌君猶欲自尊，故不迎也。尸本是臣，在廟則尊耳。君若出迎，則疑尸有還爲臣之道，故云「疑于臣」。君若出廟門外，則君道還尊，與平常不異，是疑于君。

周氏諝曰：以君而迎牲，可也。以君而迎尸，則嫌于以君而迎臣。

方氏慤曰：君迎牲而不迎尸者，非重牲而輕尸也，爲其有君臣之疑，所以别其嫌也。

周禮春官大司樂：尸出入則令奏肆夏。疏：尸出入，謂尸初入廟門〔一〕，及祭祀訖出廟門，

〔一〕「門」，諸本作「時」，據周禮注疏卷二二改。

皆令奏肆夏。

禮記玉藻：君與尸行接武，大夫繼武，士中武。注：接武，尊者尚徐，蹈半迹。繼武，迹相及也。中武，迹間容迹也。疏：此貴賤與尸行步廣狹不同。君，天子、諸侯也。武，迹也。二足相躡，每蹈于半，未得各自成迹。尊者舒遲，故君及尸步遲狹。大夫漸卑，故與尸行步稍廣速也。士卑，故與尸行步極廣。每徙足，間容一足地，乃躡之也。

方氏慤曰：凡行步廣則疾而勞，狹則緩而逸。尊者逸而卑者勞。

樂記：宗祝辨乎宗廟之禮，故後尸。注：辨猶别也。後尸，居後贊禮儀。疏：宗，謂宗人。祝，謂大祝。但辨曉于宗廟詔相之禮，故在尸後。

輔氏廣曰：必言與尸行者，著行之徐，非止逸也，敬而已矣，愈尊愈敬。

郊特牲：舉斝、角，詔妥尸。注：妥，安坐也。尸始入，舉奠斝若奠角。將祭之，祝則詔主人拜，妥尸〔一〕，使之坐。尸即至尊之坐。或時不自安，則以拜安之也。疏：斝、角，爵名也。饋食薦孰之時，尸未入，祝先奠爵于鉶南。尸入，即席而舉之，如特牲禮「陰厭後，尸入舉奠焉」也。詔，告也。尸始即席舉奠斝、角之時，未敢自安，祝當告主人拜尸，使尸安坐，是「詔妥尸」也。

〔一〕「妥」，諸本作「安」，據禮記正義卷二六改，下同。

詩小雅楚茨：以妥以侑。傳：妥，安坐也。侑，勸也。箋：迎尸使處神坐而食之。爲其嫌不飽，祝以主人之辭勸之。疏：迎尸使處神坐而食，于時拜以安之，是妥也。爲其嫌不飽，祝以主人之辭勸之，是侑也。郊特牲曰：「舉斝、角，詔妥尸。」注云：「妥，安坐也。祝則詔主人拜，妥尸，使之坐。」

周禮夏官御僕：大祭祀，相盥而登。注：相盥者，謂奉槃授巾與？疏：少牢、特牲尸盥時有奉槃授巾，故云也。以無正文，故云「與」以疑之。

禮記祭統：君純冕立于阼，夫人副褘立于東房。君執圭瓚祼尸，大宗執璋瓚亞祼。及迎牲，君執紖，卿、大夫從，士執芻。宗婦執盎，從夫人，薦涚水。君執鸞刀，羞嚌。夫人薦豆。注：圭瓚、璋瓚，祼器也。以圭、璋爲柄，酌鬱鬯曰祼。大宗亞祼，容夫人有故攝焉。紖，所以牽牲也。芻，謂藁也。殺牲時用薦之。周禮封人：「祭祀，飾牲，共其水藁。」涚，盎齊也。盎齊，涚酌也。凡尊有明水，因兼言水爾。嚌，嚌肺，祭肺之屬也。君以鸞刀割制之。天子諸侯之祭禮，先有祼尸之事，乃後迎牲。

夫人薦豆執校，執醴授之，執鐙。尸酢夫人執柄，夫人授尸執足〔一〕。注：校，豆中央直者也。執醴，授醴之人。授夫人以豆，則執鐙。鐙，豆下跗也。疏：鄭注「執醴，授醴之人」者，謂夫

〔一〕「足」，原作「豆」，據光緒本、禮記正義卷四九改。

人獻尸以醴齊，此人酌醴以授夫人，至夫人薦豆，此人又執豆以授夫人。

曰怍。

祭義：是故孝子臨尸而不怍，君牽牲，夫人奠盎。君獻尸，夫人薦豆。 注：色不和

郊特牲：坐尸于堂。 注：詔祝坐尸，謂朝事時也。朝事延尸于户西，南面，布主席東面，取牲膟膋，燎于爐炭，洗肝于鬱鬯而燔之，入以詔神于室，又出以墮于主。主人親制其肝，所謂制祭也。時尸薦以籩、豆，至薦孰，乃更延主于室之奥。尸來升席，自北方，坐于主北焉。

方氏慤曰：坐尸于堂，即羹定詔于堂。

祭統：詔祝于室，而出于祊，此交神明之道也。 注：詔祝，告事于尸也。出于祊，謂索祭也。

疏：詔，告也。祝，祝也。謂灌鬯、饋孰、酳尸之等，祝官以祝辭告事于尸，其事廣也。祊謂明日繹祭而出廟門旁，求神于門外之祊。

輔氏廣曰：詔祝于室，而出于祊，無所不盡，爲求神也。

周禮夏官大司馬：大祭祀，羞牲魚，授其祭。 注：牲魚，魚牲也。祭謂尸所以祭也。鄭司農云：「大司馬主進魚牲。」 疏：大祭據宗廟而言。授尸祭，祭者，魚之大臠，即少牢下篇云：「主人、主婦、尸、侑各一魚，加膴，祭于其上。」膴，謂魚之反覆者。

禮記禮運：醆、斝及尸君，非禮也。 注：醆、斝，先王之爵也。唯魯與王者之後得用之耳，其

餘諸侯用時王之器而已。

周氏諝曰：夏曰醆，殷曰斝。諸侯有用之及尸君者，非禮也。所謂及尸君者，君以獻尸，而尸以酢君者也。

坊記：尸飲三，衆賓飲一，示民有上下也。注：上下，猶尊卑也。主人、主婦、上賓獻尸，乃後主人降，洗爵獻賓也。

方氏慤曰：尸飲三，衆賓飲一，謂祭祀獻酬之時也。尊者飲多，而卑者飲少，故曰示民有上下也。

祭統：尸飲五，君洗玉爵獻卿。尸飲七，以瑶爵獻大夫。尸飲九，以散爵獻士及群有司。注：尸飲五，謂酳尸五獻也。大夫、士祭，三獻而獻賓。疏：此據上公九獻之禮。凡祭二獻，祼用鬱鬯，尸祭奠而不飲。朝踐二獻，饋食二獻，及食畢，主人酳尸，故云「尸飲五」。于此時獻卿，獻卿之後，主婦酳尸，賓長獻尸，是尸飲七也。及瑶爵獻大夫，是正九獻畢。但初二祼不飲，故云「尸飲七」。自此以後，長賓、長兄弟更爲加爵，尸又飲二，是并前尸飲九，主人乃散爵獻士及群有司也。若侯伯七獻，朝踐、饋食時各一獻，食訖酳尸，但尸飲三也。子男五獻，食訖酳尸，尸飲一。鄭注「大夫、士祭，三獻而獻賓」，此特牲禮文，明與諸侯獻賓時節不同。案有司徹下大夫不賓尸，與士同，亦三獻而獻賓。其上大夫別行賓尸之禮，與此異也。

詩小雅信南山：曾孫之穡，以爲酒食。畀我尸賓。箋：斂稅曰穡。畀，予也。成王以黍稷之稅爲酒食，至祭祀齋戒則以賜尸與賓。尊尸與賓，所以敬神也。

大雅既醉：令終有俶，公尸嘉告。傳：俶，始也。公尸天子以卿，言諸侯也。箋：俶，猶厚也。既始有善，令終又厚之。公尸以善言告之，謂嘏辭也。諸侯有功德者，入爲天子卿大夫，故云「公尸」。公，君也。疏：由此祭而使群臣飽德，故因述王之祭祀焉。傳「天子以卿」，謂以卿爲尸也。箋「公，君」，明國君而稱公，非必公爵也。此宗廟宜以卿爲尸，但因解公而連言大夫耳。祭統云「孫爲王父尸」，則天子諸侯宗廟之祭，其尸用同姓也。于同姓之中用其適者，故祭統注云「必取同姓之適」。曲禮曰「爲人子者不爲尸」，然則尸又用適而無父者也。非其宗廟之祭，則其尸不必同姓。石渠論云：「用太公爲尸。」白虎通又云：「周公祭太山，用召公爲尸。」

世本古義：何氏楷曰：時武王新即位，故以有俶言。呂祖謙云：周之追王止于太王，則宗廟之祭尸之尊者，乃公尸也。陳祥道云：父爲士，子爲大夫，葬以士禮，而祭之尸，則服士服；父爲大夫，子爲士，葬以大夫禮，而祭之尸，則服大夫服。故周官司服享先公則鷩冕，以爲祭則各以其服授尸。尸服鷩冕，而王服衮以臨之，則非所以致敬，故不敢也。愚案：如前說，則此公尸當是于諸祖中舉其最尊者，乃后稷之尸也。周旅酬六尸，先儒謂后稷之尸發爵不受旅是也。朱子援引秦已稱皇帝，而其男女猶稱公子、公主，謂周稱王而尸但曰公尸，蓋因其舊，殊屬臆説。又何休謂天子以卿爲尸，諸侯以大夫爲尸，卿大夫以下以孫爲尸，毛傳同其説，謂天子之卿蓋諸侯也，未詳何據。鄭玄則謂諸侯有功德者入爲天子卿大夫，故云公尸，公，君也。孔穎達引曾子曰王宗廟以卿爲尸，射以公爲耦，不以公爲尸，避嫌也。此言公者，卿六命，出封則爲侯伯，故得以公言之。又引石渠論云周公祭天用太公爲尸，白虎通云周公祭太山用召公爲尸，謂天地山川得用公，皆牽强附會，絶非事實。嘉告，鄭云以善言告之，謂嘏詞也。通篇皆宗祝傳公尸之意，所謂工祝致告者。

禮記祭統：冕而總干，率其群臣以樂皇尸。注：皇，君也。言君尸者，尊之。夫祭有三重焉：獻之屬莫重於祼，聲莫重於升歌，舞莫重於武宿夜。道之以禮，以奉三重而薦諸皇尸，此聖人之道也。注：武宿夜，曲名也。疏：皇氏曰：「師説書傳云：『武王伐紂，至于商郊，停止宿夜，士卒皆歡樂歌舞以待旦，因名焉。』」熊氏曰：「武宿夜，即大武之樂也。」

陳氏祥道曰：獻之屬有九，而莫重于祼。是以降神者爲重，凡獻卿大夫及群有司皆其輕者也。聲莫重于升歌，是以貴人聲者爲重，凡見于下管象舞之器皆其輕者也。舞莫重于武宿夜，是以當時者爲重，凡見于前代者皆其輕者也。

詩小雅楚茨：皇尸載起，鼓鐘送尸。傳：皇，大也。箋：皇，君也。載之言則也。尸，節神者也。神醉而尸謖，送尸而神歸。尸出入奏肆夏。尸稱君，尊之也。疏：釋言云：「謖，起也。」又解以鼓鐘送尸，由尸出入奏肆夏故也。尸出入奏肆夏，春官大司樂職文。

世本古義：何氏楷曰：古者祭必立尸，所以象神。特牲是士禮，少牢是大夫禮，並皆有尸。又祭統云「君執圭瓚祼尸」，是諸侯有尸也。又周禮守祧職云「若將祭祀，則各以其服受尸」，是天子有尸也。天子以下，宗廟之祭皆用同姓之嫡，故祭統云：「夫祭之道，孫爲王父尸。所使爲尸者，于祭者子行也。父北面而事之，所以明子事父之道也。」注云：「子行，猶子列也。祭祖則用孫列，皆取于同姓之嫡孫也。」疏云：「主人爲欲孝敬己父，不計己尊而北面事子行，則凡爲子者，豈得不自尊事其父乎！是見子事父之道也。」而儀禮疏則云大夫、士以孫之倫爲尸，皆取無爵者，無問成人與幼，皆得爲之。若天子諸侯，雖用孫，取卿、大夫有爵者爲之，故鳧鷖祭尸之等皆言公尸是已。又何休公羊注云：禮，天子以卿爲尸，諸侯以大夫爲尸，卿大夫以下以孫爲尸。坊記：子云：「祭祀之有尸也，宗廟之有主也，示民有事也。以此坊民，民猶忘其親。」鄭云：「載之言則也。尸，節神者也。神醉而尸謖。」鼓鐘之鼓从攴，與鐘鼓之鼓从支不同。彼二器並作，此則以擊鐘爲主，所謂金奏也。周禮大司樂凡樂事，大祭祀宿縣，遂以聲展之，尸出入則令奏肆夏，鐘師掌金奏，以鐘鼓奏九夏，肆夏其一也。九夏掌于鐘師，先擊鐘，次擊鼓，以金爲奏樂之節，故但言鼓鐘耳。李如圭云：尸在廟門外則疑于臣，故送迎尸皆以廟門爲斷。鄭云：神安歸者，歸于天也。孔云：神尸相將，神無形，故尸象焉。羅泌云：夫神猶火也。火生無形，因物顯昭，物盡而火熄。神本無方，因物顯用，物盡而神藏。是故火非可盡也，而在物者爲可盡。神非可盡也，以其在物者有可盡之理也。白虎通曰：祭之所以尸，以其虛無而寂寞也。視之無形，聽之無聲，升自阼階，仰視榱桷，俯察几筵，其器存而人亡，思慕哀傷，無所寫洩，故坐尸而食之。毁損其饌，欣然若親之飽，其醉若神之醉也。詩云「神具醉止，皇尸載起，鼓鐘送尸」，是故侑神，尸入舉角，妥尸，食爲之節，及乎酌盎，醉尸有至沾醉，旅酬降冕，則尸弁而舞之，以盡神也。

蕙田案：以上祭祀事尸之禮。

詩大雅鳧鷖序：鳧鷖，守成也。太平之君子，能持盈守成，神祇祖考安樂之也。箋：君子，斥成王也。言君子者，太平之時則皆然，非獨成王也。

鳧鷖在涇，公尸來燕來寧。爾酒既清，爾殽既馨。公尸燕飲，福禄來成。箋：祭祀既畢，明日又設禮而與尸燕。疏：言公尸來燕，則是後燕尸，非祭時也。燕尸之禮，大夫謂之賓尸，即用其祭之日，今有司徹是其事也。天子諸侯則謂之繹，以祭之明日。春秋宣八年言辛巳有事于太廟，壬午猶繹，是謂在明日也。此「公尸來燕」，是繹祭之事，故云祭祀既畢，明日又設禮而與公尸燕也。

鳧鷖在沙，公尸來燕來宜。爾酒既多，爾殽既嘉。公尸燕飲，福禄來爲。

鳧鷖在渚，公尸來燕來處。爾酒既湑，爾殽伊脯。公尸燕飲，福禄來下。

鳧鷖在潨，公尸來燕來宗。既燕于宗，福禄攸降。公尸燕飲，福禄來崇。

鳧鷖在亹，公尸來止熏熏。旨酒欣欣，燔炙芬芬。公尸燕飲，無有後艱。

朱子集傳：此祭之明日繹而賓尸之樂。

世本古義：何氏楷曰：鳧鷖，武王爲諸侯繹祭五廟，禮畢，因而享尸之樂。所以知爲祭五廟者，以此詩言公尸凡五知之。如謂辭煩而不殺，何必至五，且何以竟止于五乎？王制云：「諸侯五廟，二昭二穆，與太祖之廟而五。」祭法云：「諸侯五廟，曰考廟，曰王考廟，曰皇考廟，皆月祭之。顯考廟、祖考廟，享嘗乃止。」疏云：「曰考廟者，父廟。考，成也，謂父有成德之美也。曰王考者，祖廟。王，君也。祖尊于父，故加君名。曰皇考廟者，曾祖也。皇，大也，君也。曾祖轉尊，又加大君之稱也。曰顯考廟者，高祖也。顯，明。高祖居四廟最上，故以高祖目之。曰祖考廟者，太祖也。祖，始也。此廟爲王家之始，故云祖考也。天子月祭五，諸侯卑，故惟得月祭三也。太祖爲不遷，而與高祖並不得月祭，止預四時也。」今案：此詩言鳧鷖在涇，涇爲水名，而其後沙、渚、潨、亹皆非水名，乃蒙乎涇之辭。涇水居中，有太祖之象。沙、渚皆在水旁，有高、曾一昭一穆之象。潨、亹居涇水下流，又爲祖、考在高、曾下，一昭一穆之象。其爲諸侯之五廟，明矣。尸稱公尸，亦周家未爲天子時之稱。然愚初猶意其爲文王之詩，以祭義引詩云「明發不寐，有懷二人」，文王之詩也。祭之明日，明發不寐，饗而致之，又從而思之，正言繹祭之事。後又思詩人凡言景物，必據所見，文王居岐周而祭宗廟，當言岐水，或已遷于豐，而祭宗廟當言豐水，是皆非涇經流之地，安得遠及涇水乎？及觀華谷嚴氏粲之説，而意始豁然，直斷其爲武王未有天下時之詩焉。嚴云：渭水東流，先會豐而後會涇，豐水自南而入渭，涇水自西北而入渭。文王居豐，在豐水之西，則越豐而後至涇。武王居鎬，在豐水之東，則去涇近矣。張衡西京賦云：「欱灃吐鎬。」據渭據涇。」見涇水近鎬也。郝氏敬云：「鳧善没，鷖善浮，有變化出没之象，以比鬼神。」愚案：郝説是矣。禮謂索祭於祊，不知神之所在，於彼乎，於此乎？意亦近是。然詩之興義，必有所取，舊説皆謂興公尸，則公尸只一人耳，而以二鳥興之何居？禮，夫婦一體，昏則同牢合巹，終則同穴，祭則同几同祝，故禮記曰：「鋪筵設同几，爲依神也。」疏謂人生時體異，故夫婦別几；死則魂氣同歸于此，故夫婦同几。唐博士陳正節議曰：「臣聞于禮，宗廟父昭子穆，皆有配座。每室一帝一后，禮之正儀。自夏、殷而來，無易茲典。」陳祥道曰：「祭祀同几則一尸。儀禮：『男，男尸；女，女尸。』謂虞祭也。」又曰：「案少牢饋食蕆歲事于皇祖，必以某妃配某氏，故同几共牢，一尸而俎豆不兩陳，以其夫婦一體故也。」然則鳧鷖乃以興祖考妣，非興公尸也。蓋是先行繹祭之禮而後享尸。詩既不言繹祭之事，而特寄興于鳧鷖一語，以致其恍惚想像之意。

此詩筆之幻處，又取興之變體。

宗元案：鳧鷖詩序謂繹而賓尸，信已。鄭康成乃分首章祭宗廟之尸、次章四方萬物之尸、三章天地之尸、四章社稷山川之尸、五章七祀之尸者，殊鑿。歐陽本義破之極快。朱子已不從之，洵爲至當。何玄子乃更鑿爲武王祫祭五廟之尸，謂武王時爲諸侯，二昭二穆，與太祖之廟而五，因以每一章只祭一廟之尸，其比康成之鑿，不更甚乎？且釋義處，尤多膠固滯泥，以此説詩，所謂「固哉，高叟也」已！今姑存之，以廣聞見，勿爲所愚可也。

蕙田案：此繹祭賓尸。

禮記曾子問：曾子問曰：「卿大夫將爲尸於公，受宿矣，而有齊衰內喪，則如之何？」孔子曰：「出舍於公館以待事，禮也。」注：出舍公館，吉凶不可同處也。　疏：受宿，謂受宿齋戒也。出舍公館待事畢，然後歸哭也。

曾子問曰：「大夫之祭，鼎俎既陳，籩豆既設，不得成禮，廢者幾？」孔子曰：「九。」「外喪自齊衰以下行也。其齊衰之祭也，尸入，三飯，不侑，酳不酢而已矣。大功，酢而已矣。小功、緦，室中之事而已矣。」注：室中之事，謂賓長獻。　疏：此大夫祭，謂祭宗廟。若遭異門齊衰之喪，其祭迎尸入室，三飯則止。祝更不勸侑使至十一。主人酌酒酳尸，尸不酢主人，唯此而已。大功服輕，祭禮稍備。

蕙田案：此條尸變體。

孔子曰：「祭殤必厭，蓋弗成也。祭成喪而無尸，是殤之也。」注：祭殤必厭，厭飫而已。

孔子曰：「宗子爲殤而死，庶子弗爲後也。其吉祭特牲，祭殤不舉肺，無肵俎，無玄酒，不告利成，是謂陰厭。」注：用特牲者，尊宗子。凡殤則特豚。自卒哭成事之後爲吉祭。舉肺脊、肵俎、利成，禮之施于尸者。陰厭者，祭之于奧。疏：肵是尸之所食，歸餘之俎。玄酒，重古之義，祭成人則有之。利成，謂祭畢告供養之禮。不舉肺，無肵俎，不告利成，此三事本主于尸，今以無尸，故不爲。

凡殤與無後者，祭于宗子之家，當室之白，尊于東房，是謂陽厭。注：凡殤，謂庶子之適也。當室之白，謂西北隅得户明者也。明者曰陽。疏：凡殤有二：一昆弟之子，祭之當于宗子父廟；二是從父昆弟，祭之當于宗子祖廟。其無後者亦有二：一是昆弟無後，祭之當于宗子祖廟；二是諸父無後，祭之當于宗子曾祖之廟。其經營祭祀牲牢之屬，親者主爲之。

程子曰：無服之殤不祭。下殤之祭，終父母之身。中殤之祭，終兄弟之身。長殤之祭，終兄弟之子之身。成人而無後者，終兄弟之孫之身。此皆以義起也。

蕙田案：以上祭殤無尸。

王制：庶人祭于寢。疏：庶人之祭，謂薦物。以其無廟，故唯薦而已。薦獻不可褻處，故知適寢也。

庶人春薦韭，夏薦麥，秋薦黍，冬薦稻。

陳氏禮書：祭有尸而薦無尸。

大戴禮天圓篇：無禄者稷饋，稷饋者無尸，無尸者厭也。注：庶人無常牲，故以稷爲主。

蕙田案：以上庶人無尸。

通典：尸，神象也。祭所以有尸者，鬼神無形，因尸以節醉飽，孝子之心也。夏氏立尸而卒祭，夏禮，尸有事乃坐。殷坐尸，無事猶坐。周坐尸，詔侑無方。其禮亦然，其道一也。言此亦周所因於殷也。方猶常也。告尸行節，勸尸飲食無常，若孝子之爲也〔一〕，孝子就養

〔一〕「子」下，諸本衍「就」字，據禮記正義卷二四删。

無方也。又云「旅酬六尸」。使之相酌也。后稷之尸，發爵不受旅。曾子問曰：「祭必有尸乎？言無益，無用爲。若厭祭，亦可乎？」厭時無尸。孔子曰：「祭成喪者，必有尸，尸必以孫。孫幼，則使人抱之。無孫，則使同姓可也。」人以有子孫爲成人。子不殤父，義由此也。夫祭之道，孫爲王父尸，所使爲尸者，於祭者爲子行户郎反也。父北面而事之，所以明子事父之道。子行猶子列也。祭祖則用孫列者，取于同姓之嫡孫也。天子諸侯之祭，朝事延尸于外户〔一〕，是以有北面事尸之禮。君子抱孫不抱子，此言孫可以爲王父尸，子不可以爲父尸。以孫與祖昭穆同。爲君尸者，大夫士見則下之。君知所以爲尸者，則自下之。尊尸也。下，下車也。國君或時幼小，不盡識群臣，有以告者，乃下也。尸必式，禮之也。乘必以几。尊者慎也。君迎牲而不迎尸。别嫌也。尸在廟門外則疑於臣，在廟中則全於君。君在廟門外則疑於君，入廟中則全於臣、全於子。是故不出者，明君臣之義。不迎尸者，欲全其尊也。尸，神象也。鬼神之尊在廟中，人君之尊出廟門則伸也。祝迎尸於廟門之外者，象神從外來也。天子宗廟之祭，以公卿大夫孫行者爲尸。一云：天子不以

〔一〕「事」，諸本作「士」，據禮記正義卷四九改。

公爲尸，諸侯不以卿爲尸，爲其太尊，嫌敵君。故天子以卿爲尸，諸侯以大夫爲尸。周公祭太山而以召公爲尸者，外神，賓主相見敬之道，不嫌也。卿大夫不以臣爲尸，俱以孫者，避君也。天子諸侯雖以卿大夫爲尸，皆取同姓之嫡也。夫婦共尸者，婦人祔從於夫，同牢而食，故共尸也。始死無尸者，尚如生，故未立也。檀弓云：「既封，主人贈而祝宿虞尸。」贈，以幣送死者于壙也。于主人贈，祝先歸也。封，彼驗反。白虎通曰：「祭所以有尸者，鬼神聽之無聲，視之無形，升自阼階，仰視榱桷，俯視几筵，其器存，其人亡，虛無寂寞，思慕哀傷，無所寫洩，故座尸而食之。毁損其饌，欣然若親之飽，尸醉若神之醉矣。詩云：『神具醉止，皇尸載起。』」說曰：案鳧鷖詩，美成王能持盈守成，神祇祖考安樂之也。其詩五章，每章有公尸。鄭玄以初章爲宗廟，其二爲四方百物，其三爲天地，其四爲社稷、山川，其五爲七祀，則是周代大小神祀皆有尸也。至於周人，輕重各因其象類。又案周公祭太山，以召公爲尸，是三公之類也。又秋官職祭亡國之社，以士師爲尸，是刑戮之義，則其餘亦可知矣。杜佑議曰：古之人樸質，中華與夷狄同，有祭立尸焉，有以人殉葬焉，有茹毛飲血焉，有巢居穴處焉，有不封不樹焉，有手摶食焉，有同姓婚娶焉，有不諱名焉，中華地中而氣正，人性和而才惠，繼生聖哲，漸革鄙風。今四裔諸國，地偏氣獷，則多仍舊。自周以前，天地宗廟社稷一切祭享，凡皆立尸。秦、漢以降，中華則無矣。或有是古者，猶言祭尸禮重，亦可習之，斯豈非甚滯執者乎？案後魏文成帝拓跋濬時，高允獻書云：「祭尸久廢，今風俗則取其狀貌類者以爲尸，祭之晏好，敬之如夫妻，事之如父母，敗損風化，黷亂情理。」據文成帝時，其國猶在代北。又案周、隋蠻夷傳，巴、梁間每秋祭祀，鄉里美鬢面人，迭迎爲尸以祭之，今柳、道州人每祭祀迎同姓丈夫、婦人伴神以享，亦爲尸之遺法。

陳氏禮書：古者事死如事生，事亡如事存，故祭祀必立尸。周官節服氏「郊祀裘冕，二人執戈，送逆尸」，士師「若祭勝國之社稷，則爲之尸」，「祀五帝則沃尸及王盥」，守祧「若將祭祀，則各以其服授尸」，鳧鷖之序言神祇祖考而詩稱公尸，則凡祭有尸矣。惟奠與祭殤無尸。春秋傳曰：「晉祀夏郊，董伯爲尸。」傳曰舜祀唐郊，丹朱爲尸。又周公祭泰山以召公爲尸，曾子問曰卿大夫爲尸於公，則凡尸皆貴者矣。白虎通曰：王者宗廟以卿爲尸，不以公爲尸，嫌三公尊近，天子親稽首拜尸也。杜佑曰：天子不以公爲尸，諸侯不以卿爲尸，天子諸侯雖以卿大夫爲尸，皆取同姓之嫡也。卿大夫不以臣爲尸，俱以孫者，避君故也。禮記曰：「爲人子者，祭祀不爲尸。」則凡尸皆無父者矣。然則天子諸侯之尸以卿大夫，則幼者不與焉。禮曰祭成喪者必有尸，尸必以孫，孫幼則使人抱之，無孫則取於同姓可也。此大夫士之禮歟？蓋喪禮始喪而奠則無尸，以人道事之也；既葬而祭則有尸，以神道事之也。祭祀同几則一尸。儀禮曰：「男，男尸；女，女尸。」謂虞祭也。父爲士，子爲大夫，葬以士禮，而祭之尸，則服士服。父爲大夫，子爲士，葬以大夫禮，而祭之尸，則服大夫服。故周官司服享先公則鷩冕，以爲祭則各以其服授尸。尸服鷩冕，而王服衮以臨之，則非所以致敬，故弗敢也。然小記曰：「父爲天子諸侯，子爲士，祭以士。」其尸服以士服者，鄭氏曰：「父以罪誅，尸服以士服，不成其爲君也。」以卒者不成其爲君，故不敢服其爲君之服也。儀禮大夫前祭一日筮尸，士則前祭三日筮尸。大夫於尸再宿而一戒，士於尸一宿而無戒，則大夫之禮有所屈，士之禮有所伸。推而上之，則人君蓋亦前三日筮尸，而宿戒之儀又加隆矣。周官掌次祭祀張尸次，儀禮大夫、士之禮，皆祝迎尸於門外，祝入門左，則固張於廟門之西矣。及其入也，主人立於阼階東，西南面，尸盥而進，升自西階，主人升自阼階。祝從尸，主人從祝。尸入即席，東面而坐。祝、主人西南而立，皆拜妥尸。尸答拜，遂坐而挼祭焉。禮記曰：「周坐尸，詔侑無方。」「夏立尸而卒祭，殷坐尸。」「周旅酬六尸。」觀儀禮大夫、士之祭，則人君事尸之儀略可見矣。

附辨李氏祫祭昭穆二十餘尸：

李氏三禮辨：宗廟昭穆，或問之説詳矣。但謂祫于太廟室中，則群昭群穆之主皆入列于牖下，則小誤耳。逸禘祫禮，昭穆各用一尸，蓋周之中世，先王先公之位，已凡二十餘所，使南北相向，各列牖下，假以宣王考室之時言之，后稷東向，先公不窋以下十一尸，先王太王以下十三尸，南北相向。每尸設二十六豆籩，九俎，八簋，六鉶，及尸與主賓獻酢之地，蓋比明堂三倍之廣。而二十餘尸各十一獻，又有三酳，亦非一日所能行也。

陳氏禮書：鄭氏禘祫志云：其尸，后稷廟中，后稷尸一，昭穆尸各一。其實太祖廟三尸也。

趙氏惪曰：鄭謂昭穆各用一尸，恐亦或然，故杜預云逸禮祫于太廟之禮，毁廟之主，升合食而立二尸，以此言之，則祫祭之群昭群穆雖多，昭一尸、穆一尸而已。

汪氏份曰：禮器云：周旅酧六尸。孔疏云：后稷在室西壁，東向，爲發爵之主，尊，不與子孫爲酧酢。餘自文、武二尸就親廟尸凡六，在后稷之東，南北對爲昭穆，更相次序以酧。然大祫多主，而唯云六尸者，先儒與王肅並云毁廟無尸，但有主也。而李氏乃有不窋以下十一尸、太王以下十三尸之説，誤也。

蕙田案：依鄭、王義，則祫祭不必皆有尸，明矣。而鄭、王之説微有不同，一主三尸，一主六尸，一毁廟有尸，一毁廟無尸。今案：六尸見於禮器，三尸不見何經，從王爲是。

右尸

主

禮記曲禮：措之廟，立之主，曰帝。注：春秋傳曰：「凡君，卒哭而祔，祔而作主。」疏：措，置也。王葬後，卒哭竟而祔，置于廟，立主，使神依之也。崔靈恩云：「古者帝王生死同稱，生稱帝者，死亦稱帝。生稱王，死亦稱王。」「凡君，卒哭而祔，祔而作主」者，此是左傳僖三十三年之言也。卒哭者，是葬竟虞數畢後之祭名也。孝子親始死，哭晝夜無時，葬後虞竟，乃行神事，故卒其無時之哭，猶朝夕各一哭，故謂其祭爲卒哭。明日而立主，祔于廟，隨其昭穆，從祖父食。卒哭，主暫時祔廟畢，更還殯宫，至小祥作栗主入廟，乃埋桑主于祖廟門左埋重處，故鄭云：「虞而作主，至祔，奉以祔祖廟，既事畢，反之殯宫。」然大夫士亦哭而祔，而左傳唯據人君有主者言之，故云「凡君」。鄭注祭法云，大夫士無主也。此言「凡君」，明不關大夫士也。崔靈恩云：「大夫士無主，以幣帛祔。祔竟，並還殯宫，至小祥而入廟也。」檀弓乃云：「重，主道也。」鄭注引公羊傳云「虞主用桑，練主用栗」，則似虞已有主。而左傳云：「祔而作主。」

二傳不同者，案：說公羊者，朝葬，日中則作虞主。若鄭君以二傳之文雖異，其意則同，皆是虞祭總了，然後作主。故異義云：「古春秋左氏說，既虞，然後祔死者于先死者，祔而作主，爲桑主也。期年然後作栗主。許慎謹案：左氏說與禮記同。」鄭君不駁，明同許意。

蕙田案：記「措之廟」、「立之主」並言，乃祔廟之練主，非虞主也。鄭引左傳非是，疏用鄭祭法注證「凡君」二字，謂大夫士無主，尤爲謬戾，詳見「大夫士宗廟」條下。

坊記：宗廟之有主也，示民有事也。疏：宗廟有主，下示于民，有所尊事也。

方氏慤曰：主藏于宗廟之内，故于宗廟言主也。爲主以偶其存，經曰事亡如事存，此所以言示民有事也。

春秋文公二年公羊傳：練主用栗。用栗者，藏主也。注：練謂期年練祭也。埋虞主于兩階之間，易用栗也。夏后氏以松，殷人以柏，周人以栗。

穀梁傳：吉主於練。注：期而小祥，其主用栗。作主壞廟有時日，於練焉。壞廟之道，易檐可也，改塗可也。注：親過高祖則毁其廟，以次而遷，將納新神，故示有所加。疏：今方練而作主，猶是凶服，而曰吉主者，此雖爲練作之主，終入廟以辨昭穆，故傳以吉言之。然作主在十三月，壞廟在三年喪終，而傳連言之者，此主終入廟，入廟即易檐，以事相繼，故連言之，非謂作主壞廟同時也。

蕙田案：吉主，即祔于宗廟之主也。虞主用桑，栗主作而虞主埋焉，故虞主喪主也。詳讀禮通考，茲不載。

白虎通：祭所尸主何神本無方，孝子以主係心。廟主以木爲之，木有終始，與人相似，題之欲令後可知。主用木方尺，或曰尺二寸。

五經異義：主者，神象也。孝子既葬，心無所依，所以虞而立主以事之。小祥以前主用桑者，始死尚質，故不相變。既練易之，遂藏于廟，以爲祭主。主之制四方，穿中央，達四方。天子長一尺二寸，諸侯一尺，皆刻謚于背。

禮記外傳：廟主用木者，木落歸本，有始終之義。天子廟主長尺二寸，諸侯一尺。

禮士虞記曰桑主不文，吉主皆刻而謚之。

何休公羊傳注：主狀正方，穿中央，達四方，天子長尺二寸，諸侯長一尺。穀梁傳范注同。

衛次仲曰：宗廟主皆用栗，右主八寸，左主七寸，廣厚三寸。右主謂父也，左主謂母也。

成氏伯璵曰：天子之主一尺二寸，諸侯一尺，四向孔穴，五達相通，漆書其謚，故曰神主。葬後孝子之心因無所覩，故以神主也。主之狀，古今異制，不得以新禮求之。

通典：漢儀云：帝之主九寸，前方後圓，圍一尺。后主七寸，圍九寸。木用栗。晉武帝太康中，制太廟神主尺二寸，后主一尺與尺二寸中間，木以栗。大唐之制，長尺二寸，上頂徑一寸八分，四廂各刻一寸二分，上下四方通，孔徑九分。玄漆匱，玄漆趺，其匱底蓋俱方。底自下而上，蓋從上而與底齊。趺方一尺厚三寸，皆用古尺古寸，以光漆題謚號於背。

又曰：晉劉氏問蔡謨云：時人祠有板，板爲用當主，爲是神坐之榜題。謨答：今代有祠板木，乃始禮之奉廟主也。主亦有題，今板書名號，亦是題主之意。安昌公荀氏祠制，神板皆正長尺一寸，博四寸五分，厚五寸八分，大書某祖考某封之神座、夫人某氏之神座，以下皆然。書訖，蠟油炙，令入理，刮拭之。

司馬氏書儀：以桑木爲祠版，鄭康成以爲卿大夫、士無神主，大夫束帛依神，士結茅爲菆，徐邈以爲公羊大夫聞君之喪攝主而往，重主道也。埋重而立主。大夫士有重，亦宜有主。蔡謨以爲今世有祠版，乃禮之廟主也。主亦有題，今版書名號亦是題主之意。安昌公荀氏祠制，神版皆正長尺一寸，博四寸五分，厚五寸八分，大書某祖考某封之神座、夫人某氏之神座。書訖，蠟油炙，令入理，刮拭之。今士大夫家亦有用祠版者，而長及博厚不能盡如荀氏之制，題云某官府君之神座，某封邑夫人、郡縣君某氏之神座。續加封贈，則先告貼，以黄羅而改題，無官則題處士府君之神座。版下有趺，韜之以囊，籍之以褥，府君夫人只爲一匣。今從之。禮，虞主用桑，練主用栗。祠版，主道也，故於虞亦用桑。將小祥，則更以栗木爲之。

蕙田案：古人有重有主，未聞有版也。既因大夫士主無明文，而不立主，祠版更何所據耶？

朱子家禮：伊川神主式作主用栗，取法於時月日辰。趺方四寸，象歲之四時；高尺有二寸，象十二月；身博三十分，象月之日；厚十二分，象日之辰。身趺皆厚一寸二分。剡上五分爲圓首，寸之下勒前爲額而判之，一居前，二居後，前四分，後八分。陷中以書爵姓名行，曰宋故某官某公諱某字某第幾神主。陷中長六寸，闊一寸。合之植于趺，身去趺上一尺八分〔一〕，并趺高一尺二寸。竅其旁以通中，如身厚三之一，謂圓徑四分。居二

〔一〕「一尺」，原作「一寸」，據光緒本、二程集卷一〇改。

分之上，謂在七寸二分之上。粉塗其前，以書屬稱。屬謂高曾祖考，稱謂官或號行，號如處士秀才，行如幾郎幾公。旁題主祀之名，曰孝子某奉祀。加贈易世，則筆滌而更之，水以洒墻壁。外改中不改。

朱子家禮：作主制度，身高一尺二寸，闊三寸，厚一寸二分。首削去其上兩角，各去五分，俾其首作圓形。頷從上量下一寸，横勒其前，入身深四分爲頷，判開其下，分陷中于頷下。本身上刻深四分，闊一寸，長六寸，爲陷中，竅于本身兩側，旁鑽兩圓孔，徑四分，以通陷中，其孔離趺面七寸二分。前面廣三寸，安在頷下。趺方四寸，厚一寸二分，鑿之通底，以受主身。合式，前合于後，身納于趺，植立仍高一尺二寸。座以薄板三片相合，安于趺之兩旁及後面，比主稍高，面頂俱虚。趺之四邊，各寬于版少許，令可蓋。蓋亦以薄板爲之，四片相合，有頂，可以罩趺上。板唯前面留一圓竅，俱飾以黑漆，古以帛，縫如斗帳。齊主，四方板爲頂，韜其主，置于座中，然後加蓋。今人從簡，便不復並用。

朱氏彝尊與佟太守書：主之制，雖不載于經，然衛次仲言右主八寸，左主七寸，廣厚三寸；何休言主狀正方，穿中央，達四方，天子長尺有二寸，諸侯長一尺；漢書儀言帝主長九寸，后主長七寸。杜佑通典述晉太康故事，帝主尺二寸，后主一尺；蔡謨言今代祠板，乃禮之廟主；安昌公荀勗祠制，神板皆正長尺二寸，博四寸五分，厚五分。雖諸家之説長短不齊，要之帝后之尊莫有過尺二寸者。涑水司馬氏、伊川程氏定爲主式，作主以栗。趺四寸，以象四時；高尺二寸，以象十二月；身博三十分，象月之日；厚十二分，象日之辰。今之法式，大率準此。

蕙田案：以上主名義制度。

禮記郊特牲：直祭祝于主。注：直，正也。祭以孰爲正。 疏：薦孰正祭之時，祝官以祝辭告于主，若儀禮少牢「敢用柔毛剛鬣，用薦歲事于皇祖伯某」是也。

陸氏佃曰：直祭祝于主，謂尸未入祝而已。是之謂直祭，若少牢「祝酌，奠，遂命佐食啓會」，「主人西面，祝祝曰：『孝孫某，敢用柔毛剛鬣，用薦歲事于皇祖伯某，尚饗。』」當此節。

曾子問：孔子曰：「吾聞諸老聃曰：祫祭於祖，則祝迎四廟之主。主出廟入廟，必蹕。」注：祝迎廟主。祝，接神者也。蹕，止行也。 疏：三年一祫，當祫之年，則祝迎高、曾、祖、禰四廟，而于太祖廟祭之。天子祫祭，則迎六廟之主。四廟舉諸侯言也。主謂木主，天子一尺二寸，諸侯一尺。出廟者，謂出己廟而往太祖廟，入廟謂從太祖廟而反還入己廟。主出入之時，必須蹕止行人。若主入太祖廟中，則不躋，以壓于尊者也。

也。其合祭奈何？毁廟之主，陳于太祖；未毁廟之主，皆升，合食于太祖。注：毁廟，謂春秋文公二年：大事於太廟。公羊傳：大事者何？大祫也。大祫者何？合祭

親過高祖，毁其廟，藏其主于太祖廟中。太祖，周公之廟。陳者，就陳列太祖前，太祖東向，昭南向，穆北向，其餘孫從王父。自外來曰升。

穀梁傳：大事者何？大是事也。著祫嘗。祫祭者，毁

廟之主，陳于太祖；未毁廟之主，皆升，合祭于太祖。注：祫，合也。嘗，秋祭。祫祭者，皆合

祭諸廟已毁未毁者之主于太祖廟中，以昭穆爲次序。祭畢，則復還其廟。

通典：祫祭，太祖尸南向，主在其右，昭在東，穆在西，主各在其右。

蕙田案：以上祭祀奉主之禮。

禮記曾子問：曾子問曰：「廟有二主，禮與？」孔子曰：「天無二日，土無二王。

嘗、禘、郊、社，尊無二上，未知其爲禮也。昔者齊桓公亟舉兵，作僞主以行。及反，藏

諸祖廟。廟有二主，自桓公始也。」注：曾子問此，怪時有之也。孔子以尊喻卑。僞猶假也。舉

兵，以遷廟主行，無則主命。爲假主，非也。

方氏慤曰：廟有主，則神之所依。廟有二主，則莫適爲依。是豈禮之意哉？所謂尊無二上者，以

其神有尊卑，故言無二上也。

蕙田案：此條言廟無二主。

孔子曰：吾聞諸老聃曰：「天子崩，國君薨，則祝取群廟之主而藏諸祖廟，禮也。卒哭成事，而后主各反其廟。」注：老聃，古壽考者之號也，與孔子同時。天子崩，諸侯薨，則藏諸主于祖廟，象有凶事者聚也。卒哭成事，先祔之祭名也。

蕙田案：此條因喪遷主。

「君去其國，太宰取群廟之主以從，禮也。」注：君去其國以廟主從，鬼神依人者也。

蕙田案：此條去國遷主。

「當七廟五廟無虛主。虛主者，唯天子崩，諸侯薨，與去其國，與祫祭于祖，爲無主耳。」

張子曰：有廟即當有主。

方氏慤曰：廟之有主，猶國之有王也。非此四者，主其虛乎？

右主

祏

春秋莊公十四年左氏傳：原繁曰：「先君桓公命我先人典司宗祏。」注：宗廟中藏主石室。疏：宗祏者，慮有非常火災，于廟之北壁内爲石室，以藏木主，有事則出而祭之，既祭，納于石室。祏字從示，神之也。

昭公十有八年：宋、衛、陳、鄭災。左氏傳：鄭子産使祝史徙主祏于周廟，告于先君。注：祏，廟主石函。周廟，厲王廟也。有火災，故合群主于祖廟，易救護。疏：每廟木主，皆以石函盛之。當祭，則出之。事畢，則盛于函，藏于廟之北壁之内，所以辟火災也。

白虎通：主藏之西壁。

衛次仲曰：祭訖，則納于西壁。埳中去地一尺六寸。

公羊説：主藏太廟室西壁中，以備火災。必在西者，長老之處，地道尊右，鬼神幽陰也。

説文：祏，宗廟主也。周禮有郊宗石室。

通典：或問高堂隆曰：昔受訓馮君，正廟之主各藏太室西壁之中，遷廟之主於太祖太室北壁之中。案：逸禮，藏主之處似在堂上壁中。答曰：章句但言藏太祖北壁中，不别堂室。愚意以堂上無藏主，當室之中也。

賀氏循曰：古禮，神主皆盛以石函。

江都集禮：太祖室北壁中，堂上無藏主處，故於室中也。

右祏

匰

周禮春官司巫：祭祀則共匰主。注：杜子春曰：「匰，器名。主，謂木主也。」主先匰者，共主以匰。疏：以匰器盛主來向祭所，大祝取得主，匰器即退。

摯虞決疑云：廟主藏于户之外、西墉之中，有石函，名曰宗祏。函中笥以盛主。

右匰

行師遷主

陳氏禮書：公羊曰：「虞主用桑，練主用栗。」穀梁曰：「喪主於虞，吉主於練。」

特左氏曰：「凡君祔而作主。」曲禮曰：「措之廟，立之主，曰帝。」然人子之於親，不忍一日使無依焉，故始死依以重，既葬依以主。重埋則桑主作，桑主埋則栗主立。豈有既虞卒哭不存其象，俟祔而后爲之乎？然則左氏、曲禮之説，蓋曰作主將以祔廟，非祔而後作之也。先儒謂，既祔，主反其寢，大夫、士無主，以幣告。然坊記曰喪禮每加以遠，荀卿曰喪事動而遠，故將葬而既祖，柩不可反，孰謂將祔而既餞，主可反乎？重，主道也。大夫、士有重。尸，神象也。大夫、士有尸。孔悝，大夫也，去國載祏，孰謂大夫、士無主乎？主之制，不見於經。何休曰：主狀正方，穿中央，達四方，天子長尺二寸，諸侯長一尺。桑主不文，吉主皆刻而謚之。衛次仲曰：右主八寸，左主七寸，廣厚三寸。右主，父也。左主，母也。漢舊儀：后主長七寸，圍九寸；帝主長九寸。其制雖不可考，然正廟之主，各藏其室西壁之中；遷廟之主，藏于太室北壁之中，去地六尺一寸。大戴禮、五經異義、江都集禮傳述皆然，蓋有所授之也。自東漢迄隋、唐，宗廟之制與古不同，而遷主所藏，或在西儲，或在西夾室。其正廟之主，雖各藏廟室西壁之中，而帝后別爲石埳，非禮意也。案少牢饋食，薦歲事于皇祖，必以某妃配某氏，故同几共牢，一尸而俎豆不兩陳，以其夫婦一體故也。賀循亦謂：后配尊于帝，神主所居宜同，故東晉明帝時廟有埳室者十，皆帝后共一石室。至恭帝時，廟爲埳室一十八，而帝后異室。此議者所以譏之也。

書甘誓：用命賞于祖。蔡注：天子巡守必載其遷廟之主與其社主以行，以示賞戮之不敢專也。

周禮春官小宗伯：若大師，則帥有司而奉主車。注：有司，大祝也。王出軍，必先有事于社及遷廟，而以其主行。遷主曰祖。曾子問曰：「天子巡守，以遷廟主行，載于齊車，言必有尊也。」書曰：「用命賞于祖。」

肆師：用牲于社宗，則爲位。凡師不功，則助牽主車。注：宗，遷主也。助，助大司馬也。

夏官大司馬：若大師，則莅釁主。注：大師，王出征伐也。莅，臨也。主，謂遷廟之主及社主在軍者也〔一〕。凡師既受甲，迎主于廟，殺牲以血塗主，神之。

若師不功，則厭而奉主車。注：鄭司農云：「厭謂厭冠，喪服也。」玄謂：奉猶送也。送主歸于廟與社。

禮記曾子問：曾子問曰：「古者師行，必以遷廟主行乎？」孔子曰：「天子巡守，

〔一〕「社主」，原脱「主」字，據光緒本、周禮注疏卷二九補。

以遷廟主行，載于齊車，言必有尊也。今也取七廟之主以行，則失之矣。」注：齊車，金路。疏：凡祭祀皆乘玉路，齊車則降一等，乘金路也。「遷廟主行」者，謂載新遷廟之主。

張子曰：古者天子巡守，載遷廟主而行。必載遷廟主，親之至也。

曾子問曰：「古者師行無遷主，則何主？」孔子曰：「主命。」問曰：「何謂也？」孔子曰：「天子諸侯將出，必以幣、帛、皮、圭告於祖禰，遂奉以出，載于齊車以行。每舍奠焉，而後就舍。反必告，設奠，卒，斂幣、玉，藏諸兩階之間，乃出。蓋貴命也。」皇氏疏：有遷主者，直以幣、帛告神，不將出行，即埋之階間。無遷主者，加以皮、圭告于祖禰，遂奉以出。

文王世子：其在軍則守於公禰。注：在軍謂從軍者。公禰，行主也。行以遷主，言禰，在外親也。疏：公禰謂遷主，載在齊車隨公行者也。庶子官既從在軍，故守於公齊車之行主也。

戰則守於公禰，孝愛之深也。

尚書大傳：王升舟，鼓鐘亞，觀臺亞，將舟亞，宗廟亞。孔穎達曰：社殺戮與軍將同，故命社主爲將。宗廟則遷主也，亞在將舟後。

陳氏禮書曰：師行載遷主，則未遷之主不行矣。遷主載于齊車，則社主亦齊車矣。用命賞于祖，則遷主之車在左，所以象左宗廟也。不用命戮于社，則社主之車在右，所以象右社稷也。師載遷主，而武王伐紂，載文王之木主者，所以成文王之志而已，不可以常禮議之也。書傳曰將舟亞，宗廟亞，蓋舉宗廟以見社耳。先儒以將舟爲社主，恐不然也。蓋君之出也，先祓社，后釁祖。其行也，前社而後祖。其止也，右社而左祖。祖非禰也。文王世子謂之公禰者，親之也。

右行師遷主

宗廟守藏

周禮春官天府：掌祖廟之守藏與其禁令。疏：案王制云：「天子七廟，三昭三穆，與太祖之廟而七。」太祖即始祖廟也。周立后稷廟爲始祖，以其最尊，故寶物藏焉。禁令，謂禁守不得使人妄入之等也。

凡國之玉鎮、大寶器，藏焉。若有大祭、大喪，則出而陳之；既事，藏之。注：玉鎮、大寶器，玉瑞玉器之美者，陳之以華國也。疏：典瑞云：掌玉瑞玉器之藏，辨其名物，與其用事，設其服飾。其美者，天府掌之。鄭知玉鎮、大寶器是玉瑞玉器之美者。此云玉鎮，即大宗伯云「以玉作六瑞」，鎮圭之屬，即此玉鎮也。彼又云「以玉作六器」，蒼璧禮天之屬，即此寶器也。

若遷寶，則奉之。注：奉猶送也。　疏：此遷寶，謂王者遷都，若平王東遷，則寶亦遷，天府奉送之，于彼新廟之天府藏之如故也。

守祧：掌守先王先公之廟祧，其遺衣服藏焉。注：遺衣服，大斂之餘也。　疏：云「遺衣服，大斂之餘也」者，案士喪禮云：「小斂十九稱，不必盡服。」則小斂亦有餘衣，必知據大斂之餘者，小斂之餘，至大斂更用之，大斂餘，乃留之，故知其遺衣服無小斂餘也。

既祭，則藏其隋與其服。注：鄭司農云：「隋，謂神前所沃灌器名。」玄謂隋，尸所祭肺脊黍稷之屬，藏之以依神。

書顧命：越玉五重，陳寶，赤刀、大訓、弘璧、琬琰，在西序。大玉、夷玉、天球、河圖，在東序。胤之舞衣、大貝、鼖鼓，在西房。兑之戈、和之弓、垂之竹矢，在東房。

鄭氏周禮天府注：陳之以華國也。書顧命此其行事之見于經。　又云：武王誅紂，赤刀爲飾。大訓者，禮法，先王禮教，即虞書、典、謨是也。弘璧，弘，大也，大璧、琬琰皆尺二寸者。大玉，華山之球。夷玉，東北之璞。天球，雍州所貢之玉，色如天。三者皆璞，未見琢治，故不以器名之。河圖，圖出于河水，帝王聖者所受。胤也，和也，垂也，皆古人造此物者之名。鼖鼓，大鼓也。此鼖非考工記鼖鼓長八尺者，若是周物，何須獨寶守？明前代之物，與周鼖鼓同名耳。大貝者，書傳曰「散宜生之江淮之浦，取大貝如車渠」是也。

孔疏：二序共爲列玉五重，又陳先王所寶之器物。上言陳寶，非寶則不得陳之。

中庸：陳其宗器。

呂氏大臨曰：宗器者，國之玉鎮、大寶器，天府所掌者也。若有大祭，則出而陳之以華國。如書所謂赤刀、大訓、弘璧、琬琰、大玉、夷玉、天球、河圖之類是也。

楊氏時曰：宗器，天府所藏是也。歷世寶之，以傳後嗣。祭則陳之，示能守也。于顧命陳之，示能傳也。

周禮秋官司約：凡大約劑，書于宗彝。注：大約劑，邦國約也。書于宗廟之六彝，欲神監焉。疏：六彝之名，若司尊彝云雞、鳥、斝、黄、虎、蜼之等，以畫于宗廟彝尊，使神監焉，使人畏敬，不敢違之也。

右宗廟守藏

祝

禮記曲禮：天子建天官，先六大，曰大祝。

郊特牲：祝，將命也。疏：「祝，將命也」者，祝以傳達主人及神之辭命也。

禮運：故宗祝在廟。疏：宗，宗伯也。祝，大祝也。王在宗廟，則委于宗、祝，示不自專，以達下也。

樂記：宗祝辨乎宗廟之禮，故後尸。注：辨猶别也。後尸，居後贊禮儀。疏：宗，謂宗人。祝，謂大祝。但辨曉于宗廟詔相之禮，故在尸後。

郊特牲：失其義，陳其數，祝史之事也。疏：「失其義，陳其數，祝史之事也」者，若不解禮之義理，是失其義，唯知布列籩豆，是陳其數，其事輕，故云祝史之事也。

春秋桓公六年左氏傳：祝史正辭，信也。

襄公二十七年左氏傳：其祝史陳信于鬼神無愧辭。注：祝陳馨香，德足副之，故不愧。

蕙田案：以上建祝名義。

周禮春官大祝：掌六祝之辭，以事鬼神示。疏：云「掌六祝之辭」者，六辭皆是祈禱之事，皆有辭説以告神，故云六祝之辭。云「以事鬼神示」者，此六祝，皆所以事人鬼及天地神祇。

掌六祈，以同鬼神示。二曰造。注：造祭于祖也。

劉氏彝曰：六祝因祭享而祝之。六祈特爲因事祭而祈之。

作六辭以通上下親疏遠近，一曰祠，五曰禱。注：鄭司農云：「禱謂禱于天地社稷宗廟主爲其辭也。」

蔡氏德晉曰：祠之名不一，書伊尹祠于先王太甲，始立告廟也。大宗伯以祠春享先王，嗣前歲之祭也。小宗伯禱祠于上下神祇，鄭康成注「求福曰禱，得求曰祠」，蓋得所求而祭之，其禮如常祭，故常祭皆可稱祠，取嗣續之意。

蕙田案：以上祈禱宗廟之祝。

辨九祭，一曰命祭，二曰衍祭，三曰炮祭，四曰周祭，五曰振祭，六曰擩祭，七曰絶祭，八曰繚祭，九曰共祭。注：杜子春云：「命祭，祭有所主命也。」鄭司農云：「擩祭，以肝肺菹擩鹽醢中以祭也。繚祭，以手從肺本，循之至于末，乃絶以祭也。絶祭，不循其本，直絶肺以祭也。重肺賤肝，故初祭絶肺以祭，謂之絶祭；至祭之末，禮殺之後，但擩肝鹽中，振之，擬之若祭狀，弗祭，謂之振祭。特牲饋食禮曰：『取菹擩于醢，祭于豆間。』鄉射禮曰：『取肺坐，絶祭。』鄉飲酒禮曰：『右取肺，左卻手執本，坐，弗繚，右絶末以祭。』少牢曰：『取肝擩于鹽，振祭。』」玄謂振祭、擩祭本同，不食者擩則祭之，將食者既擩必振乃祭。絶祭、繚祭亦本同，禮多者繚之，禮略者絶則祭之。

蕙田案：此條祝祭。

鄭氏鍔曰：食必有祭，示不忘先。宗廟之中，尸祭有九。大祝辨之，非賓主飲食之祭，而康成皆引賓主之食以言，不可不辨。命祭，若曾子問「師行無遷廟之主則何如」，孔子曰：「主命。以皮幣告禰，載命以行，每舍奠焉，貴命也。」是謂命祭。

鄭引玉藻君命使祭之禮，非大祝所辨也。衍者，餘也，尸之餘也。下佐食取尸祭之餘以授上佐食，上佐食以授主人，主人以祭，是謂衍祭。鄭引曲禮主人延客之禮，非大祝所辨者。炮，不煩改字。封人云「歌舞牲及毛炮之豚」，蓋尸取所炮之豚以祭祀，是謂炮祭。周亦非曲禮偏祭，先鄭謂四面爲坐，以祭百神，是謂周祭。振祭、擩祭二祭本同，所以異者，尸未食之前以菹擩于醢，祭于豆間，是謂擩祭，蓋擩則祭之；尸將食之時，主人獻尸，賓長以肝從，尸右取肝擩于鹽，振祭，嚌之，加于肵俎，是謂振祭。蓋振者，先擩復振，而擩祭則不振。絶祭、繚祭二祭亦本同，所以異者，繚祭，以手從肺本循之至于末，乃絶以祭；不循其本，直絶肺以祭。禮多者繚之，禮略者絶則祭之。此所以爲異。共祭，豈膳夫所共乎？廟中則大祝授王以當祭者也。

高氏愈曰：九祭皆皇尸祭食之禮。蓋祝左右于皇尸，凡祭皆當相之，故當先辨之也。命祭，祝命尸祭也。劉氏彝曰：命祭，謂妥尸。尸坐，祝始命尸取韭醢，偏擩于三豆，祭于豆間也。衍祭，尸取黍稷祭也。衍祭，謂上佐食取黍稷及切肺授尸，尸受而登于豆間。賓尸，所謂兼祭，以其衍多，故云衍也。炮祭，取所炮之豚祭也。炮祭，謂次賓羞羊膰，尸擩鹽而祭也。

周祭，依殺之序徧祭也。周祭，賓尸依殺祭之也。振祭，取魚腊振之而祭。振祭，謂凡牢幹、魚、腊、骼、肩、背擩鹽振之，擬祭弗奠是也。擩祭，取肺肝擩鹽而祭。絶祭，封肺絶本而祭。繚祭，封肺之大本繚之以祭。繚猶曲也。共祭，謂凡尸所祭皆佐食共之。共祭，謂凡尸之食祭，皆上佐食工祝共之，所以尊之也。然此章字義多難曉，先儒所解亦多附會經傳，而曲爲之説耳。

方氏苞曰：注謂「衍」當爲「延」，「炮」當作「包」，周猶徧也，義皆可通。古書以音近而譌，及同事而異名者甚多。男巫望衍，旁招以茅，則「衍」當爲「延」明矣。小記輕者包重者，特莊子周、徧、咸三者異名而同實，其指一也，則字義本同。九祭尸賓，並用賓客之命祭。延祭見玉藻、曲禮，而祭祀亦有之。士虞禮祝命佐食綏祭，特牲饋食尸坐，祝命綏祭，是也。二佐食次第取敦實、俎實以授尸，正延尸以祭耳。祭祀之兼祭，見特牲、少牢，而賓客亦有之。公食大夫禮兼祭庶羞是也。賓客之徧祭見曲禮，而少牢十一飯所舉所祭無不徧也。至振、擩、絶、繚，尸賓同具，不待言矣。蓋祭者，尸賓而命祭。延祭則贊尸賓之節會也。每物專祭，其常也。然或物微禮殺，亦有時而不祭，惟尸賓之正禮有兼祭，有徧祭，故特揭之。此四者，祭之正也。振、擩、絶、繚則曲詳其儀節也。自朝夕恒食而外，祭祀賓客必有授祭者，故以命祭始，而以共祭終焉。特牲、士虞及少牢禮舉幹、舉肩，言振祭而不言擩，是振原有不擩者。注專以肝之既擩復振，言似未盡。

蕙田案：注疏釋九祭不專主祭祀，鄭剛中則謂皆宗廟中尸祭之禮，高紫超從之，是也。方氏又兼賓祭言之，未的。

又案：以上尸祭之祝。

禮記禮運：作其祝號。疏：「作其祝號」者，謂造其鬼神及牲玉美號之辭，祝、史稱之以告鬼神。

周禮春官大祝：辨六號。二曰鬼號。注：號，謂尊其名，更爲美稱也。鬼號，若云皇祖伯某。

禮記曲禮：祭王父曰「皇祖考」，王母曰「皇祖妣」，父曰「皇考」，母曰「皇妣」。注：更設稱號，尊神異于人也。皇，君也。考，成也，言其德行之成也。妣之言媲也，媲于考也。疏：此更爲神設尊號，亦廣其義也。王父，祖父也。皇，君也。考，成也。此言祖有君德已成之也。「王母曰皇祖妣」者，王母，祖母也。妣，媲也，言得媲匹于祖也。「父曰皇考，母曰皇妣」者，義如上祖父母也。

君天下曰天子。臨祭祀，内事曰「孝王某」。注：唯宗廟稱孝。疏：「内事曰孝王某」者，内事，宗廟，是事親，事親宜言孝，故祭廟則祝辭云孝王。某某，爲天子名也。

諸侯臨祭祀，内事曰「孝子某侯某」。疏：「某侯某」者，若言齊侯、衛侯，下某是名。

郊特牲：祭稱「孝孫」、「孝子」，以其義稱也。疏：熊氏云：「祭稱孝孫，對祖爲言。稱孝子，對禰爲言。」「以其義稱也」者，義，宜也，事祖禰宜行孝道，是以義而稱孝也。

周官春禮大祝：四曰牲號，五曰齍號，六曰幣號。注：幣號，若玉曰嘉玉，幣曰量幣。鄭司農云：「牲號，爲犧牲皆有名號。齍號，爲黍稷皆有名號也。」

禮記曲禮：凡祭宗廟之禮，牛曰「一元大武」，豕曰「剛鬣」，豚曰「腯肥」，羊曰「柔毛」，雞曰「翰音」，犬曰「羹獻」，雉曰「疏趾」，兔曰「明視」，脯曰「尹祭」，稾魚曰「商祭」，鮮魚曰「脡祭」，水曰「清滌」，酒曰「清酌」，黍曰「薌合」，粱曰「薌萁」，稷曰「明粢」，稻曰「嘉蔬」，韭曰「豐本」，鹽曰「鹹鹺」，玉曰「嘉玉」，幣曰「量幣」。注：號牲物者，異于人用也。元，頭也。武，迹也。腯亦肥也。春秋傳作「腯」。腯，充貌也。翰猶長也。羹獻，食人之餘也。尹，正也。商猶量也。脡，直也。萁，辭也。嘉，善也。稻，菰蔬之屬也。豐，茂也。大鹹曰鹺，今河東云。幣，帛也。疏：此一節論祭廟牲幣告神之法。「凡祭」者，謂貴賤悉然。「牛曰一元大武」者，元，頭也。武，迹也。牛若肥則脚大，脚大則迹痕大，故云「一元大武」也。「豕曰剛鬣」者，豕肥則毛鬣剛大也。王云：「剛鬣，言肥大也。」「豚曰腯肥」者，腯即充滿貌也。「羊曰柔毛」者，若羊肥則毛細而柔弱，故王云：「柔毛，言肥澤也。」「雞曰翰音」者，翰，長也，雞肥則其鳴聲長也。「犬曰羹獻」者，人將所食羹餘以與犬，犬得食之肥，肥可以獻祭于鬼神，故曰「羹獻」也。「雉曰疏趾」者，趾，足也，雉肥則兩足開張，趾相去疏也。音義隱云：「雉之肥則足疏。」故王云：「足間疏也。」「兔曰明視」者，兔肥則目開而視明也，故王云：「目精明皆肥貌也。」然自牛至兔，凡有八物，唯有牛曰一頭，而豕以下不云數者，皆從其所用而言數也，則並宜云若干也。雞雉爲膳及腊，則不數也。「脯曰尹祭」者，尹，正也，裁截方正而用之祭。一通云正，謂自作之也。脯自作，則知肉之所用也。論語「沽酒市脯不食」，言其不正也。「稾魚曰商祭」者，稾，乾也，商，量也，祭用乾魚，量度燥濕，得中而用之也。「鮮魚曰脡祭」者，脡，直也，祭有鮮魚，必須鮮者，煮熟則脡直，若餒則敗碎不直。「水曰清滌」者，古祭用水當酒，謂之玄酒也，而云「清滌」，言其甚清皎潔也。樂記云「尚玄酒」是也。「酒曰清酌」者，酌，斟酌也，言此酒甚清澈，可斟酌。當爲三酒，未必爲五齊。「黍曰薌合」者，夫穀秫者曰黍，秫既軟而相合，氣息又香，故曰「薌合」也。「粱曰薌萁」者，粱謂白粱、黄粱也，萁，語助也。「稷曰明粢」者，稷，粟也，明，白也，言此祭祀明白粢也。鄭注甸師云：「粢，稷也。」爾雅云：「粢，稷也。」注：「今江東人呼粟爲粢。」此等諸號，若一祭並有，則舉其大者牲牢、酒齊而言，不應諸事皆道，故少牢禮稱「敢用柔毛、剛鬣、嘉薦、普淖」是也。或唯有犬雞，或魚兔及水酒韭鹽之祭，則各舉其美號[一]，故此經備載其名。必知然者，案士虞禮祝辭云「尹祭」，鄭注云：「尹祭，脯也。」大夫、士祭無云脯者，今不言牲號而云尹祭，亦記者誤矣。」如鄭此言，明單用脯者稱尹祭。以此推之，餘亦可知也。

春秋桓公六年左氏傳：故奉牲以告曰「博碩肥腯」。奉盛以告曰「絜粢豐盛」。

[一]「美」，諸本作「善」，據禮記正義卷五改。

奉酒醴以告曰「嘉栗旨酒」。注：嘉，善也。栗，謹敬也。　疏：「嘉，善」，釋詁文也。杜訓栗爲謹敬，言善敬爲酒。

蕙田案：以上祝號。

周禮春官大祝：辨九𢷎，一曰稽首，二曰頓首，三曰空首，四曰振動，五曰吉𢷎，六曰凶𢷎，七曰奇𢷎，八曰褒拜，九曰肅拜，以享右祭祀。注：稽首，拜頭至地也。頓首，拜頭叩地也。空首，拜頭至手，所謂拜手也。吉拜，拜而后稽顙。凶拜，稽顙而后拜。杜子春云：「振讀爲振鐸之振，動讀爲哀慟之慟，奇讀爲奇偶之奇，謂先屈一膝，今雅拜是也。或云：奇讀爲倚，倚拜謂持節、持戟拜，身倚之以拜。」鄭大夫云：「動讀爲董，書亦或爲董。振董，以兩手相擊也。奇拜，謂一拜也。褒讀爲報，報拜，再拜是也。」鄭司農云：「褒拜，今時持節拜是也。肅拜，但俯下手，今時撎是也。介者不拜，故曰『爲事故，敢肅使者』。」玄謂振動戰栗變動之拜。書曰：「王動色變。」一拜，答臣下拜。再拜，拜神與尸。享，獻也。謂朝獻饋獻也。右讀爲侑。侑勸尸食而拜。　疏：此九拜之中，四種是正拜，五者逐事生名，還依四種正拜而爲之也。一曰稽首，二曰頓首，三曰空首，此三者相因而爲之。空首者，先以兩手拱至地，乃頭至手，是爲空首也。以其頭不至地，故名空首。頓首者，爲空首之時引頭至地，首頓地即舉，故名頓首。一曰稽首，其稽，稽留之字，頭至地多時，則爲稽首也。此三者，正拜也。稽首，拜中最重，臣拜君之拜。二曰頓首者，平敵自相拜之拜。三曰空首拜者，君答臣下拜。知義然者，案哀十七年公會齊侯盟于蒙，孟武伯相。齊侯稽首，公則拜。齊人怒。武伯曰：「非天子，寡君無所稽首。」公如晉，孟獻子相。公稽首，知武子曰：「天子在，而君辱稽首，寡君懼矣。」孟獻子曰：「以敝邑介在東表，密邇仇讎，寡君將君是望，敢不稽首。」郊特牲曰：「大夫之臣不稽首，非尊家臣，以避君也。」如是相禮，諸侯于天子，臣于君，稽首，禮之正。然諸相于大夫之臣，及凡自敵者，皆當從頓首之拜也。如是差之，君拜臣下，當從空首。拜其有敬事亦稽首，故大誓云「周公曰：都懋哉！予聞古先哲王之格言以下，太子發拜手稽首。」是其君于臣稽首事。洛誥云「周公拜手稽首：『朕復子明辟。』成王拜手稽首，不敢不敬天之休」者，此即兩相尊敬，故皆稽首。九曰肅拜者，拜中最輕〔一〕，惟軍中有此肅拜，婦人亦以肅拜爲正。其餘五者，附此四種正拜者，四曰振動附稽首，五曰吉拜附頓首，六曰凶拜亦附稽首，七曰奇拜附空首，八曰褒拜亦附稽首。以享侑祭祀者，享，獻也，謂朝踐獻尸時拜。侑，侑食，侑勸尸食時而拜。此九拜不專爲祭祀，而以祭祀結之者，祭祀事重，故舉以言之。

黄氏度曰：九𢷎專施於祭祀，餘禮亦有拜，不備九拜，故太祝辨九拜以享右祭祀，拜致敬也。敬莫著于祭九拜，各有所施，施不失節，而後禮可觀，爲能事鬼神。太祝辨九拜，教敬也。

〔一〕「中」，原作「曰」，據光緒本、周禮注疏卷二五改。

鄭氏鍔曰：稽之爲言久也。拜頭至地，其留甚久，此拜之最重者也。頓之爲言暫也，頭雖叩地，頓而便起，不久留焉，此稍重者也。空首，頭略至手，其中空闊，頭手不相密邇，其禮輕矣。臣之於君則稽首、頓首，自敵己以下用之，秦嬴頓首於宣子之前是也。空首，君用於臣也。振動者，或云以兩手相擊，振動其身，今緩人之拜如此，有所肅敬變動悚慄而下拜也。吉拜則自凶向吉，所謂拜而後稽顙。凶拜則純乎凶，所謂稽顙而後拜。陽數奇，陰數耦，則奇者一拜；褒拜則既拜矣，又報一拜，所謂再拜。推手曰揖，引手曰肅。肅者不下拜，俯下其手而復引之，見其肅敬之至。此軍禮所常用，故曰介胄之士不拜，郤至於戰三肅楚使而退是也。王於廟中亦有時而當肅。鄭康成云肅拜今之撎是也。

陳氏禮書：禮曰：拜，服也；稽首，服之甚也；拜稽顙，哀戚之至隱也。稽顙，隱之甚也。荀卿曰：平衡曰拜，下衡曰稽首，至地曰稽顙。許慎曰：頓，下首也。然則書稱拜手、稽首，則拜手，手拜也，稽首，首至地也。荀卿所謂下衡曰稽首是也。稽顙則首至地矣，荀卿所謂至地曰稽顙是也。大祝言禮之重者，則先稽首而繼之以頓首。空首、振動，言禮之輕者，則先奇拜而繼之以褒拜。肅拜則頓首、空首、振動重禮之漸殺者也。褒拜、肅拜，輕禮之尤殺者也。然則稽首拜手而稽留焉，頓首則首頓於手而已。空首不至於手，空其首而已。奇拜，一拜也。儀禮鄉飲、鄉射、聘禮、士相見凡禮之殺者皆一拜是也。肅拜，俯其手而肅之也，婦人與介者之拜也。少儀曰婦人雖有君賜，肅拜，爲尸坐則不手拜，肅拜，爲喪主則不手拜。然則所謂手拜者，手至地也。士婚禮婦拜扱地是也。褒拜介於一拜、肅拜之間，則禮固殺矣。其詳不可考也。記曰大夫之臣不稽首，避君也。孟武伯曰：「非天子，寡君無所稽首。」知武子曰：「天子在，君稽首，寡君懼矣。」是稽首者，諸侯於天子，大夫、士於其君之禮也。然君於臣有所稽首。書稱太甲稽首於伊尹，成王稽首於周公是也。大夫於非其君，亦有所稽首。儀禮公勞賓，賓再拜稽首，勞介，介再拜稽首，是也。蓋君子行禮於其所敬者，無所不用其至。則君稽首於其臣者，尊德也。大夫士稽首於非其君者，尊主人也。春秋之時，晉穆嬴抱太子頓首於趙宣子，魯季平子頓首於叔孫，則頓首非施於尊者之禮也。鄭氏謂稽首頭至地，頓首頭叩地，空首頭至手，褒讀爲報，再拜也，又引書曰「王動色變」爲振動之拜，此不可考。

又曰：三年之喪，稽顙而後拜，所謂喪拜也。朞以下之喪，拜而後稽顙，所謂吉拜也。蓋拜則致敬於人，稽顙則致哀於己。拜而後稽顙，頽乎其順也，以其先致敬故也。稽顙而後拜，頎乎其至也，考工記輈欲頎典，鄭司農曰頎讀爲懇，蓋古字頎、懇通用。以其先致哀故也。孔子之時，禮廢滋久，天下不知後稽顙之爲重，而或以輕爲重，是猶不知拜下之爲禮，拜上之爲泰，而或以泰爲禮，故孔子救拜之弊，則曰吾從其至者，救泰之弊，則曰吾從下。凡欲禮之明於天下而已。喪之稽顙猶稽首也，禮非至尊不稽首，則喪非至重不稽顙矣。然有非至重而稽顙者，非以其至親則以弔者之尊也。故爲妻稽顙，以至親也。大夫弔之，雖緦必稽首，以弔者之尊也。婦人移天於夫而傳重於長子，故雖父母不稽顙，所稽顙者爲夫與長子而已，以所受於此者重，所報於彼者殺也。然士喪禮於三年之喪拜稽顙，喪大記、雜記皆言拜稽顙，此謂拜必稽顙，非拜而後稽顙也。晉獻公之喪，秦穆公弔公子重耳，重耳稽顙而不拜，穆公曰：「稽顙而不拜，未爲後也。」故不成拜。國語曰重耳拜而不稽顙，誤矣。

顧氏炎武日知録：古人席地而坐，引身而起，則爲長跪。首至手則爲拜手，手至地則爲拜，首至地則爲稽首，此禮之等也。君父之尊，必用稽首，拜而後稽首，此禮之漸也；必以稽首終，此禮之成也。今大明會典曰：後一拜叩頭成禮，此古之遺意也。古人以稽首爲敬之至。周禮太祝辨九𢷎，一曰稽首，注：「稽首，拜中最重，臣拜君之禮。」禮記郊特牲：「大夫之臣不稽首，非尊家臣，以避君也。」左傳僖公二十三年，秦伯享晉公子重耳，公賦六月，公子降，拜，稽首，公降一級而辭焉。襄公三年，盟于長樗，公稽首。知武子曰：「天子在，而君辱稽首，寡君懼矣。」二十四年，鄭伯如晉，鄭伯稽首，宣子辭。子西相，曰：「以陳國之介恃大國而凌虐於敝邑〔一〕，寡君是以請罪焉，敢不稽首。」哀公十七年，盟於蒙，齊侯稽首，公拜。齊人怒。孟武伯曰：「非天子，寡君無所稽首。」國語襄王使召公過及内史過賜晉惠公命，晉侯執玉卑，拜不稽首。内史過歸以告王曰：「執玉卑，替其贄也。拜不稽首，誣其上也。替贄無鎮，誣王無民。」可以見稽首之爲重也。自敵者皆從頓首。李陵報蘇武書稱頓首。荀子言平衡曰拜，下衡曰稽首，至地曰稽顙，似未然。古惟喪禮始用稽顙，蓋以頭觸地，其與稽首乃有容無容之别。今表文皆云稽首、頓首。蔡邕獨斷：漢承秦法，群臣上書皆言昧死言。王莽盜位，慕古法，去昧死曰稽首。

〔一〕「陳國」，原作「鄭國」，據光緒本、春秋左傳正義卷三五改。

光武因而不改，朝臣曰稽首、頓首，非朝臣曰稽首再拜。百拜字出樂記。古人之拜，如今之鞠躬。故通計一席之間，賓主交拜，近至於百。注云：一獻，士飲酒之禮。百拜，以喻多。是也。徐伯魯曰：案鄉飲酒禮無百拜，此特甚言之耳。若平禮，止是一拜、再拜，即人臣於君亦止再拜。孟子以君命將之再拜稽首而受是也。禮至末世而繁，自唐以下，即有四拜。大明會典四拜者，百官見東宮親王之禮，見其父母，亦行四拜禮。其餘官長及親戚朋友相見，止用兩拜禮。是四拜惟於父母得行之。今人書狀動稱百拜何也？古人未有四拜之禮。李涪刊誤曰：夫郊天祭地，止於再拜，其禮至重，尚不可加。今代婦謁姑章，其拜必四，詳其所自，初則再拜，次則跪獻，衣服文史，承其筐篚，則跪而受之，常於此際授受多誤，故四拜相屬耳。戰國策蘇秦路過雒陽，嫂蛇行匍伏，四拜自跪而謝，此四拜之始，蓋因謝罪而加拜，非禮之常也。黄庭經十讀四拜朝太上，亦是加拜。今人上父母書用百拜，亦爲無理。若以古人之拜乎，則古人必稽首然後爲敬，而百拜僅賓主一日之禮，非所施於父母。若以今人之拜乎，則天子止于五拜，而又安得百也？此二者，過猶不及，明知其不然而書之，此以僞事其親也。洪武三年，上諭中書省臣曰：「今人書劄多稱頓首、再拜、百拜，皆非實理，其定爲儀式，令人遵守。」於是禮部定議：凡致書于尊者稱端肅奉書，答則稱端肅奉復，敵己者稱奉書奉復，上之與下稱書寄書答，卑幼與尊長則曰家書敬復，尊長與卑幼則曰書付某人。

九頓首出春秋傳。然申包胥元是三頓首，未嘗九也。杜注無衣三章，章三頓首，每頓首必三，此亡國之餘，情至迫切而變其平日之禮者也。七日夜哭於鄰國之庭，古人有此禮乎？七日哭也，九頓首也，皆亡國之禮也，不可通用也。韓之戰，秦獲晉侯，晉大夫三拜稽首。古但有再拜稽首，無三拜也。申包胥之九頓首，晉大夫之三拜也。楚語椒舉遇蔡聲子降三拜，納其乘馬，亦亡人之禮也。

方氏苞曰：振動則未嘗拜也，而序列稽首、頓首、空首之下，何也？奇、吉、凶，乃前三拜之細目，肅拜不過下手，以爲恭而已。振動則顏色變作，手足辟易，身體戰慄，非尊者有過越之施，無所用之。其禮最重，如聘禮賓入門，公再拜，賓辟，賓致命，公當楣再拜，賓三退，負序避與三退時必振動，以示不敢答拜，而震懾不寧，更甚於答拜，故列於五拜之前也。注未指所施用。王氏應電謂應受其拜而不答者，不可通。

蕙田案：拜之所用甚多，而尤莫重于祭祀。此經所以言右享祭祀也。九拜稽首、頓首，稽重於頓，有久暫之別。二者，拜之正也。空首、振動，空首則頭不至地，振動則幾不成拜，一則以尊臨卑而意舒，一則以卑承尊而神慄也。二者，拜之變也。吉拜、凶拜，則稽首之差異也。奇拜、褒拜，則頓首之多寡也。肅拜則但以手肅之而已。注疏說不如禮書爲詳。方氏解振動句有味，顧氏所據皆是特，其言拜甚廣，不專指祭祀。今附存之，以著拜禮之備。

又案：以上祝拜。

周禮春官大祝：肆享則執明水火而號祝。注：如以六號祝，明此圭潔也。肆享，祭宗廟也。

隋釁、逆牲、逆尸，令鐘鼓，右亦如之。注：隋釁，謂薦血也。凡血祭曰釁。既隋釁，後言逆牲，容逆鼎。右讀亦當爲侑。

來瞽，令臯舞。注：臯讀爲卒呼嗥之嗥。來、嗥者，謂皆呼之入。

相尸禮。注：延其出入，詔其坐作。疏：凡言「相尸」者，諸事皆相，故以「出入」、「坐作」解之。尸出入者，謂祭初延之入，二灌訖，退出坐于堂上，南面，朝踐饋獻訖，又延之入室。言「詔其坐作」者，郊特牲云：「詔祝于室，坐尸于堂。」饋獻訖，又入室。坐言作者，凡坐皆有作，及與主人答拜，皆有坐作之事，故云「詔其坐作」也。

既祭，令徹。疏：祭訖，尸謖之後，大祝命徹祭器，即詩云「諸宰君婦，廢徹不遲」是也。

蕙田案：以上正祭之祝。

大師造于祖，則前祝。注：鄭司農云：「前祝，大祝自前祝也。」玄謂前祝者，王出也，歸也，將有事于此神，大祝居前，先以祝辭告之。

大會同，造于廟。疏：「大會同」者，王與諸侯時見曰會，殷見曰同，或在畿内，或在畿外，亦告廟而行。云「造」者，以其非時而祭，造次之事，即上文「造于祖」，一也。

蕙田案：以上有事造廟之祝。

小祝：大祭祀，逆齍盛，送逆尸，沃尸盥，贊隋，贊徹，贊奠。注：隋，尸之祭也。奠，奠爵也。祭祀奠先徹後，反言之者，明所佐大祝非一。

凡事佐大祝。注：唯大祝所有事。

蕙田案：以上小祝。

禮記郊特牲：詔祝于室，直祭祝于主，索祭祝于祊。注：朝事延尸于户西，南面，布主席東面，取牲膟膋，燎于爐炭，洗肝于鬱鬯而燔之，入以詔神于室。直，正也。祭以孰爲正，則血腥之屬盡敬心耳。索，求神也。廟門曰祊，謂之祊者，以於繹祭名也。

祭統：詔祝于室，而出于祊，此交神明之道也。注：詔祝，告事于尸也。出于祊，謂索祭也。疏：「詔祝于室」者，詔，告也，祝，祝也，謂祝官以言詔告，祝請其尸於室求之。「而出于祊」者，謂明日繹祭而出廟門旁，廣求神于門外之祊。「此交神明之道也」者，神明難測，不可一處求之，或門旁不敢定，是求神明交接之道。鬼、神通，故云道。

詩小雅楚茨：祝祭于祊。傳：祊，門内也。箋：孝子不知神之所在，故使祝博求之平生門内之旁，待賓客之處。

蕙田案：以上祝主、祝祊。

工祝致告，徂賚孝孫。傳：善其事曰工。箋：祝致神意，告主人使受嘏，既而以嘏之物往予主人。

工祝致告，神具醉止。傳：致告，告利成也。箋：于是致孝孫之意，告尸以利成。具，皆也。

禮記禮運：祝嘏莫敢易其常古，是謂大假。疏：言天子諸侯所祭之時，祝以主人之辭而告神，神以嘏福而與主人，二者皆依舊禮，無敢易其常事古法，是謂大假。假，大也。

宣祝嘏辭説〔一〕。疏：宣，揚也。祝嘏有舊辭，更宣揚告神也。

蕙田案：以上祝嘏。

易巽卦：九二：用史巫，紛若，吉。

禮記禮運：王前巫而後史。

周禮春官司巫：掌群巫之政令。祭祀則共匰主及道布及蒩館〔二〕。注：杜子春云：「匰，器名。主，謂木主也。道布，新布三尺也。館，神所館止也。或曰：布者以爲席也。」玄謂道布者，爲神所設巾，中霤禮曰「以功布爲道布，屬于几」也。蒩之言藉也，祭食有當藉者。館所以承蒩，謂若今筐也。主先匰，蒩後館，互言之者，明共主以匰，共蒩以筐，大祝取其主、蒩，陳之，器則退也。士虞禮曰：「蒩，刌茅長五寸，實于筐，饌于西坫上。」又曰：「祝盥，升，取苴降，洗之，升，入設于几東席上，東縮。」疏：子春所解及讀字，唯解「匰，器名」一事，後鄭從之，自餘並義無所取，後鄭不從。「玄謂道布者，爲神所設巾」，即引中霤禮「以功布爲道布，屬于几」是也。云「蒩之言藉者，祭食有當藉者」，謂常藉所當之食。云「館所以承蒩，謂若今筐也」者，筐所以盛蒩也。云「主先匰，蒩後館，互言之者」，謂主先匰器在上者，欲

〔一〕「説」，原作「祝」，據光緒本、禮記正義卷二一改。
〔二〕「祀」，原作「祝」，據光緒本、周禮注疏卷二六改。

見以匱器盛主來向祭所，大祝取得主，匱器即退，菹後言館器，欲見大祝取得菹，館器退，明亦初以館盛菹來，互言之。是以鄭云「明共主以匱，共菹以筐，大祝取其主、菹，陳之，器則退也」。二事雙解之。引士虞禮曰「苴，刌茅長五寸，實于筐，饌于西坫上」者，刌，切也，切之長五寸。又陳之西坫者，堂西南隅謂之坫。饌陳于此，未用前。又曰「祝盥，升，取苴降，洗之，升，入設于几東席上，東縮」者，士虞禮設席于奧禮神，東面，右几，故設于几東席上。東縮，縮，縱也。據神東面爲正，東西設之，故言東縮。引之者，見苴是藉祭之物。

鄭氏鍔曰：主在廟則藏于石室，謂之宗祏。及合祭于廟，則以匱盛而至祭所，祝取主而匱退。

蔡氏德晉曰：匱，盛主之器。道布，郝仲輿謂冪主之巾，主在道用以掩覆防褻也。菹，茅屬，尸祭黍稷而以之爲藉。館則所以盛菹者，筐屬也。

國語楚語：在男曰覡，在女曰巫。注：巫、覡，見鬼者。周禮男亦曰巫。是使制神之處位次主，注：處，居也。位，祭位也。次主，次其尊卑先後也。而爲之牲器時服，注：牲之毛色、小大也。器，所當用也。時服，四時服色所宜也。而後使先聖之後之有光烈，注：烈，明也。而能知山川之號、注：號，名位也。高祖之主、注：高祖，廟之先也。宗廟之事、昭穆之世、注：父昭，子穆，先後之次也。春秋躋僖公，謂之逆祀。齊敬之勤、注：齊，莊也。禮節之宜、威儀之則、容貌之崇、注：崇，飾也。忠信之質、注：質，誠也。禋潔之服，注：潔祀曰禋。而敬恭明神者，以爲之祝。注：祝，大祝也，掌祈福祥。使名姓之後，能知四時之生、注：名姓，謂舊族，若伯夷，炎帝之後，爲堯秩宗。生，嘉穀韭卵之屬。犧牲之物、玉帛之類、采服之儀、彝器之量、注：彝，六彝。器，俎豆。量，大小也。次主之度、疏數之度。屏攝之位、注：周氏云：「屏者，并。攝，主人之位。」昭謂：屏，屏風也。攝，形如今要扇。皆所以分别尊卑，爲祭祀之位。近漢亦然。壇場之所、注：除地曰場。上下之神、氏姓之出，注：所自出也。而心率舊典者爲之宗。注：宗，宗伯也，掌祭祀之禮。

荀子：天子出户而巫覡有事，出門而宗祝有事。

蕙田案：以上廟巫。

又案：先王事神如事人，人必得介紹以傳命，而後賓主之情通，鬼神亦然。故先王立大、小祝之官，使之辨其名號，潔其牲幣，恭其拜跪，善其詞祝，以順道鬼神之欲惡，而宣達祭者之悃忱，則神無怨恫，而幽明之際，涣然融洽，足以召福祥而弭災變矣。孔子曰：祝鮀治宗廟。蓋重之也。

右祝

五禮通考卷六十三

吉禮六十三

宗廟制度

彝瓚秬鬯

周禮春官鬱人：掌祼器。注：祼器，謂彝及舟與瓚。疏：知祼器中有彝及舟者，此經下文云「和鬱鬯以實彝」。又見司尊彝云：「春祠夏禴，祼用雞彝、鳥彝，皆有舟。」秋冬及追享、朝享皆云焉，故知有彝舟也。知有瓚者，案禮記王制云：「諸侯賜圭瓚，然後爲鬯。」尚書序云：「平王賜晉文侯秬鬯圭瓚。」皆與秬鬯相將，即下文祼玉是也。故知祼器中有瓚，瓚則兼圭瓚、璋瓚也。

鄭氏鍔曰：典瑞於祼圭有瓚，特辨其名物。司尊彝於彝舟，特詔其爵，辨其用，蓋不掌其器。鬱人取所築以煮之，鬱金以和秬鬯，實之於六彝，故并祼器掌之。

禮記明堂位：灌尊，夏后氏以雞夷，殷以斝，周以黃目。其勺，夏后氏以龍勺，殷以疏勺，周以蒲勺。注：夷讀爲彝，周禮：「春祠夏禴，祼用雞彝、鳥彝。秋嘗冬烝，祼用斝彝、黃彝。」龍，龍頭也。疏，通刻其頭。蒲，合蒲如鳧頭也。疏：此一經明魯有三代灌尊及所用之勺。彝，法也，與餘尊爲法，故稱彝。「雞彝」者，或刻木爲雞形，而畫雞於彝。斝，畫爲禾稼。黃目，以黃金爲目。鄭引周禮以下，司尊彝之文。雞彝盛明水，鳥彝盛鬱鬯。斝彝、黃彝，義亦然。龍勺，勺爲龍頭。疏，爲刻鏤，通刻勺頭。蒲，謂刻勺爲鳧頭，其口微開，如蒲草本合其末微開口也。

陳氏禮書：尊之爲言尊也，彝之爲言常也。尊用以獻，上及於天地；彝用以祼，施於宗廟而已。故尊於祭器獨名尊，彝於常器均名彝。籍談曰：「有勛而不廢，撫之以彝器。」臧武仲曰：「大伐小取，其所得以作彝器。」則彝之爲常，可知矣。尊亦謂之彝，彝亦謂之尊。故黃目，彝也。記曰：鬱氣之上尊、雞、斝皆彝也。明堂位曰灌尊，然彝之爲器，不特飾以雞、鳥、黃目、虎、蜼之象而已。凡邦國之約劑書於此，司約大約劑書於宗彝是也。凡臣之有功銘於此，祭統勤大命施於烝彝鼎是也。蓋臣之有功，祭於大烝，故勤大命者，施於烝彝鼎，則三時之彝不預也。又曰：雞者，司晨之始，則陰盛而陽微。裸所以求諸陰，故夏后氏以之。若夫司尊彝以春言之者，春則所謂時之首焉者也。龍勺，龍，陽中之陰也，淵潛而爲仁，以澤萬物，故夏以之。殷以疏者，亦前疏屏之意。蒲之爲物柔而順，有懷柔百神之意。

陸氏佃曰：六彝：雞，東方也；鳥，南方也；虎，西方也；蜼，北方也；黄彝、斝彝，中央也。鄭氏謂斝畫禾稼，龍勺爲龍頭，蒲勺爲鳧頭，疏勺爲雉頭。經曰雉曰疏趾，龍勺以能施爲義，疏勺以能不淫爲義，蒲勺以能不溺爲義。

周禮春官司尊彝：春祠夏禴，裸用雞彝、鳥彝，皆有舟；秋嘗冬烝，裸用斝彝、黄彝，皆有舟。凡四時之間祀追享朝享，裸用虎彝、蜼彝，皆有舟。注：雞彝、鳥彝，謂刻而畫之爲雞、鳳凰之形。皆有舟，言春夏秋冬及追享朝享有之同。鄭司農云：「舟，尊下臺，若今時承槃。斝讀爲稼。稼彝，畫禾稼也。黄彝，黄目尊也。明堂位曰：『夏后氏以雞彝，殷以斝，周以黄目。』」玄謂黄目以黄金爲目。郊特牲曰：「黄目，鬱氣之上尊也。黄者，中也。目者，氣之清明者也。言酌於中而清明於外。」蜼，禺屬，卬鼻而長尾。　疏：云「雞彝、鳥彝，謂刻而畫之爲雞、鳳凰之形」者，案尚書云「鳴鳥之不聞」，彼鳴鳥是鳳凰，則此鳥亦是鳳凰，故云畫雞、鳳凰之形也。云「皆有舟，言春夏秋冬及追享朝享有之同」者，即文自具，故知有之同也。「鄭司農云：舟，尊下臺，若今時承槃」者，漢時酒尊下槃，象周時尊下有舟，故舉以爲況也。云「斝讀爲稼。稼彝，畫禾稼也」者，以諸尊皆物爲飾，今云斝，于義無取，故破從稼也。云「黄彝，黄目尊也」者，依明堂位文。引明堂位者，證雞彝是夏法，斝彝是殷法，黄彝是周法。「玄謂黄目以黄金爲目」者，無正文，鄭以目既爲眼目，黄又與黄金字同，故爲黄金釋之也。引郊特牲者，解黄目之義也。云「蜼，禺屬，卬鼻而長尾」者，案雞彝、鳥彝相配皆爲鳥，則虎彝、蜼彝相配皆爲獸，故爾雅蜼在釋獸中。云「蜼，禺屬」，彼注：「蜼似獮猴而大，黄黑色，尾長數尺，似獺，尾末有岐。鼻露向上，雨即自懸於樹，以尾塞鼻，或以兩指。今江東人亦取養之，爲物捷健。」若然，向來所説雞彝、鳥彝等，皆有所出。其虎彝、蜼彝，當是有虞氏之尊，故鄭注尚書云：「宗彝，宗廟之中鬱尊，虞氏所用。」故曰「虞夏以上虎、蜼而已」也。

鄭氏鍔曰：祼獻必用彝尊，非苟以爲盛鬯齊之器而已。各因時而用之，時不同則器不同，各因時以明義也。鬯必盛以彝。春祠之彝，則飾以雞。雞，東方之畜。歲起于東，于時爲春也。夏禴之彝，則飾以鳥。鳥，鳳也。書曰「我則鳴鳥不聞」，指鳥爲鳳，夏爲文明，而鳳具五色，文明之禽也。王祼矣，后亞之，故用二彝，王酌其一，后酌其一。尊之有罍，備齊酒之乏；彝之有酒，豈不備鬯之乏乎？舟之制，陸佃謂如今世酒船之類。酒船喻舟，其義甚著，但今宗廟中尊罍無此制度耳。康成讀斝爲稼，謂秋者萬物揫斂之時，禾稼西成，故祼用斝彝，以明農事之成。黄彝者，畫爲黄目也。人目未嘗黄，龜目則黄。氣之清明，未有如龜者，故記曰：「黄者，中也。目者，清明也。言酌于中而清明于外也。」冬者，萬物歸根復命之時，祼用黄彝，言明于外而欲以觀其復。先儒謂虎者，西方之義獸，蜼似獮猴而大，其鼻上向，雨則自垂于樹，以尾塞鼻，蓋獸之智也。追享及遷廟之主世既遠矣，猶不忘祭，是謂尊尊。尊尊至于遠祖，可以謂之義。彝刻以虎，以其義也。朝享行于祖考之廟，親爲近矣，每月祭焉，是謂親親。親親不忘乎月祭，可以謂之智。彝刻以蜼，以其智也。

禮記明堂位：鬱尊用黄目。注：鬱鬯之器也。黄目〔一〕，黄彝也。疏：「鬱尊用黄目」者，鬱，謂鬱鬯酒。黄目，嘗烝所用。尊崇周公，於夏禘用之。

方氏慤曰：所謂黄目，即黄彝也。而又曰鬱尊者，以鬱鬯之所實也。

王氏安石曰：周官有鬯人、鬱人，不知鬱謂之秬鬯，鬯人供之。煮鬱金，和鬯酒，謂之鬱鬯。鬱人掌之。天子賜諸侯以圭瓚，則諸侯可用鬱鬯。宣王嘗以圭瓚秬鬯二卣賜文侯，周公在東都日，成王嘗以秬鬯二卣命。周公禋于文王、武王，則秬鬯圭瓚，魯公必受此賜無疑。案禮，秋嘗冬烝，灌用黄彝。黄彝即黄目。賜諸侯或一卣，或二卣，不言黄彝，何也？卣乃中尊，蓋黄彝别名。謂尊有三，彝爲上，卣爲中，罍爲下，失其義矣。凡灌，天子諸侯用圭瓚，后夫人用璋瓚。瓚者其槃，圭其柄也，故鬱尊有黄目，灌有圭瓚。雖魯人得用，然瓚有大圭，未免僭天子禮。

郊特牲：黄目，鬱氣之上尊也。黄者，中也。目者，氣之清明者也。言酌於中而清明於外也。注：黄目，黄彝也。周所造，于諸侯爲上也。疏：黄彝，以黄金鏤其外以爲目，因取名

〔一〕「黄目」，諸本脱，據禮記正義卷三一補。

也。貯鬱鬯酒，故云鬱氣也。祭祀時列之，最在諸尊之上，故云上也。黄是中方色，目是氣之清明者也。酒在尊中而可斟酌，示人君慮于祭事，必斟酌盡於中也。目在尊外而有清明，示人君行祭，必外盡清明潔淨也。案明堂位云「周以黄目」，是周所造也。天子則黄彝之上有雞彝、鳥彝，備前代之器，諸侯但有黄彝，故云于諸侯爲上也。

陳氏禮書：先王制器，或遠取諸物，或近取諸身。其取之也有義，其用之也以類。雞、鳥、虎、蜼之彝，取諸物也。斝耳、黄目，取諸身也。

方氏慤曰：以金目爲飾，故謂之黄目。以實鬱鬯而貴臭，故曰鬱氣之上尊。而謂之尊者，以居其所而贊者從者有尊之義故也。司尊彝掌六尊、六彝之位，而黄彝處其四。此乃言上尊者，以尊時之所上而已。目之精，水也；其光，火也。以水爲體，故其氣清；以火爲用，故其氣明。玉藻言視容清明是已。是以詩云：「瑟彼玉瓚，黄流在中。」鬱在中而以瓚酌之，蓋酌于中也。直達于外焉，蓋清明于外也。夫孝子將祭，虚中以治之，此非酌于中之義乎！至于不御内，不聽樂，不飲酒，不茹葷，此非清明于外之義乎！

周氏諝曰：司尊彝之職，秋嘗冬烝，裸用斝彝、黄彝。黄彝即黄目，周禮謂之彝，此謂之尊，何也？蓋以彝對尊，則彝爲常，尊爲變；以尊對彝，則尊爲尊，彝爲卑。及離而言之，則尊與彝一也。

詩大雅江漢：釐爾圭瓚，秬鬯一卣。毛傳：釐，賜也。秬，黑黍也。鬯，香草也。築煮合而鬱之曰鬯。卣，器也。九命錫圭瓚秬鬯。鄭箋：秬鬯，黑黍酒也。謂之鬯者，芬香條鬯也。王錫召虎以鬯酒一罇，使以祭其宗廟。

書洛誥：伻來毖殷，乃命寧。予以秬鬯二卣，曰明禋。傳：周公以黑黍酒二器，明潔致敬，告文、武以美享。疏：周禮鬱鬯之酒實之于彝，此言在卣者，詩大雅江漢及文侯之命皆言「秬鬯一卣」，則未祭實之于卣，祭時實之于彝。彼「一卣」此「二卣」者，一告文王，一告武王。彼王賜臣使告其太祖，故惟一卣耳。

文侯之命：用賚爾秬鬯一卣。疏：祭時實鬯酒于彝。此用卣者，未祭則盛于卣，及祭則實于彝。此初賜未祭，故盛以卣也。

春秋僖二十八年左氏傳：王賜晉侯秬鬯一卣。注：秬，黑黍。鬯，香酒，所以降神。卣，器名。

周禮春官鬯人：廟用脩。注：脩讀曰卣。卣，中尊，謂獻象之屬。尊者彝爲上，罍爲下。疏：鄭以脩從卣者，詩與尚書及爾雅皆爲卣，脩字于尊義無所取，故從卣也。云「卣，中尊，爲獻象之屬」者，案下司尊彝職是尊者彝爲上，罍爲下，獻象之屬在其中。案大宗伯宗廟六享，皆以祼爲始，當在鬱人用彝，今不用鬱，在鬯人用卣尊，以喪中爲吉祭，略用饋食始也。

蕙田案：書傳、春秋傳並云「秬鬯一卣」，則卣所以盛秬鬯，故鬯人掌之，至祼時和鬱鬯，以實彝而陳之。書傳、疏皆云未祭則盛於卣，祭時實之於彝，是也。其司尊彝所掌之六尊，則以盛五齊三酒，不以盛秬鬯。注、疏謂卣即獻象之屬，則六尊六彝皆祼器，而無獻尊矣，又以爲喪畢祭殺禮，皆誤也。

爾雅釋器：卣，中尊也。注：不大不小者。

蕙田案：以上祼尊。

禮記祭統：君執圭瓚灌尸，大宗執璋瓚亞祼。注：圭瓚、璋瓚，祼器也。

明堂位：灌用玉瓚大圭。注：灌，酌鬱尊以獻也。瓚，形如槃，容五升，以大圭爲柄，是謂「圭瓚」。　疏：灌，謂酌鬱鬯，獻尸以求神也。酌之所用玉瓚，以玉飾瓚，故曰「玉瓚」也。以大圭爲瓚柄，故曰「大圭」也。

周禮春官典瑞：祼圭有瓚，以肆先王。注：鄭司農云：「于圭頭爲器，可以挹鬯祼祭，謂之瓚。故詩曰：『恤彼玉瓚，黄流在中。』國語謂之鬯圭。以肆先王，祼先王祭也。」玄謂肆解牲體以祭，因以爲名。漢禮，瓚盤大五升，口徑八寸，下有盤，口徑一尺。　疏：祼圭，即玉人所云「祼圭尺有二寸」者也。「以肆先王」，謂祭先王。先鄭云「于圭頭爲器」，器即瓚是也。「詩云：恤彼玉瓚，黄流在中」者，彼詩是美王季爲西伯受殷王圭瓚之賜，言黄流在中，即與玉人云「黄金勺鼻」等同也。云「國語謂之鬯圭」者，案國語云「臧文仲以鬯圭與磬如齊告糴」是也。云「漢禮，瓚盤大五升，口徑八寸，下有槃，口徑一尺」者，此漢禮器制度文，叔孫通所作。案玉人職云大璋、中璋、邊璋，下云「黄金勺，青金外，朱中，鼻寸，衡四寸」。鄭注云：「三璋之勺，形如圭瓚。」玉人不見圭瓚之形，而云「如圭瓚」者，鄭欲因三璋勺見出圭瓚之形，但三璋勺雖形如圭瓚，圭瓚之形即此漢禮文，其形則大，三璋之勺徑四寸，所容蓋似小也。

鄭氏鍔曰：祼圭，尺有二寸，有瓚，其制如槃然，其柄用圭，有流前注。疏爲龍口之形，所以挹鬯

以祼神與賓客也。說者謂祀先王，謂之肆于賓客則以祼爲言，何耶？康成謂以祀先王者，肆解牲體以祭，因以爲名，余以爲既祼，然後解牲體，今名祼爲肆，非其序也。肆，陳也。鬱人和鬱鬯以實彝而陳之，凡祼玉濯之陳之，皆謂肆爲陳。圭瓚陳于先王之前，而用以灌祭，故先儒以爲肆者灌祭，先王待賓如事神，然故其禮有祼，所謂上公再祼之類是也。嫌賓客人也不當祼，故特以祼言之。

周禮考工記玉人：祼圭尺有二寸，有瓚，以祀廟。大璋、中璋九寸，邊璋七寸，射四寸，厚寸。注：祼之言灌也。灌謂始獻酌奠也。瓚如槃，其柄用圭，有流前注。疏：祼讀爲灌者，取水灌之義。云「祼爲始獻酌奠也」者，案司尊彝注祼謂始獻尸，郊特牲注云始獻神也，蓋以其祼入獻于尸，故云獻尸以灌。圭爲降神，故云獻神。三注雖曰不同，其義一也。

黄金勺，青金外，朱中，鼻寸，衡四寸，有繅。注：勺，故書或作「約」。杜子春云：「當爲勺，謂酒尊中勺也。」鄭司農云：「鼻，謂勺龍頭鼻也。衡，謂勺柄龍頭也。」玄謂：鼻，勺流也。凡流皆爲龍口也。衡，古文横，假借字也。衡謂勺徑也。三璋之勺，形如圭瓚。

薛氏季宣曰：圭瓚其柄也，瓚其勺也。柄則圭璋，純玉爲之。勺則玉多石少者可矣。鄭司農謂瓚四玉一石，是圭瓚、璋瓚則玉爲之。圭璋之勺，則裝以金焉。玉人所謂「黄金勺，青金外」是也。鼻寸，所以流鬯也。衡四寸，勺徑也。圭璋、瓚制蓋如此。

王氏詳説曰：舊圖以瓚下有盤，口徑一尺。其説出于鄭氏，固然矣。然瓚盤之制出于漢儀，六經所載，初無此事。陸氏謂瓚形如盤，徑四寸，鼻上寸，爲龍形，圭璋爲柄，當矣。但陸氏以黄金勺，青金外，朱中，鼻寸，横四寸有半，謂勺爲龍口矣，復有杜氏之説以勺爲尊中之勺，何其依違兩間乎？蓋勺之事一，而其制有二。明堂位曰「夏后氏龍勺，商之疏勺，周之蒲勺」，此謂尊中之勺也。此曰黄金勺者，謂圭瓚之首鼻勺之勺也。杜氏、鄭氏分爲二説，惟鄭氏之説爲優。

詩大雅旱麓：瑟彼玉瓚，黄流在中。傳：玉瓚，圭瓚也。黄金所以飾流鬯也。九命然後錫以秬鬯、圭瓚。箋：瑟，鮮潔貌。黄流，秬鬯也。圭瓚之狀，以圭爲柄，黄金爲勺，青金爲外，朱中央矣。疏：瓚者，器名，以圭爲柄。圭以玉爲之，指其體謂之玉瓚，據成器謂之圭瓚，故云「玉瓚，圭瓚也」。瓚者，盛鬯酒之器，以黄金爲勺，而有鼻口，鬯酒從中流出[一]，故云「黄金所以飾流鬯」。以器是黄金，照酒亦黄，故謂之黄流也。箋：以瑟爲玉之狀，故云鮮潔貌，説文云：「瑟者，玉英華相帶如瑟絃。」

[一]「從」，諸本作「溢」，據毛詩正義卷一六改。

或當然。江漢曰：「釐爾圭瓚，秬鬯一卣。」是賜玉瓚必以秬鬯隨之，故知黃流即秬鬯也。傳以黃爲黃金流鬯，箋直以秬鬯爲黃流者。秬，黑黍，一秠二米者也。秬鬯者，釀秬爲酒，以鬱金之草和之，使之芬香條鬯，故謂之秬鬯。草名鬱金，則黃如金色，酒在器流動，故謂之黃流。易傳者，以言黃流在中，當謂在瓚之中，不謂流出之時。而瓚中赤而不黃，故知非黃金也。以此故具言圭瓚之狀，以圭爲柄，黃金爲勺，青金在外，以朱爲中央矣。明酒不得黃也。知瓚之形如此者，以冬官玉人云〔一〕：「黃金勺，青金外，朱中央，鼻寸，衡四寸。」三璋之勺形如圭瓚，故說瓚之狀，以璋狀言之。知三璋如玉瓚者〔二〕，以彼上文云：「祼圭尺有二寸，有瓚，以祀宗廟。」更不說瓚形。明于三璋之制見之，故知同也。又春官典瑞注引漢禮「瓚槃大五升，口徑八寸，下有槃，口徑一尺」，則瓚如勺，爲槃以承之也。天子之瓚，其柄之圭長尺有二寸〔三〕，其賜諸侯，蓋九寸以下。

朱子集傳：瑟，縝密貌。玉瓚，圭瓚也，以圭爲柄，黃金爲勺，青金爲外，而朱其中也。黃流，鬱鬯也。釀秬黍爲酒，築鬱金煮而和之，使芬芳條鬯，以瓚酌而祼之也。言瑟然之玉瓚，則必有黃流在其中；豈弟之君子，則必有福祿下其躬。明寶器

〔一〕「冬官」，諸本作「天官」，據毛詩正義卷一六改。
〔二〕「三」，諸本作「二」，據毛詩正義卷一六改。
〔三〕「圭」，諸本脫，據毛詩正義卷一六補。

不薦於褻味，而黄流不注於瓦缶，則知盛德必享於禄壽，而福澤不降於淫人矣。

何氏楷曰：黄流有二義，毛謂黄金所以飾流鬯，以瓚者盛鬯酒之器，用黄爲勺而有鼻也。鬯酒從中流出，器是黄金，照酒亦黄，故謂之黄流也。鄭但以黄流爲秬鬯，以秬鬯者，釀秬爲酒，以鬱金之草和之，使之芬香條鬯，故謂之秬鬯。草名鬱金，則黄如金色，酒在器流動，故謂之黄流。鄭所以易傳者，以言黄流在中，當謂在瓚之中，不謂流出之時；而瓚既以朱爲中央，則其中亦朱而不黄矣。明酒不得黄，故知非言黄金也。據此當從鄭義。

大雅棫樸：濟濟辟王，左右奉璋。傳：半圭曰璋。箋：璋，璋瓚也。祭祀之禮，王祼以圭瓚，諸臣助之，亞祼以璋瓚。疏：祭之用瓚，維祼爲然，故云「祭祀之禮，王祼以圭瓚，諸臣助之，亞祼以璋瓚」。即祭統云「君執圭瓚祼尸，大宗伯執璋瓚亞祼」是也。言諸臣者，舉一人之事，以見諸臣之美耳。又天官小宰云：「凡祭祀，贊祼將之事。」注云：「又將大宰助王。」然則大宰助王祼，小宰又助之，是助行祼事，非獨一人，故言諸臣。小宰注云：「唯人道宗廟有祼。天地大神至尊不祼。」則此言祼事，祭宗廟也。

何氏楷曰：奉，説文云承也，言以兩手承之。毛云：「半圭曰璋。」鄭云：「璋，瓚也。祭祀之禮，王祼以圭瓚，諸臣助之，亞祼以璋瓚。」孔云：「臣行禮亦執圭璧，無專以璋者。冬官玉人所云大璋、中璋、邊璋，皆璋瓚也。祭之用瓚，唯祼爲然。郊特牲曰『祼以圭璋』，故知璋爲璋瓚矣。」案考工記玉人云：

「祼圭尺有二寸，有瓚〔一〕，以祀廟。大璋、中璋九寸，邊璋七寸，射四寸，厚寸。黄金勺，青金外，朱中，鼻寸，衡四寸，有繅。」祼之言灌也。瓚如盤，其柄用圭，有流前注。漢禮瓚盤大五升，口徑八寸，下有盤，口徑一尺。三璋之勺，形如圭瓚，勺即瓚也，璋其柄也。頭如矢，鋭而穿物曰射。其勺以金爲之。鼻者，勺流也。流者，所以流鬯也。衡者，勺徑也。據周禮内宰職云：「大祭祀，后祼獻則贊。」先儒謂王行初祼，后行亞祼，其或后有不與，則大宗伯攝之，故祭統云「君執圭瓚祼尸，大宗執璋瓚亞祼」是也。而諸臣則又有助祼將之事者，觀小宰職云：「凡祭祀，贊祼將之事。」是可見助行祼事，不獨一人矣。沈括云：「璋，圭之半體也，合之則成圭。王左右之臣，合體一心，趣乎王者也。」疏義云：「圭首鋭，一圭中分爲二璋，奉于王前，則其中分處向王，類乎人之鞠躬，内鄉而歸心也。」

蕙田案：小宗伯鄭注云：「天子圭瓚，諸侯璋瓚。」王制孔疏：「若未賜圭瓚，則用璋瓚。」此左右奉璋，是文王爲諸侯時之禮，非指后祼，亦非大宗伯攝行亞祼。注疏家泛引亞祼以璋瓚爲説，未確。

國語魯語：魯饑，文仲以鬯圭如齊告糴。

白虎通：九錫之禮，孝道備者。錫以秬鬯圭瓚，宗廟之盛禮也。玉以象德，金

〔一〕「瓚」，諸本作「璋」，據周禮注疏卷四一改。

以配情，芬芳條鬯，以通神靈。玉飾其末，君子之性。金飾其中，君子之道。金者，和之至也。玉者，德美之至也。鬯者，芬香之至也。君子有玉瓚秬鬯乎！

周禮春官肆師：及果，築鬻。鬻音煮。 注：果築鬻者，所築鬻以裸也。鄭司農云：「築煮，築香草，煮以爲鬯。」 疏：謂于宗廟有裸。案禮記雜記築鬱「臼以椈，杵以梧」，而築鬱金，煮以和秬鬯之酒，以沸之而裸矣。但鬱人自掌鬱，此又掌之者，彼官正職，此肆師察其不如儀者也。

禮記雜記：暢，臼以椈，杵以梧。 注：所以擣鬱也。椈，柏也。 疏：暢者，謂鬱鬯也。「臼以椈，杵以梧」者，謂擣鬯所用也。椈，柏也。梧，桐也。謂以柏爲臼，以桐爲杵，擣鬱鬯用柏臼桐杵，爲柏香，桐潔白，于神爲宜。

陳氏禮書：圭以象陽之生物，璋以象陰之成事。王之肆先王、禮賓客以裸圭。后之亞裸與王之巡守以裸璋。此王與后陰陽尊卑之分，而宗廟、賓客、山川、內外隆殺之辨也。裸圭尺有二寸，陽以偶成也。大璋、中璋九寸，邊璋七寸，陰以奇立也。圭璋其柄也，瓚其勺也。柄則圭璋，純玉爲之，勺則玉多石少者可也，鄭康成、許慎所謂「瓚四玉一石」是也。圭瓚、璋瓚則玉爲之，三璋之勺則飾以金焉。玉人所謂「黃金勺，青金外」是也。三璋，射四寸，厚寸，勺鼻寸，衡四寸，有繅，則鼻寸所以流鬯也。衡四寸，勺徑也。繅，藉也。圭璋、瓚制蓋亦如此。先儒謂凡流皆爲龍口，瓚槃大五升，口徑八寸，下有槃，口徑一尺，然古者有圭瓚、璋瓚而無下槃，有鼻而無龍口。先儒之說，蓋漢制歟？周之時，典瑞掌祼圭之名物，鬱人掌祼事之儀節。莅玉鬯則大宗伯，贊祼將則小宰，而内宰贊后之祼獻，大宗伯攝后之載祼，此王與后祭祀賓客之祼禮也。惟天地之神，無所用祼，故典瑞祼圭止於肆先王，玉人祼圭止於祀廟，則天地無祼可知。禮曰：「諸侯賜圭瓚，然後爲鬯。」故旱麓詩曰：「瑟彼玉瓚，黄流在中。」江漢詩曰：「釐爾圭瓚，秬鬯一卣。」而魯、晉之國皆用焉，以其有功於民者也。祭統所謂「君執圭瓚祼尸，大宗執璋瓚亞祼」，鄭曰：容夫人有故攝焉。此諸侯用圭瓚之禮也。周衰禮廢，而臧文仲以鬯圭如齊告糴，豈知先王所以康周公之意哉？書曰：「王入大室祼。」記曰：「既灌而後迎牲。」則尸入祼之，然後后再祼焉，后再祼則大祭祀而已。凡小祭祀，蓋一祼也。内宰「大祭祀，后祼獻」，觀周官行人祼，侯、伯、子、男一祼，則小祭祀一祼可知。記言「諸侯相朝，灌用鬱鬯」，此亦賜圭瓚者之禮也。

蕙田案：彝，祼器。春官鬱人：「和鬱鬯，以實彝而陳之。」陳氏禮書曰：「彝之爲言常也。」彝有六，天官冪人「以畫布巾冪六彝」，司尊彝掌六彝。春祠夏禴，祼用雞彝、鳥彝；秋嘗冬烝，祼用斝彝、黄彝；追享朝享，祼用虎彝、蜼彝。皆有舟。雞彝，鄭云「謂刻而畫之爲雞形」，著於尊上。明堂位曰：「灌尊，夏后氏以雞彝。」山堂曰：「雞彝受三斗，口圓，徑九寸，底徑七寸，其腹上下空，徑高一尺，足高二寸，下徑八寸。」其六彝所飾，各畫本象，雖別其形制，容受皆同。其與舟俱漆，並赤中。鳥彝，鄭云：畫鳳凰形於尊上。疏：知鳥是鳳凰者，案書君奭云：「我則鳴鳥不聞。」彼鳴鳥是鳳凰，故知此鳥彝亦是鳳凰也。山堂曰：「制度容受，一同雞彝。」斝彝，先鄭讀斝爲稼，謂畫禾稼於尊。案明堂位：「爵，殷以斝。灌尊，殷以斝。」是有二斝。此斝彝乃灌尊之斝，非爵之斝也。郊特牲云「舉斝、角，詔妥尸」，詩行葦云「洗爵奠斝」，乃是斝爵與此斝彝不同。黄彝，即黄目尊。明堂位曰：「鬱尊用黄目。」郊特牲曰：「黄目，鬱氣之上尊也。黄者，中也。目者，氣之清明者也。言酌於中而清明於外也。」鄭謂黄目以黄金爲飾，陸農師云：「舊圖黄目尊，畫人目而黄之，人目不黄，作而黄之，理無有也。許謹云：『龜目黄，亦其氣之清明。』然則黄目宜畫龜目，如謹説。」案黄彝居六彝之四，而謂之上尊者，天子備前代之器，故黄彝之上有雞彝、鳥彝，諸侯則但有黄彝，以尊時之所上而已。虎彝，畫虎以爲飾。蜼彝，畫蜼以爲飾。爾雅注：「蜼，禺屬。似獼猴而大，黄黑色，尾長數尺，似獺〔一〕，尾末有岐。鼻露向上，雨即自懸於樹，以尾塞鼻，或以兩指。爲物捷健。」舟，先鄭云：「尊下臺，若今承槃。」山堂曰：「舟，外漆朱中，槃口圓，徑尺四寸。其舟高厚各半寸，局足，與槃通高一尺，足下空徑横尺二寸〔二〕。六彝下舟形制皆同。其舟足各隨尊刻畫其類以飾之。」新圖云：「司農承槃説，非是。舟宜若後世酒缸，所以盛鬯。六尊有罍以盛酒，彝不應獨無也。」案盛鬯以卣，不以舟。新圖説非也。瓚，有圭瓚，有璋瓚，並裸器。王裸以圭瓚，后亞裸以璋瓚。圭瓚，祭統云「君執圭瓚裸尸」，春官典瑞、考工記玉人並云「裸圭有瓚」，後鄭云：「瓚如盤，其柄用圭，有流前注。」漢禮，瓚大五升，口徑八寸，下有盤，口徑一尺。」又名玉瓚，明堂位云：「灌用玉瓚大圭。」詩旱麓云：「瑟彼玉瓚，

〔一〕「獺」，諸本作「猶」，據爾雅注疏卷一〇改。
〔二〕「尺」，諸本作「大」，據禮書通故卷四九改。

黄流在中。」毛傳：「黄金所以飾流鬯。」鄭箋：「圭瓚之狀，以圭爲柄，黄金爲勺，青金爲外，朱中央。」璋瓚，祭統「大宗執璋瓚亞裸」，考工記「玉人之事，大璋、中璋九寸，邊璋七寸，射四寸，厚寸。黄金勺，青金外，朱中，鼻寸，衡四寸，有繅」，鄭注：「勺謂酒尊中勺也。鼻，勺流也。凡流皆爲龍口。衡謂勺徑。」案鄭氏説玉瓚，以冬官玉人璋狀言之，則二瓚之制無異，但有大小之不同，故賈疏云：「圭瓚口徑八寸，下有盤，徑一尺，此徑四寸。」徑既倍狹，所容亦小，但形狀相似耳。勺，特牲禮「尊兩壺於阼階東，加勺，南枋」，鄭云：「勺，尊升，所以斞酒也。」其制三代不同。明堂位曰：「夏后氏以龍勺，殷以疏勺，周以蒲勺。」孔疏：「龍勺，勺爲龍頭。疏爲刻鏤，通刻勺頭。蒲謂刻勺爲鳧頭，其口微開，如蒲草本合其末微開口也。」此祼器之大概也。

觀承案：曾子謂「籩豆之事，則有司存」，戴記亦謂「失其義，陳其數，此特祝史之事」者。蓋在三代之時，禮教未湮，器物度數咸在，惟貴心通其義，則制作之精意得，而享帝享親之典自昭已。自秦滅制以來，名物器數，相次俱亡，爲禮者皆因陋就簡，猶徒守其空虚無實之義。一旦登諸廟朝，有茫然而莫名一器者。

以是而求制作之材，不猶反鑑而索照乎？此編於名物制度一一討論明確，使三代法物俱可手揣而目覩之，則正惟陳其數而其義乃可以不失焉耳。此古今時勢之所以不同也。

右彝瓚秬鬯

尊罍酒齊

周禮天官酒正〔一〕：凡祭祀，以法共五齊、三酒，以實八尊。大祭三貳，中祭再貳，小祭壹貳，皆有酌數。惟齊酒不貳，皆有器量。注：酌器，所用注尊中者。疏：五齊五尊，三酒三尊，故云以實八尊。此除明水、玄酒，若五齊加明水，三酒加玄酒，此八尊爲十六尊。不言之者，舉其正尊而言也。「皆有酌數」者，謂三酒之祭事，昔清尊皆有酌器盛酒，益尊，故言皆酌。器謂酌齊酒注于尊中。

鄭氏鍔曰：祭祀之禮，以神事之則用五齊，以人養之則用三酒。其尊有八，酒

〔一〕「天官酒正」，原作「注疏」，據味經窩本、乾隆本、光緒本改。

正以法共之，其實本以事鬼神，三酒之用不一，始焉以酌獻，終焉以酢諸臣，貴其有餘，而不欲其嗛。是故大祭度用一尊，則用三尊以爲副貳；中祭度用一尊，則用二尊以爲副貳；小祭度用一尊，則用一尊以爲副貳。祭之大，則所酌者多；祭之小，則所酌者寡。此所以爲降等，皆有酌數，取足而無乏耳。惟尊中所實齊酒，專以事神，而不以飲諸臣，不用副貳之尊。器之大小，量之多寡，俱有一定之數，蓋五齊雖以致禮之文，無實則近於僞而不誠，非所以交神明之道，故雖不副貳，亦皆有器量，乃所以致禮之實。

春官司尊彝：掌六尊、六彝之位，詔其酌，辨其用與其實。春祠夏禴，其朝踐用兩獻尊，其再獻用兩象尊，皆有罍。秋嘗冬烝，其朝獻用兩著尊，其饋獻用兩壺尊，皆有罍。凡四時之間祀追享朝享，其朝踐用兩大尊，其再獻用兩山尊，皆有罍。注：獻讀爲犧。象尊或曰以象骨飾尊，明堂位曰：「犧象，周尊也。」春秋傳曰：「犧象不出門。」尊以祼神。罍，臣之所飲也〔一〕。詩曰：「缾之罄矣，維罍之耻。」爾雅曰：「彝、卣、罍，器也。」著尊者，著略尊也。或曰著地無足。

〔一〕「臣」，原作「神」，據味經窩本、乾隆本、光緒本、周禮注疏卷二〇改。

明堂位曰：「著，商尊也。」壺者，以壺爲尊。春秋傳曰：「尊以魯壺。」大尊，太古之瓦尊。山尊，山罍也。明堂位曰：「泰，有虞氏之尊也。山罍，夏后氏之尊。」山罍，亦刻而畫之，爲山雲之形。疏：彝與齊尊各用二者，鬱鬯與齊皆配以明水，三酒配以玄酒，故禮記郊特牲注云：「祭齊加明水，三酒加玄酒。」依鄭志云「一雞彝盛明水，鳥彝盛鬱鬯」，是以各二尊罍。尊不言數者，禘祫與時祭、追享、朝享等，皆同用三酒，不別數可知也。若然，依酒正云：「大祭祀，備五齊。」據大祫，通鬱鬯與三酒并配尊，則尊有十八。禘祫四齊，缺一尊，則尊有十六。此經時祭二齊，缺六尊，則尊十有二矣。其祫在秋，禘在夏，則用當時尊重，用取足而已。此經彝下皆云「舟」，尊與罍下皆不云所承之物，則無物矣。故禮器云「天子諸侯廢禁」，其此之謂也。云「獻讀爲犧」。犧尊，飾以翡翠」者，翡赤翠青爲飾，象尊以象鳳凰，此二者于義不安，故更解以象骨飾尊。此義後鄭從之。其云飾以翡翠，後鄭猶不從之矣。引明堂位「犧象，周尊也」者，證飾尊有非周制者。引春秋傳者，是左傳定十年夾谷之會，孔子之言。引之者，證犧象是祭祀之尊，不合爲野享之義也。云「尊以裸神」者，司農解犧象不出門之意。其實獻尸，而云裸神者，尸，神象，尸飲即是裸神，若云奉觴賜灌之類，非謂二灌用鬱鬯也。云「罍，臣之所飲也」者，經云「皆有罍，諸臣之所酢」，故知諸臣所飲者也。引詩者，證罍是酒尊之義。引爾雅者，欲見此經有彝爲上，卣即犧象之屬，爲中，罍爲下，與爾雅同也。云「著尊者，著略尊也」者，義不安，云「著地無足」，于義是也。云春秋傳者，昭十五年左傳云：「六月乙丑，王太子壽卒。秋八月戊寅，王穆后崩。十二月，晉荀躒如周，葬穆后，籍談爲介。以文伯宴，尊以魯壺。」是其義也。引之者，證壺是祭祀酒尊。鄭司農讀蜼爲蛇虺之虺，或讀爲「公用射隼」之隼者，無所依據，故後鄭皆不從也。又云「大尊，太古之瓦尊」者，此即有虞氏之大尊，于義是也，故皆以明堂位爲證也。云「山罍，亦刻而畫之，爲山雲之形」者，罍之字，于義無所取，字雖與雷别，以聲同，故以雲雷解之。以其雷有聲無形，但雷起于雲，雲出于山，故本而釋之，以爲刻畫山雲之形也。異義第六罍制：「韓詩説：金罍，大夫器〔一〕，天子以玉，諸侯、大夫皆以金，士以梓。毛詩説〔二〕：罍器，諸臣之所酢，人君以黄目金飾，尊大一石，金飾龜目〔三〕，蓋取象雲雷之象。」謹案：韓説天子以玉，經無明文。罍者，取象雲雷，故從人君下及諸臣同如是。經文雖有詩云「我姑酌彼金罍」〔四〕，毛詩説云「人君以黄金」，則其餘諸臣直有金，無黄金飾也。

鄭氏鍔曰：此言六彝、六尊。冪人乃有八尊〔五〕，以盛五齊三酒，何也？若五尊盛五齊，則一尊常無用，若以罍盛三酒，則不應謂之八尊。蓋尊與罍分而名之則不同，合而言之則謂之尊耳。「獻」字本「戲」字，誤轉爲「獻」。毛詩傳謂之犧尊，「犧」與「戲」字同音，奈何康成讀犧爲素何切，鑿爲之説曰，畫爲牛形婆娑然，甚無理！春而耕，耕必資牛，故春之尊爲犧牛之形。夏用象尊者，象南方之獸，其形絶

〔一〕「夫」，諸本脱，據五經異義卷上補。
〔二〕「毛詩」，諸本作「古廷」，據周禮注疏卷二〇校勘記改，下同。
〔三〕「龜」，諸本作「無」，據五經異義卷上改。
〔四〕「雖」，諸本作「唯」，據周禮注疏卷二〇改。
〔五〕「冪」，原作「幕」，據光緒本、周禮注疏卷六改。

大，時至于夏，萬物豐大，故夏之尊爲象形。既祼，出迎牲而入殺牲，而獻血腥，始行朝踐之事，用兩獻尊盛醴齊，及薦熟之時，謂之再獻，用兩象尊盛盎齊。必用兩尊者，王酌其一，后酌其一也。秋之時，物傷于末，將反其本，已斂其華，將取其實，故其獻也用著地無足之尊。冬之時，人功已成，可勞享之而飲酒矣，故其獻也用酒壺之尊。名曰壺者，收藏畜聚之義。記言君西酌犧象，夫人東酌罍尊，則知王與后不共尊，兹其所以皆兩也。

李氏嘉會曰：經文既曰春祠夏禴，祼用雞彝、鳥彝，春夏而各用其一，明矣。至其下曰其朝獻用兩獻尊，其再獻用兩象尊，是春用獻尊，夏用象尊，每尊各兩，尊以盛酒，則特兩耳。秋冬所用彝，每一尊用兩亦然。各隨時以致義，非雞彝、獻尊用于春而夏兼之，鳥彝、象尊用于夏而春兼之，紛襍而無辨也。明水之酒，則常禮也，所不必論。酒正以實八尊，則有玄酒、明水合之而爲八耳。

王氏與之曰：此説祼彝儘好，至説用尊處有礙。經言朝踐用兩獻尊，再獻用兩象尊，共爲四尊。每獻王與后各酌其一，朝踐二，再獻二，共用四尊，可供四獻。如所言春用獻尊兩，夏用象尊兩，何以湊成九獻之禮？

蕙田案：司尊彝春祠夏禴、秋嘗冬烝之文，俱互相備，不可鑿空立説。鄭氏、李氏春犧夏象之説皆非是。鄭解再獻之謬，與王介甫同。

王氏昭禹曰：大尊，太古之瓦尊，有反本復始之意。禘，以義追及其祖之所自出，亦以仁而反本復始，故用大尊。山尊，畫爲山形。山則以仁而興利致養之意，祫以養死者之所歸合食于祖廟，亦以仁而興利致養，故用山尊。

禮記明堂位：泰，有虞氏之尊也。山罍，夏后氏之尊也。著，殷尊也。犧象，周尊也。注：泰用瓦。著，著地無足。疏：考工記云：「有虞氏尚陶。」故知泰用瓦。罍猶雲雷也，畫爲山雲之形也。著，無足而底著地，故謂爲著。然殷尊無足，則泰、罍、犧並有足也。然殷名著，周名犧象，而禮器云「君西酌犧象」，亦是周禮也。

方氏慤曰：泰，司尊彝謂太古之瓦尊。蓋彼名其質，此名其義故也。山罍，即山尊也。禮器亦謂之罍尊，非謂諸臣所酢之罍也。以山罍爲尊，因謂之罍尊，亦猶以壺爲尊，因謂之壺尊也。著讀爲附著之著，下無所承，著地而已。殷質，故其尊從簡如此。飾以犧則曰犧尊，飾以象則曰象尊。無飾爲質，有飾爲文。周尚文，故其尊有飾如此。

春秋定公十年左氏傳：犧象不出門。注：犧、象，酒器。犧尊、象尊也。疏：周禮司尊彝云「春祠夏禴，祼用雞彝、鳥彝，其朝踐用兩獻尊，其再獻用兩象尊」，鄭衆云獻讀爲犧，犧尊飾以翡翠，象尊以象鳳凰。阮諶三禮圖犧尊畫牛以飾，象尊畫象以飾，當尊腹上畫牛、象之形。王肅以爲犧尊、象尊爲牛、象之形，背上負尊。魏太和中，青州掘得齊大夫子尾送女器爲牛形，而背上負尊，古器或當然也。

詩魯頌閟宮：犧尊將將。傳：犧尊，有沙飾也。

蕙田案：辨鄭注犧尊解，詳「圜丘祀天」門。

禮記明堂位：尊用犧、象、山罍。疏：「尊用犧、象、山罍」者，用天子之尊也。犧，犧尊也。此犧尊，周禮春夏之祭，朝踐堂上，薦血腥時，用以盛醴齊，君及夫人所酌以獻尸也。象，象尊也，以象骨飾之。此象尊，周禮春夏之祭，堂上薦朝事竟，尸入室饋食時，用以盛盎齊，君及夫人所酌以獻尸也。山罍，謂夏后氏之尊，天子于追享朝享之祭，再獻所用，今褒崇周公，禘祭雜用山尊，不知何節所用也。

劉氏彝曰：犧者，牛也，而用事于畊者也。象者，西方之獸，而致用以白者也。于尊必以牛，重本也。必以象，誠在内也。罍也者，貯酒而給于尊也。詩曰：「瓶之罄矣，維罍之恥。」則罍之爲器大矣。謂之罍者，有雷之象。蓋雷出于時則利于物，而反之則爲災。器之名罍，警之而已。經曰終日飲酒而不得醉，先王所以備禍，乃其意也。山也者，止而安者也。而罍以山者，所以安于神。司尊彝有山尊，與此類也。

禮器：廟堂之上，罍尊在阼，犧尊在西。君西酌犧、象，夫人東酌罍尊。注：犧尊、縣鼓俱在西，禮樂之器尊西也。犧，周禮作「獻」。西酌犧、象，象日出東方而西行也。東酌罍尊，象月出西方而東行也。疏：罍尊在阼，夫人所酌也。犧尊在西，君所酌也。「君西酌犧、象，夫人東酌罍尊」者，案上云罍尊在阼，當阼階堂上而設之，則犧尊在西，當西階堂上而陳之，故君于阼階西嚮酌犧尊，夫人于西房之前東嚮酌罍尊。

方氏慤曰：廟堂者，宗廟之堂也，亦見月令解。然廟堂之名，人君所居，亦得稱之。若傳所謂人君不下廟堂之上而知四海之外是矣。罍尊，即明堂位所謂山罍也，以畫雲氣于其上，故于文從靁。犧尊，畫犧牛以爲飾。犧、象，謂犧尊、象尊也。前言尊而不言象，後言象而不言尊，互相備也。

楊氏簡曰：犧尊有沙牛之象。嘗官楚東，知彼俗以牛之大者爲沙牛。牛之爲物，重遲而順者也。人之所以去道遠者，以其輕肆放逸，故多違也。睹犧之象，必不萌輕肆之心。心不輕肆，則道固未嘗不在我。而陸德明輒更之曰沙尊，蓋曰毛詩傳犧尊有沙飾；孔疏不知牛之爲沙，謂爲羽飾，故讀沙爲娑；陸承其誤，又并改犧爲沙，差之又差，妄謂本之毛、鄭，受毛、鄭誤甚矣。太和中，魯郡于地中得齊大夫子尾送女器，有犧尊，爲牛形，厥驗明著。禮經之曰犧尊者，不勝其多，何得每更曰娑？殊滋後人之惑。周禮司尊彝朝踐用兩獻尊，鄭司農又讀獻爲犧。明堂位曰：犧尊，周尊也。爲一代之所尚，獻必首用之，故亦曰獻尊。何以改讀爲象尊爲象形？象之爲獸，其重厚爲至，其入水毅然、悠然，險莫能阻，人之道心似之。古列聖于禮器，有不説之至教焉。自道心已明者觀之，足以默證聖心之精微也。

蕙田案：楊氏説犧尊、獻尊極是，餘詳見「圜丘祀天」門。

春秋昭公十五年左傳：樽以魯壺。注：魯壺，魯所獻壺樽。疏：周禮司尊彝云「秋嘗冬烝，其饋獻用兩壺樽」。鄭玄云：「壺者，以壺爲尊。」燕禮云司宮尊于東楹之西，兩方壺，左玄酒，是禮法有以壺爲罇。

禮記禮器：五獻之尊，門外缶，門内壺。注：壺大一石。疏：此以小爲貴，缶在門外，則大于壺矣。缶盛酒在門外，壺在門内。

儀禮特牲饋食禮：視壺濯。尊兩壺於阼階東。注：爲酬賓及兄弟，行神惠，不酌上尊，就其位尊之。兩壺皆酒，優之，先尊東方，示惠由近。疏：兩壺皆酒，無玄酒，優之也。東方主人位，先設東方，見酒由主人來。

覆兩壺焉，蓋在南。注：覆壺者，盝瀝水，且爲其不宜塵。

説文：壺，昆吾尊也。形象圜。

陳氏禮書：圜者，君之道；方者，臣之德。燕禮、大射鄉大夫皆方壺，以其近尊而屈也；士旅皆圜壺，以遠尊而伸也。先儒謂方壺腹圜而足口方，圜壺腹方而足口圜，然方者腹圜，圜者腹方，則名實不稱矣。鄙人禜門用瓢齎，用齎而已，與壺異也。莊周曰大瓠慮以爲樽，爾雅曰：「康瓠謂之甈。」賈誼弔屈原賦曰：「斡棄周鼎而寶康瓠兮〔一〕。」郭璞曰：「康瓠，壺也。」蓋壺之爲器，其體有大小，其制有方圜，非

〔一〕「寶」，原作「實」，據光緒本、賈誼弔屈原賦改。

必皆瓠爲之，特取名於壺瓠而已。

詩周南卷耳：我姑酌彼金罍。傳：人君黄金罍。釋文：韓詩云：「天子以玉飾，諸侯、大夫皆以黄金飾，士以梓。」禮記云：「夏曰山罍，其形似壺，容一斛，刻而畫之，爲雲雷之形。」疏：正義曰：人君黄金罍，此無文也，故異義罍制，韓詩說：「金罍，大大器也。天子以玉，諸侯、大夫皆以金，士以梓。」毛詩說：「金罍，酒器也。諸臣之所酢。人君以黄金飾，尊大一碩，金飾龜目，蓋刻爲雲雷之象。」謹案：韓詩說天子以玉，經無明文。謂之罍者，取象雲雷博施，如人君下及諸臣。又司尊彝云：「皆有罍，諸臣之所酢。」注云：「罍亦刻而畫之，爲山雲之形。」言刻畫，則用木矣。故禮圖依制度云刻木爲之。韓詩說言士以梓，士無飾，言其木體，則以上同用梓而加飾耳。毛說言大一碩，禮圖亦云大一斛〔一〕，則大小之制，尊卑同也。雖尊卑飾異，皆得畫雲雷之形，以其名罍，取于雲雷故也。毛詩說諸臣之所酢，與周禮文同，則「人君黄金罍」，謂天子也。周南王者之風，故皆以天子之事言焉。

大雅洞酌〔二〕：洞酌彼行潦，挹彼注兹，可以濯罍。傳：濯，滌也。罍，祭器。

小雅蓼莪〔三〕：缾之罄矣，維罍之恥。傳：缾小而罍大。正義：釋器云：「小罍謂之坎。」

〔一〕「大一」，原誤倒，據光緒本、毛詩正義卷一乙正。
〔二〕「大雅」，原作「小雅」；「酌」，原脱，據光緒本、毛詩正義卷一七改、補。
〔三〕「小雅」，原作「大雅」，據光緒本改。

孫炎曰：「酒罇也。」郭璞曰：「罍形似壺，大者受一斛。」是罍大于缾也。

爾雅釋器：小罍謂之坎。注：罍形似壺，大者受一斛。

說文：罍，龜目尊，以木爲之。

陳氏禮書：司尊彝犧、象之尊，王與后之所獻，罍，諸臣之所酢，則罍賤於尊矣。先儒曰：彝上尊，罍下尊。記曰：「五獻之尊，門内壺。君尊瓦甒。」燕禮君尊瓦大，卿大夫、士旅以壺。大射膳尊兩甒，卿大夫、士旅亦以壺。士喪奠以兩甒而祭以壺，則壺賤於瓦尊矣。有汙尊，鑿土爲尊。然後有瓦大，有瓦大，然後有山罍。罍或作櫑，許愼曰：「罍，龜目尊，以木爲之。」則罍非特以瓦也。詩曰：「我姑酌彼金罍。」毛氏謂人君黄金罍，孔穎達謂金飾龜目，蓋刻爲雲雷之象。周南王者之風，則黄金罍謂天子也。於理或然。韓詩謂天子罍以玉，大夫以金，士以梓，此不可考。罍之別有五：山罍，金罍，大罍，小罍，水罍也。周禮鬯人「祭祀，社壝用大罍」，則盛鬯者也。儀禮罍水在洗東，則盛水者也。然則罍之爲器，豈施於一哉？周禮天子禮諸侯，如諸侯之相爲賓。春秋之時，齊侯將享魯侯，孔子曰「犧、象不出門」，則諸侯相饗用犧、象矣。燕禮君尊瓦大，卿大夫壺，大射膳尊瓦甒，卿大夫壺，則諸侯燕臣用壺矣。昔周王燕晉荀躒，樽以魯壺，則天子燕諸侯之臣亦以壺也。詩言「我姑酌彼金罍」，其饗臣之禮歟？禮器：「五獻之尊，門内壺。君尊瓦甒。」鄭氏曰：壺大一石，瓦甒五斗。觀喪大禮，棺槨之間，大夫容壺，士容甒，則壺大于甒可知矣。漢梁孝王有罍樽直千金，後世寶之，其制蓋侈于古矣。

沈氏括曰：禮書言罍，畫雲雷之象，然莫知雷作何狀。今祭器中畫雷，有作鬼神伐鼓之象，此甚不經。余嘗得一古銅罍，環其腹皆有畫，正如屋梁所畫曲水。細觀之，乃是雲雷相間爲飾。如ᘓ者，古「雲」字也，象雲氣之形。如◎者，「雷」字也，古文ᘏ爲雷，雷象回旋之聲。其銅罍之飾皆一ᘓ一◎相間，乃所謂雲雷之象也。今漢書罍字作𤳳〔一〕，蓋古人以此飾罍，後世自失傳耳。

陳氏禮書：尊之爲言尊也，彝之爲言常也。尊用以獻，上及於天地；彝用以祼，施於宗廟而已。故尊於祭器獨名尊，彝於常器均名彝。籍談曰：有勳而不廢，撫之以彝器。昭公十五年左。臧武仲曰：大伐小，取其所得，以作彝器。襄十九年左。

〔一〕「作」，諸本脱，據夢溪筆談卷一九補；「𤳳」，諸本作「𤳳」，據夢溪筆談卷一九校勘記改。

則彝之爲常可知矣。司尊彝：「春祠夏禴，祼用雞彝、鳥彝，其朝踐用兩獻尊，其再獻用兩象尊。秋嘗冬烝，祼用斝彝、黄彝，其朝踐用兩著尊，其饋獻用兩壺尊。追享朝享，祼用虎彝、蜼彝，其朝踐用兩大尊，其再獻用兩山尊。」明堂位曰：「泰，有虞氏之尊也。山罍，夏后氏之尊也。著，商尊也。犧象，周尊也。灌尊，夏后氏以雞彝，商以斝，周以黄目。」蓋虞氏尚陶，故泰尊瓦則山罍亦瓦矣。商人尚梓，故著尊木則犧象亦木矣。書稱宗彝絺繡，而宗彝在周爲毳衣，則虎彝、蜼彝，有虞以前之彝也。説文稱：壺，昆吾尊。昆吾，祝融之後，則壺尊，商以前之尊也。春秋傳曰燕人以斝耳賂齊，則斝固有耳矣。記曰：「黄目，鬱氣之上尊。黄者，中也。目者，清明之氣也。」則黄其色也，目其象也。蓋先王制器，或遠取諸物，或近取諸身。其取之也有義，其用之也以類。雞、鳥、虎、蜼之彝，取諸物也。斝耳、黄目，取諸身也。春祠夏禴，彝以雞、鳥，尊以犧、象，以雞、鳥均羽物，犧、象均大物故也。秋嘗冬烝，彝以耳、目，尊以著、壺，以耳、目均人體，著、壺均無足故也。追享朝享，彝以虎、蜼，尊以山、大，以虎、蜼均毛物，山、大均瓦器故也。夫雞，東方之物，仁也；而牛大牲也，膏薌，宜於春。鳥，南方之物，禮也；而象大獸也，産於南越。此王者所以用祠禴也。周彝黄則商彝白矣。白者，陰之質義也。黄者，陰之美信也。著以象陽，降而著地；壺以象陰，周而藏物。此先王所以用嘗烝也。太玄曰：陽氣潛萌於黄宫，信無不在乎中。則冬之爲信可知矣。虎，義獸也。蜼，智獸也。自禰率而上之至於祖因合食焉，義也。及於祖之所自出，義之至也。審其昭穆尊卑不使紊焉，智也。皆升而合食乎其所出，智之至也。泰則象道之見於事業，山則象道之顯於仁。夫道之見於事業而顯著仁，則可以王天下。可以王天下，則可以禘祫矣。此先王所以用追享朝享。然雞、鳥、虎、蜼、黄目、犧、象、山罍之飾，或刻或畫，不可得而知也。詩與禮記、左傳、國語皆言犧，詩曰犧尊將將；記曰君西酌犧象、犧尊，疏布鼏；左傳曰犧象不出門；國語曰犧人薦醴。特司尊彝言獻尊，則犧者，尊之飾，獻者，尊之用也。先儒讀犧爲娑，讀斝爲稼。或云犧飾以翡翠，象飾以象骨，或犧飾以鳳凰，斝飾以禾稼，皆臆論也。王肅謂昔魯郡於地中得齊大夫子尾送女器，有犧尊，以犧牛爲尊，有象尊，尊爲象形耳。此又不可考也。尊之爲物，其上有蓋，其面有鼻，其下有足。少牢司尊啓二尊之蓋、冪，奠於棜上；特牲禮覆兩壺焉，蓋在南；玉藻曰惟君面尊；少儀曰尊壺者面其鼻。此尊之形制也。其無足者，著與壺耳。觀投壺之壺，有頸與腹而無足，則壺尊無足可知矣。先儒謂壺有足，誤也。大射尊於東楹之西，兩方壺，膳尊甒在南，皆玄尊，酒在北；少牢尊兩甒于房户之間，甒有玄酒；特牲尊於户東，玄酒在西；記亦曰凡尊必上玄酒。則兩尊之設，一以盛玄酒，一以盛齊矣。春則雞彝盛明水，鳥彝盛鬱鬯；夏則鳥彝盛明水，雞彝盛鬱鬯。而斝、黄、虎、蜼之相爲用，亦若此也。此先儒謂雞彝、虎彝專盛明水，鳥、黄、蜼彝專盛鬱鬯，恐不然也。尊、彝之量，先儒謂尊實五斗，彝實三斗。此雖無所經見，然彝裸而已，其實少。尊則獻酬酢焉，其實多。此尊所以大於彝歟？

蕙田案：尊，獻器。陳氏禮書曰：尊之爲言尊也。彝以用裸，施於宗廟而已。尊用以獻，上及於天地。尊有六。春官司尊彝：「掌六尊，春祠夏禴，其朝踐用兩獻尊，其再獻用兩象尊；秋嘗冬烝，其朝獻用兩著尊，其饋獻用兩壺尊；四時之間祀追享朝享，其朝踐用兩大尊，其再獻用兩山尊。皆有罍，諸臣之所酢也。」獻尊，鄭讀爲犧尊。禮器犧尊在西，魯頌犧尊將將，先鄭讀犧爲沙，沙羽飾，謂飾以翡翠。阮諶禮圖謂於尊腹之上畫爲牛形。山堂考索曰：「牛有二種：一曰沈牛，牛之善水者也；一曰沙牛，俗亦謂之黄牛。」言有沙飾，若今牛鼎有牛之飾而已。王肅則讀犧爲羲，謂尊形如牛，而背上負尊；後儒楊簡、鄭鍔、何楷皆從王說。案據此，則犧當如字，固不必讀爲沙也。明堂位以犧爲周尊，是周之獻，以犧爲首，故直曰獻尊耳。則獻亦當如字，不必讀爲犧也。象尊，先鄭謂飾以鳳凰，後鄭謂以象骨飾尊。禮圖謂於尊腹上畫爲象形，王肅謂尊形如象而背上負尊。陸佃曰頃見參知政事章惇得古銅象尊一，制作極精緻，三足象其鼻形，望而視之，真象也。案明堂位犧、象同爲周尊，故經傳多以犧、象並稱。禮器云「君親酌犧、象」，春秋左氏傳「犧、象不出門」是也。著尊，爾雅謂之略尊，明堂位謂之殷尊。鄭云著地無足，禮樂論曰受五斗，漆赤中，圓徑一尺二寸，底徑八寸，上下空徑一尺五分，與獻尊、象尊形制、容受並同，但無足及飾耳。案著尊無足，則他尊皆有足可知。壺尊以壺爲尊。昭十年左氏傳樽以魯壺，山堂曰：「壺尊受五斗，漆赤中，以壺爲之，口圓徑八寸，脰高三寸，中徑六寸半，脰下横徑八寸，腹中横徑一尺一寸，底徑八寸，腹上下空徑一尺二寸，足高二寸，下横徑九寸。」大尊，太古之瓦尊，即明堂位「泰，有虞氏之尊」。儀禮燕禮云：「公尊瓦大兩。」山堂曰：「受五斗，口圓徑一尺，脰高三寸，中横徑九寸，脰下大横徑一尺二寸，底徑八寸，腹上下空徑一尺五分，厚半寸，底平，厚寸。」山尊，即明堂位山罍，夏后氏尊也。禮器亦謂之罍尊。蓋畫爲山雲之形，故名，非諸臣所酢之罍也。山堂曰：「山尊受五斗，口圓徑九寸，脰高三寸，空徑一尺五分，足高二寸，下徑九寸。」案以上謂之六尊。周禮又有所謂八尊者。酒正共五齊三酒以實八尊，冪人以疏布巾冪八尊，史浩以爲司尊彝春祠夏禴獻、象皆兩之，秋嘗冬烝著、壺皆兩之，四時之間，祀大、山皆兩之，是知每祀六尊皆設，而爲二尊各加其一焉，故謂之八尊，是也。罍，司尊彝六尊皆有罍，諸臣之所酢也。疏取象雲雷之象。詩卷耳云：我姑酌彼金罍。韓詩說：天子以玉，諸侯、大夫皆以金，士以梓。爾雅：彝、卣、罍，器也。郭注：罍受一斛。邢疏引禮圖說：彝受三斗，尊受五斗，罍受一斗。案詩云：「缾之罄矣，維罍之恥。」傳曰：瓶小罍大。又罍爲下而品卑，則大一斛之説是也。山堂曰：「口徑九寸五分，脰高三寸，中徑七寸五分，脰下横徑九寸，腹中横徑一尺四寸，上下中徑一尺六寸，足高二寸，下徑一尺，畫山雲之形。」爾雅云：小罍謂之坎。

蕙田案：以上六尊。

禮記禮器：天子、諸侯之尊廢禁，大大、士棜禁。此以下爲貴也。注：廢猶去也。棜，斯禁也。謂之棜者，無足，有似于棜，或因名云爾。大夫用斯禁，士用棜禁，禁如方今桉，隋長局足，高三寸。疏：廢禁者，廢去其禁。司尊彝鬱鬯之尊用舟以承之，其犧象等六尊皆無用舟。又燕禮諸侯之法，「瓦大兩，有豐」，是無禁也。棜長四尺，廣二尺四寸，深五寸，無足，赤中，畫青雲氣，菱苕華爲飾。禁長四尺，廣二尺四寸，通局足高三寸，漆赤中，畫青雲氣，菱苕華爲飾，刻其足爲褰帷之形也。棜是轝名，故既夕禮云「設棜于東堂下」，注云：「棜，今之轝也。」又注特牲云：「棜之制，如今大木轝矣。」上有四周，下無足，今大夫斯禁亦無足，似木轝之棜。周公制禮，或因名此斯禁爲棜耳，故少牢「司宮尊兩甒于房户之間，同棜」，是周公時已名斯禁爲棜也。案玉藻云：「大夫側尊用棜，則斯禁也。」案鄉飲酒「兩壺斯禁」，是大夫用斯禁也。玉藻云：「士用禁。」又士冠禮、士昏禮承尊皆用禁，是士用禁也。鄭注云：「名之禁者，因爲酒戒也。」案鄉射是士禮，而用斯禁者，以禮樂賢從大夫也。特牲亦是士禮，而云「棜禁在東序」者，鄭注云：「祭尚厭飫，故得與大夫同也。」

方氏慤曰：禁所以承酒尊。且棜也、禁也皆所以爲酒戒。曰棜則欲其不流，曰禁則欲其不犯。別而言之固如此，合而言之棜亦禁也，猶之旂、常通謂之九旗也。且有足者爲禁，無足者爲棜，有足則高，無足則下，此主以下爲貴。于大夫用棜至廢禁則又下矣，故天子諸侯之尊如此。

玉藻：大夫側尊，用棜；士側尊，用禁。注：棜，斯禁也。無足，有似于棜，是以言棜。

疏：案鄉飲酒禮，設兩壺于房户間，有斯禁。彼是大夫禮，此云大夫用棜，故知棜是斯禁也。特牲禮注云：「棜，今木轝，上有四周，下無足。」今斯禁亦無足，故云「有似于棜，是以言棜」也。

儀禮士冠禮：尊於房户之間，兩甒，有禁。玄酒在西。注：禁，承尊之器也。名之爲禁者，因爲酒戒也。疏：醴不言禁，醴非飲醉之物，故不設戒。酒是所飲之物，恐醉，因而禁之。玄酒非飲亦爲禁者，以玄酒對正酒，不可一有一無，故亦同有禁也。

士昏禮：尊於室中北墉下，有禁。注：禁所以庪甒者。疏：士冠云甒，此尊亦甒也。

鄉飲酒禮：尊兩壺於房户間，斯禁。注：斯禁，禁切地無足者。疏：禁者，士禮以禁戒爲名，卿大夫、士並有禁名〔一〕，是以玉藻云：「大夫側尊用棜，士側尊用禁。」禮器云：「大夫、士棜禁。」注云：「棜，斯禁也。謂之棜者，無足，有似于棜。大夫用斯禁，士用棜禁。」然則禁是定名，言棜者是其義稱。

鄉射禮：尊於賓席之東，兩壺，斯禁。左玄酒，皆加勺。注：斯禁，禁切地無足者也。

弟子奉豐升，勝者之弟子洗觶，升，酌，南面坐，奠於豐上。

燕禮：公尊瓦大兩，有豐。注：瓦大，有虞氏之尊也。禮器曰：「君尊瓦甒。」豐形似豆，卑而大。

〔一〕「士」，原脱，據光緒本、儀禮注疏卷八補。

公食大夫禮：飲酒，實於觶，加於豐。注：豐，所以承觶者也，如豆而卑。

聘禮：瓦大一，有豐。注：瓦大，瓦尊。豐，承尊器。

陸氏佃曰：說文云：「豐，足之豐滿者，從手。」蓋手用豆之時也，故禮自諸侯以上皆爲豐。記曰：「歲凶，年穀不登。君膳不祭肺，祭事不縣，大夫不食粱，士飲酒不樂。」由是觀之，雖謂之豐，禁在其中矣，故豐亦或謂之廢禁是也。廢讀如廢敦、廢爵之廢，無足曰廢。廢豐似豆而卑，宜非有足者。且謂之廢禁，固亦以去爲義。廢敦言喪無所事敦也，廢爵言喪無所事爵也，廢禁天子諸侯之尊無所事禁也。然亦不可不戒，所謂戒者，皆有舟，皆有疆畺是也。

既夕記：設棜於東堂下，南順，齊於坫，饌於其上。注：棜，今之轝也。

士虞禮：尊於室中北墉下，當户，兩甒醴酒在東，無禁。

特牲饋食禮：陳鼎於門外。棜在其南，南順，實獸於其上。壺禁在東序。注：棜之制，如今大木轝矣。上有四周，下無足。

少牢饋食禮：司宫尊兩甒於房户之間，同棜。注：棜，無足禁者，酒戒也。大夫去足改名。

啓二尊之蓋，冪奠於棜上。

陳氏禮書：司尊彝六彝皆有舟，燕禮公尊瓦大有豐，聘禮亦瓦大有豐，少牢禮兩甒有棜，鄉飲、鄉射尊皆有斯禁，士冠、婚、特牲禮尊皆有禁，禮器曰天子諸侯之尊廢禁，大夫士棜禁，玉藻大夫側尊用棜，士側尊用禁，蓋天子諸侯之禁無足而卑，大夫之棜〔二〕、士之禁有足，而高無足謂之廢禁，猶儀禮所謂廢敦、廢爵也，大夫之棜，亦謂之斯禁，士之禁亦謂之棜，蓋禁、棜同制，特其足之高下異耳。天子諸侯廢禁之制，不見於經，特燕禮以尊有豐，鄭康成謂豐似豆而卑，其他不可得而知也。豐，公食大夫、大射、鄉射以之承觶、爵。棜，士既夕以之饌、衣，特牲以之實獸，蓋先王制器，苟可以便於禮者，皆用之也。然則謂之舟，欲其不溺也；謂之禁，欲其不放也。棜欲其屬厭而已，不可益也；豐欲其豐盛而已，不可過也。鄭康成曰廢猶去也，棜如今之木轝，上有四周，下有足；禁如今方案，隋長局一足，高三寸；又言大夫改斯禁名棜，優尊也，若不爲之戒然。謂天子諸侯去禁，而燕禮有豐謂棜無足，而既夕棜齊於坫，謂優尊者，若不爲之戒，而鄉飲、鄉射謂之斯禁，何耶？舊圖刻人形謂豐，國之君嗜酒亡國，於是狀之，以爲酒戒，此又不可考也。士喪禮凡奠以至虞祭皆無禁，蓋禁，吉器也。冠禮醴尊無禁，酒尊有禁，蓋醴非飲醉之物，不設

〔二〕「士側尊用禁蓋天子諸侯之禁無足而卑大夫之棜」二十字，原脱，據光緒本補。

戒也。

又曰：司尊彝曰彝皆有舟，尊皆有罍，舟以庪彝，而罍非庪尊，言彝有舟，以見尊有禁也。天子諸侯之尊廢禁，廢禁無足，以下爲貴，則彝舟之爲物，蓋象舟之形而已。先儒以廢禁爲去禁，謂舟若漢承槃〔一〕，圜而崇尺，恐不然也。

蕙田案：以上舟、棜、禁、豐。

禮記明堂位：夏后氏尚明水，殷尚醴，周尚酒。注：此皆其時之用耳，言「尚」非。疏：正義曰：夏后氏尚質，故用水。殷人稍文，故用醴。周人轉文，故用酒。故云「此皆其時之用耳」。云「言『尚』非」者，案儀禮設尊尚玄酒，是周家亦尚明水也。案禮運云「澄酒在下」，是三酒在堂下，則周世不尚酒，故知經言「尚」者，非也。

儀禮特牲饋食禮：壺禁在東序，尊於户東，玄酒在西。

少牢饋食禮：司宫尊兩甒於房户之間，同棜，皆有冪。甒有玄酒。

禮記禮運：玄酒以祭。疏：「玄酒以祭」者，謂朝踐之時設此玄酒于五齊之上，以致祭鬼神。

〔一〕「槃」，諸本作「縏」，據禮書卷九七改。

此重古設之，其實不用以祭也。

禮器：醴酒之用，玄酒之尚。疏：醴酒，五齊第二酒也。玄酒是水也。尚，上也。言四時祭祀有醴酒之美，而陳尊在玄酒之下，以玄酒之尊置在上，此是脩古也。

玉藻：凡尊必上玄酒。

郊特牲：祭齊加明水，報陰也。明水涚齊，貴新也。凡涚，新之也。其謂之明水也，由主人之絜著此水也。

陳澔集注：祭齊加明水，謂尸正祭之時，陳列五齊之尊，又加明水之尊也。明水，陰鑑所取月中之水。涚猶清也。泲漉五齊而使之清，故云涚齊。所以設明水及涚齊者，貴其新潔也。凡涚，新之也，專主涚齊而言，故下文又釋明水之義。潔著，潔淨而明著也。自月而生，故謂之明。

周禮秋官司烜氏：掌以夫遂取明火於日，以鑒取明水於月，以共祭祀之明齍、明燭，共明水。疏：云「夫遂，陽遂也」者，以其日者太陽之精，取火于日，故名陽遂。取火于木，爲木遂者也。「鑒，鏡屬」者，詩云：「我心匪鑒，不可以茹。」彼鑒是鏡，可以照物。此鑒形制與彼鑒同，所以取水也。云「取水者，世謂之方諸」者，漢世謂之方諸，言取水謂之方諸，則取火者不名方諸，别名陽遂也。明者，潔也。日月水火爲明水明火，是取日月陰陽之潔氣也。云「明燭以照饌陳」者，謂祭日之旦，饌陳于堂東，未明，須燭照之。云「明水以爲玄酒」者，鬱鬯五齊，以明水配，三酒以玄酒配。玄酒，井水也。玄酒與明水別，而云明水以爲玄酒者，對則異，散文通謂之玄酒。是以禮運云「玄酒在堂」，亦謂明水爲玄酒也。先鄭云「明水滫滌粢盛黍稷」者，滫謂滫瀡，滌謂蕩滌，俱謂釋米者也。

考工記輈人：金錫半，謂之鑒燧之齊。注：鑒燧，取水火於日月之器也。鑒亦鏡也。凡金多錫則刃白且明也。疏：云「取水火於日月之器也」者，司烜氏職文。云「凡金多錫則刃白且明也」者，據大刃以下削殺矢等，鑒燧入且明之内。

舊唐書禮儀志：李敬貞論明水實樽：「淮南子云：『方諸見月，則津而爲水。』高誘注云：『方諸，陰燧，大蛤也。熟摩拭令熱，以向月，則水生。以銅盤受之，下數石。』王充論衡云：『陽燧取火於日，方諸取水於月，相去甚遠，而火至水來者，氣感之驗也。』漢舊儀云[一]：『八月飲酎，車駕夕牲，以鑑諸取水於月，以陽燧取火於日。』周禮考工記云：『金有六齊，金錫半謂之鑑燧之齊。』鄭玄注云：『鑑燧，取水火於日月之器。』準鄭此注，則水火之器，皆以金錫爲之。今司宰有陽燧，形如圓鏡，以取明火；陰鑑形如方鏡，以取明水。但比年祭祀，皆用陽燧取火，應時得；以

[一]「漢舊儀」，諸本作「漢書儀」，據舊唐書禮儀志三校勘記改。

陰鑑取水，未有得者，當用井水替明水之處〔一〕。」奉敕令禮司研究。敬貞因説先儒是非，言及明水，乃云「周禮金錫相半，自是造陽燧之法〔二〕。鄭玄錯解以爲陰鑑之制。依古取明水法，合用方諸，引淮南子等書，用大蛤也。」又稱：「敬貞曾八九月中，取蛤一尺二寸者依法試之。自人定至夜半，得水四五斗〔三〕。」奉常奏曰〔四〕：「敬貞所陳，檢有故實。」又稱：「先經試驗確執，望請差敬貞自取蚌蛤，與所司對試。」

蕙田案：以上明水。

易坎卦：六四，樽酒簋，貳用缶。疏：一樽之酒，可薦于宗廟。

詩小雅信南山：祭以清酒，從以騂牡，享于祖考。箋：清，謂玄酒也。酒，鬱鬯、五齊、三酒也。

楚茨：以爲酒食，以享以祀。箋：以黍稷爲酒食，獻之以祀先祖。疏：酒是大名。其鬱鬯、

〔一〕「當」，舊唐書禮儀志三作「常」。
〔二〕「陽燧」，諸本脱，據舊唐書禮儀志三補。
〔三〕「斗」下，諸本衍「者」字，據舊唐書禮儀志三删。
〔四〕「奉常奏曰」四字，諸本脱，據舊唐書禮儀志三補。

五齊、三酒，總名皆爲酒也。

大雅旱麓：清酒既載。箋云：既載，謂已在尊中也。祭祀之事，先爲清酒。

鳧鷖：爾酒既清。

篤公劉：酌之用匏。箋：酌酒以匏爲爵，言忠敬也。

頌豐年：爲酒爲醴，烝畀祖妣。

良耜：爲酒爲醴，烝畀祖妣，以洽百禮。箋：烝，進。畀，予。洽，合也。進于祖妣，謂祭先祖先妣也。

絲衣：兕觥其觩，旨酒思柔。不吳不敖，胡考之休！箋：飲美酒者皆思自安，不讙譁，不敖慢也。

商頌烈祖：既載清酤，賚我思成。箋：既載清酒于尊，酌以祼獻，而神靈來至我致齊之所。

周禮天官酒正：辨五齊之名，一曰泛齊，二曰醴齊，三曰盎齊，四曰緹齊，五曰沈齊。辨三酒之物，一曰事酒，二曰昔酒，三曰清酒。

蕙田案：五齊三酒，詳見「圜丘祀天」門。

春官司尊彝：凡六彝六尊之酌，鬱齊獻酌，醴齊縮酌，盎齊涚酌，凡酒脩酌。注：

故書「縮」爲「數」，「齊」爲「齍」。鄭司農云：「『獻』讀爲『儀』，儀酌，有威儀多也。涚酌者，捝拭勺而酌也。脩酌者，以水洗勺而酌也。齍讀皆爲『齊和』之『齊』。」杜子春云：「『數』當爲『縮』，『齊』讀皆爲『粢』。」玄謂：禮運曰：「玄酒在室，醴醆在户，粢醍在堂，澄酒在下。」以五齊次之，則醆酒盎齊也。郊特牲曰：「縮酌用茅，明酌也。醆酒涚于清，汁獻涚于醆酒，猶明、清與醆酒于舊醳之酒也。」此言轉相泲成也。「獻」讀爲「摩莎」之「莎」，齊語聲之誤也。煮鬱和秬鬯，以醆酒摩莎泲之，出其香汁也。醴齊尤濁，和以明酌，泲之以茅，縮去滓也。盎齊差清，和以清酒，泲之而已。其餘三齊，泛從醴，緹沈從盎。凡酒，謂三酒也。「脩」讀如「滌濯」之「滌」。滌酌，以水和而泲之，今齊人命浩酒曰滌。明酌，酌取事酒之上也。「澤」讀曰「醳」。明酌、清酒、醆酒，泲之皆以舊醳之酒。凡此四者，裸用鬱齊，朝用醴齊，饋用盎齊，諸臣自酢用凡酒。唯大事于太廟，備五齊三酒。

禮記禮運：玄酒在室，醴醆在户，粢醍在堂，澄酒在下。注：粢讀爲齊，聲之誤也。周禮：「五齊，一曰泛齊，二曰醴齊，三曰盎齊，四曰醍齊，五曰沈齊。」字雖異，醆與盎、澄與沈，蓋同物也。奠之不同處，重古略近也。疏：「玄酒在室」者，玄酒，謂水也。以其色黑謂之玄。而大古無酒，此水當酒取用，故謂之玄酒。以今雖有五齊三酒，貴重古物，故陳設之時，在于室内而近北。「醴醆在户」，醴謂醴齊，醆謂盎齊，以其後世所爲，賤之，陳列雖在室内，稍南近户，故云「醴醆在户」。皇氏云「醴在户内，醆在户外」，義或然也。其泛齊所陳，當在玄酒南，醴齊北，雖無文，約之可知也。「粢醍在堂」者，以卑之，故陳列又南近户而在堂。「澄酒在下」者，澄，謂沈齊也，酒，謂三酒，事酒、昔酒、清酒之等，稍卑之，故陳在堂下者。

坊記：醴酒在室，醍酒在堂，澄酒在下，示民不淫也。注：淫猶貪也。澄酒，清酒也。三酒尚質不尚味。疏：正義曰：澄酒，清酒也，謂澄齊也。以其清于醴齊、醍齊，故云清酒也。以此三齊皆云酒，故知澄酒惟澄齊也。禮運云：「玄酒在室，醴醆在户，粢醍在堂，澄酒在下。」彼陳酒事，故鄭分釋澄爲沈齊，酒爲三酒也。以此云「示民不淫」，故知非三酒，以三酒味厚美故也。禮運云「醴醆在户」，此云「在室」，不同者，在户之内，則是在室也。但禮運有「玄酒在室」之文，故云「醴酒在户」耳。知主人主婦上賓獻尸，乃後主人降，洗爵獻賓者，儀禮特牲文也。

郊特牲：縮酌用茅，明酌也。注：謂泲醴齊以明酌也。周禮曰：「醴齊縮酌。」五齊醴尤濁，和之以明酌。藉之以茅，縮去滓也。明酌者，事酒之上也。名曰明者。事酒，今之醳酒，皆新成也。春秋傳曰：「爾貢包茅不入，王祭不共，無以縮酒。」酌猶斟也。酒已泲，則斟之以實尊彝。昏禮曰：「酌玄酒，三注于尊。」凡行酒亦爲酌也。

醆酒涚於清，注：謂泲醆酒以清酒也。醆酒，盎齊。必和以清酒者，皆久味相得。**汁獻涚於醆酒，**注：謂泲秬鬯以醆酒也。獻讀當爲莎，齊語聲之誤也。秬鬯者，中有煮鬱，和以盎齊，摩莎泲之，出其香汁，因謂之汁莎。不以三酒泲秬鬯者，秬鬯尊也。**猶明、清與醆酒於舊澤之酒也。**注：猶，若也。澤讀爲醳，舊醳之酒，謂昔酒也。泲醴齊以明酌，泲醆酒以清酒，泲汁獻以醆酒，天子諸侯之禮也。天子諸侯禮廢，時人或聞此而不審知。云若今明酌、清酒與醆酒，以舊醳之酒泲之矣，就其所知以曉之也。泲清酒以舊醳之酒者，爲其味厚腊毒也。

陳澔集注：縮酌，謂醴齊濁，泲而後可斟酌，故云縮酌也。用茅者，以茅覆藉而泲之也。周禮三酒，一曰事酒，二曰昔酒，三曰清酒。事酒，爲事而新作者，其色清明，謂之明酌。言欲泲醴齊，則先用此明酌和之，然後用茅以泲之也。醆酒，盎齊也。涚，泲也。清，謂清酒也。清酒冬釀，接夏而成。盎齊差清，先和以清酒而後泲之，故云醆酒涚于清。以其差清，故不用茅也。汁獻，謂摩挲秬鬯及鬱金之汁也。秬鬯中有煮鬱，又和以盎齊，摩挲而泲之，出其香汁，故云汁獻涚于醆酒也。上文所泲三者之酒，皆天子諸侯之禮。作記之時，此禮已廢，人不能知其法，故言此以曉之曰：泲醴齊以明酌，泲醆酒以清酒，泲汁獻以醆酒者，即如今時明、清、醆酒泲于舊醳之酒也。猶，若也。舊，謂陳久也。澤，讀爲醳。醳者，和醳醴釀之名，後世謂之醳酒。

禮器：君親制祭，夫人薦盎。注：親制祭，謂朝事進血膋時。所制者，制肝洗于鬱鬯，以祭于室及主。**君親割牲，夫人薦酒。**疏：君割牲體，于時君亦不獻，故夫人薦酒。

祭義：君牽牲，夫人奠盎。疏：「君牽牲，夫人奠盎」者，熊氏云：「此謂繹祭。君當牽牲之時，夫人奠設盎齊之奠。」又曰「奠盎，設盎齊之奠也」者，此謂繹祭，故牽牲之時，夫人預設盎齊之尊。假令正祭牽牲時，夫人設奠盎之尊，至君親制祭，夫人酌盎齊以獻尸，義無妨也。皇氏怪此奠盎在牽牲之時，于事太早，以奠盎爲洗牲。勘諸經傳，無洗牲以酒之文。皇氏文無所據，其義非也。云「謂繹日也」者，以其先云「君獻尸」，後云「夫人薦豆」，故知繹日也。云「儐尸，主人獻尸，主婦自東房薦韭、菹、醢」者，此是有司徹文。引之者，證儐尸之時，先獻後薦，上大夫儐尸，則天子諸侯之繹也。

祭統：宗婦執盎從，夫人薦涚水。 注：涚，盎齊也。盎齊，涚酌也。凡尊有明水，因兼云水爾。

疏：「宗婦執盎從」者，謂同宗之婦執盎齊以從夫人也。「夫人薦涚水」者，涚即盎齊，以濁，用清酒以涚泲之。涚水是明水。宗婦執盎齊從夫人而來，奠盎齊于位，夫人乃就盎齊之尊，酌此涚齊而薦之，因盎齊有明水，連言水耳。

陳氏禮書：酒正共五齊三酒，以實八尊，皆陳而弗酌，所以致事養之義也。非此八尊所實而皆有貳者。大祭所酌度用一尊，則以三尊副之；中祭所酌度用一尊，則以兩尊副之；小祭所酌度用一尊，則以一尊副之。皆酌而獻，所以致事養之用也。酒正言凡祭祀，則天地宗廟社稷諸神之祭，皆有五齊三酒；司尊彝朝踐用犧尊，再獻用象尊，皆有罍。蓋犧、象所實，泛與醴也；罍、尊所實，盎以下也。君西酌犧、象，夫人東酌罍、尊。君親制祭，夫人薦盎。盎齊涚酌而宗婦執盎從夫人，薦涚水，是罍、尊之所實者盎。而盎之上，泛、醴而已，則犧、象實泛、醴可知也。司尊彝言醴而不及泛，言盎而不及醍、沈，鄭氏謂泛從醴，緹、沈，盎則罍之所實，盎之下又可知也。然則夫人酌罍而薦盎，則君制祭朝事之時也。及君割牲饋食，則夫人薦酒而已。儀禮大夫尊兩甒於房户之間，士尊於户東，禮記罍尊在阼，犧尊在西，此皆所酌而非所設也。若夫玄酒在室，醴醆在户，粢醍在堂，澄酒在下，此則設而弗酌也。醴醆在户，而坊記言醴酒在室，蓋有不同，而其設亦異爾。齊之作也，始則其氣泛然，次則有酒之體，中則盎然而浮，久則赤，終則沈。室者，陰之幽；户者，陰陽之交；堂者，陰陽之辨；堂下者，陽之顯而道以幽。玄，醇厚爲上，以顯著清美爲下。泛齊在室，以其未離於道故也。醴醆在户，以其離道未遠故也。粢醍在堂，則道與事之間者也。澄酒在下，則純於事而已。觀此，則先王所辨齊酒之位意可知矣。夫醴齊縮酌，則以茅縮而後酌，此記所謂「縮酌用茅，明酌」是也。盎齊涚酌，則以酒涚而後酌，此記所謂「醆酒涚于清」是也。黍稷，別而言之則稷曰粢，曲禮「稷曰明粢」是也；合而言之皆曰粢，禮凡言「粢盛」是也。記於醍齊言粢醍，指其材爾。鄭氏改粢爲齊，誤也。鄭氏又以明酌爲事酒，而澄酒或謂三酒，或謂五齊，於酒正、坊記、儀禮則曰澄酒三酒也，於禮運則曰澄酒沈齊也。

祫備五齊，禘備四齊，時祭備二齊，

朝用醴齊，饋用盎齊，諸臣自酢用凡酒，然記曰夫人薦盎，則醴以上君所酌，盎以下夫人所酌，而無君饋薦盎之禮矣。酒正曰凡祭祀以五齊三酒實八尊，則中祭、小祭皆備五齊，而無四齊、二齊之制矣。

蕙田案：以上酒齊。

右尊罍酒齊

爵斝奠獻

禮記明堂位：爵，夏后氏以琖，殷以斝，周以爵。注：斝，畫禾稼也。詩曰：「洗爵奠斝。」疏：此一經明魯有三代爵，並以爵爲形，故并標名于其上。琖，以玉飾之。殷亦爵形，而畫爲禾稼。斝，稼也。周爵或以玉爲之，或飾之以玉。

方氏慤曰：斝，殷尊名也。而爵亦名之者，以爵有從事之義，故因以名焉，殷質故也。若行葦所謂奠斝者爵也，司尊彝所謂斝彝者尊也。爵則爲爵之形以承之，周尚文故也。夏、殷未承以爵，而亦通謂之爵者，自周始然耳。若所謂一升曰爵，夏則一升曰琖，殷則一升曰斝也。不然，則由周以前止有爵之名，由周以後又有爵之形也。

陸氏佃曰：琖以齊言，斝以鬯言，爵以酒言。知然者，盎齊亦或謂之琖酒，鬯尊一名斝彝，知之也。

詩大雅行葦：洗爵奠斝。傳：斝，爵也。夏曰醆，殷曰斝，周曰爵。疏：禮，主人洗以酧賓，賓得而奠之，所洗所奠猶一物也，而云「洗爵奠斝」，似是異器，故辨之云：「斝，爵也。」爵，酒器之大名，故儀禮飲觶者亦曰卒爵，是爵爲總稱。作者因洗、奠之别，更變其文耳。「夏曰醆」以下，皆明堂位文。引之者，明斝非周器。謂之斝者，彼注謂畫禾稼也。

何氏楷曰：洗，洒；奠，置也。斝，説文云玉爵也。或説斝受六升。案明堂位云：「爵，夏后氏以琖，商以斝，周以爵。」據此，則斝爲商爵，然周亦用之。春秋傳有瓘斝，郊特牲云「舉斝、角，詔妥尸」，禮運云「醆斝及尸君，非禮也，是謂僭君」，周禮鬱人職云「大祭祀，與量人受舉斝之卒爵而飲之」，量人職云「凡宰祭，與鬱人受斝歷而皆飲之」。此周人用斝之證也。琖、斝、爵，疑三代皆有之，特所貴重異耳。又，灌尊，夏后氏以雞彝，商以斝，周以黄目，則尊亦有名斝者。然此詩所咏是爵非尊也。孔云所洗、所奠，猶一物也。而云洗爵、奠斝，爵，酒器之大名，故儀禮飲觶者亦云卒爵，是爵爲總稱，作者因洗、奠之别，更變其文耳。愚案：孔説依文作解，未足深信。考燕禮、射禮無用斝者，疑當作觚。鄭玄周禮注讀斝爲受福之嘏，謂聲之誤，是則斝有斝音。斝、觚聲近，因訛觚爲斝耳。考工記梓人云：「獻以爵而酬以觚，一獻而三酬，則一豆矣。食一豆肉，飲一豆酒，中人之食也。」爵受一升，觚受三升，豆受四升。一獻三酬者，言獻以一升之爵，酬以三升之觚也。合之則爲四升，是謂一豆。此詩言「洗爵奠斝」，乃括乎首尾之辭。洗爵，蒙上獻酢之文。主人洗爵酌酒以獻賓，賓既受，卒爵，即洗主人所獻之爵，以酢答主人。主人卒飲，又獻公，公酢亦如之。主人卒飲，乃更酌觚而自飲以酬賓。賓受之奠而不舉，以俟旅酬。此所謂奠斝者也。楚茨言獻酬以該酢，此既言獻酢，而兼言奠斝，乃正以表酬耳。

周禮天官冢宰：贊玉爵。注：宗廟獻用玉爵。疏：此享先王有玉爵，天地有爵，但不用玉飾。云「宗廟獻用玉爵」者，案明堂位「獻用玉琖」，謂王朝踐饋獻酳尸時。若祼，則用圭瓚也。

劉氏曰：享先王，謂宗廟六享也。

内宰：大祭祀，后祼獻，則贊，瑶爵亦如之。注：瑶爵，謂尸卒食，王既酳尸，后亞獻之，其爵以瑶爲飾。疏：案儀禮鄭注云：「諸侯尸十三飯，天子尸十五飯。」尸食後，王以玉爵酌朝踐醴齊以酳尸，謂之朝獻。后亦于後以瑶爵酌饋獻時盎齊以酳尸，謂之再獻，故云后亞獻也。云「其爵以瑶爲飾」者，嚮來所解知后以瑶爵亞酳尸者，約明堂位云「爵用玉琖仍彫，加以璧散、璧角」，食後稱加。彼魯用王禮，即知王酳尸亦用玉琖，后酳尸用璧角，賓長酳尸用璧散。彼云璧，此云瑶，不同者，瑶，玉名，瑶玉爲璧形，飾角口則曰璧角，角受四升，爵爲總號，故鄭云其爵以瑶爲飾也。

蕙田案：爵容一升，角受四升。此疏謂瑶爵即璧角，恐未是。

禮記祭統：尸飲五，君洗玉爵獻卿。尸飲七，以瑶爵獻大夫。尸飲九，以散爵獻士及群有司，皆以齒。 注：尸飲五，謂酳尸五獻也。大夫、士祭，三獻而獻賓。

方氏慤曰：凡觴皆謂之爵。此言玉爵、瑶爵，正謂一升之爵耳。言散爵即五升之散也。禮器曰：宗廟之祭，貴者獻以爵，賤者獻以散。則不特獻者然也，雖受獻者亦然。

周禮春官鬱人：大祭祀，與量人受舉斝之卒爵而飲之。 注：斝，受福之嘏，聲之誤也。王酳尸，尸嘏王，此其卒爵也。少牢饋食禮：「主人受嘏詩懷之，卒爵，執爵以興，出。宰夫以籩受嗇黍，主人嘗之，乃還獻祝。」此鬱人受王之卒爵，亦王出房時也。必與量人者，鬱人贊祼尸，量人制從獻之脯燔，事相成。 疏：鄭知斝是受福之嘏，非天子奠斝殷爵名者，案郊特牲云：「舉斝、角，詔妥尸。」其時無鬱人、量人受爵飲之法，唯有受嘏時受王卒爵飲之禮，故破斝爲受福之嘏也。

王氏安石曰：斝者，先王之爵，唯王禮用焉。卒爵，若儀禮所謂「皇尸卒爵」是也。

夏官量人：凡宰祭，與鬱人受斝歷而皆飲之。 注：鄭司農云：「斝讀如嫁娶之嫁。斝，器名。明堂位曰：『爵，夏后氏以琖，殷以斝，周以爵。』玄謂斝讀如嘏尸之嘏。宰，冢宰。疏：先鄭云「斝讀如嫁娶之嫁」，直取音同。引明堂位者，證斝是器名，周獻用玉爵，無用斝，故後鄭云「斝讀如嘏尸之嘏」。

王氏安石曰：受斝歷而皆飲之，受斝，傳之他器而皆飲之也。

禮記郊特牲：舉斝、角，詔妥尸。注：妥，安坐也。尸始入，舉奠斝若奠角。將祭之，祝則詔主人拜，妥尸〔一〕，使之坐。尸即至尊之坐。或時不自安，則以拜安之也。天子奠斝，諸侯奠角。疏：斝、角，爵名也。天子曰斝，諸侯曰角。若依此，則饋食薦孰之時，尸未入，祝先奠爵于鉶南，尸入，即席而舉之，如特牲禮「陰厭後，尸入舉奠焉」也。但云「舉斝、角」，恐非周禮耳。崔云是周也。「詔妥尸」者，詔，告也，妥，安也。尸始即席，舉奠斝、角之時，既始即席，至尊之坐，未敢自安，而祝當告主人拜尸，使尸安坐也。

方氏慤曰：斝，先王之爵也，天子用焉。角，時王之爵也，諸侯用焉。周官鬱人之大祭祀與量人受斝之卒爵而飲之，蓋言是矣。

禮運：醆斝及尸君，非禮也。注：醆、斝，先王之爵也。疏：醆是夏爵，斝是殷爵。若是夏、

〔一〕「妥」，諸本作「安」，據禮記正義卷二六改。

殷之後，得以醆、斝及于尸君，其餘諸侯于禮不合。

明堂位：爵用玉琖仍雕，加以璧散、璧角。注：爵，君所進于尸也。仍，因也，因爵之形爲之飾也。加，加爵也。散、角，皆以璧飾其口也。疏：「爵用玉琖仍雕」者，爵，君酌酒獻尸杯也，琖，夏后氏爵名，以玉飾之，故曰「玉琖」。「加以璧散、璧角」者，加，謂尸入室饋食竟，夫人酌盎齊，亞獻，名爲「再獻」，又名爲「加」，以其非正獻，故謂之加，于時薦加籩豆也。此時夫人用璧角，内宰所謂瑶爵也。瑶是玉名，爵是總號，璧是玉之形制，角是爵之所受，名異而實一也。其璧散者，是夫人再獻訖，諸侯爲賓，用之以獻尸。雖非正加，是夫人加爵之後，故此總稱加。先散後角，便文也。

劉氏彝曰：散者，散而非致飾者也。角者，剛而能制以爲酒戒也。玉爲陽，故君以玉琖獻尸。璧之體有降于玉，故賓長以之。然散于角，亦非所以施于尊者。禮曰「賤者獻以散，卑者舉角」是也。言「加」則知非正爵。

方氏愨曰：琖則爵而已。一升曰爵，四升曰角，五升曰散，惟其所容有加于琖也，故又因以爲加焉。

陸氏佃曰：據加以璧散、璧角，玉琖仍雕，言雕則玉不純矣，下于周故也。灌用圭璋，故加用璧。郊特牲曰束帛加璧，先言璧散，蓋禮正獻以小爲貴者，加獻尚大。正獻以大爲貴者，加獻尚小。

禮器：有以小爲貴者。宗廟之祭，貴者獻以爵，賤者獻以散。尊者舉觶，卑者舉

角。五獻之尊，門外缶，門内壺，君尊瓦甒，此以小爲貴也。注：凡觴一升曰爵，二升曰觚，三升曰觶，四升曰角，五升曰散。五獻，子男之饗禮也。壺大一石，瓦甒五斗，缶大小未聞也。易曰：「尊酒簋，貳用缶。」疏：案特牲云：「主人獻尸用角，佐食洗散以獻尸。」是尊者小，卑者大。案天子諸侯及大夫皆獻尸以爵，無賤者獻以散之文，禮文散亡，略不具也。特牲「主人獻尸用角」者，下大夫也。「尊者舉觶，卑者舉角」者，案特牲、少牢禮，尸入舉奠觶，是尊者舉觶。特牲「主人受尸酢，受角飲」者，是卑者舉角，此是士禮。天子、諸侯祭禮亡，文不具也。凡王饗臣，及其自相饗，行禮獻數，各隨其命，子男五命，故知五獻是子男。此以小爲貴，近者小，遠者大，缶在門外，則大于壺矣。案禮圖，瓦大受五升，則瓦甒與瓦大同。凡饗有酒，其列尊之法，缶盛酒在門外，壺在門内。君尊，謂子男尊也。不云内外，則陳之于堂，人君面尊，專惠也。小尊近君，大尊在門，是不重味，故以小爲貴稱。

方氏慤曰：獻，謂獻之于尸也。舉，謂自舉而飲也。貴賤以位言，尊卑以體言。獻爵者主人，獻散者佐食，主人之與佐食，則有貴賤之别焉，故以位言之。舉觶者皇尸，舉角者主人，皇尸之與主人，特有尊卑之别耳，故以體言之。于瓦甒言君尊，則知壺缶爲飲諸臣之尊。于甒言瓦，則知壺缶皆瓦矣。爾雅言「盎謂之缶」，雖不言其所容，以推法推之，掬四謂之豆，積之至于缶二謂之鍾，則缶四石之名也。缶之名雖同，缶之用不一。有用之以盛酒者，若坎所謂「用缶」是也。有用之以汲水者，若比所謂「盈缶」是也。有用之以節樂者，若離所謂「鼓缶」是也。

陸氏佃曰：貴者獻以爵，賤者獻以散，所謂「尸飲五，君洗玉爵獻卿。尸飲九，以散爵獻士」。「尊者舉觶，卑者舉角」者，凡妥尸，天子舉斝，諸侯舉角，則卿舉觶，大夫舉角歟？若特牲饋食酳尸以角，旅酬更以觶，與此不同者，蓋卑者以大爲貴。然則此經所言，蓋天子諸侯之儀也。周官子男饗禮五獻，則所謂五獻之尊主饗禮，與言子男，以見公侯。舉祭在前，舉饗在後，亦言之序。燕禮司宮尊于東楹之西，兩方壺，豈所謂門内壺者耶？公尊，缶本在尊南，南上，豈所謂尊瓦甒者耶？士旅食于門而兩圜壺，豈所謂門外缶者耶？圜壺雖非缶，其陳設之序則然。

祭統：尸酢夫人執柄，夫人受尸執足。夫婦相授受，不相襲處。酢必易爵，明夫婦之別也。 疏：「尸酢夫人執柄」者，爵爲雀形，以尾爲柄。夫人獻尸，尸酢夫人，尸則執爵之尾授夫人也。「夫人受尸執足」者，夫人受酢于尸，則執爵足也。「夫婦相授受，不相襲處」者〔一〕，謂夫婦交相致爵之時。襲，因也。其執之物不相因故處。「酢必易爵」，謂主人受主婦之酢，易換其爵，故特牲主人受主婦之酢爵，更爵酢。鄭注云：「主人更爵自酢，男子不承婦人爵。」

儀禮士虞禮：主人洗廢爵。 注：爵無足曰廢爵。疏：云「爵無足曰廢爵」者，案下文「主婦洗足爵」，鄭云：「爵有足，輕者飾也。」則主人喪重，爵無足可知。凡諸言廢者，皆是無足廢敦之類是

〔一〕「夫婦」，原作「夫人」，據光緒本、禮記正義卷四九改。

也。　主婦洗足爵於房中。注：爵有足，輕者飾也。　疏：云「爵有足，輕者飾也」者，主婦，主人之婦，爲舅姑齊衰，是輕于主人，故爵有足爲飾也。　賓長洗繶爵。注：繶爵，口足之間有篆，又彌飾。　疏：云「繶爵，口足之間有篆，又彌飾」者，案屨人繶是屨之牙底之間縫中之飾，則此爵云繶者，亦是爵口足之間有飾可知。

少牢饋食禮：司宮概豆、籩、勺、爵、觚、觶、几、洗、篚於東堂下，勺、爵、觚、觶實於篚。

有司徹：尸降筵，受主婦爵以降。　尸易爵於篚，盥，洗爵。　尸作三獻之爵。　二人洗觶，升，實爵。　兄弟之後生者舉觶於其長。　致爵於主人。　致爵於主婦。　無算爵。

特牲饋食記：篚在洗西，南順，實二爵、二觚、四觶、一角、一散。注：順，從也。言南從，統於堂也。二爵者，爲賓獻爵止，主婦當致也。二觚，長兄弟及衆賓長爲加爵，二人班同，宜接並也〔一〕。四觶，一酌奠，其三，長兄弟酬賓，卒受者與賓弟子、兄弟弟子舉觶於其長，禮殺，事相接。禮器

〔一〕「宜」，諸本作「迎」，據儀禮注疏卷四六改。

曰：「貴者獻以爵，賤者獻以散。尊者舉觶，卑者舉角。」舊説云：爵一升，觚二升，觶三升，角四升，散五升。　疏：云「二爵者，爲賓獻爵止，主婦當致也」者，以一爵獻尸，尸奠之未舉，又一爵，主婦當致者。案經主婦致爵於主人，婦人不見就堂下洗，當于内洗，則主婦致爵于主人時，不取堂下爵。而云主婦當致者，謂主婦當受致之時，用此爵也。云「四觶，一酌奠，其三，長兄弟酬賓，卒受者與賓弟子、兄弟弟子舉觶於其長，禮殺，事相接」者，酌奠于鉶南，是嗣子雖飲，還復神之奠觶也。餘有三在，主人洗一觶酬賓，奠于薦北，賓取奠于薦南，此未舉也。下篚有二觶在，又長兄弟洗觚爲加爵〔一〕，衆賓長爲加爵，如初爵止，此亦未舉也。下篚仍有一觶在，乃羞之後，賓始舉奠觶，行旅酬，辨，卒受者以虚觶奠于下篚。還有二觶，至爲加爵者作止爵，長兄弟亦坐取其奠觶酬賓，如賓酬兄弟之儀，以辨，卒受者未實觶于篚時，賓弟子、兄弟弟子洗觶，各酌舉觶于其長，即用其篚二觶，卒受者未奠之，故三觶並用也。故注云「卒受者與賓弟子、兄弟弟子舉觶于其長也」。云「禮器曰貴者獻以爵」者，謂賓長獻尸，主人致爵于主婦是也。「賤者獻以散」，上利洗散是也。「尊者舉觶」，謂若酌奠之及長兄弟酬賓之等是也。「卑者舉角」，謂主人獻用角。鄭云不用爵者，下大夫也。則大夫尊，用爵，士卑，用角是也。引「舊説」者，爵觚以下，升數無正文，韓詩雖有升數，亦非正經，故引舊説爲證也。

〔一〕「又」，諸本作「及」，據儀禮注疏卷四六改。

儀禮士喪禮：東方之饌，兩瓦甒，其實醴、酒，角觶，木柶。注：此饌但言東方，則亦在東堂下也。

既夕禮：兩甒醴、酒，酒在南。篚在東，南順，實角觶四，木柶二，素勺二。豆在甒北。注：角觶四，木柶二，素勺二，爲夕進醴酒，兼饌之也。勺二，醴、酒各一也。疏：觶有四、柶有二者，朝夕酒醴及器别設，不同器，朝夕二奠各饌其器也。

禮記祭義：見間以俠甒，加以鬱鬯，以報魄也。注：「見間」皆當爲「覸」字之誤也。覸以俠甒，謂雜之兩甒醴酒也。疏：「薦黍稷，羞肺、肝、首、心，見間以夾甒，加以鬱鬯」，謂饋孰時薦此黍稷，進肝與肺及首與心，雜以兩甒醴酒，加以鬱鬯。云「兩甒醴酒」者，以士喪禮、既夕等皆以甒盛醴故也。此用甒，蓋是天子追享朝踐用大尊，此甒即大尊，或云子男之禮。禮器云「君尊瓦甒」，謂子男也。

方氏慤曰：甒，蓋瓦器。有兩甒，故曰俠。即司尊彝所謂間祀用兩大尊是矣。言瓦甒之大尊，則鬱鬯之爲虎彝可知。不及時祭，則舉大以該小耳。以諸物見于夾甒之間，故曰覸以俠甒。又副之以鬱鬯之彝，故曰加以鬱鬯。

周禮考工記梓人：爲飲器，勺一升，爵一升，觚三升。獻以爵而酬以觚，一獻而三酬，則一豆矣。注：勺，尊升也。觚、豆，字聲之誤，觚當爲觶，豆當爲斗。疏：爵制，今韓詩説：「一升曰爵，二升曰觚，三升曰觶，四升曰角，五升曰散。」古周禮説亦與之同。謹案：周禮，一獻三酬當一豆，即觚二升，不滿豆矣。鄭玄駁之云：「觶字，角旁支，汝、潁之間師讀所作。今禮角旁單，古書或作角旁氏。角旁氏則與觚字相近。學者多聞觚，寡聞觗，寫此書亂之而作觚耳。又南郡太守馬季長說，一獻而三酬則一豆，豆當爲斗，一爵三觶相近。」禮器制度云：「觚大二升，觶大三升。」是故鄭從二升觚、三升觶也。鄭云「觚、豆，字聲之誤」者，觶字爲觚，是字之誤，斗字爲豆，是聲之誤。

王昭禹曰：梓人爲筍虡，爲樂器也，爲飲器，爲禮器也。

趙氏曰：勺以酌酒，今之杓是也。古者有龍勺，刻龍在上。明堂位言灌尊、龍勺、疏勺、蒲勺是也。爵用以盛酒，盞之小者。觚，盞之有稜角者，又大似爵。凡酒盛于樽，必先以杓挹酒，然後注于爵中，至用觚則加厚也。梓人先勺而後以爵與觚，小大先後，序當如此。

正義曰：「一升曰爵，二升曰觚，三升曰觶，四升曰角，五升曰散」者，皆韓詩說文。案異義：今韓詩說一升曰爵，爵，盡也，足也。二升曰觚，觚，寡也，飲當寡少。三升曰觶，觶，適也，飲當自適也。四升曰角，角，觸也，不能自適觸罪過也。五升曰散，散，訕也，飲不能自節，爲人所謗訕也。總名曰爵，其實曰觴，觴者，餉也。觵亦五升，所以罰不敬。觵，廓也，所以著明之貌。君子有過，廓然明著，非所以餉，不得名觴。古周禮說爵一升，觚二升，獻以爵而酬以觚，一獻而三酬，則一豆矣。食一豆肉，飲一豆酒，中人之食。毛詩說觵大七升。許慎謹案：周禮云「一獻三酬當一豆」，若觚二升，不滿一豆。又觥罰不過一，一飲而七升爲過多。鄭駁之云周禮「獻以爵而酬以觚」，觚，寡也，觶字角旁著氏，是與觚相涉誤爲觚也。南郡太守馬季長説一獻三酬則一豆，豆當爲斗，與一爵三觶相應。如鄭此言，是周禮與韓詩説同一也。此周禮一獻三酬。案燕禮獻以觚，又燕禮四舉酬，熊氏云此一獻三酬，是士之饗禮也。若是君燕禮，則行無算爵，非唯三酬而已。若是大夫以上饗禮，則獻數又多，不惟一獻也，故知士之饗禮也。云「壺大一石，瓦甒五斗」者，漢禮器制度文也。此瓦甒，即燕禮公尊瓦大也。云「缶大小未聞也」者，今以小爲貴，近者小，則遠者大，缶在門外則大于壺矣。案禮圖瓦大受五升，口徑尺，頸高二寸，徑尺，大中，身鋭，下平，瓦甒與瓦大同。引易曰「尊酒簋，貳用缶」，易坎卦六四爻辭。案「六四：尊酒簋，貳用缶，納約自牖，終无咎」，鄭云六四上承九五，又互體在震上，天子大臣以王命出會諸侯，尊於簋副，設玄酒而用缶也。

王氏詳説曰：明堂位曰：「夏后氏以醆，商以斝，周以爵。」梓人之爵一升，非商人之上梓也，明矣。雖似周制，亦不盡乎！周制且一升曰爵，二升曰觚，三升曰觶，四升曰角，五升曰散，總而名之皆曰觴也。明堂位曰：「爵用玉琖仍雕，加以璧角、璧散。」禮器曰：「貴者獻以爵，賤者獻以散。尊者舉觶，卑者舉角。」特牲實二觚、二爵、四觶、一角、一散，則是周制之有五等矣。此言爵曰觚而不及觶與角與散，其非周制也，明矣。然鄭氏以觚當爲觶，豆當爲斗，蓋以所容之酒約之，獻以爵，酬以觚，一獻而三酬則爲酒一斗，若不以觚爲觶，則不及斗酒之數矣。緣觶之一字，其書有三，有以角旁從支者，有以角旁從氏者，角旁從氏，當誤而爲觚字也必矣。若夫五等之觴，所容之外又有所謂觥者，詩曰「兕觥其觩」是也。又有所謂豐者，鄉射記曰「司射命弟子升設豐」是也。鄭氏于觥之說失之，以觥即角也，曾不謂所容四升何以爲罰爵乎？舊圖與許慎皆謂七升曰觥，其說似可採也。舊圖于豐之說失之，以豐爲人形而首戴杅謂豐，國之君以酒亡國，曾不謂豐爲爵之承槃與坫同，人以酒亡國者何必豐乎？鄭氏與聶氏皆謂豐如豆而卑，其說似可採也。但梓人所爲飲酒器皆以木爲之，詩曰「酌之用匏」，則于是乎有匏爵矣。此用之于郊也。書曰「乃受同冒」，則于是乎有銅爵矣。此周人用之于圭瓚也。明堂位曰「爵用玉琖」，此魯人用之於灌也。然則周人自用銅而與魯人以玉爵乎？曰周制所用以當代異代爲貴賤，而不以銅玉爲貴賤也。

蕙田案：鄭氏以觥爲四升，而論語疏有觥亦五升之說，許慎又有觥七升之說。案觥爲罰爵，必不與四升之角、五升之散同制，當以七升之說爲是。

陳氏禮書：明堂位曰：「爵，夏后氏以琖，商以斝，周以爵。」考之爾雅，鍾之小者謂之棧。音琖。晉元興中，剡縣民井中得鍾，長三寸，口徑四寸，銘曰「棧則棧，卑而淺」矣。夏爵命之以琖，蓋其制若琖然也。祭統「尸酢夫人執柄，夫人受尸執足」，柄其尾也，有足而尾，命之以爵，蓋其制若雀然也。琖象棧，爵象雀，而斝有耳焉，則三者之制可知矣。明堂位言玉琖，周禮言玉爵，春秋傳言瓘斝，則三者之飾可知矣。儀禮士虞主人獻尸以廢爵，主婦以足爵，賓長以繶爵，鄭氏謂繶爵者口足之間有篆，則爵之繶猶屨之繶也。主人廢爵而未有足，主婦足爵而未有篆，賓長則篆口足而已，以虞未純吉故也。然則吉禮之爵，蓋全篆歟？明堂位曰「爵用玉琖仍雕」，仍雕則雕之不在夏而在周矣。詩曰：「洗爵奠斝。」周禮鬱人：「大祭祀，與量人受舉斝之卒爵而飲之。」琖、斝，先王之器也。惟魯與二王之後得用焉，諸侯用之則僭矣，故記曰：「琖、斝及尸君，非禮也。」夫天下之理，莫之爵者常大，爲物所爵者常小，禽之名爵，以小故也。火之名爝，亦以小故也。爵資於尊而所入者小，其實一升而已。此所以謂之爵也。梓人曰爵一升，觚三升，獻以爵而酬以觚，韓詩説一升曰爵，二升曰觚，三升曰觶，四升曰角，五升曰散，而爵量與梓人同，觚量與梓人異者。儀禮少牢、有司徹皆獻以爵，酬以觶，鄉飲、鄉射亦獻以爵，酬以觶，鄭氏釋梓人謂觚當爲觶，古書觶從角氏，角氏與觚相涉故亂之耳，其説是也。然梓人曰獻以爵，酬以觚，一獻而三酬則一豆矣，食一豆肉，飲一豆酒，中人之食也。一獻而三酬者，獻以一升，酬以三升也，并而計之爲四升，四升爲豆，豆雖非飲器，其計數則然。鄭氏改豆爲斗，誤也。凡獻皆以爵，而燕禮、大射主人獻賓獻公以觚，特牲禮主人初獻以爵者，禮器曰：「宗廟之器，以小爲貴。貴者獻以爵，賤者獻以散。尊者舉觶，卑者舉角。」特牲主婦獻以角與爵，而佐食加獻以散。祭統：「尸飲五，君洗玉爵獻卿」，「尸飲九，以散爵獻士。」大射主人以觚獻賓及公，而司馬以散獻服不，是貴者以小，賤者以大，或獻尸或受獻，一也。士祭初獻以角，下大夫也。燕禮、大射主人獻以觚，下饗禮也。饗禮惟不入牲，其他皆如祭祀，則用爵以獻可知也。明堂位「加以璧散、璧角」，則天子自觶而上用玉可知也。燕禮、大射以象觚、象觶獻公，則諸侯之爵用象可知也。燕禮司正飲角觶，而士喪禮奠亦角觶，蓋大夫飾以角，士木而已。喪奠用角觶，攝盛也。觶，中觴也。鄉飲、鄉射記曰其他皆用觶，觀士冠禮父醮子，士婚主人禮賓，婦見舅姑，醴皆以觶，聘禮禮賓，士虞及吉祭與大夫吉祭陰厭之奠皆以觶，公食大夫無尊亦以觶，則觶之爲用，非適於一也。先儒言諸觴皆形制同而升數異，然爵如雀，觚不圜，孔子曰：「觚不觚，觚哉！觚哉！」古者破觚爲圜，殳體八觚，壇有八觚。則諸觴形制，安得而同哉？書稱上宗奉同，王受同，三宿三祭三咤，則周之爵又謂之同也。先儒謂爵，盡也，足也；觚，寡也；觶，適也；角，觸也；散，訕也。又謂總名曰爵，其實曰觴，觴，餉也。此不可考。要之爵、觚、觶、角，皆示戒也。

蕙田案：爵，明堂位曰：「周以爵。」疏云以爵爲形。陳氏禮書曰：祭統：「尸酢夫人執柄，夫人受尸執足。」柄其尾也，有足而尾，命之以爵，蓋其制若爵然也。山堂曰：「爵受一升，口徑四寸，底徑二寸，上下徑二寸三分，圓足。」飾之以玉曰玉爵。天官冢宰贊玉爵，疏天地有爵，不用玉飾。宗廟獻用玉爵。飾之以瑶曰瑶爵。天官内宰贊后瑶爵，注王既酳尸，后亞獻用之。祭統：「尸飲五，君洗玉爵獻卿。尸飲七，以瑶爵獻大夫。」此玉爵、瑶爵所用之異也。琖，明堂位夏后氏之爵，以玉飾之，名曰玉琖。明堂位曰「爵用玉琖仍雕」是也。斝，明堂位殷爵，並爵形而畫爲禾稼。郊特牲云：「舉斝、角，詔妥尸。」詩行葦：「洗爵奠斝。」飾之以瓘曰瓘斝。春秋傳曰「若我用瓘斝、玉瓚」是也。陳氏禮書曰：琖、斝，先王之器，惟魯與二王後得用之，諸侯用之則僭矣，故記曰「琖、斝及尸君，非禮也」。明堂位疏三爵並以爵爲形。方慤曰：三爵皆容一升。散，禮器「賤者獻以散」，祭統「尸飲九，以散爵獻士」，鄭云：

「散容五升。」角，禮器「卑者舉角」，鄭云：「角受四升。」案：散與角皆酳後加爵，所用以璧飾口，曰璧散、璧角。明堂位曰：「加以璧散、璧角。」疏加爵夫人用璧角，賓用璧散是也。妥尸時，諸侯亦奠角。郊特牲「舉斝、角，詔妥尸」，鄭注：「天子奠斝，諸侯奠角。」案：諸侯止用角散，魯及二王後得用璧角、璧散。又明堂位疏璧角即瑶爵。案：瑶爵，一升之爵。璧角，四升之角。疏合而一之，非也。觚，考工記獻以爵而酬以觚，儀禮特牲饋食記「篚實二觚」，注：「二觚，長兄弟及衆賓長爲加爵。」論語「觚不觚」，鄭云觚容二升。山堂曰：「口徑四寸，中深四寸五分，底徑二寸六分，圓足，漆赤中，畫青雲氣。」觶，禮器「尊者舉觶」，鄭云：「觶受三升。」儀禮有司徹兄弟之後生者舉觶於其長，特牲饋食記「篚實四觶」，注「四觶，一酌奠，其三，長兄弟酬賓，卒受者與賓弟子、兄弟弟子舉觶於其長」是也。山堂曰：「口徑五寸，中深四寸强，底徑二寸。」觚、觶、角、散形皆同，升數則異，並不圓。缶，禮器「五獻之尊，門外缶」，鄭云大小未聞，而方慤以爲缶大四石。案：易曰：「樽酒簋，貳用缶。」缶爲卑約，未必大至四石，方説無據。壺，禮器「門内壺」，鄭云大一石。公羊傳云：齊侯唁公于埜井，國子執壺漿。何休云：「壺，禮器，腹方口圓曰壺，反之曰方壺，有爵飾。」

蓋此壺也。又疏云謂刻畫爵形以飾壺體，上下空徑一尺四寸，方横徑一尺一寸强，乃容一斛之數也。特牲饋食記「順，覆兩壺，蓋在南」，則壺又有蓋。案：此壺但設在門内，則與天子饋獻壺尊不同。瓦甒，禮器「君尊瓦甒」，鄭云大五斗。祭義「覸以俠甒」，注謂雜之兩甒醴酒間，則瓦甒所以盛醴酒。又祭義疏云，甒即天子追享朝踐所用之大尊。案：如其説，則瓦甒爲天子之尊矣，何以祭器指爲五獻子男之尊耶？缶、壺、瓦甒皆瓦器。禮圖瓦甒爲兩器，皆大五升，恐未是。洗，特牲饋食記「設洗南北以堂深，東西當東榮，水在洗東，篚在洗西」，少牢饋食禮「司宫概洗於東堂下」，周禮祭器圖洗形如罍，受一斛。

右爵斝奠獻

五禮通考卷六十四

吉禮六十四

宗廟制度

簠簋粢盛

易損卦：二簋可用享。象傳：二簋應有時。注：二簋，質薄之器也。

禮記明堂位：有虞氏之兩敦，夏后氏之四璉，殷之六瑚，周之八簋。注：皆黍稷器，制之異同，未聞。疏：簋是黍稷之器，敦與瑚璉共簠簋連文，故鄭云皆黍稷器。鄭注周禮舍人云：「方曰簠，圓曰簋。」此注云未聞者，瑚璉之器，與簋異同未聞爾。鄭注論語云「夏曰瑚，殷曰璉」，誤也。

陳氏禮書：敦者，養人之厚也。璉者，養人而不絶者也。瑚以玉爲之，玉者美而有充實之意，養人以爲充實者，瑚之用也。簠以竹爲之，竹者和而有節意，養人所以能節者，簠之用也。食所以養陰，自其數而觀之，則以兩以四以六以八，豈非陰數而愈備於前歟？

方氏慤曰：兩敦，若内則所謂敦，周官所謂玉敦是矣。四璉、六瑚，即孔子謂子貢爲女器者是矣。釋者以爲宗廟之器焉。八簋即伐木所謂八簋是矣，皆黍稷之器也。故每用陰數之偶，則與籩豆同義，曰敦，曰璉，曰瑚，曰簋，則所命之名不同也。或兩或四或六或八，則漸增其數也。

陸氏佃曰：敦亦簋也。蓋設以對，故謂之敦。兩謂之對，則四謂之璉可知。瑚言蓋，蓋之而不可知也。簋言㡳軌所同也，同而後受之。字或作匭。以此兩敦黍稷，四璉黍稷稻粱，六瑚黍稷稻粱麥苽，苽一名彫胡。蓋以其器名之。八簋：黍、稷、稻、粱、白黍、黄粱、稰、穛。

論語：瑚璉也。注：包曰：「瑚璉，黍稷之器。夏曰瑚，殷曰璉，周曰簠簋。宗廟之器貴者。」

疏：案明堂位説四代之器云：「有虞氏之兩敦，夏后氏之四璉，殷之六瑚，周之八簋。」注云：「皆黍稷器，制之異同未聞。」鄭注周禮舍人云：「方曰簠，圓曰簋。」如記文，則夏器名璉，殷器名瑚，而包咸、鄭玄等注此論語，賈、服、杜等注左傳皆云夏曰瑚，或别有所據，或相從而誤也。

朱注：夏曰瑚，商曰璉，周曰簠簋，皆宗廟盛黍稷之器，而飾以玉，器之貴重而華美者也。

周禮地官舍人：凡祭祀，共簠簋，實之，陳之。注：方曰簠，圓曰簋，盛黍稷稻粱器。疏：祭祀言「凡」，則天地、宗廟、大祭、小祭，皆有黍稷于簠簋實之陳之。云「方曰簠，圓曰簋」，皆據外而言。案孝經云「陳其簠簋」，注云「內圓外方，受斗二升」者，直據簠而言。若簋則內方外圓。知皆受斗二升者，旊人云：「爲簋，實一觳。」豆實三而成觳，豆四升，三豆則斗二升可知。但外神用瓦簋，宗廟當用木，故易損卦云「二簋可用享」。損卦以離、巽爲之，離爲日，日圓，巽爲木，木器圓，簋象，是用木明矣。云「盛黍稷稻粱器」，案公食大夫，簠盛稻粱，簋盛黍稷，故鄭總云黍稷稻粱器也。

禮記玉藻：朔月少牢，五俎四簋。注：朔月四簋，則日食粱、稻各一簋而已。疏：云「朔月四簋，則日食粱、稻各一簋而已」者，以朔月四簋，故知日食二簋，以稻、粱美物，故知各一簋。詩云：「每食四簋。」注云：「四簋，黍、稷、稻、粱。」是簋盛稻、粱也。且此文諸本皆作「簋」字，皇氏以注云「稻粱以簠，宜盛稻粱」，故以「四簋」爲「四簠」，未知然否。以此而推，天子朔月大牢當六簋，黍、稷、稻、粱、麥、苽各一簋。若盛舉則八簋，故小雅「陳饋八簋」，當加以稻、粱也。案公食大夫禮「簠盛稻粱」，此用簋者，以其常食異于禮食，又禮食其數更多，故公食下大夫黍稷六簋，上大夫八簋，其稻粱，上下大夫俱兩簠。又聘禮饔餼，上大夫堂上八簋，東西夾各六簋，是數多也。其諸侯，案掌客上公簠十〔二〕，侯伯八，子男六，簠

〔二〕「簠」，原作「簋」，據光緒本、禮記正義卷四改。

則俱同十二。其祭禮則天子八簋，故祭統云「八簋之實」，注云：「天子之祭八簋。」然則諸侯六簋，祭統諸侯禮云「四簋黍稷」者，見其偏于廟中，不云六簋，二簋留之厭故也。大夫祭則當四敦，少牢禮是也。士則二敦，特牲禮是也。其諸侯與大夫食亦四簋，故秦詩云：「每食四簋。」

周禮考工記旊人：爲簋，實一觳，崇尺，厚半寸，脣寸。豆實三而成觳，崇尺。注：崇，高也。豆實四升。觳受斗二升。疏：祭宗廟皆用木簋，今此用瓦簋，據祭天地及外神尚質，器用陶匏之類也。注云「豆實四升」者，晏子辭。案易損卦彖云：「二簋可用享。」四，以簋進黍稷于神也。初與二直，其四與五承上，故用二簋。四，巽爻也，巽爲木。五，離爻也，離爲日。日體圓，木器而圓，簋象也。是以知以木爲之，宗廟用之。若祭天地外神等，則用瓦簋，故郊特牲云「掃地而祭，于其質也，器用陶匏，以象天地之性」，是其義也。若然，簋法圓。舍人注云：「方曰簠，圓曰簋。」注與此合。孝經云「陳其簠簋」，注云「内圓外方」者，彼兼簠而言之。

禮記祭統：是故以四簋黍見其脩於廟中也。疏：「以四簋黍」，謂餕之時，君與三卿以四簋之黍[一]。諸侯之祭有六簋。今云以四簋者，以二簋留爲陰厭之祭，故以四簋而餕。簋有黍、稷，特云黍，見其美，舉黍，稷可知也。

[一]「三卿」，諸本作「二卿」，據禮記正義卷四九改。

八簋之實。注：天子之祭八簋。　疏：云「天子之祭八簋」者，明堂位云「周之八簋」，又特牲士兩敦，少牢四敦，則諸侯六，故天子八。

周禮天官九嬪：凡祭祀，贊玉齍。注：玉齍，玉敦，受黍稷器。后進之而不徹。　疏：云「玉齍，玉敦，受黍稷器」者，案明堂位云「有虞氏之兩敦，周之八簋」，則周用簋。特牲、少牢大夫士用敦。今周天子用玉敦者，明堂位賜魯得兼用四代之器用敦，明天子亦兼用可知。云「玉敦」者，謂以玉飾敦，謂若玉府云「珠盤玉敦」。但彼以珠盤盛牛耳，玉敦承血，此玉敦盛黍稷爲異耳。云「后進之而不徹」，知者，豆籩云贊薦徹，玉齍直贊，不云薦徹，明直贊進之而已。案禮器云「管仲鏤簋」，注云：「天子飾以玉。」此直云玉敦，則簋亦飾以玉。而不云者，但玉敦后親執而設之，故特言之；其簋則九嬪執而授后，后設之，若少牢主婦親受韭菹醓醢，其餘婦贊者授主婦，主婦設之，故不言也。

儀禮士昏禮：黍稷四敦，皆蓋。　贊啓會，却於敦南，對敦於北。

少牢饋食禮：主婦自東房執一金敦黍，有蓋。注：飾蓋象龜。周之禮，設器各以其類，龜有上下甲。

婦贊者執敦稷以授主婦。　受贊者敦黍，坐設於稷南。又興，受贊者敦稷，坐設於黍南。　敦皆南首。注：敦有首者，尊者器飾也。　疏：天子則簋敦兼有。九嬪職云：「凡祭祀，贊玉齍。」注云：「玉齍，玉敦，受黍稷器。」是天子八簋之外，兼用敦也。周制，士用之。

士喪禮：朔月，奠。　無籩，有黍稷，用瓦敦，有蓋，當籩位。　徹朔奠。　敦啓會，面足。注：啓會，徹時不復蓋也。面足，執之令足間向前也。敦有足，則敦之形如今酒敦。疏：以前設時即不蓋，今經云「敦啓會」，嫌先蓋，至徹重啓之，故云「不復蓋也。」

士虞禮：贊設二敦於俎南，黍，其東稷。

特牲饋食禮：盛兩敦，陳於西堂。注：盛黍稷者，宗婦也。主婦設兩敦黍稷於俎南，西上。疏：案少牢主婦設金敦，宗婦贊二敦，以其多，故使宗婦贊。此士祭禮二敦，少，故不使宗婦贊，主婦可親之也。

楊氏復儀禮旁通圖：敦、簠、簋。明堂位：「有虞氏之兩敦，夏后氏之四璉，殷之六瑚，周之八簋。」注云：「皆黍稷器也。」有虞氏之敦，周用之於士大夫，故儀禮大夫、士之祭有敦，無簠簋，特牲佐食分簋、鉶，先儒以爲同姓之士得從周制是也。士昏禮：「黍稷四敦，皆蓋，婦至，贊啓會，卻於敦南，對敦於北。」少牢禮主婦自東房執四金敦黍稷，皆南首。士喪禮廢敦重鬲皆濯，朔月奠，無籩，有黍稷，用瓦敦，有蓋，當籩位，徹朔奠，敦啓會，面足。既夕用器兩杅，士虞贊設兩敦於俎南，特牲主婦設兩敦黍稷於俎南，此皆士大夫之禮也。聘禮陳饔餼及公食大夫皆主國君待聘賓之禮則用簠簋。有司入，陳堂上八簋兩簠，西夾六簋兩簠，東方之饌亦如之。公食大夫上大夫八簋，下大夫六簋，東方之饌亦如之。公食大夫上大夫八簋，下大夫六簋，此則待聘之禮也。以周官考之，掌客「凡諸侯之禮，簠十，鼎、簋十有二；侯伯簠八，鼎、簋十有二；子男簠六，鼎、簋十有二」。然詩言天子之禮，陳饋八簋，玉藻言諸侯朔月四簋，天子諸侯所食之簋，反儉於聘賓之簋二十、掌客之簋十二，何耶？或曰：聘禮上大夫之簋二十，掌客之簋十二，聘賓之簋也。天子八簋，諸侯朔食四簋，所食之簋也。

陳氏禮書：考工記旊人「爲簋，實一觳，崇尺。豆實三而成觳。觳容斗二升也。崇尺，中縄」。爾雅：「木豆謂之豆，竹豆謂之籩，瓦豆謂之登。」説文：「古簋作朹。」蓋簋、豆有以瓦爲之，有以木爲之。先儒謂宗廟之簋、豆用木，天地之簋、豆用瓦。然詩述祀天之禮，言于豆登，則祀天有木豆矣。儀禮少牢饋食有瓦豆，則宗廟有瓦豆矣。敦則簋之類，簋則簠相須者也。士喪禮有瓦敦，而簠之有瓦與否，不可考也。儀禮曰「蓋執豆」，又曰「簠有蓋冪」，又曰「設四敦，皆南首」，則簠、簋、敦、豆、登皆有蓋，而敦之蓋有首。先儒以爲簠、簋、敦之蓋皆象龜形，義或然也。管仲鏤簋，禮以爲僭，則大夫士之簋刻龜於蓋而已，非若人君全鏤之也。簠，内圓外方，其實稻粱。簋，外圓内方，其實黍稷。周官掌客五等諸侯簠數有差，而簋皆十二，有簠或不預，是簠尊而簋卑也。籩有縢緣，其實乾實。豆若脰然，其實菹醢。登則人執而登之，其實大羹之湆。旅人簋、豆皆崇尺，則簠、敦、籩之崇可知。簋實一觳，則敦、簋之量可知。士喪禮敦有足，則簠、簋有足可知。士喪禮敦會面足，無足曰廢敦。士虞、特牲敦有籍，虞敦籍以葦席，祭敦籍以萑。則簠、簋、籩、豆之有籍可知。士喪、特牲籩有巾，士喪兩籩布巾，特牲籩巾以綌，纁裏。公食大夫簋有蓋冪，則簋、登、豆之有巾可知。有虞氏曰敦，夏曰璉，商曰瑚，周曰簋，夏曰楬豆，商曰玉豆，周曰獻豆，而虞氏之敦在周用之於士大夫，故儀禮大夫之祭有敦無簋，特牲佐食分簋、鉶，而先儒以爲同姓之士得從周制是也。夏后之楬豆在周用之於喪禮，故儀禮士喪「毼豆兩，實葵俎」是也。毼，白也。周曰獻豆，非不以玉飾也。士虞禮「獻豆兩，亞之」，則獻豆猶所謂獻尊也。周禮玉府有玉敦，九嬪有玉齍，先儒以玉齍爲玉敦，豈以其盛黍稷而因名之乎？祭統「夫人薦豆執校，執醴授之執鐙」，鄭氏謂「校，豆中直者。鐙，豆下跗」。然則考工記所謂「中縣」者，校也。天子玉敦，大夫金敦，少牢夫人載金敦。則士敦無飾可知。魯用雕篹，篹，籩屬也。士喪禮籩無縢，則士大夫吉祭之籩有縢無雕可知。舊圖簠、簋、登、籩、豆皆崇尺二寸，而簠、簋、敦、豆皆漆赤中，考之於書「若作梓材，既勤樸斲，惟其塗丹雘」，周語亦曰器無雕鏤，儉也。先王之器，多飾以赤，而玉人勺亦赤中，則漆而朱中，理或然也。然崇尺二寸之說，與旊人之制不同，是臆論也。周官掌客公簠十，侯伯簠八，子男簠六，而簋皆十二；公食上大夫之簋八，下大夫之簋六；聘禮饔餼，上大夫之簋二十；詩云天子之禮，陳饋八簋；玉藻言諸侯朔月四簋；詩言每食四簋，多於天子。公食上大夫之簋與天子禮同，何也？蓋聘禮上大夫之簋二十，掌客諸侯之簋十二，公食上大夫之簋八，有所存者焉。天子八簋，則其所食者也。公食下大夫六簋，則公日食四簋可知。日食四簋，而朔月亦食四簋，此異代之禮也。觀周官王之日食用六牲，則諸侯日食非止特牲也。王鼎十有二，物皆有俎，則諸侯日與朔食非止三俎與五俎也。而玉藻所記一切，與周禮不類，則異代之禮可知也。

蕙田案：簋，明堂位「周之八簋」，詩伐木篇「陳饋八簋」。山堂考索云：「圓曰簋，盛黍稷之器，有蓋，象龜形，外圓函方，以中規矩，天子飾以玉，諸侯飾以象。又考工記旊人『爲簋，受一斗二升，高一尺，厚半寸，脣寸，口徑五寸二分，厚八分，足底徑六寸』。」賈釋舍人注云：「方曰簠，圓曰簋。」皆據外而言也。簠，周禮掌客上公簠十，侯伯簠八，子男簠六。山堂云：「外方內圓曰簠，盛稻粱之器，口徑六寸，深七寸二分，底徑亦五寸二分，厚八分，足底徑六寸，厚半寸，脣寸。」所盛之數及蓋之形制，一與簋同。案考工記旊人爲簋及豆，皆以瓦爲之，並不及簠，豈簠以木爲，無瓦而爲之故歟？疏云：「據天地之神尚質，器用陶匏而已。」若祭宗廟，則皆以木爲之。敦，明堂位「有虞氏之兩敦」鄭注：「黍稷器，以玉飾之曰玉敦。」周禮玉府：「合諸侯，共玉敦。」又名玉𩰫。九嬪「凡祭祀，贊玉𩰫」鄭注云：「玉𩰫，玉敦也。」山堂曰：「敦受一斗二升〔一〕，漆赤中，大夫飾口以白金。」其制與簋、簠容受並同，但上下內外皆圓爲異耳。璉，明堂位曰「夏后氏之四璉」，注：「黍稷器。」瑚，明堂位曰「殷之六瑚」，論語「瑚璉也」，朱注：「皆宗廟盛黍稷之器而飾以玉。」

蕙田案：以上敦、簠、簋。

〔一〕「二升」，諸本作「三升」，據三禮圖集注卷一三改。

詩商頌玄鳥：大糦是承。箋：糦，黍稷也。

周禮天官甸師：掌帥其屬而耕耨王籍，以時入之，以共粢盛。注：齍盛，祭祀所用穀也。粢，稷也。穀者稷爲長，是以名云。在器曰盛。疏：「以共齍盛」者，六穀曰粢，在器曰盛，以共祭祀，故云「以共粢盛」。云「粢，稷也」者，爾雅文。云「穀者稷爲長，是以名云」者，此釋經及爾雅特以「粢」爲號。知稷爲五穀長者，案月令中央土云「食稷與牛」，五行土爲尊，故知稷爲五穀長。及爾雅以稷爲粢，通而言之，六穀皆是粢，故小宗伯云「辨六粢之名物」是也。

春官小宗伯：辨六齍之名物與其用。注：「齍」讀爲「粢」。六粢，謂六穀：黍、稷、稻、粱、麥、苽。疏：六穀云「名物」者，謂六穀各有名，其色異，故云名物也。云「與其用」者，六穀所用不同，故須辨之。

詩小雅天保：吉蠲爲饎，是用孝享。禴祠烝嘗，于公先王。傳：吉，善。蠲，潔也。饎，酒食也。

禮記曲禮：黍曰「薌合」，粱曰「薌萁」，稷曰「明粢」，稻曰「嘉蔬」。注：萁，辭也。嘉，善也。稻，菰蔬之屬也。疏：「黍曰薌合」者，夫穀秫者曰黍〔一〕，秫既軟而相合，氣息又香，故曰「薌合」

〔一〕「秫」，原作「秝」，據光緒本、禮記正義卷五改，下同。

也。「粱曰薌萁」者，粱謂白粱、黄粱也。萁，語助也。「稷曰明粢」者，稷，粟也，明，白也，言此祭祀明白粢也。鄭注甸師云：「粢，稷也。」爾雅云：「粢，稷也。」注：「今江東人呼粟爲粢。」

蕙田案：以上粢盛。

右簠簋粢盛

鼎俎牲體

易鼎卦：鼎，元亨。疏：鼎者，器之名也。自火化之後，鑄金而爲此器，以供亨飪之用，謂之爲鼎。

彖上傳：鼎，象也。以木巽火，亨飪也。注：亨飪，鼎之用也。疏：「鼎，象也」者，明鼎有亨飪成新之法象也。「以木巽火，亨飪也」者，此明上下二象有亨飪之用。

九二：鼎有實。

六五：鼎黄耳金鉉。疏：黄，中也。金，剛也。鉉，所以貫鼎而舉之也。五爲中位，故曰「黄耳」。應在九二，以柔納剛，故曰金鉉。

上九：鼎玉鉉。

說卦傳：革物者莫若鼎，故受之以鼎。注：鼎所以和齊生物，成新之器也。

雜卦傳：鼎，取新也。

詩周頌絲衣：鼐鼎及鼒。傳：大鼎謂之鼐。小鼎謂之鼒。箋：鼎圜弇上謂之鼒。疏：釋器云：「鼎絶大者謂之鼐。」鼐既絶大，鼒自然小，故曰小鼎謂之鼒。「鼎圜弇上謂之鼒」，釋器文。孫炎曰：「鼎，斂上而小口者。」以傳直言小鼎，不説其形，故取爾雅文以足之。

何氏楷曰：鼐，爾雅、釋文皆云「鼎之絶大者」。鼎，説文云：「三足兩耳，和五味之彝器也。」爾雅云：「圜弇上謂之鼒。」孫炎云：「鼎，斂上而小口者。」陳祥道云：「士虞禮有上鼎、中鼎、下鼎，有司徹司馬舉羊鼎，司士舉豕鼎、魚鼎，則鼎之體有大小侈弇之别，而其用有牛、羊、豕、魚之異。天子諸侯有牛鼎，大夫有羊鼎，士豕鼎、魚鼎而已。上得兼下，下不得兼上，則鼐鼎特王有之也。」

周禮考工記輈人：六分其金而錫居一，謂之鍾鼎之齊。

禮記明堂位：崇鼎，貫鼎。注：崇、貫，皆國名。文王伐崇。古者伐國，遷其重器，以分同姓。

祭統：夫鼎有銘，銘者，自名也，自名以稱揚其先祖之美，而明著之後世者也。爲先祖者，莫不有美焉，莫不有惡焉。銘之義，稱美而不稱惡，此孝子孝孫之心也，惟賢者能之。銘者，論譔其先祖之有德善、功烈、勳勞、慶賞、聲名，列于天下，而酌之祭器，自成其名焉，以祀其先祖者也。顯揚先祖，所以崇孝也。身比焉，順也，明示後世，教也。夫銘者，壹稱而上下皆得焉耳矣。是故君子之觀於銘也，既美其所稱，又美其所爲。爲之者，明足以見之，仁足以與之，智足以利之，可謂賢矣。賢而勿伐，可謂恭矣。故衛孔悝之鼎銘曰：「六月丁亥，公假於太廟。公曰：『叔舅！乃祖莊叔，左右成公，成公乃命莊叔隨難於漢陽，即宫於宗周，奔走無射。啓右獻公。獻公乃命成叔纂乃祖服。乃考文叔，興舊耆欲，作率慶士，躬恤衛國。其勤公家，夙夜不解，民咸曰：休哉！』公曰：『叔舅！予女銘，若纂乃考服。』悝拜稽首，曰：『對揚以辟之。勤大命，施於烝彝鼎。』」此衛孔悝之鼎銘也。古之君子論譔其先祖之美，而明著之後世者也，以比其身，以重其國家如此。子孫之守宗廟社稷者，其先祖無美而稱之，是誣也；有善而弗知，不明也；知而弗傳，不仁也。此三者，君子之所恥也。

爾雅釋器：鼎絶大謂之鼐。注：最大者。圜弇上謂之鼒。注：鼎，斂上而小口。

博古圖曰：歷代之鼎，形制不一。有腹著饕餮而間以雷紋者，父乙鼎、父癸鼎之類是也。有練色如金著飾簡美者，辛鼎、癸鼎之類是也。有緣飾旋花奇古可愛者，象形鼎、横戈父癸鼎之類是也。有密布花雲或作雲雷迅疾之狀者，晉姜鼎、雲雷鼎之類是也。有隱起饕餮，間以雲龍，或作細乳者，亞虎父丁鼎、文王鼎、王伯鼎之類是也。或如孟鼎之侈口，中鼎之無文，伯碩史頙鼎之至大，金銀錯鼒之絶小；或自方如簠，或分底如鬲，或設蓋如敦。曰崇曰貫，則名其國也；曰讒曰刑，則著其事也；曰牢曰陪，則設之異也；曰神曰寶，則重之極也。

春秋昭公五年左氏傳：飱有陪鼎。注：熟食爲飱。陪，加也。

周禮天官膳夫：王日一舉，鼎十有二，物皆有俎。注：鼎十有二，牢鼎九，陪鼎三。物謂牢鼎之實，亦九俎。　疏：案禮記郊特牲「鼎俎奇而籩豆偶」者，謂正鼎九，陪鼎三，即是奇數。總而言之即十二。云「物皆有俎」者，俎據正鼎，而鼎各一俎。案聘禮「致饔餼」，注云「飪一牢，鼎十有二」是也。牢鼎九，在西階前。云牛、羊、豕、魚、腊、腸胃同鼎、膚、鮮魚、鮮腊。云「陪鼎三」者，「當内兼膷、臐、膮，並陪牛、羊、豕鼎後」是也。云「物即牢鼎之實」者，言實即牛羊豕之類也。云「亦九俎」者，陪鼎三膷、臐、膮者，謂庶羞在于豆，惟牢鼎之物各在俎，故云亦九俎。

亨人：掌共鼎鑊。祭祀共大羹、鉶羹。注：鑊，所以煮肉及魚腊之器。既熟，乃晉于鼎。大羹，肉湆。鄭司農云：「大羹，不致五味也。鉶羹，加鹽菜矣。」　疏：案少牢，爨在廟門外之東，大夫五鼎，羊、豕、腸胃、魚、腊各異鑊。鑊别有一鼎，鑊中肉孰，各升一鼎，故鄭云「既孰，乃晉于鼎」。大羹，肉湆，盛于登。鑊中煮肉汁，一名湆，故鄭云「大羹，肉湆」。云「鉶羹」者，皆是陪鼎，膷、臐、膮，牛用藿，羊用苦，豕用薇，調以五味，盛之于鉶器，即謂之鉶羹。若盛之于豆，即謂之庶羞，即公食大夫十六豆膷、臐、膮等也。

禮記禮運：備其鼎俎。疏：「備其鼎俎」者，以牲煮于鑊，鑊在廟門之外。鼎隨鑊設，各陳于鑊西，取牲體以實其鼎，舉鼎而入，設于阼階下，南北陳之。俎設于鼎西，以次載于俎也。案少牢「陳鼎于廟門外東方，北面，北上」，又云「鼎入，陳于東方，當序〔一〕，西面，北上，俎皆設于鼎西」是也。

方氏慤曰：鼎有牛、羊之異用，俎有梡、嶡之異名，然不一也，故曰備。

郊特牲：鼎俎奇而籩豆偶，陰陽之義也。疏：鼎俎以盛牲體，牲體動物，屬陽，故其數奇。案聘禮牛一、羊二、豕三、魚四、腊五、腸胃六、膚七、鮮魚八、鮮腊九，是鼎九，其數奇也。又有陪鼎，膷一也，臐二也，膮三也，亦其數奇也。正鼎九，鼎別一俎，俎亦九也。又少牢陳五鼎：羊一，豕二，膚三，魚四，腊五。其腸胃從羊，五鼎五俎。又特牲三鼎：牲鼎一，魚鼎二，腊鼎三。亦有三俎，是鼎俎奇也。

儀禮士虞禮：陳三鼎於門外之右，北面，北上，設扃鼏。

士虞禮記：羹飪，升左肩、臂、臑、肫、骼、脊、脅，離肺，膚祭三，取諸左膉上，肺祭

〔一〕「當」，諸本作「堂」，據禮記正義卷二一改。

一，實于上鼎。注〔一〕：肉謂之羹。飪，熟也。脊、脅，正脊、正脅也。喪祭略，七體耳。離肺，舉肺也。少牢饋食禮曰：「舉肺一，長終肺；祭肺三，皆刌。」膉，脰肉也。

升魚：鱄鮒九，實於中鼎。注：差減之。疏：案少牢魚十有五，今爲喪祭，略而用九，故云差減之也。

升腊左胖，髀不升，實於下鼎。注：腊亦七體，牲之類。

特牲饋食禮：陳鼎於門外，北面，北上，有鼏。注：門外北面，當門也。疏：以其經直言「門外」，不言門之東西，故知當門。舉鼎鼏，告絜。羹飪，實鼎，陳於門外，如初。

主人在右，及佐食舉牲鼎。賓長在右。及執事舉魚、腊鼎，除鼏。注：及，與也。主人在右，統于東。主人與佐食者，賓尊不載。少牢饋食禮：魚用鮒，腊用麋，士腊用兔。

鼎西面錯，右人抽扃，委於鼎北。注：右人，謂主人及二賓。既錯，皆西面俟也。

少牢饋食禮：雍人陳鼎五，三鼎在羊鑊之西，二鼎在豕鑊之西。注：魚腊從羊，膚從豕，統于牲。

陳鼎於廟門之外，東方，北面，北上。注：北面、北上，鄉内相隨。主人出迎

〔一〕「注」，諸本作「疏」，據儀禮注疏卷四三改。

鼎，除鼏。士盥，舉鼎。

有司徹：司馬舉羊鼎，司士舉豕鼎、舉魚鼎以入，陳鼎如初。注：如初，如阼階下，西面，北上。

楊氏復儀禮旁通鼎數圖：

一鼎特豚無配。

特豚

士冠：醮子。特豚，載合升。煮於鑊曰亨，在鼎曰升，在俎曰載。載合升者，明亨與載皆合左右胖。士昏：婦盥，饋舅姑。特豚合升，側載，右胖載之舅俎，左胖載之姑俎。小斂之奠，特豚，四鬄，去蹄，兩胉、脊、肺。朝禰之奠。既夕朝廟有二廟，則饌于禰廟。有小斂奠，尸啓。

三鼎特豚而以魚、腊配之。

豚、魚、腊

特牲。有上、中、下三鼎，牲上鼎，魚中鼎，腊下鼎。昏禮共牢。陳三鼎於寢門外。大斂之奠。豚合升，魚鱄鮒九，腊左胖。朔月奠。朔月，用特豚、魚、腊陳三鼎如初。遷祖奠。陳鼎如殯。

五鼎羊、豕曰少牢。凡五鼎皆用羊、豕，而以魚、腊配之。

羊、豕、魚、腊、膚

少牢。雍人陳鼎五，魚鼎從羊，三鼎在羊鑊之西，膚從豕，二鼎在豕鑊之西。倫膚九，魚用鮒十有五，腊一純。聘禮，致飱。衆介皆少牢，五鼎。玉藻諸侯朔月少牢。

少牢五鼎，大夫之常事。又有殺禮而用三鼎者，如有司徹乃升羊、豕、魚三鼎，腊爲庶羞，膚從豕，去腊、膚二鼎，陳於門外，如初。以其繹祭，殺於正祭，故用少牢而鼎三也。又士禮特牲三鼎，有以盛葬奠加一等用少牢者，如既夕遣奠，陳鼎五于門外是也。

七鼎

牛、羊、豕、魚、腊、腸胃、膚

公食大夫。甸人陳鼎七。此下大夫之禮。

九鼎

牛、羊、豕、魚、腊、腸胃、膚、鮮魚、鮮腊

公食大夫：上大夫九俎。九俎即九鼎也。魚腊皆二俎。明加鮮魚、鮮腊。

牛、羊、豕曰大牢。凡七鼎、九鼎者，大牢而以魚、腊、腸胃、膚配之者爲七，又加鮮魚、鮮腊者爲九。

十鼎

正鼎七。牛、羊、豕、魚、腊、腸胃、膚。

陪鼎三。膷、臐、膮。陪鼎又曰羞鼎。所謂陪鼎、羞鼎，皆鉶鼎也。鉶鼎所以實羹者也。亨人祭祀，賓客共鉶鼎、鉶羹，所以具五味也。其菜則藿，牛；苦，羊；薇，豕。其具則膷，牛；臐，羊；膮，豕。自羹言之曰鉶羹，自鼎言之曰鉶鼎。以其陪正鼎曰陪鼎，以其爲庶羞曰羞鼎，其實一也。

聘禮。設飧，上介飪一牢，鼎七，羞鼎三。羞鼎則陪鼎也。

十二鼎

正鼎九。牛、羊、豕、魚、腊、腸胃、膚、鮮魚、鮮腊。

陪鼎三。膷、臐、膮。

聘禮：宰夫朝服，設飧，飪一牢，在西，鼎九，羞鼎三。饔，飪一牢，鼎九，設於西階前，陪鼎當内廉。

周禮膳夫：王日一舉，鼎十有二，物皆有俎。后與王同庖。

凡十鼎、十二鼎皆合正鼎、陪鼎，或十或十二也。郊特牲云：鼎俎奇而籩豆偶，以象陰陽。鼎有十、有十二者，以其正鼎與陪鼎別數，則爲奇數也。

禮記禮運：實其簠、簋、籩、豆、鉶、羹。疏：「實其簠、簋、籩、豆、鉶、羹」者，此舉事尸之時所供設也。若籩豆亦兼據賓客及兄弟等。

方氏慤曰：以稻粱而實簠，以黍稷而實簋，以水土之品而實籩豆，以五味之和而實鉶鼎，故曰實。

儀禮士虞禮：一鉶亞之。疏：「一鉶亞之」者，菹以東也。設一鉶於豆南。注：鉶，菜羹也。

尸祭鉶，嘗鉶。

士虞禮記：鉶芼用苦若薇，有滑。夏用葵，冬用荁，有柶。注：苦，苦荼也。荁，堇類也。乾則滑。夏秋用生葵，冬春用乾荁。

特牲饋食禮：鉶在東房，南上。注：東房，房中之東，當夾北。兩鉶，芼設於豆南，南陳。注：芼，菜也。記：鉶芼用苦若薇，皆有滑。夏葵冬荁。

少牢饋食禮：上佐食羞兩鉶，取一羊鉶於房中，坐設於韭菹之南。下佐食又取一豕鉶於房中以從，上佐食受，坐設於羊鉶之南，皆芼，皆有柶。尸扱以柶祭羊鉶，遂以祭豕鉶，嘗羊鉶。司士進一鉶於上養，又進一鉶於次養。疏：神坐之上，止有羊、豕二鉶，一進于上佐食，一進于下佐食。

陳氏禮書：鼐、鼎、鼒、鉶鼎之器，於象爲備。易曰：「鼎，象也。」鼎之齊，于金爲多，六分其金而錫居一，謂之鐘鼎之齊。下有足，上有耳，有鼏以覆之，有鉉以舉之。說文：鼏，以木橫其鼎耳而舉之。周禮廟門容大鼏七个，即易玉鉉也。鼏，幕狄切。鼏，茅爲之。長則束其本，短則編其中。扃，木爲之，大者廟門容七箇，小者闈門容三箇。考工記。詩稱「鼐鼎及鼒」。爾雅曰：鼎絕大者謂之鼐，圓弇上者謂之鼒，附耳外謂之釴，款足謂之鬲。士虞禮有上鼎、中鼎、下鼎，有司徹「司馬舉羊鼎，司士舉豕鼎、魚鼎」，則鼎之體有大小、侈弇之別，而其用有牛、羊、豕、魚之異。天子諸侯有牛鼎。後漢書曰：函牛之鼎。大夫有羊鼎，士豕鼎、魚鼎而已。上得兼下，下不得兼上，則鼐、鼎特王有之也。周官膳夫：王日一舉，鼎十有二。掌客諸侯之禮，鼎皆有十二。聘禮賓之飧饔皆飪一牢，鼎九，而飧腥一牢，鼎七，饔腥二牢，鼎二七。上介飧饔皆飪一牢，鼎七，而饗腥一牢，鼎七。衆介飧，少牢，飪鼎五，大夫少牢，五鼎。士特牲、喪禮三鼎，既夕五鼎，而掌客、聘禮諸侯與卿之鼎過于王之數，士既夕之鼎過於特牲之制，何也？聘禮，陳鼎也。王之日舉，食鼎也。特牲，庸禮也。既夕，斯須禮也。然所謂陪鼎、羞鼎，皆鉶鼎也。鉶鼎所以實羹者也，亨人祭祀，賓客共鉶羹。鉶羹所以具五味也。其芼則藿、牛。苦、羊。薇豕。也。其臭則膷、牛。臐、羊。膮豕。也。自羹言之曰鉶羹，自器言之曰鉶鼎。以其陪正鼎曰陪鼎，以其爲庶羞曰羞鼎，其實一也。王日食九鼎而陪鼎三，公食大夫七鼎而鉶鼎四，宰夫設四鉶于豆南。掌客上公鉶四十有二，侯伯鉶二十有八，子男鉶十有八。聘禮之賓飧饔之羞鼎皆三，上介飧饔之羞亦三。少牢佐食設羊鉶、豕鉶，特牲主婦設兩鉶。然公食大夫之鉶多於王日食者，以公食者衆故也。聘介之鉶同於賓者，以王鼎殺故也。周官亨人掌共鼎鑊，給以水火之齊，少牢爨在廟門外之東，三鼎在羊鑊之西，二鼎在豕鑊之西，然則牲體皆亨於鑊，然後肉胥之鼎，而羹納之鉶登，大羹在登。則鑊者，釜錡之總名也。舊圖天子之鼎飾以黄金，諸侯飾以白金，容一斛，大夫羊鼎飾以銅，容五斗，士豕鼎飾以鐵，容三斗，而牛羊豕鼎各狀其首於足上。若然，魚鼎、腊鼎豈皆狀以魚、腊乎？所謂飾以金與銅、鐵而容一斛與五斗、三斗，蓋以後世之鼎言之也。士喪禮陳鼎於寢門外，西面，士虞陳鼎於門外之右，北面，鼎入，設於西階前，東面，特牲陳鼎於門外，北面，鼎入，當阼階，東面，則鼎固有面矣，其詳不可得而知。

蕙田案：鼎，説文云：「三足兩耳，和五味之寶器也。」禮運「備其鼎俎」，疏：案少牢陳於東方，當序，西面，北上，俎皆設於鼎西。陳氏禮書曰：「士虞禮有上鼎、中鼎、下鼎，有司徹司馬舉羊鼎，司士舉豕鼎、魚鼎，則鼎之體有大小侈弇之別，而其用有牛、羊、豕、魚之異。天子諸侯有牛鼎，士豕鼎、魚鼎而已。上得兼下，下不得兼上。」鼐，爾雅云：「鼎絶大謂之鼐。」鼒，爾雅云：「鼎圓弇上謂之鼒。」注：「斂上而小口者。」周頌絲衣云：「鼐鼎及鼒。」鼏，特牲饋食「陳鼎於門外，有鼏」，「佐食升肵俎，鼏之」，鄭注：「鼏通冪。」扃，特牲饋食「右人抽扃，委於鼎北」，有司徹「乃設扃鼏，陳鼎於門外，如初」，注：「今文扃爲鉉。」案鼎卦有金鉉、玉鉉，馬云：「鉉，扛鼎而舉之也。」鉶，禮運「實其簠、簋、籩、豆、鉶羹」，周禮亨人「祭祀共鉶羹」，賈疏「鉶羹是陪鼎，盛之於鉶器，即爲之鉶羹」。掌客「鉶四十有二」。特牲禮籩、豆、鉶在東房。主婦設兩鉶，芼。少牢禮有羊鉶、豕鉶，鄭云：「鉶，美器也。」鑊，周禮亨人「掌共鼎鑊」，鄭注：「鑊，所以煮肉及魚腊之器。」少牢禮爨在廟門外之東，大夫五鼎，羊、豕、腸胃、魚、腊各異鑊，鑊別有一鼎。鑊中肉孰，各升一鼎。

周禮考工記匠人：廟門容大扃七箇，闈門容小扃三箇。注：大扃，牛鼎之扃，長三尺。每扃爲一箇，七箇二丈一尺。小扃，膷鼎之扃，長二尺。參箇，六尺。疏：膷鼎亦牛鼎，但上牛鼎扃長三尺，據正鼎而言。此言膷鼎，據陪鼎三膷、臐、膮而說也。

陳氏禮書：束冪，茅爲之，束其本，飾以朱。編冪，茅爲之，編其中，飾以朱。大扃，飾以朱。小扃。飾以朱。公食大夫禮「甸人陳鼎設扃冪，若束若編」。考工記曰：「廟門容大扃七箇，闈門容小扃三箇。」說文曰：「扃，外門之閑也。」蓋鼎扃之制，取象於門扃，而廟門之度，取數於鼎扃。取數於鼎扃，則鼎之出入有容矣。大扃，牛鼎之扃也。小扃，羊豕鼎之扃也。鄭氏謂牛鼎之扃長三尺，膷鼎之扃長二尺，然膷鼎乃牛鼎之陪者也。以小扃爲膷鼎之扃，而不以爲羊豕鼎之扃者，以其長止二尺故也。扃謂之鉉，亦謂之鼏。易稱玉鉉、金鉉，說文曰：「鼏以横木貫耳而舉之。」則木其質也，金玉其飾也。冪，茅爲之，長者束本，短者編中。陳鼎必於門外，舉之則去冪然後入。既入，則抽扃然後加匕。

蕙田案：以上鼎、扃、鉶。

禮記明堂位：俎，有虞氏以梡，夏后氏以嶡，殷以椇，周以房俎。注：梡，斷木爲四足而已。嶡之言蹷也，謂中足爲橫距之象，周禮謂之距。椇之言枳椇也，謂曲橈之也。房，謂足下跗也，上下兩間，有似于堂房，魯頌曰：「籩豆大房。」疏：虞氏質，未有餘飾，故鄭知梡有四足而已。蹷謂足橫辟不正。鄭注「嶡之言蹷」，謂嶡足間有橫，似有橫蹷之象也。周則謂此俎之橫者爲距。椇枳之樹，其枝多曲橈，殷俎似之。周俎頭各有兩足，足下各别爲跗，足間橫者，似堂之壁。橫下二跗，似堂之東西頭各有房。但古制難識，不可悉知。

方氏慤曰：梡者，斷木爲足，無餘飾也，苟完而已。嶡者，于足間加橫木焉，植爲立橫爲嶡故也。椇者，既有橫木，又爲曲橈之形，則于是爲具故也。此皆漸致其備也。

陳氏禮書：殷之橫距與夏同，而曲其足與三代異。周之下距與三代異，而直其足與虞、夏同。詩言大房，傳言房烝，此房俎也。少牢禮言俎距，此橫距也。其高下脩廣無文，舊圖謂高二尺四寸，廣尺四寸，不可考。莊周曰：「加肩尻于雕俎之上。」唐褚遂良曰：「禹雕其俎。」士喪禮有素俎，蓋雕俎始於禹，而後世用之於吉凶者，文質於是異矣。殷又曰椇，椇之枝屈而不能伸，故殷俎其形如椇，故名之。房者，堂之偏者也。周俎之足上下兩間，其形象之，故曰房俎。

詩魯頌閟宫：毛炰胾羹，籩豆大房。傳：羹，大羹、鉶羹也。大房，半體之俎也。箋：大房，玉飾俎也，其制足間有横，下有跗，似乎堂後有房然。　疏：「大羹、鉶羹」者，以特牲士之祭祀尚有大羹、鉶羹，故以此羹兼二羹也。特牲注云：「大羹，涪煮肉汁，不和，貴其質也。鉶羹，肉汁之有菜和者也。」大羹謂太古之羹。鉶羹謂盛之鉶器。其大羹則盛之于登。以大爲名，故不舉所盛之器也。大房與籩豆同文，則是祭祀之器。器之名房者，惟俎耳，故知「大房，半體之俎」。明堂位曰：「俎，有虞氏以梡，夏后氏以嶡，殷以椇，周以房俎。」注云：「梡，斷木爲四足而已。嶡，謂中足爲横距之象。椇，謂曲撓之也。房，謂足下跗也，上下兩間，有似于堂房。」然是俎稱房也，知是半體者，周語云：「禘郊之事則有全烝，王公立飫則有房烝，親戚燕饗則有殽烝。」如彼文次，全烝謂全載牲體，殽烝謂體解節折，則房烝是半體可知。此亦云房，故知是半體之俎。言禘郊乃有全烝。宗廟之祭，唯房烝耳，故舉大房而言也。昏禮：「婦饋舅姑，特豚，合升，側載。」注：「右胖載之舅俎，左胖載之姑俎。」是俎載半胖之事也。明堂位稱「祀周公于太廟，俎用梡嶡」，此云大房，蓋魯公之廟用大房也。又解房俎稱大之意，以其用玉飾之，美大其器，故稱大也。知大房玉飾者，以俎豆相類之物，明堂位説祀周公之禮，云：「薦用玉豆。」豆既玉飾，明俎亦玉飾。其制，足間有横，其下有跗，以明堂之文差次爲然。跗上有横，似于堂上有房，故謂之房也。

何氏楷曰：爾雅云：「木豆謂之豆，竹豆謂之籩。」陳祥道云：「籩有縢緣，其實乾實。豆若脰然，其實菹醢。」大房所以載牲體者，鄭云「玉飾俎也。其制，足間有横，其下有跗，似乎堂後有房然。」孔云：「知大房玉飾者，以俎豆相類之物。」明堂位説祀周公之禮，云「薦用玉豆」，豆既玉飾，明俎亦玉飾也。案明堂位云：「俎，有虞氏以梡，夏后氏以嶡，殷以椇，周以房俎。」又云：「以禘禮祀周公於太廟，俎用梡嶡。」此言大房者，舊説謂斷木爲梡，横距爲嶡。虞氏之俎，斷木四足而已，夏則加横木於足中央爲横距之形。椇枝多曲，商於俎之足間横木爲曲撓之形，若椇然。周又設下跗於兩端若房然。商之曲其足與三代異，周之直其足與虞、夏同，故兼稱梡嶡者，所以著大房之象，明其同梡嶡之制。其實本名大房，非謂用梡又用嶡也。房既以取象得名，而毛傳乃解爲半體之俎，蓋本於周語，謂「禘郊之事則有全烝，王公立飫則有房烝，親戚燕享則有殽烝」。彼文次，全烝謂全載牲體，殽烝謂體解節折，則房烝是半體可知。然既明言禘郊之事有全烝矣，此固禘祭之禮也，何得僅用半體乎？毛氏之義，於是疎矣。

小雅楚茨：爲俎孔碩，或燔或炙。傳：燔，取膟膋。炙，炙肉也。箋：燔，燔肉也。炙，肝炙也。皆從獻之俎也。其爲之於爨，必取肉也、肝也肥碩美者。疏：鄭以上「或肆」爲陳其骨體於俎，則此非尸賓常俎，故爲從獻之俎。既以爲從獻之俎，明燔炙是從獻之物，故爲燔肉、炙肝也。言「從獻」者，既獻酒，即以此燔肉從之，而置之在俎也。俎之常者，隨體所值，此特言孔碩，故云「必取肉也、肝也肥而碩美者」也。知燔肉炙肝者，特牲：「主人獻尸，賓長以肝從。主婦獻尸，兄弟以燔從。」彼燔與此燔同，則彼肝與此炙同，故云「炙，肝炙也〔一〕」。炙既用肝，明燔用肉矣。

儀禮士虞禮：匕俎在西塾之西。注：不饌于塾上，統于鼎也。羞燔俎在内西塾上。鼎入，匕俎從設。俎入，設於豆東。賓長以肝從，實於俎。薦菹醢，設俎。

特牲饋食禮：贊者錯俎。注：鼎入者，其錯俎東縮。疏：少牢云：「俎皆設于鼎西，西肆。」佐食升肵俎，鼏之，設於阼階西。注：肵，謂心舌之俎也。郊特牲曰：「肵之爲言敬也。」言主人之所以敬尸之俎。主人升，入復位。俎入，設於豆東，魚次，腊特於俎北。注：入設俎，載者。腊特，饌要方也。凡饌必方者，明食味人之性所以正。薦脯醢，設折俎。注：凡節解者皆曰折俎，不言其體，略云折俎，非貴體也。上賓骼，衆賓儀，公有司設之。命佐食徹尸俎。祝命徹阼俎、豆、籩。祝執其俎以出。徹主婦薦、俎〔二〕。佐食徹阼俎。

特牲饋食禮記：肵俎，心舌皆去本末，午割之，實於牲鼎，載心立，舌縮俎。注：午

〔一〕「肝炙」，諸本誤倒，據毛詩正義卷一三乙正。
〔二〕「徹」，諸本作「出」，據儀禮注疏卷四四改。

割，從横割之，亦勿没。立、縮順其性，心舌，知食味者。欲尸之享此祭，是以進之。

尸俎：右肩、臂、臑、肫、胳，正脊二骨，横脊，長脅二骨，短脅。注：尸俎，神俎也。士之正祭禮九體，貶于大夫，有併骨二，亦得十一之名，合少牢之體數，此所謂放而不致者。凡俎實之數奇，脊無中，脅無前，貶于尊者，不貶正脊，不奪正也。正脊二骨、長脅二骨者，將舉於尸，尸食未飽，不欲空神俎。**膚三，**注：爲養用二，厭飫一也。**離肺一，**注：離猶掔也。小而長，午割之，亦不提心，謂之舉肺。**刌肺三，**注：爲尸、主人、主婦祭。今文刌爲切。**魚十有五，**注：魚，水物，以頭枚數，陰中之物，取數于月十有五日而盈。少牢饋食禮亦云：「十有五而俎。」尊卑同。此所謂經而等也。**腊如牲骨。**注：不但言體，以有一骨二骨者。

祝俎：髀，脡脊二骨，脅二骨。注：凡接于神及尸者，俎不過牲三體，以特牲約，加其可併者二，亦得奇名。少牢饋食禮羊、豕各三體。**膚一，離肺一。**

阼俎：臂，正脊二骨，横脊，長脅二骨，短脅。注：主人尊，欲其體得祝之加數。五體，又加其可併者二〔一〕，亦得奇名。臂，左體臂。疏：云「臂，左體臂」者，以其尸用右，不云折，明全升主人。又云臂，明左臂可知。脅骨多，不嫌得與尸同用右體，猶脊然也。**膚一，離肺一。**

〔一〕「加」，諸本作「于」，據儀禮注疏卷四四改。

主婦俎：觳折。注：觳，後足。折，分後右足以爲佐食俎，不分左臑折，辟大夫妻。其餘如阼俎。注：餘，謂脊、脅、膚、肺。佐食俎：觳折，脊，脅，注：三體，卑者從正。膚一，離肺一。賓，骼。長兄弟及宗人，折。其餘如佐食俎。注：骼，左骼也。賓俎全體。衆賓及衆兄弟、内賓、宗婦，若有公、有司、私臣，皆殽脀。注：此所折骨，直破折餘體可殽者升之俎，一而已。不備三者，賤。凡骨有肉曰殽。膚一，離肺一。

少牢饋食禮：司馬升羊右胖，髀不升，肩、臂、臑、膊、骼，正脊一、脡脊一、横脊一、短脅一、正脅一、代脅一，皆二骨以並，腸三、胃三、舉肺一、祭肺三，實於一鼎。注：升猶上也。上右胖，周所貴也。髀不升，近竅，賤也。肩、臂、臑，肱骨。膊、骼，股骨。脊從前爲正，脅旁中爲正。脊先前，脅先後，屈而反，猶器之縪也。並，併也。脊脅骨多，六體各取二骨併之，以多爲貴。舉肺一，尸食所先舉也。祭肺三，爲尸、主人、主婦。

司士升豕右胖，髀不升，肩、臂、臑、膊、骼，正脊一、脡脊一、横脊一、短脅一、正脅一、代脅一，皆二骨以並，舉肺一、祭肺三，實於一鼎。注：豕無腸胃，君子不食圂腴。

雍人倫膚九，實於一鼎。注：倫，擇也。膚，脅革肉。擇之，取美者。

司士又升魚、腊，魚十有五而鼎，腊一純而鼎，腊用麋。注：司士又升副倅者。合升左右胖曰純。純猶全也。卒脀，乃舉。陳鼎於東方，當序南，於洗西，皆西面，北上，膚爲下。匕皆加於鼎，東枋。俎皆設於鼎西，西肆。肵俎在羊俎之北，亦西肆。注：肵俎在北，將先載也。異其設文，不當鼎。

佐食上利升牢心、舌，載於肵俎，心皆安下切上，午割勿没。其載于肵俎，末在上。舌皆切本末，亦午割勿没，其載於肵，横之。皆如初爲之於爨也。注：牢，羊、豕也。安，平也。平割其下，于載便也。凡割本末，食必正也。午割，使可絶。勿没，爲其分散也。肵之爲言敬也，所以敬尸也。周禮祭尚肺，事尸尚心舌，心舌知滋味。

上利升羊，載右胖，髀不升，肩、臂、臑、膞、骼，正脊一、脡脊一、横脊一、短脅一、正脅一、代脅一，皆二骨以並，腸三、胃三，長皆及俎拒，舉肺一，長終肺，祭肺三，皆切。肩、臂、臑、膞、骼在兩端，脊、脅、肺、肩在上。注：升之以尊卑，載之以體次，各有宜也。拒讀爲介距之距。俎距，脛中當横節也。凡牲體之數及載，備于此。

下利升豕，其載如羊，無腸、胃。體其載於俎，皆進下。注：進下，變于食生也。羊次其體，豕言進下，互相見。

司士三人，升魚、腊、膚。魚用鮒十有五而俎，縮載，右首，進腴。

腊一純而俎，亦進下，肩在上。

膚九而俎，亦横載，革順。

佐食上利執羊俎，下利執豕俎，司士三人執魚、腊、膚俎，序升自西階，相從入。設俎，羊在豆東，豕亞其北，魚在羊東，腊在豕東，特膚當俎北端。

主人獻祝，佐食設俎，牢髀，横脊一、短脅一、腸一、胃一、膚三、魚一，横之，腊兩髀屬於尻。注：皆升下體，祝賤也。魚横者，四物共俎，殊之也。腊兩髀屬于尻，尤賤，不殊。

主人酌獻上佐食。俎設於兩階之間，其俎：折，一膚。注：佐食不得成禮于室中。折者，擇取牢正體餘骨，折分用之。有脅而無薦，亦遠下尸。

主人又獻下佐食，亦如之。其脅亦於階間，西上，亦折，一膚。注：上佐食既獻則出，就其俎。

有司徹：乃燅尸俎。注：燅，温也。卒燅，乃升羊、豕、魚三鼎，無腊與膚。注：腊爲庶羞，膚從豕，去其鼎者，儐尸之禮殺於初。

乃升。司馬杋羊，亦司馬載。載右體，肩、臂、肫、骼、臑，正脊一、脡脊一、横脊一、短脅一、正脅一、代脅一、腸一、胃一、祭肺一，載於一俎。注：言燅尸俎，復序體者，明所舉肩骼存焉，亦著脊脅皆一骨也。臑在下者，折分之以爲肉湆俎也。一俎，謂司士所設羊鼎西第一俎。

羊肉湆，臑折、正脊一、正脅一、腸一、胃一、嚌肺一，載於南俎。注：肉湆，肉在汁中者，以增俎實爲尸加也。必爲臑折，上所折分者。嚌肺，離肺也。南俎，雍人所設在南者。此以下十一俎，俟時而載，于此歷説之爾。

司士朼豕，亦司士載，亦右體，肩、臂、肫、骼、臑，正脊一、脡脊一、橫脊一、短脅一、正脅一、代脅一，膚五、嚌肺一，載於一俎。注：臑在下者，順羊也。俎，謂雍人所設在北者。

侑俎，羊左肩、左肫、正脊一、脅一、腸一、胃一、切肺一，載於一俎。侑俎，豕左肩折、正脊一、脅一、膚三、切肺一，載於一俎。注：侑俎用左體，侑賤。其羊俎過三體，有肫，尊之，加也。豕左肩折，折分爲長兄弟俎也。切肺亦祭肺，互言之耳。無羊湆，下尸也。豕又祭肺，不嚌肺，不備禮。俎，司士所設羊鼎西之北俎也。豕俎與尸同。

阼俎，羊肺一、祭肺一，載於一俎。羊肉湆，臂一、脊一、脅一、腸一、胃一、嚌肺一，載於一俎。豕脀，臂一、脊一、脅一、膚三、嚌肺一，載於一俎。注：阼俎，主人俎。無體，遠下尸也。以肺代之，肺尊也。加羊肉湆而有體，崇尸惠亦尊主人。臂，左臂也。侑用肩，主人用臂，下之也。不言左臂者，大夫尊，空其文也。降于侑羊體一，而增豕膚三，有所屈，有所申，亦所謂順而摭也。胙俎，司士所設豕鼎西俎也。其湆俎與尸俎同，豕俎又與尸豕俎同。

主婦俎，羊左臑、脊一、脅一、腸一、胃一、膚一、嚌羊肺一，載於一俎。注：無豕體而有膚，以主人無羊體，不敢備也。無祭肺有嚌肺，亦下侑也，祭肺尊。言嚌羊肺者，文承膚下，嫌也。膚在羊肺上，則羊豕之體名同相亞也。其俎，司士所設在魚鼎西者。

司士杝魚，亦司士載，尸俎五魚，横載之，侑、主人皆一魚，亦横載之，皆加膴祭於其上。注：横載之者，異于牲體，彌變于神。膴，刳魚時，割其腹以爲大臠也，可用祭也。其俎又與尸豕俎同。

若不儐尸。尸食，乃盛俎，臑、臂、肫、脡脊、横脊、短脅、代脅，皆牢。注：盛者，盛于肵俎也。此七體，羊、豕，其脊脅皆取一骨也，與所舉正脊、幹、骼凡十矣。肩未舉，既舉而俎猶有六體。魚七，注：盛半也。魚十有五而俎，其一已舉。必盛半者，魚無足翼，于牲象脊脅而已。腊辯，無髀。注：亦盛半也。所盛者右體也，脊屬焉。言無髀者，云一純而俎，嫌有之。

主婦洗於房中，酌，致於主人。佐食設俎，臂、脊、脅、肺皆牢，膚三，魚一，腊臂。注：臂，左臂也。特牲五體，此三者，以其牢與腊臂而七，牢腊俱臂，亦所謂腊如牲體。

酌，致爵於主婦。佐食設俎於豆東，羊臑，豕折，羊脊、脅，祭肺一，膚一，魚一，腊臑。注：豕折，豕折骨也。不言所折，略之。特牲主婦觳折，豕無脊脅，下主人，羊豕四體，與腊臑而五。

陳氏禮書：牲體之在鼎曰脅，在俎曰載。魚載則縮，肉載則衡。鼎俎貴奇，籩豆貴偶。奇以象陽，偶以象陰。覲聘禮有牛、羊、豕、魚、腊、腸胃、膚、鮮魚、腊之九鼎，膷、臐、膮之三鼎；少牢五鼎五俎，特牲三鼎三俎，而折俎非正俎。周官膳夫鼎十有二，陪鼎非正鼎。玉藻諸侯日食三俎，朔日五俎，則鼎俎奇可知矣。然有司徹有六俎者，蓋尸也，侑也，主人也，主婦也，各一俎，司馬之羞羊湆也，司士之羞羊湆也，各一俎。俎列而陳之則貴奇，散而用之雖偶可也。

又曰：大夫脈俎，士脈俎。禮記曰：「脈之爲言敬也。」郊特牲：「脈俎，心舌皆去本末，午割之，實於牲鼎。載心立，舌縮俎。」鄭氏曰：立、縮順其性。心舌，知食味者。欲尸之饗此祭，是以進之。少牢禮心載於脈俎，末在上，舌皆切本末，亦午割勿没，其載於脈，横之。則士之脈俎，立舌而不立心，大夫之脈俎，立心而不立舌。士之載縮俎，則於俎爲縮，於人爲横；大夫之載横之，則於俎爲横，於人爲縮。特牲尸九飯，乃盛脈俎，下大夫八飯，即盛脈俎；則士之脈俎盛於飯後，下大夫之脈俎盛於飯間矣。士九飯，少牢十一飯，下大夫亦十一飯。脈俎之禮，其升心舌則佐食也，其設之則阼階西也，其羞之則主人也，其置之則腊北、膚北也。特牲主人羞肵俎，腊北，少牢主人羞肵俎，升自阼階，置于膚北。制之在合亨之前，羞之在尸食舉之後，故尸之舉幹、舉骼、舉魚、舉肩以至舉肺、正脊，佐食受之加於肵俎，而俎釋三个，以備陽厭，則神俎之體，歸於肵俎多矣。士喪禮無肵俎，祭殤無肵俎，無尸故也。士虞禮不以肵俎而以篚，尚質故也。特牲尸謖，佐食徹尸俎，有司徹司士歸尸俎，士虞出，從者奉篚，哭從之，則與諸臣之自徹者有間歟？

蕙田案：俎，楚茨詩「爲俎孔碩」。何楷云：「案特牲記俎之類不一，有肵俎，有折俎，有尸俎，有胙俎，有主婦俎，有祝俎，有侑食俎，有賓俎。肵俎載牢心舌於上，設於尸饌之北。尸每食，牲體反著於肵俎，是主人敬尸之俎，郊特牲所謂『肵之爲言敬也』。折俎，謂節解者，旅酬時所設也。尸俎，事尸之俎。牲禮有九，曰肩，曰臂，曰臑，曰肫，曰胳，曰正脊二骨，曰横脊二骨，曰長脅二骨，曰短脅，凡九體。又有膚三，離肺一，刌肺三，魚十有五，腊如牲骨。胙俎者，主人之俎。自胙俎而下，亦總名爲執事之俎。周禮膳夫物皆有俎，疏云：『鼎各一俎。』其四代之俎不同。梡，明堂位有虞氏之俎，鄭注：『斷木爲四足而已。』疏：『虞俎名梡〔一〕。禮圖云：「梡長二尺四寸，廣一尺二寸，高一尺。諸臣畫雲氣，天子犧飾之。」』嶡，明堂位夏后氏之俎，鄭注：『嶡之言蹷也，謂中足爲橫距之象。』周禮謂之距。又明堂位俎用梡、嶡，疏：『夏俎名嶡。』嶡亦如梡，直有脚曰梡，加脚中央橫木曰嶡。椇，明堂位曰『殷以椇』，鄭注：『椇之言枳椇也，謂曲撓之也。』疏：『枳椇之樹，其枝多曲撓，殷俎似之。』房俎，明堂位曰『周以房俎』，鄭注：『房，謂足下跗也，上下兩間，有似於堂房。』疏云：『兩頭各有兩足，足下各爲跗，足間橫者，似堂之壁，橫下二跗，似堂之東西頭各有房。』又名大房。魯頌『籩豆大房』，毛傳：『大房，半體之俎。』疏：『周語有全烝、房烝。言禘郊乃有全烝，宗廟之祭唯房烝耳，故舉大房而言。』大房用玉飾之，知者以俎豆相類之物，明堂位說祀周公之禮，云：『薦用玉豆。』豆既玉飾，明俎亦玉飾。山堂曰：『長二尺四寸，廣尺二寸，高一尺，漆兩端赤，中央黑。』」

周禮天官內饔：辨體名肉物。注：體名，脊、脅、肩、臂、臑之屬。疏：云「體名，脊、脅、肩、

〔一〕「虞」，原作「夏」，據光緒本、禮記正義卷三一改。

臂、臑之屬」者，案少牢，解羊豕，前體肩、臂、臑，後體膊、骼，又有正脊、脡脊、橫脊，又有短脅、正脅、代脅，是其體十一體。

凡宗廟之祭祀，掌割亨之事。疏：此不言煎和者，鬼神尚質，不貴褻味。

夏官司士：凡祭祀，帥其屬而割牲，羞俎豆。注：割牲，制體也。羞，進也。疏：若據祭祀，則禮運云「體其犬豕牛羊」，鄭云「謂分別骨肉之貴賤，以爲衆俎也」。若據饗，則左氏傳云「王饗有體薦，燕有折俎」是也。

諸子：大祭祀，正六牲之體。注：正謂朼載之。疏：案少牢、特牲，移鼎入陳，即有一人鼎中匕出牲體，一人在鼎西，北面，載之于俎。既言正六牲之體，明此二事也。

禮記禮運：體其犬豕牛羊。注：體其犬豕牛羊，謂分別骨肉之貴賤，以爲衆俎也。疏：「體其犬豕牛羊」者，亨之既孰，乃體別骨之貴賤，以爲衆俎，供尸及待賓客兄弟等。體其犬豕牛羊，謂分別骨之貴賤，以爲衆俎。

腥其俎，孰其殽。注：腥其俎，謂豚解而腥之。孰其殽，謂體解而爓之。疏：云「腥其俎，謂豚解而腥之」者，案士喪禮小斂之奠，載牲體兩髀、兩肩、兩胉，并脊凡七體也。士虞禮：「主人不視豚解。」注云：「豚解，解前後脛脊脅而已。」是豚解七體也。案特牲、少牢以薦孰爲始之時，皆體解，無豚解，以無朝踐薦腥故也。其天子諸侯既有朝踐薦腥，故知腥其俎之爲豚解。云「孰其殽，謂體解而爓之」者，體解則特牲、少牢「所升于俎以進神」者是也。案特牲九體，肩一、臂二、臑三、肫四、骼五、正脊六、横脊七、長脅八、短脅九，少牢則十一體，加以脡脊、代脅爲十一體也。是分豚爲體解，此「孰其殽」謂體解訖，以湯爓之，不全孰，次于腥而薦之堂，故祭義曰「爓祭，祭腥而退」是也。此則腥以法上古，爓法中古也。

陳氏禮書：骨體，周禮王之牲事，冢宰、太僕贊之。太宰及納亨，贊王牲事。太僕祭祀，贊王牲事。五官共奉之。內饔、外饔割亨之。內饔，凡宗廟之祭祀，掌割亨之事。外饔，掌外祭祀之割亨。司士帥其屬而割羞。司士，凡祭祀，帥其屬而割羞俎豆。諸子正其牲體。蓋司士掌群臣之版，諸子掌國子之倅，則凡預祭者，皆在所掌，故割羞正體繫之。夫肱骨三，肩、臂、臑也。股骨三，肫、亦作「膞」，音純。胳、亦作「骼」。觳也。既夕前後裳長及觳。脊骨三，正脊、脡脊、横脊也。脅骨三，代脅、長脅、特牲又曰幹。短脅也。正脊之前則膉也，亦謂之脰。肫之上則髀也。然則左右脇之肩、臂、臑，與左右股之肫、胳、觳而爲十有二。脊骨三與左右脅骨六而爲九。二觳，正祭，不薦於神、尸、主人之俎，兩髀不升於主人、主婦之俎，膉不升於吉祭之俎。士虞祝俎髀脰。則祭之所用者，去髀膉而二十有一，去二觳而爲十九矣。國語曰：「禘郊之事則有全脀，王公立飫有房脀，親戚燕飲有殽脀。」則全脀，豚解也；房脀，體解也；殽脀，骨折也。士喪禮

「特豚，四鬄，去蹄，兩胉、脅也。脊」。既夕鼎實羊，左胖亦如之。然則四鬄者，殊左右肩髀而爲四，又兩胉一脊而爲七，此所謂豚解也。士喪禮略，豚解而已。至虞然後豚解、體解兼有焉。若夫吉祭〔一〕，則天子諸侯有豚解、體解。禮運曰：「腥其俎，孰其殽，體其犬豕牛羊。」腥其俎，謂豚解而腥之爲七體。孰其殽，謂解之爓之爲二十一體。大夫士有體解，無豚解，以其無朝踐獻腥之禮故也。儀禮有言合升，有言升左胖，有升右胖者，士冠禮特豚，載合升，喪禮大斂亦豚合升，則豚與吉凶之禮皆合升也。用成牲者，然後升其胖，豚合升則髀亦升矣。士喪禮「載兩髀於兩端」是也。升其胖則去髀矣。既夕禮「實羊豕左胖，髀不升」是也。既夕升羊豕左胖，士虞升左胖，公食大夫、鄉射記少牢皆升右胖，特牲尸俎右肩，蓋禮以右爲貴，而喪以左爲上。觀吉禮魚寢右，喪禮魚左首，則喪之反吉可知矣。少牢尸俎羊、豕體十一，侑羊體三，侑則左肩而已。特牲尸之牲體九，祝三，主人與主婦五，佐食三，賓一，長兄弟及宗人折其餘，如佐食俎。衆賓而下，皆殽脅。尸脊無中，脅無前，此尊卑之辨也。祭統曰

〔一〕「吉」，原作「正」，據光緒本改。

「商人貴髀，周人貴肩」。以周人之禮觀之，脅貴中而賤兩端，特牲「食幹」，鄭云「長脅」。骨貴右而賤左，貴前而賤後，貴上而賤下。貴上則祭不升髀，以在體之左後故也。賤下而苞取下體者，以脛骨可以久藏故也。貴前而祭不用臑者，以非體之正故也。士喪禮斂奠之俎，載兩髀於兩端，兩肩亞，兩胉亞，脊肺在中。少牢肩、臂、臑、膊、胳在兩端，脊、脅、肺、肩在上，則俎之有上下，猶牲體之有前後也。肩、臂、臑在上端，則膊、胳在下端矣。喪奠兩髀於兩端，此喪事質，猶用商禮故也。特牲尸俎正脊二骨，長脅二骨，阼俎亦正脊二骨，長脅二骨，少牢脊三，脅三，皆二骨以並，蓋肩、臂、臑、膊、胳之骨不折，所折者脊脅也。脊二以並，多爲貴故也。少牢脊則先正脊，脅則先短脅，以屈而綼之故也。士虞禮尸舉魚腊俎，俎釋三箇，特牲佐食盛胙俎，俎釋三箇，則士虞釋三箇者，不盡人之歡也，特牲釋三箇，將以改饌陽厭也。少儀「凡膳告於君子，太牢以牛左肩、臂、臑折九箇，少牢以羊左肩七箇，犆豕以左肩五箇」。膳以肩不以膊者，貴其前也。肩以左不以右者，右以祭也。

又曰：舉肺、祭肺。儀禮少牢舉肺、祭肺，祭肺三皆切之，則舉肺一者，尸之所先食者也，故刲離之而不切，祭肺三者，尸與主人、主婦之所祭者也，故切之而不刲離。舉肺亦謂之離肺，亦謂之嚌肺；祭肺亦謂之刌肺，亦謂之切肺。則離與刌以制之名之也，嚌與切以所用名之也。祭肺，祭而不嚌；舉肺，嚌而必祭。祭肺三皆在尸俎，而舉肺各於其俎，故儀禮尸俎、阼俎以至主婦、佐食、賓長兄弟、宗人、衆賓及衆兄弟、内賓、宗婦、公有司之俎皆離肺一，則祭肺三者施于尸、主人、主婦之挼祭也。皆離肺一者，自尸至公有司食之也。少儀曰：「牛羊之肺，離而不提心。」離而不提心，則絶而祭之，故捝手，則刌而祭者，不捝手矣。祭以右手，見鄉射。凡祭必于脯醢之豆間，特公食大夫、有司徹祭于上豆之間，以豆數多故也。祭之尚肺，周禮而已。若有虞氏則祭首，夏后氏則祭心，商則祭肝，以時異則禮異也。周之尚肺，特宗廟賓客飲食之間而已。若五祀，則户先脾，中霤先心，門先肝，以事異則禮異也。士冠有嚌肺，而鄉飲、鄉射、燕禮之類，皆有離肺而無祭肺，婚禮有離肺，又有祭肺，鬼神陰陽之意也。特牲饋食先祭肺，後祭肝，祝亦先祭肺，後祭肝，則祭肺非不祭肝也，以肺爲主耳。由是推之，夏、商非不祭肺也，以心與肝爲主而已。

又曰：腸、胃、膚。少儀曰：「君子不食圂腴。」鄭康成曰：「惟燖者有膚。」則牛羊有腸胃而無膚，豕有膚而無腸胃。豕雖有膚，然四解而未體折無膚，豚而未成牲無膚。士喪禮豚皆無膚，以未成牲故也。既夕禮大遣奠，少牢四解無膚，以未體折故也。士虞禮：「膚祭三，取諸左膉上。」膉，脰也。鄭康成曰：「膚，脅革肉。」蓋豕肉之美者，不過脅革肉而已。故禮於膚，皆謂之倫膚，東晉所謂禁臠者，豈此類歟？公食大夫「魚、腸胃、倫膚若九，若十有一，下大夫若七，若九」。蓋士一命，故其數七。小國之卿、次國之大夫再命，故其數九。大國之卿三命，故其數十一。公食大夫膚與牲皆七，而少牢膚與牲體皆九，隆于祭禮故也。聘禮腸胃與膚不同鼎，公食大夫腸與膚不同俎，腸胃常在先，膚常在後者，以腸胃出於牛、羊，膚出於下牲故也。公食大夫腸、胃、膚皆橫諸俎，垂之，少牢肵俎腸、胃皆及俎拒，蓋腸、胃之長及俎拒，膚則垂之而已。

楊氏復儀禮旁通牲體圖：賈氏有司徹「不賓尸，乃盛俎」疏云：「凡骨體之數，左右合爲二十一體。」案少牢注云：「肩、臂、臑，肱骨也。肫、胳，股骨。」鄉飲酒注：「前脛骨三，肩、臂、臑也。後脛骨二，肫、胳也。又後有髀、觳折。」特牲記云：「主婦俎：觳折。」注云：「觳，後足也。」骨體不數者，凡體前貴於後，觳賤於臑，故數臑不數觳，是以不升於鼎。又髀在肫上，以竅賤，正俎不用。又脊有三分，一分以爲正脊，次中爲脡脊，後分爲横脊。脅亦爲三分，前分爲代脅，次中爲長脅，後分爲短脅。是其二十一體。士虞：「用專膚，爲折俎，取諸脰膉。」注云：「專，猶厚也。折俎，謂主婦以下俎也。體盡，人多折骨以爲之。蓋正骨之前有膉，亦謂之脰，但不升於吉祭之俎。」今案：髀雖尸俎不升，亦有用髀者，如士虞祝俎有髀，特牲祝俎有髀，少牢祝俎牢髀，又腊有兩髀，屬於尻是也。尸俎不用二觳。尸以下有用觳者，特牲主婦俎觳折，佐食俎觳折是也。

二十一體。十九體，合兩髀爲二十一體。羊、豕同。士冠禮：「三醮，有乾肉折俎。」疏曰：「或爲豚解，而七體以乾之，謂之乾肉。將升于俎，則節折爲二十一體。」陳祥道曰：國語曰：「禘郊之事則有全脀，王公立飫有房脀，親戚燕飲有殽脀。」則全脀，豚解也；房脀，體解也；殽脀，骨折也。士喪禮「特豚，四鬄，去蹄，兩胉、脊。」既夕「鼎實羊，左胖亦如之。」然則四鬄者，殊左右肩髀而爲四，又兩胉一脊而爲七，此所謂豚解也。若夫吉祭〔一〕，則天子諸侯有豚解、體解。禮運曰：「腥其

〔一〕「吉」，原作「正」，據光緒本改。

俎，執其骰，體其犬豕牛羊。」腥其俎，謂豚解而腥之爲七體。執其骰，謂解之爓之爲二十一體是也。大夫士有體解，無豚解，以其無朝踐獻腥之禮故也。朱先生曰：豚解之義，陳説得之。體解則折脊爲三，兩胉兩肱兩股各三，通爲二十一體。凡牲與腊，方解割時，皆是如此。但牲則兩髀以賤而不升於正俎耳。故少牢禮具列自髀以下凡二十一體，但髀不升耳。而鄭注云：「凡牲體之數備於此，初不及他體也。」況此言腊，則又不殊賤也。而周禮内饔及此經昏禮兩疏，皆言二十一體，乃不數兩髀，而不計其數之不足，蓋其疎略。至少牢疏及陳祥道乃去髀，而以兩觳足之，蓋見此經後篇猶有脰及兩觳可以充數，然欲盡取之，則又衍其一，故獨取兩觳，而謂脰非正體。若果如此，則觳亦非正體，又何爲而取之耶？此其爲説雖巧而近於穿鑿，不可承用。

十九體。去兩髀不并，合左右兩相爲十九體。　羊、豕同。　肩、臂、臑三，合左右兩相爲六。　膞、胳二，合左右兩相爲四。　正脊、脡脊、横脊三，脊在上，無左右兩相之數。　短脅、長脅、代脅。合左右兩相爲六。

左右體兩相合爲十九。神俎不用左體，故少牢禮只用右體十一，其左體則侑以下用之，如侑俎羊左肩、左肫、豕左肩折是也。主人俎臂一，亦左臂也。賓羊骼一，亦左骼也。若右骼，神俎用之矣。

十一體。不合左右兩相，故十一體。羊、豕同。前脛骨三，肩、臂、臑也。亦曰肱骨。後脛骨二，膊、胳也。膊亦作肫，胳亦作骼，亦曰肱骨。脊有三分，前分爲正脊，次中爲脡脊，後分爲橫脊。脅亦作三分，前分爲代脅，次中爲長脅，後分爲短脅。長脅亦曰正脅。案士虞、特牲、少牢皆云「舉幹」，幹即長脅也。少牢十一體。羊、豕同。左胖髀不升。肩、臂、臑、膊、胳、正脊一、脡脊一、橫脊一、短脅一、正脅一、代脅一，皆二骨以並。

並，併也。脊、脅體骨多六體，各取二骨併之，以多爲貴。少牢賓尸十一體。羊、豕同。肩、臂、肫、胳、臑、正脊一、脡脊一、橫脊一、短脅一、正脅一、代脅一。

前少牢禮脊、脅皆二骨以並，今賓尸禮脊、脅一骨在正俎，一骨在湆俎，此復序之，亦欲見脊、脅皆一骨，與前二骨以並不同也。

特牲九體。十一體之中不用脡脊、代脅，故九體。豕右胖。肩、臂、臑、膊、胳、正脊二骨、無脡脊。橫脊、長脅二骨、無代脅。短脅。

凡牲體，四肢爲貴，故先序肩、臂、臑、膊、胳爲上，然後序脊、脅於下。注：脊無中，脅無前，貶於尊者。注家之意，謂士祭禮九體，脊無中，謂無脡骨也，脅無前，謂無代脅在前也。貶於尊者，謂少牢大夫禮十一體，今士禮九體，貶於大夫，大夫尊也。不貶正脊者，不奪正也。

豚解七體。士喪禮：「小斂，陳一鼎于門外，其實特豚，四鬄，兩胉、脊。」然則四鬄者，殊左右肩髀而爲四，又兩胉一脊而爲七，此所謂豚解也。士喪禮豚解而已。大斂，朔月奠，遣奠禮雖寖盛，豚解合升如初，至虞然後豚解、體解兼有焉。小斂總有七體，士虞升左胖七體，則解左胖而爲七，比之特牲、少牢吉祭爲略，比之小斂以後爲詳矣。

士虞左胖七體。豕左胖。左肩、臂、臑、肫、胳、脊、脅。吉禮牲尚右，今虞禮反吉，故升左胖。喪祭略，七體耳。脊、脅，正脊、正脅也。喪祭禮數雖略，亦不奪正也。

接神及尸者三體。凡接於神及尸者，俎不過牲三體。所謂接神及尸者，祝、佐食、賓長、長兄弟、宗人之等是也。俎不過牲三體，如佐食俎觳折、脊、脅是也，其餘如佐食俎皆不過三體也，惟特牲主人俎左臂、正脊二骨、橫脊、長脅二骨、短脅，凡五體者，注云：「主人尊也。」

蕙田案：凡牲體，有豚解，有體解。豚解者，解牲爲七體，一脊、兩脅、兩肱、兩股也。脅者，肋骨，亦謂之胉。肱者，前脛骨，謂之肩。股者，後脛骨，謂之髀。胉及肩、髀，皆以左右分，故名兩。至四蹄，則以其踐地穢惡而去之。士喪禮小斂奠用特豚，其匕載於俎也。載兩髀於兩端，兩肩亞，兩胉亞，脊在中，蓋髀、肩、胉各兩通一脊而爲七體，此豚解之制也。體解者，即豚解之七體，而析解之爲二十一體。析脊骨爲三，前爲正脊，中爲脡脊，後爲橫脊也。脅骨三，前爲代脅，中爲長脅，亦名正脅，亦名幹，後爲短脅，合左右兩脅爲六。肱骨三，上爲肩，中爲臂，下爲臑，合左右兩肱爲六。股骨三，上爲髀，中爲肫，亦名膞，下爲骼，合左右兩股亦爲六也。至正脊之前、肩之上當頸處，謂之脰，亦謂之膉。胳之下，後足之末近蹄者，謂之觳。膉一而觳兩，皆不在正體之數。少牢饋食禮之升載於俎也，上利升羊，載右胖，髀不升，肩、臂、臑、膞、胳、正脊一、脡脊一、橫脊一、短脅一、正脅一、代脅一，皆二骨以並，肩、臂、臑、膞、骼在兩端，脊、脅、肩在上。下利升豕，其載如羊。此所陳凡十一體，而鄭康成以爲牲體之數備於此者，蓋肩、臂、臑合兩胖爲六，膞、胳合兩胖爲四，短脅、正脅、代脅合兩胖亦六。脊有三，總爲十九體，兩髀雖以近竅之故，賤之而不升，然究屬正體，通數之得二十一體，則牲體之數備矣。此體解之制也。至獸肉之乾者謂之腊，士冠禮有乾肉折俎，賈疏云「或爲豚解」，而七體以乾之，及用之將升於俎，則節折爲二十一體，然則腊亦先豚解，次體解，而與解牲之制同矣。

又案：凡用牲體，唯士喪之奠從略而用豚解，至士虞之禮已用體解，而特牲、少牢、士冠、士昏、鄉飲酒、大射、鄉射、燕、食諸禮，皆用體解者也。然所解牲體，有合用其左右胖者。士冠禮「醮若殺，則特豚，載合升，實於鼎」。士昏禮「期，初昏，陳鼎其實，特豚，合升，厥明，婦盥饋，特豚，合升，側載，右胖載之舅俎，左胖載之姑俎」。士喪禮「大斂奠，陳鼎，豚合升」是也。有用其右胖者，周制牲體貴右，故吉禮如少牢、特牲、鄉飲、鄉射、大射、燕、食諸禮皆用右胖也。有用其左胖者，凶禮反吉，故士喪遣奠之羊、豕，士虞之特豕，皆用左胖也。所解牲之二十一體，用其一胖，則三肱三脅三股并三脊爲十二，然髀以近竅而賤，不升於正俎，故有用十一體者，少牢之尸俎，肩、臂、臑、膞、胳、正脊、脡脊、横脊、正脅、短脅、代脅也。有用九體者，特牲之尸俎，肩、臂、臑、膞、胳、正脊、横脊、長脅、短脅，而無脡脊、代脅也。有用七體者，士虞記升左肩、臂、臑、肫、骼、脊、脅，蓋止用正脊、正脅，而横脊、短脅亦無也。又公食大夫禮載體，鄭注：「下大夫體七个。」賈疏：「士虞七體，用左胖。」此用右胖，則食下大夫亦七體也。又有雖用七體，而俎止用三體、二體者。鄉飲、鄉射、燕禮、大射牲皆用一狗。鄉飲酒記云「賓俎脊、脅、肩，主人俎脊、脅、臂，介俎脊、脅、骼」，而賈疏云：「其間有臑、肫，以爲大夫俎，鄉飲記亦如之，但不及介俎，而有獲者之俎折脊、脅、臑，釋獲者之俎折脊、脅。」燕禮記云：「唯公與賓有俎。」蓋亦略如鄉射。而大射儀注疏皆引鄉射記爲釋，則是飲射之俎，尊者三體，卑者二體也。然特牲、少牢以右胖爲尸俎，而左胖亦以爲接神及尸者之俎，飲、射、燕、食賈疏以爲用其右胖，而左胖以爲庶羞。又少儀記祭祀致福於君子之禮，用左肩、臂、臑，故夫用牲之右胖者，其左胖亦非棄置而不用者矣。

又案：凡祭牲之左胖，用爲接神及尸者之俎，尊者不過五體，次四體，次三體，賤者一體而已。特牲主人阼俎五體，臂、正脊、横脊、長脅、短脅也；主婦俎五體，觳折，其脊、脅則如阼俎也。少牢侑俎羊用四體，左肩、左肫、正脊及脅也；豕主婦俎羊三體，臂、脊、脅也；主人阼俎，羊、豕各三體，左肩折、正脊一、脅一也；佐食俎三體，𣪈折、脊、脅也。特牲祝俎三體，髀、脡脊及脅也；祝俎三體，髀、横脊、短脅也。若夫少牢佐食之俎折一，長賓之俎羊骼一，長兄弟之俎折脅，特牲賓之俎骼一，宗人俎、長兄弟之俎各折一，皆不過一體也。又正體中兩髀，正體外兩𣪈一脡，雖不升於正俎，然少牢、特牲、士虞之祝俎皆用髀，特牲之主婦俎、佐食皆𣪈折，士虞記祔祭時用專膚爲折俎，取諸脰膉，謂以脰膉上膚之厚者爲主婦以下俎，蓋三者唯不用爲神俎及主人之俎，而外此固有用之者也。

右鼎俎牲體

五禮通考卷六十五

吉禮六十五

宗廟制度

籩豆庶羞

禮記明堂位：夏后氏以楬豆，殷玉豆，周獻豆。注：楬，無異物之飾也。獻，疏刻之。

方氏慤曰：楬豆，未有他飾，以木爲柄，若蜡氏之楬而已。玉豆，則于楬之上又飾之以玉也。獻，若周官所謂再獻之獻，再獻對朝踐言之，則朝踐爲初獻矣。醢人所謂朝踐之豆者，初獻也；所謂饋食之豆者，再獻也。此言獻豆，則主祭祀之豆耳。以祭祀之豆，爲疏刻之形，則燕享之豆不疏刻矣。司尊彝所謂獻尊，義亦類此，是皆漸增其飾也。

何氏楷曰：以木爲之則無異飾。楬以言其制，玉以言其飾，獻以言其用。

薦用玉豆雕篹。注：篹，籩屬也，以竹爲之，雕刻飾其直者也。疏：「薦用玉豆」者，謂所薦菹醢之屬也。以玉飾豆，故曰玉豆。「雕篹」者，與豆連文，故知籩屬，形似筥，亦薦時所用。篹既用竹，不可刻飾，故知雕鏤其柄。鄭注「飾其直」，直謂柄也。

馬氏晞孟曰：玉豆所薦，謂菹醢之屬，水草之和氣也。雕篹所薦，謂陸産之物也。凡器飾之以玉，皆貴文之意也。

方氏慤曰：天子飾豆以玉，諸侯以象。玉豆則天子之豆也。以玉以象，則與笏之所用同義。

儀禮士虞禮：饌兩豆菹、醢于西楹之東，醢在西。注：醢在西，南面取之，得左取菹，右取醢，便其設之。疏：以其尸在奥東面設者，西面設于尸前，菹在南，醢在北。今于西楹東饌之，菹在東，醢在西，是南面取之，得左取菹，右取醢。至尸前西面，又左菹右醢，故云「便」也。從獻豆兩亞之，四籩亞之，北上。注：豆從主人獻祝，籩從主婦獻尸、祝。北上，菹與棗，不東陳。疏：據此陳之次，然則東北菹爲首，次南醢，醢東栗，栗北棗，棗東棗，棗南栗。云「豆從主人獻祝」者，此二豆主人先獻，祝酒後乃薦豆，故言「從」。云「籩從主婦獻尸、祝」者，以其四籩，二籩從主婦獻尸，二籩從主婦獻祝，亦是「從」也。

士虞禮記：豆實，葵菹，菹以西蠃醢。籩，棗烝栗擇。注：棗烝栗擇，則菹刌也。棗烝栗擇，則豆不楬，籩有縢也。

特牲饋食禮：宗人升自西階，視壺濯及豆籩。主婦盥于房中，薦兩豆，葵菹、蝸醢，醢在北。佐食羞庶羞四豆，設于左，南上，有醢。注：庶，衆也。衆羞以豕肉，所以爲異味。四豆者，膮、炙、胾、醢。南上者，以膮、炙爲上，以有醢不得綼也。　宗婦執兩籩，户外坐。主婦受，設于敦南。注：兩籩棗、栗，棗在西。　席于户內。　設兩豆、兩籩。注：主婦薦兩豆籩，東面也。

特牲饋食記：籩，巾以綌也，纁裏，棗烝栗擇。注：籩有巾者，果實之物多皮核，優尊者，可烝裹之也。烝、擇互文。舊説云：纁裏者皆玄被。

少牢饋食禮：司宫摡豆、籩。　饌豆、籩與篚于房中，放于西方。注：放猶依也。　改饌豆、籩於房中，南面，如饋之設，實豆、籩之實。　主婦被錫衣侈袂，薦自東房。韭菹、醓醢，坐奠于筵前。主婦贊者一人亦被錫衣侈袂，執葵菹、蠃醢以授主婦。主婦不興，遂受，陪設于東，韭菹在南，葵菹在北。注：韭菹、醓醢，朝事之豆也。而饋食用之，豐大夫禮。葵菹在北綼。　疏：云「韭菹、醓醢，朝事之豆也」者，案周禮醢人職：「朝事之豆，韭菹、醓醢。」彼天子八豆，今大夫取二豆爲饋食，用之豐大夫禮故也。若然，葵菹、蠃醢亦天子饋食之豆，今大夫用之，鄭不言者，彼饋食當其節，天子八豆，此大夫取二而已。上佐食羞胾兩瓦豆，有醢，亦用瓦豆，設于薦豆之北。注：設于薦豆之北，以其加也。四豆亦綪。羊胾在南，豕胾在北。薦兩豆菹、醢。注：葵菹、蠃醢。疏：上亦云「葵菹、蠃醢」是饋食之豆，當饋食之節，是其常事，故不言豐大夫之禮。今祝用之亦其常事，故知葵菹、蠃醢也。祝取肝擩于鹽。

有司徹：主婦自東房薦韭菹、醢，坐奠于筵前，菹在西方。婦贊者執昌菹、醢以授主婦，主婦不興，受，陪設于南，昌在東方。興，取籩于房，麷、蕡坐設于豆西，當外列，麷在東方。婦贊者執白、黑以授主婦，主婦不興，受，設于初籩之南，白在西方。興，退。注：昌，昌本也。韭菹、醓醢、昌本、麋臡。麷，熬麥也。蕡，熬枲實也。白，熬稻。黑，熬黍。此皆朝事之豆籩。大夫無朝事，而用之儐尸，亦豐大夫之禮。主婦取籩興者，以饌異，親之。當外列，辟鉶也。退，退入房也。

主人酌，獻侑。主婦薦韭菹、醢，坐奠于筵前，醢在南方。婦贊者執二籩麷、蕡以授主婦，主婦不興，受之，奠麷于醢南，蕡在麷東。

司空設席于東序。主婦薦韭菹、醢，坐奠于筵前，菹在北方。婦贊者執二籩麷、蕡，主婦不興，受，設麷于菹西北，蕡在麷西。

主婦西面于主人之席北。　入于房，取糗與腶脩，執以出，坐設之，糗在蕡西，脩在白西。注：糗，糗餌也。腶脩，擣肉之脯。

酌，獻侑。　主婦羞糗、脩，坐奠糗于豐南，脩在蕡南。

酌以致主人。　主婦設二鉶與糗、脩。

主人揖尸、侑。　婦贊者薦韭菹、醓，坐奠于筵前，菹在西方。　婦人贊者執豐、蕡以授婦贊者，婦贊者不興，受，設豐于菹西，蕡在豐南。

主婦反取籩于房中，執棗、糗，坐設之，棗在稷南，糗在棗南。　婦贊者執栗、脯，主婦不興，受，設之，栗在糗東，脯在棗東。注：棗，饋食之籩。糗，羞籩之實。雜用之，下賓尸也。栗、脯，加籩之實也。

宰夫薦棗、糗，坐設棗于菹西，糗在棗南。注：內子不薦籩，祝賤，使官可也。

主婦洗于房中，酌，致于主人。　主婦薦韭菹、醓，坐設于席前，菹在北方。　婦贊者執棗、糗以從，主婦不興，受，設棗于菹北，糗在棗西。

酌，致爵于主婦。　婦贊者薦韭菹、醓，菹在南方。　婦人贊者執棗、糗授婦贊者，婦贊者不興，受，設棗于菹南，糗在棗東。

詩小雅楚茨：爲豆孔庶。傳：豆，謂内羞、庶羞也。箋：庶，胗也。祭祀之禮，后夫人主共籩豆，必取肉物肥胗美者也。疏〔一〕：正義曰：毛以孔庶爲甚衆，此豆實則菹醢也。周禮醢人注云：「凡醢者，必先膊乾其肉，乃莝之，雜以粱麴及鹽，漬以美酒，塗置瓶中，百日則成矣。」然則爲豆先祭而豫作。此本而言之，非當祭時也。「豆，内羞、庶羞」者，以言「孔庶」則非一，故爲兼二羞也。有司徹云：「宰夫羞房中之羞于尸、侑，主人主婦皆右之，司士羞庶羞于尸、侑，主人主婦皆左之。」注云：「二羞，所以盡歡心。房中之羞，其籩則糗餌粉餈，其豆則酏食糝食，庶羞羊臐豕膮，皆有胾醢。房中之羞，内羞也。内羞在右，陰也。庶羞在左，陽也。」是有二羞之事也。

禮記祭統：夫人薦豆執校，執醴授之執鐙。注：校，豆中央直者也。執醴，授醴之人。授夫人以豆，則執鐙。鐙，豆下跗也。疏：鄭注「執醴，授醴之人」者，謂夫人獻尸以醴齊，此人酌醴以授夫人。至夫人薦豆，此人又執豆以授夫人，獻與薦皆此人所掌故也。

周禮考工記旊人：豆中縣。注：縣，縣繩正豆之柄。疏：「豆中縣」者，豆柄，中央把之者，長一尺，宜上下直與縣繩相應，其豆則直。

楊氏復儀禮旁通圖：籩豆。士冠脯醢。脯用籩，醢用豆。士昏醴賓脯醢。

〔一〕「疏」，原作「傳」，據光緒本、毛詩正義卷一三改。

鄉飲脯醢，衆賓辯有脯醢。　鄉射薦用籩，脯五膱，醢以豆。　聘禮醴賓脯醢。又筵几于室，薦脯醢。　燕禮、大射禮獻賓、獻公、獻卿，薦脯醢。　士喪禮始死，奠脯醢。　小斂脯醢。　朝夕奠脯醢。　特牲主人獻賓，薦脯醢。　以上皆一豆一籩。

士冠再醮，兩豆，葵菹、蠃醢。　兩籩，栗、脯。　大斂，毼豆兩籩，無縢。　士虞兩豆兩籩，獻祝兩豆兩籩。　特牲兩籩兩豆。　主婦致爵于主人，兩豆兩籩。　以上皆兩豆兩籩。

既夕遣奠，四豆四籩。　少牢賓尸，四豆四籩。　以上皆四豆四籩。

楊氏復曰：案儀禮，吉凶所用，或一豆一籩，或二豆二籩，或四豆四籩，此士大夫之禮然也。　周禮醢人掌四豆之實，朝事之豆八，饋食之豆八，加豆之實八，羞豆之實二，籩人掌四籩之實，朝事之籩，饋食之籩，加籩之實，羞籩之實，此天子之祭禮也。　禮器云天子之豆二十有六，諸侯十有六，此天子諸侯所用之數也。　又案聘禮歸饔餼二十豆，公食大夫下大夫六豆，上大夫八豆，此皆諸侯待聘賓之禮也。　周官掌客上公豆四十，侯伯豆三十有二，子男豆二十有四，此天子待諸侯之禮也。　掌客之豆，較之於禮器之豆，掌客之數又多焉，何耶？或曰：禮器之數，用數也；掌客之數，陳數也。

有豆無籩。士昏禮夫婦席，醓醬二豆，菹醢四豆，無籩。婦饋舅姑，有菹醢，無籩。婦見舅姑有笲棗栗。聘禮歸饔餼八豆，西夾六豆，東夾亦如之，無籩。公食大夫下大夫六豆，無籩；上大夫八豆，無籩。士喪禮朔月奠，無籩，有黍稷，當籩位。又禮器「天子之豆二十六」以下，言豆不言籩，周官掌客上公豆四十以下不言籩，及夫人致禮方有豆有籩，蓋豆重而籩輕。觀特牲禮厭祭時薦兩豆葵菹、蝸醢，及迎尸饋食之時，尸取菹挭于醢，祭于豆間，又佐食羞庶羞四豆，皆未用籩也。及主婦亞獻尸，始設籩，贊籩祭。少牢厭祭設韭菹、醓醢、葵菹、蠃醢，及迎尸饋食之時，尸取韭菹挭于三豆，祭於豆間，及主婦獻尸，亦未用籩也。逮明日，賓尸，於是主婦薦韭菹醢、昌菹醢，取籩于房，設爵，實白黑四籩，後其所薦先後之序，則豆重籩輕，於此可見矣。

爾雅釋器：木豆謂之豆。注：豆，禮器也。疏：案周禮旊人：「爲豆實三而成觳，崇尺。」鄭注云：「崇，高也。豆實四升。」又祭統云：「夫人薦豆執校，執醴授之執鐙。」鄭注云：「校，豆中央直者也。

鐙，豆下跗也。」又禮圖云：「口員，徑尺，黑漆飾，朱中。大夫以上畫以雲氣，諸侯以象，天子以玉，皆謂飾其豆口也。然則豆者，以木爲之，高一尺，口足徑一尺，其足名鐙，中央直豎者名校，校徑二寸。總而言之名豆，其實四升，用薦菹醢。」周禮醢人「掌四豆之實，朝事之豆，其實韭菹、醓醢之類」是也。其飾則三代不同。明堂位曰：「夏后氏以楬豆，殷玉豆，周獻豆。」注云「楬，無異物之飾也。獻，疏刻之」是也。以供祭祀燕享，故云禮器也。

竹豆謂之籩。注：籩亦禮器。疏：案鄭注籩人及士虞禮云「籩以竹爲之，口有藤緣，形制如豆，亦受四升，盛棗、栗、桃、梅、菱、芡、脯、脩、膴、鮑、糗、餌之屬」是也，亦祭祀饗燕所用，故云亦禮器。

蕙田案：豆，爾雅云：「木豆謂之豆。」周禮旊人：「爲豆實三而成觳，崇尺。」鄭注：「豆實四升。」祭統云：「夫人薦豆執校，執醴授之執鐙。」鄭注：「校，豆中央直者也。鐙，豆下跗也。」禮圖云：「口員，徑尺，黑漆飾，朱中。大夫以上畫以雲氣，諸侯以象，天子以玉，皆謂飾其豆口也。然則豆者，以木爲之，高一尺，口足徑一尺，其足名鐙，中央直豎者名校，校徑二寸。總而言之名豆，其實四升，用薦菹醢。」周禮醢人「掌四豆之實，朝事之豆，其實韭菹、醓醢之類」是也。登一名瓦豆，爾雅瓦豆謂之登。疏云：「冬官旊人掌爲瓦器，而云『豆中縣』，鄭云『縣繩正豆之柄』，是瓦亦名豆也。」詩大雅生民云：「于豆于登」，毛傳：「豆薦菹醢，登盛大羹。」儀禮少牢饋食「兩瓦豆，有醢，亦用瓦豆」。楬豆，明堂位「夏后氏以楬豆」，鄭云：「楬，無異物之飾。」陳氏禮書曰：「楬者，木之屬也。以木爲之，則無異飾。」玉豆，明堂位云「殷玉豆」，又云「薦用玉豆」。疏：「以玉飾豆，故曰玉豆。」獻豆，明堂位云：「周獻豆。」鄭云：「獻，疏刻之。」籩，爾雅云：「竹豆謂之籩。」周禮籩人「掌四籩之實」，鄭注籩人及士虞禮云：「籩以竹爲之，口有藤緣，形制如豆，亦受四升，盛棗、栗、桃、梅、菱、芡、脯、脩、膴、鮑、糗、餌之屬。」鄉射記注云：「豆宜濕物，籩宜乾物。」雕篹，明堂位「薦用雕篹」，鄭注：「篹屬也，以竹爲之，雕刻飾直者也。」疏云：「形似筥。」

周禮天官籩人：掌四籩之實。注：籩，竹器如豆者，其容實皆四升。疏：言「四籩」，謂下經朝事、饋食、加籩、羞籩是也。鄭知籩是竹器者，以其字竹下爲之，亦依漢禮器制度而知也。云「如豆」者，皆面徑尺，柄尺，亦依漢禮知之也。云「其容實皆四升」者，據其籩之所受則曰容，據其所實體蕡等則曰實，故云「容實皆四升」，亦約與豆四升同也。

史氏浩曰：籩以竹爲之，所以陳乾物。

朝事之籩，其實麷、蕡、白、黑、形鹽、膴、鮑魚、鱐。注：形鹽，鹽之似虎者。膴，牒生魚爲大臠。鮑者，于楅室中糗乾之，出于江、淮也。鱐者，析乾之，出東海。王者備物，近者腥之，遠者乾之，因其宜也。今河間以北，煮穜麥賣之，名曰逢。燕人膾魚方寸，切其腴以啗所貴。疏：體爲熬麥，蕡爲麻子，白爲熬稻米，黑爲熬黍米。形鹽，鹽似虎形。膴以魚肉爲大臠。鮑以魚于楅室糗乾之。鱐爲乾魚。

王氏安石曰：王使周公閱來聘魯，享有昌歜、白、黑、形鹽。辭曰：「國君，文足昭也，武可畏也，則有備物之享，以象其德。羞嘉穀，鹽虎形。」體、蕡、白、黑，則所謂羞嘉穀也。形鹽，則所謂鹽虎形也。昌本則所謂昌歜也。推類而言，則膴、鮑魚、鱐與夫既事之享，皆所謂致其養之盛者也。孝子之事親，欲致其養，養欲致其盛，故朝事之籩豆其實如此。

饋食之籩，其實棗、㮚、桃、乾䕩、榛實。注：乾䕩，乾梅也。有桃諸、梅諸，是其乾者。榛似栗而小。疏：其八籩者，其實棗一也，栗二也，桃三也，乾䕩謂乾梅，四也，榛實五也。其于八籩，仍少三。案乾䕩既爲乾梅，經中桃是濕桃，既有濕桃、乾梅，明別有乾桃，則注引內則桃諸，鄭云是其乾者。既有濕桃，明有濕梅可知。以乾桃、濕梅二者添五者爲七籩。案桃梅既並有乾濕，則棗中亦宜有乾濕，復取一，添前爲八也。必知此五者之中有八者，案儀禮特牲、少牢士二籩二豆，大夫四籩四豆，諸侯宜六，天子宜八。饋食之豆有八，此饋食之籩言六，不類。又上文朝事之籩言八，下加籩亦八，豈此饋食在其中六乎？數事不可，故以義參之爲八。若不如此，任賢者裁之也。

加籩之實，蔆、芡、㮚、脯，蔆、芡、㮚、脯。注：重言之者，以四物爲八籩。蔆，芰也。芡，雞頭也。栗與饋食同。鄭司農云：「蔆、芡、脯、脩。」疏：四物重言之則八籩。云「蔆，芰也」者，屈到嗜芰，即蔆角者也。云「芡，雞頭也」者，俗有二名，今人或謂之雁頭也。先鄭云「蔆、芡、脯、脩」者，先鄭意怪饋食重言，故爲脩替栗，得爲一義，故引之在下也。

王氏詳説曰：㮚，嘉㮚也；醢，美味也。故㮚爲饋食之籩，亦爲加籩之實；醢爲朝事之豆，亦爲加豆之實。詩云「醓醢以薦」，其周人之尚醢與？語曰周人以㮚，其周人之尚㮚歟？

羞籩之實，糗餌、粉餈。注：故書「餈」作「茨」。鄭司農云：「糗，熬大豆與米也。粉，豆屑也。茨字或作餈，謂乾餌餅之也。」玄謂此二物皆粉稻米黍米所爲也。合蒸曰餌，餅之曰餈。糗者，擣粉熬大豆，爲餌餈之黏著，以粉之耳。餌言糗，餈言粉，互相足。疏：云「糗餌、粉餈」者，此爲二籩，糗與粉爲一物。恐餌餈黏著籩，故分于二籩之下。云「故書餈作茨」者，此宜從食，不宜從草。故先鄭破之，從經爲正。「鄭司農云糗，熬大豆與米也。粉，豆屑也」，並于義是，但于義不足，故後鄭增成之。云「茨字或作餈」者，謂故書亦有作次下食者。云「謂乾餌餅之也」者，餅之曰餈，未正乾之言，故後鄭不從。「玄謂此二物皆粉稻米黍米所爲」者，據當時目驗而知。云「合蒸曰餌，餅之曰餈」者，謂粉稻米黍米合以爲餌，餌既不餅，明餅之曰餈。今之餈糕皆餅之名，出于此。云「糗者，擣粉熬大豆」者，此與司農義同。司農不言擣，故後鄭增成之。云「餌言糗，餈言粉，互相足」者，此本一物，餌言糗，謂熬之亦粉之，餈言粉，擣之亦糗之。凡言「互」者，舉兩物相互。今一物之上自相互，直是理不足明，故言互相足。内則注：「擣，熬穀。」

穀則大豆也。穀，總名也。

劉氏彝曰：秔穤黍秫，或餌或餈。

鄭氏鍔曰：曰糗曰餌曰粉曰餈，亦以四物而爲八籩。

凡祭祀，共其籩薦羞之實。注：薦羞，皆進也。未食未飲曰薦，既食既飲曰羞。疏：祭祀言「凡」者，謂四時禘祫等，皆共其籩。籩則薦羞之實是也。云「未食未飲曰薦」者，先薦後獻，祭祀也。據朝踐饋獻時，未獻前所薦籩豆，朝事饋食之籩是也。云「既食既飲曰羞」者，謂尸食後，酳尸訖所進羞，即加籩之實是也。

鄭氏鍔曰：四籩皆王后所薦，籩人則實之耳。其他祭祀，則共籩中可薦可羞之物。不共其籩，有司自掌其器也。

醢人：掌四豆之實。疏：言「四豆之實」者，豆與籩並設，節數與四籩同時，亦謂朝事饋食，加豆羞豆之實是也。

禮圖曰：案考工記旊人：爲豆高一尺。又鄭注周禮及禮記云：豆以木爲之，受四升，口圓，徑尺二寸，有蓋。鄭注鄉射記云：豆宜濡物。

朝事之豆，其實韭菹、醓醢，昌本、麋臡，菁菹、鹿臡，茆菹、麇臡。注：醓，肉汁也。昌本，昌蒲根，切之四寸爲菹。三臡亦醢也。作醢及臡者，必先膊乾其肉，乃後莝之，雜以粱麴及鹽，漬以美酒，塗置瓶中，百日則成矣。鄭司農云：「麋臡，麋肝髓醢。或曰麋臡，醬也。有骨爲臡，無骨爲醢。菁菹，韭菹。」鄭大夫讀茆爲茅。茅菹，茅初生。或曰茆，水草。杜子春讀茆爲卯。玄謂菁，蔓菁也。茆，鳧葵也。凡菹醢皆以氣味相成，其狀未聞。　疏：云「其實韭菹、醓醢」者，于豆内韲菹之類，菜、肉通，全物若牒爲菹，細切爲韲。又不言菹者，皆是韲，則昌本之類是也。言「昌本」，本，根也，昌蒲根爲韲。言「麋臡」者，以麋肉爲醢，以其并骨爲之則曰臡。菁菹、鹿臡、茆菹、麇臡爲八豆，並后設之。醓者以肉爲之，醓汁即是肉汁。云「切之四寸爲菹」者，但菹四寸無正文，蓋以一握爲限，一握則四寸也，即是全物若牒。云「作醢及臡」已下者，鄭以當時之法解之。案王制云「一爲乾豆」，鄭注云：「謂腊之以爲祭祀豆實也。」脯非豆實，亦謂作醢，始得在豆，與此先膊乾其肉義合。「鄭司農云麋臡，麋肝髓醢」，此義後鄭不從。云「或曰麋臡，醬也。有骨爲臡，無骨爲醢」，後鄭從之。又「菁菹，韭菹」者，以菁爲韭菁，于義不可，後鄭不從。若爲菲字，菲則蔓菁，于義爲是，後鄭不應破之，明本作韭，不作菲也。「鄭大夫讀茆爲茅。茅菹，茅初生」者，茅草非人可食之物，不堪爲菹。「或曰茆，水草」，後鄭從之。「杜子春讀茆爲卯」，于義亦是。「玄謂菁，蔓菁」者，破司農爲韭菁。云「茆，鳧葵也」者，增成子春等義。云「凡菹醢皆以氣味相成，其狀未聞」者，經云韭菹、醓醢以下，兩兩相配者，皆是氣味相成之狀，不可知，故云其狀未聞。

饋食之豆，其實葵菹、蠃醢，脾析、蠯醢，蜃、蚳醢，豚拍、魚醢。注：蠃，螔蝓。蜃，大蛤。蚳，蛾子。鄭司農云：「脾析，牛百葉也。蠯，蛤也。」鄭大夫、杜子春皆以拍爲膊，謂脅也。或曰：豚拍，肩也。今河間名豚脅聲如鍛鎛。　疏：「其實葵菹、蠃醢」者，此八豆之内，脾析、蜃、豚拍三者不言菹，皆齏也。言「蠃，螔蝓。蜃，大蛤。蚳，蛾子」，皆爾雅文。蠯謂小蛤，豚拍謂豚脅也。

鄭氏鍔曰：葵也，脾脅也，蜃也，豚拍也，四物以爲菹。蠃也，蠯也，蚳也，魚也，四物以爲醢。

加豆之實，芹菹、兔醢，深蒲、醓醢，箈菹、雁醢，筍菹、魚醢。注：芹，楚葵也。鄭司農云：「深蒲，蒲蒻入水深，故曰深蒲。或曰深蒲，桑耳。醓醢，肉醬也。箈，水中魚衣。」故書雁或爲鶉。杜子春云：「當爲雁。」玄謂深蒲，蒲始生水中子。箈，箭萌。筍，竹萌。　疏：「深蒲、醓醢」者，深蒲謂蒲入水深以爲齏，醓醢與朝事之豆同。「箈菹」者，謂以箈箭萌爲菹也。云「筍菹」者，謂竹萌爲菹也。「芹，楚葵」，出爾雅。「鄭司農云深蒲，蒲蒻入水深，故曰深蒲」者，史游急就章曰：「蒲蒻，藺席。」蒲蒻只堪爲席，不可爲菹，故後鄭不從。云「或曰深蒲，桑耳」者，既名爲蒲，何得更爲桑耳，故後鄭亦不從。云「箈，水中魚衣」者，此箈字既竹下爲之，非是水物，不得爲魚衣，故後鄭不從。「玄謂深蒲，蒲始生水中子」者，此後鄭以時事而知，破先鄭也。云「箈，箭萌」者，一名篠者也。「筍，竹萌」者，一名簜者也。萌皆謂新生者也，見今皆爲菹。

羞豆之實，酏食、糝食。凡祭祀，共薦羞之豆實。注：鄭司農云：「酏食，以酒酏爲餅。糝食，菜餗蒸。」玄謂酏，餈也。内則云：「取稻米舉糔溲之，小切狼臅膏，以與稻米爲餈。」又曰：「糝，取牛羊豕之肉三如一，小切之，與稻米，米二肉一合以爲餌，煎之。」　疏：言「酏食」者，謂餈與糝實爲二豆。

司農云「酏食，以酒酏爲餅」者，酏，粥也。以酒酏爲餅，若今起膠餅。文無所出，故後鄭不從。云「糝食，菜餗蒸」者，若今煮菜謂之蒸菜也。亦文無所出，後鄭亦不從。「玄謂酏，餈也」者，案雜問志云：內則餈次糝，周禮酏次糝，又酏在六飲中，不合在豆。且內則有餈無酏，周禮有酏無餈，明酏餈是一也，故破酏從餈也。又引內則曰「取稻米舉糔溲之」者，案彼上注，舉猶皆也。糔溲，博異語，謂取稻米皆糔之。云「小切狼臅膏」者，鄭彼注：「狼臅膏，臆中膏也。」云「以與稻米爲餈」者〔一〕，彼鄭云若今膏𩜾。云「又曰糝，取牛羊豕之肉三如一」。

腊人：凡祭祀，共豆脯，薦脯、膴、胖，凡腊物。注：脯非豆實，豆當爲羞，聲之誤也。鄭司農云：「膴，膺肉。」鄭大夫云：「胖當爲判。」杜子春讀胖爲版，又云：「膴、胖皆謂夾脊肉。」又云：「禮家以胖爲半體。」玄謂公食大夫禮曰「庶羞皆有大」者，此據肉之所擬祭者也。又引有司曰：「主人亦一魚，加膴祭於上」者，此據主人擬祭者。膴與大亦一也。內則曰「麋鹿田豕麕皆有胖」，足相參正也。大者，胾之大臠。膴者，魚之反覆。膴又詁曰大，二者同矣。則是膴亦膴肉大臠。胖宜爲脯而腥，胖之言片也，析肉意也。禮固有腥腍爓，雖其有爲孰之，皆先制乃亨。疏：知「脯非豆實」者，案籩人職有栗脯，則脯是籩實，故云脯非豆實也。知「豆當爲羞」者，案籩人職云「凡祭祀，共其籩薦羞之實」，鄭云：「未飲未食曰薦，

〔一〕「餈」，原作「餈」，據光緒本、周禮注疏卷六改。

已飲已食曰羞。」羞薦相對，下既言薦脯，則上當言羞脯也。「鄭司農云『膴，膺肉』。鄭大夫胖讀爲判。杜子春讀胖爲版，又云『膴、胖皆謂夾脊肉』，又云『禮家以胖爲半體』」者，文無所出，皆非也。「玄謂公食大夫禮曰『庶羞皆有大』者，此據肉之所擬祭也。又引有司曰『主人亦一魚，加膴祭於其上』者，此據主人擬祭者也。膴與大亦一也。內則曰『麋鹿田豕麕皆有胖』，足相參正」者，注引有司并公食大夫二處，證膴是大臠，引內則，明胖與膴不同，故云「足相參正」。云「大者，胾之大臠」者，重解公食大夫云「膴者，魚之反覆」者，反覆，謂魚生時在腹下，今加之于上。云「膴又詁曰大」者，據爾雅釋詁文。云「二者同矣」者，大共膴同是一，則膴是牒肉大臠，同將祭先也。云「胖宜爲脯而腥」，謂肉薄不煮者。云「胖之言片，析肉意」者，此解胖是薄義。云「禮固有腥膴爓，雖其有爲孰之」者，祭祀之禮，豚解而腥之，又有體解而爓之，又有薦孰之禮。禮經固有此三者，皆當共制爲胖。言此者，證胖與膴不同，破諸家之意。

陳氏禮書：脯，周禮腊人「掌乾肉，凡脯腊膴胖之事」。內則「牛脩、鹿脯、田豕脯、麋脯」。大夫燕食有膾無脯，有脯無膾」。郊特牲曰：「大饗，尚腵脩。」少儀曰：「其以乘壺酒、束脩、一犬賜人。若獻人，則陳酒執脩以將命。」先儒謂薄析曰脯，捶而施薑桂曰腵。然則腵猶濁氏之胃脯也〔一〕。食貨志注：胃以椒薑。腵析而段之，脩則

〔一〕「胃」，諸本作「冒」，據下文小字注及史記貨殖列傳改。

其體長矣。膴之於禮，可以爲輕，可以爲重，可以用之於前，可以羞之於後。膳夫凡王祭祀，賓客則有俎，凡稍食，則脯醢而已。冠禮三加，有乾肉折俎。始醮、再醮，則脯醢而已。喪禮則大斂、卒塗、朔月，既夕、士虞有牲體魚腊之俎，小斂則特豚脯醢而已，以脯醢之於魚腊俎爲輕故也。大饗有腥熟，尚腶脩以禮賓。冠禮有牲俎，取脯以見母。昏禮賓取脯以授從者，燕禮賓執脯以賜鍾人，又昏禮婦摯豚脯以見姑，學者束脩以見師，以脯之於禮爲重故也。用之於前，則冠禮始醮、再醮之類是也。羞之於後，則籩人加籩之實㮚脯是也。蓋脯割之也謂之尹，曲禮、士虞所謂「尹祭」是也。體之直也謂之脡，士虞禮所謂「脯四脡」是也。脡亦作挺，鄉飲禮所謂「薦脯五挺」是也。脡亦謂之膱，鄉射禮「薦腊用籩，五膱，祭半膱，膱長尺二寸」是也。鄉飲、鄉射，大夫禮也，故五挺。士虞，士禮也，故四挺。春秋之時，齊侯唁昭公于野井，以四挺脯，蓋野禮之禮歟？曲禮曰：「以脯脩置者，左朐右末。」儀禮：「俎設于脯醢東，朐在南。」又曰腊。周官獸人于腊人，腊人「掌乾肉，凡田獸之脯腊膴胖之事」。蓋析而乾之曰脯，全而乾之曰腊。脯在籩，腊在俎。脯常先於醢，腊常亞於魚。禮有蕘腊，有鮮腊，有全腊，有胖腊。或取以用，或不用；或取以祭，或不祭；

或在庶羞，或不在庶羞；或先舉魚後舉腊，或先舉腊後舉魚。聘禮賓之飪鼎九，有魚腊，鮮魚、鮮腊，上介飪鼎七，無鮮。公食大夫上大夫之俎九，有魚腊，加鮮魚、鮮腊，下大夫之俎七，無鮮。而昏禮腊必用鮮者，禮之所隆也。少牢鼎腊一純，特牲、士冠、昏之類皆用全，士喪大斂、士虞、既夕胖而已，則不用全者，禮之所略也。昏禮「厥明，婦饋舅姑，特豚，無魚腊」，既夕「禮徹巾，苞不以魚腊」，以非正牲故也。公食大夫禮「魚腊醬湆不祭」，以預正饌故也。若入庶羞，故祭。公食大夫若不親食，魚腊陳於碑內。有司徹「升羊豕魚三鼎而無腊」，以在庶羞故也。特牲後舉魚，以三俎腊皆三舉故也。少牢後舉腊，以腊魚皆一舉故也。夫腊之骨也，如牲體卒塗之腊進柢，未異於生也。少牢之腊進下，異於生也。其載之也上肩，其舉之也以肩。鄭氏六體始於正脊，終於肩。昏禮「腊，肫髀不升」，喪禮腊髀亦不升，而少牢祝俎體屬于尻，有司徹腊辨無髀，則腊之賤髀，亦與牲同矣。禮器曰：「大饗其王事歟？三牲、魚腊，四海九州之美味也。」則天子之腊，凡田獸在焉。儀禮大夫腊用麋，鄭康成曰：「士腊用兔。」然特牲腊用獸，則苟有獸焉可也，孰謂必用兔耶？

夏官量人：凡祭祀，制其從獻脯燔之數量。注：鄭司農云：「從獻者，肉殽從酒也。」玄謂燔，從於獻酒之肉炙也。數，多少也。量，長短也。疏：云「凡」者，以其天地宗廟饗食事廣，祭禮獻以燔從，故總言之也。案特牲、少牢云主人獻尸以肝從，主婦獻尸以燔從，故鄭據此以爲從獻以燔。詩云「載燔載烈」，毛傳云：「傳火曰燔，貫之加于火曰烈。」燔雖不貫，亦是炙肉，故鄭云炙肉。「數，多少也。量，長短也」者，案儀禮「脯十脡，各長尺二寸」，是多少長短。燔之數量未聞。

天官醢人：掌共五齊七菹，凡醢物。以共祭祀之齊菹，凡醢醬之物。注：齊菹醬屬醢人者，皆須醢成味。疏：五齊七菹醢物，乃是醢人所掌。豆實今在此者，鄭云齊菹醬皆須醢成味，故與醢人共掌。云「以共祭祀之齊菹，凡醢醬之物」者，醢人連言醬者，並豆醬亦掌。

鹽人：祭祀共其苦鹽、散鹽。注：杜子春讀苦爲盬，謂出鹽直用不湅治者。鄭司農云：「散鹽，湅治者。」玄謂散鹽，鬻水爲鹽。疏：苦當爲盬，盬，謂出於鹽池，今之顆鹽是也。散鹽，煮水爲之，出於東海。又曰「杜子春讀苦爲盬」者，盬鹹非苦，故破苦爲盬，見今海傍出鹽之處謂之盬。云「直用不湅治」者，對下經鬻鹽是湅治者也。「鄭司農云散鹽，湅治者」，下經自有鬻鹽是湅治，故後鄭不從。

禮記王制：庶羞不踰牲。注：祭以羊，則不以牛肉爲羞。疏：案有司徹是少牢之祭，云「宰夫羞房中之羞」，注「酏食糝食」，內則云「糝取牛羊豕之肉」。得用牛者，祭既用少牢，則糝亦不用牛肉，以羊肉爲羞。

天子諸侯無事，則歲三田，一爲乾豆。注：謂腊之以爲祭祀豆實也。疏：「天子諸侯無事」者，謂無征伐出行喪凶之事，則一歲三時田獵，獵在田中，又爲田除害，故稱田也。「一爲乾豆」者，謂乾之以爲豆實。豆實非脯，而云乾者，謂作醢及臡，先乾其肉，故云乾豆，是上殺者也。案穀梁桓四年范甯云：「上殺中心，死速，乾之以爲豆實。」

周禮天官獸人：掌罟田獸。注：罟，網也。以網搏所當田之獸。

凡祭祀，掌其死獸生獸。凡獸入于腊人。注：共其完者。疏：凡此所共者，於庖人云「凡其死生鱻薧之物，以共王之膳」。又曰知其完全者，下經云「凡獸入于腊人」，是其不完者，故知此是完者。

地官囿人：祭祀，共其生獸死獸之物。

夏官服不氏：凡祭祀，共猛獸。注：謂中膳羞者。獸人：「冬獻狼。」疏：上云「養猛獸」，則猛獸皆養之。此言祭祀所共堪食者，故鄭云謂中膳羞，中膳羞唯有熊狼，故引獸人與春秋爲證。案内則亦云狼臅膏可食也。

掌畜：祭祀，共卵鳥。注：其卵可薦之鳥。疏：還謂上經鵝鴨之屬，其雞亦在焉。

天官𩺰人：凡祭祀，共其魚之鱻薧。疏：「凡祭祀，共其魚之鱻薧」者，此所共者，共内外饔，以其膳夫共王之膳羞，即不掌祭祀之事。

鼈人：祭祀，共蠯、蠃、蚳，以授醢人。注：蠃，螔蝓。鄭司農云：「蠯，蛤也。」杜子春云：

「蠯，蜯也。蚳，蛾子。國語曰：『蟲舍蚳蝝。』」　疏：案醢人有蠯醢、蠃醢、蚳醢，故以此三者授醢人。又曰「蠃，螔蝓」者，一物兩名。司農云「蠯，蛤也」者，杜子春云「蠯，蜯也」者，蜯即蛤也，亦一物。云「蚳，蛾子」者，謂蟻之子取白者以爲醢。

地官川衡：祭祀，共川奠。　注：川奠，籩豆之實，魚、鱐、蜃、蛤之屬。　疏：鄭此注皆據醢人及籩人而言。案籩人職云：朝事之籩，有麷、蕡、白、黑、形鹽、膴、鮑魚、鱐。醢人云：饋食之豆，有蜃醢、蠯醢。蜃、蠯是蛤，則魚、鱐及蜃皆川中所生之物，故引爲證川奠也。言「之屬」者，兼有蠃醢，亦是川奠，故云「之屬」。

澤虞：凡祭祀，共澤物之奠。　注：澤物之奠，亦籩豆之實，芹、茆、蔆、芡之屬。　疏：案籩人職，加籩之實有蔆、芡，朝事之豆有茆菹，加豆之實有芹菹，是皆澤中所出，故引證澤物之奠也。言「之屬」者，兼有深蒲、昌本之等，故云「之屬」。

天官庖人：共祭祀之好羞。　注：謂四時所爲膳食，若荆州之鮺魚，青州之蟹胥，雖非常物，進之孝也。　疏：尋常所共者，並在內外饔。今言好羞，則是非常之物，謂美魚之屬也。又曰：云「四時所爲膳食」者，謂四時之間非常美食。云「若荆州之鮺魚，青州之蟹胥」者，鄭見當時有之，又見禮記禮器云：「大饗其王事與？三牲、魚腊，四海九州之美味。」苟可薦者，莫不咸在，且禹貢徐州貢蠙珠暨魚，荆州無魚文，是文不備，是知好羞皆是魚也。

國語魯語：宣公夏濫于泗淵，注：濫，漬也。漬罟於泗水之淵以取魚也。泗在魯城北，又曰在南門。里革斷其罟而棄之，注：罟，網也。曰：「古者大寒降，土蟄發，注：降，下也。寒氣初下，謂季冬建丑之月，大寒之後也。土蟄發，謂孟春建寅之月，蟄始震也。水虞於是乎講罛罶，取名魚，登川禽，而嘗之寢廟，行諸國人，助宣氣也。注：水虞，漁師也，掌川澤之禁令。講，習也。罛，漁網也。罶，笱也。名魚，大魚也。川禽，鼈蜃之屬。是時陽氣起，魚陟負冰，故令國人取之，所以助宣氣也。月令：「季冬始漁，乃嘗魚，先薦寢廟。」唐云「孟春」，誤矣。鳥獸孕，水蟲成，注：孕，懷子也。此爲春時。獸虞於是乎禁罝羅，矠魚鼈以爲夏犒，注：獸虞，掌鳥獸之禁令。罝，兔罟。羅，鳥罟也。禁，禁不得施也。矠，擉也。犒，乾也。夏不得取，故於此時擉刺魚鼈以爲夏儲。助生阜也。注：阜，長也。鳥獸方孕，故取魚鼈助生物也。鳥獸成，水蟲孕，水虞於是乎禁罝罜麗，設穽鄂，注：罝當爲罜，罜麗，小網也。穽，陷也。鄂，柞格，所以誤獸也。謂立夏鳥獸已成，水蟲方孕之時，禁魚鼈之網，設取獸之物也。以實廟庖，畜功用也。注：以獸實宗廟庖厨也。而長魚鼈，畜四時功，足國財用也。且夫山不槎蘖，澤不伐夭，魚不鯤鮞。注：鯤，魚子也。鮞，未成魚也。獸長麑麌，注：鹿子曰麑，麋子曰麌。鳥翼鷇卵，注：翼，成也。生哺曰鷇，未成曰卵。蟲舍蚳蝝，注：蚳，螘子也，可以爲醢。蝝，蝮蜪也，可食。舍，不取也。蕃庶物也，古之訓也。今魚方別孕，不教魚長，又行網罟，貪無蓺也。注：別，別于雄而懷子也。蓺，極也。」

陳氏禮書：魚，月盈則魚腦盈，月虧則魚腦虧。特牲、少牢尸俎魚皆十有五，取盈數於三五故也。若夫飲食之禮則不然，公食大夫魚與腸胃、倫膚若九若十有一，下大夫若七若五，則一命之魚七，再命九，三命十有一，特天子諸侯魚數不見於經，先儒謂諸侯十有三，天子十有五，理或然也。士昏禮魚十有四，攝盛也。其加不至十有五者，貴偶也。然魚之在俎，或縮或橫，或右首或左首，或進首或進尾，或進鬐，脊也。或進腴，或右鬐。則右首、左首者，於俎爲縮，於人爲橫；進首、進尾者，於俎爲橫，於人爲縮。公食大夫魚縮俎，寢右，進鬐；士喪卒塗之奠，左首，進鬐；士虞亦進鬐；少牢右首，進腴。蓋鬐者，體之所在；腴者，氣之所聚。禮雖貴右，人之飲食貴體，鬼神之祭貴氣也。公食與少牢皆右首，而喪禮左首，反吉故也。少牢進腴，公食進鬐，而喪奠與虞進鬐，未異於生故也。儀禮大夫士祭皆薧魚，周禮𢸫人「凡祭祀，共其魚之鱻薧」。曲禮曰：「薧魚曰商祭，鮮魚曰脡祭。」少儀曰：「進濡魚者進尾。」先儒謂天子諸侯之禮備薧濡，其説是也。魚之爲物，冬則潛而趨陽乎下，故腴美；夏則躍而趨陽乎上，故鬐美。冬右腴，夏右鬐，此又所尚在時，與公食大夫、少牢之所進者異矣。然儀禮魚皆縮於俎，而少牢獻祝魚一，橫載之，有司徹尸俎五魚，橫載之，侑、主人皆一魚，亦橫載之。蓋少牢祝俎所載非一物也，故橫之。有司徹之橫載，鄭康成曰「彌變於神」是也。有司徹尸侑主人之魚皆加膴，祭於其上，少儀亦曰「祭膴」，蓋膴大也。公食大夫禮士羞庶羞，皆有大則膴者，特爲大臠以備祭者也。士虞用鱄鮒，少牢魚用鮒，蓋大夫用鮒，士虞或鱄或鮒也。䱷人春獻王鮪，潛之詩：「季冬薦魚，春獻鮪。」月令：「季冬乃命魚師始漁，天子親往，乃嘗魚，先獻寢廟。」魯語曰：「古者大寒降，土蟄發，水虞於是乎講罛罶，取魚嘗之。」則大寒降者，季冬薦魚之時也。土蟄發者，春獻鮪之時也。此特薦其新者而已。然王於凡祭祀，奚適而不用魚哉！以非正牲，故其俎在牲之下。

又曰：鱐，庖人「夏行腒鱐」，鄭司農曰：「腒，乾雉。鱐，乾魚。」鄭康成曰：「腒鱐，暵而乾。」內饔「掌共羞、脩、刑、膴、胖、骨、鱐，以待共膳」，䱷人「辨魚物爲鱻薧，以共王膳羞。凡祭祀、賓客、喪紀，共其魚之鱻薧」。籩人「朝事之籩，其實膴、鮑魚、鱐」。鄭康成曰：「鮑者，於楅室中糗乾之，出於江、淮也。鱐者，析乾之，出東海。王者備物，近者腥之，遠者乾之，因其宜也。」曲禮曰「薧魚曰商祭」，鄭氏曰：「商猶量也。」然薧魚曰鱐，鱐曰商祭，則鱅與商，豈摯斂之謂歟？籩人朝事之籩，膴、鮑魚、鱐，加籩之實，菱、芡、㮚、脯，則籩之所薦，先魚而後脯矣。

又曰：膴，内饔：「掌共羞、脩、刑、膴、胖、骨、鱐〔一〕。」鄭司農曰：「刑，膴謂夾脊肉。」鄭康成曰：「刑，鉶羹也。膴，牒肉大臠，所以祭者。」外饔：「掌外祭祀之割亨，共其脯、脩、刑、膴，凡賓客之飧饔，饔食亦如之。」籩人：「朝事之籩，其實膴、鮑魚、鱐。」鄭氏曰：膴，牒。生魚爲大臠，今燕人膾魚方寸，切其腴以啗所貴。公食大夫禮庶羞皆有大。有司徹主人亦一魚，加膴祭於上；少儀羞濡魚者進尾，冬右腴，夏右鬐，祭膴。鄭氏曰：「謂刳魚腹也。膴讀如冔〔二〕。」蓋牒肉之大臠亦曰膴，所以祭。其在俎，則加于魚肉之上；在籩，加于鮑鱐之上。

詩小雅信南山：疆埸有瓜，是剥是菹，獻之皇祖。傳：剥瓜爲菹也。箋：於畔上種瓜，瓜成又入其稅，天子剥削淹漬以爲菹，貴四時之異物。皇，君也。獻瓜菹于先祖者，順孝子之心也。疏：周禮場人「祭祀，供其果蓏」，是祭必有瓜菹矣。醢人豆實無瓜菹者，主說正豆之實，故文不

〔一〕「膴」，諸本脱，據周禮注疏卷四補。
〔二〕「冔」，原作「罕」，據光緒本、禮記正義卷三五改。

具耳。

周禮地官場人：凡祭祀，共其果蓏，享亦如之。注：享，納牲。疏：「享，納牲」，謂祭祀宗廟，二灌後，君迎牲納之于庭，時后夫人薦朝事之豆籩，豆籩中有果蓏之物，故云「享亦如之」。若然，上言祭祀，餘祭祀也。

天官甸人：共野果蓏之薦。注：甸在遠郊之外，郊外曰野。果，桃李之屬。蓏，瓜瓞之屬。疏：云「果，桃李之屬。蓏，瓜瓞之屬」者，案食貨志臣瓚以爲在樹曰果，在地曰蓏，不辨有核無核。張晏以有核曰果，無核曰蓏。今鄭云「果，桃李之屬」，即是有核者也；「蓏，瓜瓞之屬」，即是無核者也。此從張晏之義。

禮記禮運：實其簠、簋、籩、豆、鉶羹。

禮器：籩豆之薦，四時之和氣也。疏：此亦是諸侯所貢，實于籩豆，是四時和氣所生，故云「四時和氣也」。

郊特牲：鼎俎奇而籩豆偶，陰陽之義也。疏：籩豆兼有植物，植物屬陰，故其數偶。籩豆所充實之物，皆是水土所生品類，非人所常食。神道與人異，故不敢用人之食味，神以多大爲功，故貴多品。掌客云：「上公豆四十，侯伯三十，子男二十四。」又禮器云：「天子之豆二十有六，諸公十有六，諸侯十有二，上大夫八，下大夫六。」案禮，籩與豆同，是籩豆偶也。鄉飲酒義豆數是年齒相次，非正豆也。

籩豆之實，水土之品也。不敢用褻味而貴多品，所以交於旦明之義也。注：水土之品，言非人常所食。旦當爲神，篆字之誤也。疏：「籩豆之實，水土之品也」者，謂籩豆所充實之物皆是水土所生品類，非人所常食也。「不敢用褻味而貴多品」者，覆釋籩豆所以用水土品族之意，言不敢用褻美食味，而貴重衆多品族也。何意如此？所以交接神明之義也。神道與人既異，故不敢用人之食味，神以多大爲功，故貴多品。

恒豆之菹，水草之和氣也。其醢，陸産之物也。加豆，陸産也。其醢，水物也。籩豆之薦，水土之品也。不敢用常褻味而貴多品，所以交於神明之義也，非食味之道也。疏：自「恒豆之菹」至「之道也」，偏明諸侯祭祀之禮。「恒豆之菹」者，謂朝事恒常所薦之豆，所盛之菹，是水草和美之氣，若昌本、茆菹是也。其所盛之醢，陸地所産之物也。「加豆，陸産也」者，謂祭末酳尸之後，其菹，陸地産生之物而爲之，若葵菹、豚拍之屬是也。「其醢，水物也」者，加豆所盛之醢，用水中之物，若蠃醢、魚醢是也。「籩豆之薦，水土之品也」者，其籩豆所薦之物，或水或土所生品類也。前文唯云豆，此連言籩者，籩是配豆之物，所盛亦有水土所生也。周禮籩人云：「天子朝事之籩，其實有麷、蕡、白、黑。」則土所生也。鮑魚則水物也。但籩之所盛，陸産甚多也。「不敢用常褻味而貴多品」者，言所薦之物，不敢用常褻美味，貴其多有品類，言物多而味不美也。「所以交于神明之義也，非食味之道也」者，解所以物多不美之意，所以交接神明之義，取恭敬質素，非如人事飲食美味之道也。

醯醢之美，而煎鹽之尚，貴天產也。疏：「貴天產也」者，餘物皆人功和合爲之，鹽則天產自然。言「煎」者，煎此自然之鹽，錬治之也。皇氏云：「設之于醯醢之上，故云尚。」熊氏云：「煎鹽，祭天所用，故云尚。」義俱通也。

祭統：水草之菹，陸產之醢，小物備矣。注：水草之菹，芹、茆之屬。陸產之醢，蚳、蝝之屬。

昆蟲之異，草木之實，陰陽之物備矣。注：昆蟲，謂温生寒死之蟲也。内則可食之物有蜩、范。草木之實，菱、芡、榛、栗之屬。

凡天之所生，地之所長，苟可薦者，莫不咸在。注：咸，皆也。疏：「苟可薦者」悉在祭，則上「陰陽之物備矣」是也。

國語楚語：籩豆、脯醢則上下共之。不羞珍異，不陳庶侈。注：共之，以多少爲羞也。羞，進也。庶，衆也。侈，猶多也。

陳氏禮書：周官籩人、醢人有朝事、饋食之籩豆。與加籩、羞籩、加豆、羞豆凡二十有六。祭祀之籩豆，其數如此，則饗食之禮，豈過是哉？禮器所謂「天子之豆二十有六」是也。推此則諸公十有六，諸侯十有二，上大夫八，下大夫六，而少牢大夫四豆，蓋大夫食於公，與祭於己者異矣。周官掌客上公豆四十，侯伯豆三十有二，子男豆二十有四，而食皆稱之。先儒謂豆正羞，食庶羞，庶羞亦豆也。公食下大夫六豆，上大夫八豆，聘禮致饔餼於上大夫，堂上八豆，西夾六豆，然則禮器之豆數，用數也，掌客之數，陳數也。春秋之時，鄭享楚子加籩豆六品，晉享季孫夙有加籩，蓋古者籩豆有加者，皆所以優尊之也。豆實，菹醢者也，而晏子豚肩不掩豆；菹醢，濡物也，而田獵所獲爲乾豆者。蓋豚肩不掩豆，譏其用小牲，非必以豆實豚也；醢臡必乾折，然後漬之，非謂以豆實乾也。鼎俎奇而籩豆偶，而鄉飲酒六十者三豆，七十者四豆，八十者五豆，九十者六豆，而數不皆偶者，此又視年高下而隆殺之，不可以常禮限之也。

右籩豆庶羞

五禮通考卷六十六

吉禮六十六

宗廟制度

器用

禮記月令：孟冬之月，命工師效功，陳祭器，案度程，毋或作爲淫巧，以蕩上心，必功致爲上。物勒工名，以考其誠。功有不當，必行其罪，以窮其情。注：霜降而百工休，至此物皆成也。工師，工官之長也。效功，録見百工所作器物也。主於祭器，祭器尊也。度謂制大小也。程謂器所容也。淫巧，謂奢僞怪好也。蕩謂摇動生其奢淫。勒〔一〕，刻也。刻工姓名於其器，以察其信，

〔一〕「勒」上，諸本衍「刻」字，據禮記正義卷一七刪。

知其不功致也。功不當者，取材美而器不堅也。疏：於是之時，冬閉無事，命此工官之長，效實百工所造之物，陳列祭器善惡。案此器舊來制度大小，及容受程限多少。或，有也。勿得有作過制之巧，以摇動在上生奢侈之心。「必功致爲上」者，言作器不須靡麗華侈，必功力密致爲上。又每物之上，刻勒所造工匠之名於後，以考其誠信與否，若其用材精美，而器不堅固，則功有不當，必行其罪罰，以窮其詐僞之情。百工造作器物，則諸器皆營。經直主於祭，故云「祭器尊也」。

方氏慤曰：功即工之所成者，效與效馬效羊之效同義，蓋呈效之也。工之所成具乎器，故繼言陳祭器焉。祭器未成，不造燕器，故以祭器爲主。因其陳，而案之以度程，近取諸身而手有寸，長短之數所起也。夫是之謂度。遠取諸物而禾有黍，多少之數所起也。夫是之謂程。案則據此以驗彼也，案以度則制之長短無不中度，案以程則功之多少無不中程。

周禮地官鄉師：正歲，稽其鄉器，比共吉凶二服，閭共祭器，鄉共吉凶禮樂之器。

注：祭器者，簠簋鼎俎之屬。閭胥主集爲之。疏：云「祭器簠簋」者，案特牲同姓用簠，少牢皆用敦，同姓者乃用簋。今言簋者，況義耳。

蔡氏德晉曰：此先王教民使成禮俗之要法也。蓋教民必以禮樂，而行禮樂必有其器。然五禮六樂之器繁多，民不能户制而家造也。惟鄉吏集合衆材以爲之，而後比閭族黨之間，莫不有其器，以爲行禮樂之具，使其民於鼎俎之旁，樽罍之下，琴瑟鐘鼓之間，無日而不周旋狎習焉。所以人人知禮樂之意，而成粹美之俗也。或疑吉凶二服，人當自製，何爲欲比長集爲之？然考傳云：「命婦成祭服。」記云：「無田禄者不設祭器，有田禄者先爲祭服。」則自庶士以下，祭服或不能自備。又考古之喪服，其變除之節甚煩，恐喪家非士大夫之富厚者，亦不能一一詳備。又有弔服，非所常用者。今比長預集五家之財，爲吉凶二服，藏之以待用，用畢復收藏之，以待復用，固良法也。至如記言大夫祭器不假，聲樂皆具，非禮也，則自命士以下，吉凶禮樂之器俱不能自備可知。今有閭師、族師以及州長鄉大夫等集合衆財爲之，則器無不備，而禮人人可行矣。

夏官小子：釁邦器。注：邦器，謂禮樂之器及祭器之屬。雜記曰：「凡宗廟之器，其名者成，則釁之以豭豚。」疏：祭器即籩、豆、俎、簋、尊、彝器皆是。

禮記王制：大夫祭器不假。祭器未成，不造燕器。注：造，爲也。疏：皇氏云：「此謂有地大夫，故祭器不假。若無地大夫，則當假之。故禮運云：『大夫祭器不假，聲樂皆具，非禮也。』謂無地大夫也。」

曲禮：大夫士去國，祭器不踰竟。大夫寓祭器於大夫，士寓祭器於士。注：此用君禄所作，取以出竟，恐辱親也。寓，寄也，與得用者。言寄，覬已復還。疏：「祭器不踰竟」者，既明出禮，先從重物爲始也。踰，越也。此祭器是君禄所造，今既放出，故不得自隨越竟也。注云「此用君禄所作，取以出竟，恐辱親也」，無德而出，若猶濫用其器，是辱親也。隱義云：「嫌見奪，故云恐辱親也。」「大夫寓祭器於大夫，士寓祭器於士」者，寓猶寄也。既不將去，故留寄其同僚。必寄之者，冀其復還得用也。魯季友奔陳，國人復之，傳曰「季子來歸」是也。又口「寓，寄也，與得用者。言寄，覬已復還」者，此解言「寄」之義也。夫物不常用，則生蟲蠹，故寄於同官。令彼得用，不使毀敗，冀還復用，大夫士義皆然也。

馬氏晞孟曰：君之於臣也，在竟則有賜環之禮，在他國則有幣召之禮。故孔子在陳，未嘗不思歸魯。孟子去齊，未嘗不思「反予」。夫豈悻悻然若小丈夫示其必不復哉？此祭器所以必寓也。昔微子去殷抱祭器而之周者，抱君之祭器也，抱己之祭器不可也。抱己之祭器猶不可，況春秋之時有載祏而行者，有載寶而歸者，甚有至於己邑自隨者，此君子之所疾也。傳曰：「臣之禄，君實有之，義合則進，否則奉身而退。」若孔悝、南宮敬叔、孫林父之徒，豈知此哉！

凡家造，祭器爲先，犧賦爲次，養器爲後。無田禄者不設祭器，有田禄者先爲祭服。君子雖貧，不粥祭器。雖寒，不衣祭服。爲宮室，不斬於丘木。注：大夫稱家，謂家始造事。犧賦，以税出牲。無田禄者，祭器可假。有田禄者，祭服宜自有。粥，賣也。丘，壟也。不粥、不衣、不斬，廣敬也。　疏：家造，大夫始造家事也。崇敬祖禰，故祭器爲先。諸侯、大夫少牢。此言犧，謂牛，即是天子之大夫祭祀，賦斂邑民，共出牲牢，故曰犧賦。養器，共養人之飲食器也。自贍爲私，宜後造。有地大夫，祭器、祭服俱造，則先造祭服，乃造祭器。此言「祭器爲先」者，對犧賦、養器爲先，其實在祭服之後也。然大夫及士有田禄者乃得造器，猶不具，唯天子大夫四命以上者得備具。若諸侯大夫非四命，無田禄，則不得造，故禮運云：「大夫祭器不假，聲樂皆具，非禮也。」據諸侯大夫言之也。若有田禄，雖得造祭器，必先爲祭服，後爲祭器耳。緣人形參差，衣服有大小，不可假借，故宜先造；而祭器之品量，同官可以共有，可暫假也。

呂氏大臨曰：犧賦亦謂器也。犧牲之器，如牢、互、盆、簝之屬也。賦，兵賦也，其器如弓矢、旗物、戈劍之屬也。孟子曰「唯士無田，則亦不祭，牲殺、器皿、衣服不備」故也。不祭則薦而已，與庶人同，故不設祭器也。有田禄則牲殺、器皿、衣服皆不可不備，祭器所以事其先，粥之則無以祭，無以祭則不仁也。祭服所以接鬼神，衣之則褻，褻之不敬也。丘木所以庇其宅，兆爲宮室而斬之，是慢其先而濟吾私也，是亦不敬也。

方氏慤曰：以無田禄者不設祭器，故禮運以祭器不假爲非禮；以有田禄者必具祭器，故王制以祭器不假爲禮。此其辨也。

表記：君子敬則用祭器。注：謂朝聘待賓客崇敬，不敢用燕器也。

曲禮：祭服敝則焚之，祭器敝則埋之，龜筴敝則埋之，牲死則埋之。注：此皆不欲人褻之也。焚之，必已不用。埋之，不知鬼神之所爲。疏：若不焚、埋之，或用之，爲褻慢鬼神之物。所以「焚之」、「埋之」異者，服是身著之物，故焚之，牲器之類，並爲鬼神之用，雖敗，不知鬼神用與不用，故埋之。埋之猶在，焚之則消，故焚、埋異也。

張子曰：祭器、祭服以其常用於鬼神，不敢褻用，故有焚、埋之理。

禮運：大夫具官，祭器不假，聲樂皆具，非禮也。注：臣之奢富擬於國君，敗亂之國也。孔子謂：「管仲官事不攝，焉得儉？」疏：天子六卿，諸侯三卿，卿大夫若有地者，則置官一人，用兼攝群職，不得官官各須具足如君也。「祭器不假」者，凡大夫無地，則不得造祭器。有地雖造而不得具足，並須假借。若不假者，唯公孤以上得備造，故周禮「四命受器」，鄭云：「此公之孤，始得有祭器者也。」大夫自有判縣之樂，而不得如三桓舞八佾。一曰大夫祭，不得用樂者，故少牢饋食無奏樂之文，唯君賜乃有之。「非禮也」者，若大夫並爲上事，則爲非禮也。

周氏諝曰：以官事不攝與聲樂皆具爲非禮則然矣，以祭器不假爲非禮則誤矣。王制曰「大夫祭器不假。祭器未成，不造燕器」，果大夫祭器猶且假之，則燕器蓋未嘗有，殆非先王養成德者之義也。

郊特牲：宗廟之器，可用也，而不可便其利也。所以交於神明者，不可以同於所安樂之義也。疏：宗廟之器，共事神明，不可因便以爲私利。

孟子：牲殺、器皿、衣服不備，不敢以祭。

蕙田案：宗廟之器，莫重於彝、瓚、尊、罍、簠、簋、鼎、俎、籩、豆。顧其用之也有漸，其陳之也有助，所謂比時具物，不可以不備者，蓋亦詳矣。尊爵所以陳明水酒醴，必先以遂鑑取之，以茅泲之，以勺挹之，以巾冪覆之，如是而可以獻也。簠簋所以陳黍稷，必先以饎爨鬵之，以匕盛之，而後可以薦也。若夫牲牢之用則在滌也有楅衡焉，紖焉；其牽之也有紖焉；其殺而肆之也有鸞刀焉，互焉，盆焉，簝焉；其熟之也有雍爨焉，牛羊豕之鑊焉；其載於鼎也有扃焉，冪焉；其自鼎而俎也有匕焉，畢焉；其於鉶也有柶以祭焉；自鉶而薦也有登焉，而後可以饋也。至其進於鬼神，又必盥而洗之，罍、洗、槃、匜、篚、枓之設，於是先焉。鍑、鬲、甗、甑則鑊之屬也。冰鑑所以禦暑也。杖咸所以御老也。若夫几席，則神之所憑藉也。次則尸之所更衣也。此尤其鉅焉者。記曰：「祭者所以追養繼孝也。」嘉薦普淖，非徒簠、簋、俎、豆爲禮器而已。今自几席而下，羅而列之，爲物三十有六，於是見孝子之用心矣。其他瓢、齎、概、散之屬，雖非宗廟所用，而爲祭祀之所需者，亦因以附見從其類也。

蕙田案：以上通論祭器。

周禮春官司几筵：掌五几、五席之名物，辨其用與其位。注：五几，左右玉、彫、彤、漆、素。五席，莞、藻、次、蒲、熊。用位，所設之席及其處。

凡大朝覲、大饗射，凡封國、命諸侯，王位設黼依，依前南鄉設莞筵紛純，加繅席畫純，加次席黼純，左右玉几。注：於依前爲王設席，左右有几，優至尊也。鄭司農云：「紛讀爲豳，又讀爲『和粉』之粉，謂白繡也。純讀爲『均服』之均。純，緣也。繅讀爲『藻率』之藻。次席，虎皮爲席。書顧命曰：『成王將崩，命太保芮伯、畢公等被冕服，憑玉几。』」玄謂紛如綬，有文而狹者。繅席，削蒲蒻，展之，編以五采，若今合歡矣。畫，謂雲氣也。次席，桃枝席，有次列成文。疏：司農云「紛讀爲豳」，於義不安，故更云「又讀爲『和粉』之粉，謂白繡也」。「純讀爲『均服』之均」者，案僖五年左傳卜偃云：「均服振振，取虢之旂。」賈、服、杜君等皆爲均，均，同也。但司農讀爲均，均即準，音與純同，故云「純，緣也」。云「繅讀爲『藻率』之藻」者，讀從桓二年臧哀伯云「藻率鞞鞛，鞶厲斿纓」，此並取彼義也。云「次席，虎皮爲席」者，此見下有熊席，故爲虎皮，後鄭不從也。引尚書者，證王憑玉几之義也。「玄謂紛如綬，有文而狹者」，此見漢世綬是薄帔，有文章而狹，以爲席之緣，故言之也。鄭知「繅席，削蒲蒻，展之，編以五采，若今合歡矣」者，漢有合歡席如此，故還舉漢法況之也。云「畫爲雲氣也」者，鄭於經但單言畫，皆以畫雲氣解之，蓋五色雲爲之文也。云「次席，桃枝席，有次列成文」者，鄭亦見漢世以桃枝竹爲席，有次

第行列成其文章，故言之也。

及王受酢之席。尸卒食，王酳之，卒爵，祝受之，又酌授尸，尸酢王，於是席王於户内，后、諸臣致爵，乃設席。

祀先王、昨席亦如之。注：鄭司農云：「昨席，於主階設席，王所坐也。」玄謂昨讀曰酢，謂祭祀及王受酢之席。尸卒食，王酳之，卒爵，祝受之，又酌授尸，尸酢王，於是席王於户内，后、諸臣致爵，乃設席。

疏：「祀先王」，謂宗廟六享皆用上三種席。酢席，謂王酳尸，尸酢王，王受酢之席。亦如上三種席，故云亦如之。王行飲酒禮亦然。司農云「酢席，於主階設席，王所坐也」者，此約鄉飲酒禮，主人在阼階，賓在户牖，主人受酢。此酢文承「祀先王」下，即是祭禮受尸酢，不得爲凡常飲酒禮，故後鄭不從也。後鄭知王有受尸酢法者，謂若鬱人注引特牲、少牢，此注亦取彼義，故云「尸卒食，王酳之，卒爵，祝受之，又酌授尸，尸酢王，於是席王於户内」也。案特牲、少牢，主人受酢之時未設席，夫婦致爵乃設席。今王於受酢即設席者，優至尊，與大夫士禮異。知席王在户内者，約特牲主人受酢時在户内之東，西面也。云「后、諸臣致爵，乃設席」者，此亦約特牲夫婦致爵之時有席。若然，王於酢有席與彼異，至於后即與彼同者，禮有損之而益，故后不得與王同，宜同士禮。案特牲無致爵於賓長之法，而此言諸臣致爵者，此王於諸臣亦無致爵禮，此致爵謂酳尸訖，主人獻賓長於西階之上，謂之致爵也。特牲主人致爵於主婦，席於東房中，此后亦然。其諸臣，案特牲，獻賓長於西階上，無席。獻訖，以薦俎降，降設於西階下，亦無席。此諸臣有席者，亦是王之臣尊，宜設席，乃以薦俎降，設於席東也。

鄭氏鍔曰：以書考之，其設席皆以敷重席爲言，莞筵在地不重者也。繅席、次席加於筵上，蓋皆重焉。與莞筵爲五重，則與禮記之説合矣。天子之席重而爲五，則下文諸侯之亦重可知。

易氏祓曰：於室中西鄉，而受之非南鄉也。專言昨席，則無几也。所同者席而已矣。

諸侯祭祀席，蒲筵繢純，加莞席紛純，右彫几。注：繢，畫文也。不莞席加繅者，繅柔襦〔一〕，不如莞清堅，又於鬼神宜。疏：此經論諸侯禘祫及四時祭祀之席，皆二種席也。上文畫純者畫雲氣，此云繢即非畫雲。案繢人職「對方爲繢」，是對方爲次畫於繒帛之上，與席爲緣也。云「不莞席加繅者，繅柔襦，不如莞清堅，又於鬼神宜」者，案上文天子祭祀席與酢席同，此下文諸侯受酢席，下莞上繅。今祭祀席，下蒲上莞，故鄭以下文決此。但今諸侯祭祀席不亦如下文莞席加繅者，以其繅柔襦，不如莞清堅，於鬼神宜，即於生人不宜，故下文生人繅在上爲宜也。又不以繅在莞下者，繅尊不宜在莞下，故用蒲替之也。

昨席莞筵紛純，加繅席畫純，筵國賓於牖前亦如之，左彤几。注：昨讀亦曰酢。鄭司農云：「禮記：國賓，老臣也。爲布筵席於牖前。」玄謂國賓，諸侯來朝，孤卿大夫來聘。後言几者，使不蒙「如」也。朝者彫几，聘者彤几。疏：諸侯酳尸，尸酢主君〔二〕，亦於户内之東，西面設此二席。及筵國賓在牖前亦如之，亦如同二種席也。几席雖同，但上文鬼神則右几，此文生人則左几也。又別云「左彤几」

〔一〕「襦」，諸本作「襦」，據周禮注疏卷二〇改，下同。
〔二〕「尸」上，諸本衍「酳」字，據周禮注疏卷二〇删。

者，謂國賓之中有諸侯來朝，亦有孤卿大夫來聘，若朝者則彫几，蒙「亦如之」。聘者席雖與同，几則用彤，故別云「左彤几」，使不蒙「如」也。先鄭云「禮記：國賓，老臣也」者，案禮記王制有四代養國老、庶老於學之事。彼國老謂卿大夫致仕〔一〕，庶老謂士之致仕者，先鄭據此文而云國賓老臣也。後鄭不從者，未見朝聘之賓，而言己國老臣，於義不可，故不從也。「玄謂國賓，諸侯來朝，孤卿大夫來聘」者，案大、小行人及司儀，賓謂諸侯，客謂其臣。今此經唯云賓而兼云孤卿大夫者，對文賓客異，通而言之賓客一也。以大司徒云「大賓客令野修道委積」，小司徒云「小賓客令野修道委積」，是賓客通用之義也。案公食大夫禮云：「司空具几與蒲筵，加萑席」，又云「上大夫蒲筵加萑席，其純皆如下大夫」，彼注云：「謂公食大夫也〔二〕，孤爲賓，則莞筵紛純，加繅席畫純。」聘禮將禮賓〔三〕，「宰夫徹几改筵」，注云：「徹神几，改神席，更布也。賓席東上。」又引公食大夫，云「此筵上下大夫也」〔四〕。又引此「筵國賓」下至「彤几」，云：「筵孤彤几，卿大夫其漆几與？」以此而言，則筵諸侯與孤用莞筵繅席，而卿大夫則用蒲筵萑席。今總云國賓孤卿大夫同莞繅者，此廣解國賓之義，其實如公食大夫及聘禮之注也〔五〕。若然，此注云朝者彫几，聘者彤几，彤几亦謂

〔一〕「老」，諸本作「者」，據周禮注疏卷二〇改。
〔二〕「公食」，諸本作「三命」，據周禮注疏卷二〇改。
〔三〕「禮賓」，諸本脱「禮」字，據周禮注疏卷二〇補。
〔四〕「云」，諸本重，據周禮注疏卷二〇删。
〔五〕「實」，諸本作「食」，據周禮注疏卷二〇改。

孤也。依彼聘禮注，卿大夫用漆几者，以其天子用玉，諸侯用彫，孤用彤，卿大夫用漆几，差次然也。案禮記禮器云：「天子之席五重，諸侯三重。」今天子唯三重，諸侯二重者，彼云五重者，據天子大祫祭而言。若禘祭當四重，時祭當三重，皆用此三重席耳，故此唯見三重席也。諸侯三重，上公當四重，亦謂大祫祭時。若禘祭，降一重，諸侯二重，禘與時祭同。卿大夫已下，特牲、少牢唯見一重耳。若爲賓饗，則加重數，非常法，故不與祭祀同也。

王氏詳説曰：天子昨席與祭祀席同，諸侯昨席與祭祀席異。蓋天子至尊，可與鬼神同其席，諸侯則否。亦猶天子昨酒用醴齊，與鬼神同其尊，諸臣之昨酒用罍，與鬼神異其尊。昨酒、昨席不同如此，然去昨席則無几，祭祀其人馮几乎？

王氏以諸侯左彤几爲祭祀之時，下筵國賓則不設几，曾不知鬼神之几居右，人道之几居左。如以左彤几以待鬼神，則上文之諸侯祭祀右彤几。如以左彤几爲諸神之所自馮，而用於祭祀之間，是非所以禮鬼神。然則彤几用之於筵賓者，正所以待賓也。

書顧命：牖間南嚮，敷重篾席，黼純，華玉仍几。傳：篾，桃枝竹。白黑雜繒緣之。華，彩色。華玉以飾憑几。仍，因也。因生時，几不改作。此見群臣、覲諸侯之坐。

西序東嚮，敷重底席，綴純，文貝仍几。傳：東西廂謂之序。底，蒻苹。綴，雜彩。有文之貝飾几。此旦夕聽事之坐。

東序西嚮，敷重豐席，畫純，雕玉仍几。傳：豐，莞。彩色爲畫。雕，刻鏤。此養國老、饗群臣之坐。

西夾南嚮，敷重筍席，玄紛純，漆仍几。傳：西廂夾室之前。筍，蒻竹。玄紛，黑綬。此親屬私宴之坐，故席几質飾。疏：牖謂窗也。間者，窗東户西户牖之間也。周禮司几筵云：「凡大朝覲、大饗射，凡封國、命諸侯，王位設黼扆。扆前南向，設莞筵紛純，加繅席畫純，加次席黼純，左右玉几。」彼所設者，即此坐也。又云「户牖之間謂之扆」，彼言「扆前」，此言「牖間」，即一坐也。彼言「次席黼純」，此言「篾席黼純」，亦一物也。周禮天子之席三重，諸侯之席再重，則此四坐所言敷重席者，其席皆敷三重。舉其上席而言「重」，知其下更有席也。此牖間之坐，即是周禮扆前之坐，篾席之下二重，其次是繅席畫純，其下是莞筵紛純也。此一坐有周禮可據，知其下二席必然。下文三坐，禮無其事，以扆前一坐敷三重之席，知下三坐必非一重之席敷三重，但不知其下二重是何席耳。周禮天子左右几，諸侯唯右几，此言「仍几」，則四坐皆左右几也。鄭玄云：「左右有几，優至尊也。」此「篾席」與周禮「次席」一也。鄭注彼云：「次席，桃枝席，有次列成文。」鄭玄不見孔傳，亦言是桃枝席，則此席用桃枝之竹，必相傳有舊説也。鄭注此下則云「篾，析竹之次青者」。王肅云：「篾席，纖蒻苹席。」並不知其所據也。考工記云：「白與黑謂之黼。」釋器云：「緣謂之純。」知黼純是白黑雜繒緣之，蓋以白繒黑繒錯雜彩以緣之。鄭玄注周禮云：「斧謂之黼，其繡白黑采也，以絳帛爲質。」其意以白黑之線縫刺爲黼文以緣席，其事或當然也。「華」是彩之別名，故以爲「彩色，用華玉以飾憑几」也。鄭玄云：「華玉，五色玉也。」「仍，因也」，釋詁文。周禮云：「凡吉事變几，凶事仍几。」禮之於几有變有仍，故特言「仍几」，以見「因生時，几不改作」也。「此見群臣、覲諸侯之坐」，周禮之文知之。又覲禮，天子待諸侯，「設斧扆於户牖之間，左右几，天子衮冕負斧扆」。彼在朝此在寢爲異，其牖間之坐則同。「東西廂謂之序」，釋宫文。孫炎曰：「堂東西牆，所以别序内外也。」禮注謂蒲席爲蒻苹，孔以「底席」爲蒻苹，當謂蒲爲蒲蒻之席也。史游急就篇云「蒲蒻藺席」，「蒲蒻」謂此也。王肅云：「底席，青蒲席也。」鄭玄云：「底，致也。篾，纖致席也。」鄭謂此「底席」亦竹席也。凡此重席，非有明文可據，各自以意説耳。「綴」者，連綴諸色。席必以綵爲緣，故以綴爲雜彩也。貝者水蟲，取其甲以飾器物。釋魚於貝之下云：「餘蚳，黄白文。餘泉，白黄文。」李巡曰：「貝甲以黄爲質，白爲文彩，名爲餘蚳。貝甲以白爲質，黄爲文彩，名爲餘泉。」「有文之貝飾几」，謂用此餘蚳、餘泉之貝飾几也。「此旦夕聽事之坐」，鄭、王亦以爲然。牖間是「見群臣、覲諸侯之坐」，見于周禮。其東序西嚮，「養國老、饗群臣之坐」者，案燕禮云「坐於阼階上，西嚮」，則養國老及饗與燕禮同。其西序之坐在燕饗坐前，以其旦夕聽事，重於燕飲，故西序爲「旦夕聽事之坐」。夾室之坐在燕饗坐後，又夾室是隱映之處，又親屬輕於燕饗，故夾室爲「親屬私宴之坐」。案朝士職掌治朝之位，王南面，此「西序東嚮」者，以此諸坐並陳，避牖間南嚮覲諸侯之坐故也。王肅説四坐，皆與孔同。釋草云：「莞，苻蘺。」郭璞曰：「今之西方人呼蒲爲莞，用之爲席也。」又云：「䓞，鼠莞。」樊光曰：「詩云：『下莞上簟。』」郭璞曰：「似莞而纖細，今蜀中所出莞席是也。」王肅亦云：「豐席，莞。」鄭玄云：「豐席，刮凍竹席。」考工記云：「畫繢之事，雜五色。」是彩色爲畫，蓋以五彩色畫帛以爲緣。鄭玄云：「似雲氣，畫之爲緣。」釋器云：「玉謂之彫，金謂之鏤，木謂之刻。」是「彫」爲刻鏤之類，故以「刻鏤」解「彫」，蓋雜以金玉，刻鏤爲飾也。「西廂夾室之前」者，下傳云：「西房，西夾坐東」，「東房，東廂夾室」，然則房與夾室實同而異名。天子之室有左右房，房即室也。以其夾中央之大室，故謂之夾室。此坐在西廂夾室之前，故繫夾室言之。釋草云：「筍，竹萌。」孫炎曰：「竹初萌生謂之筍。」是筍爲蒻竹，取筍竹之皮以爲席也。紛即組之小別。鄭玄周禮注云：「紛如綬，有文而狹者也。」然則紛、綬一物，小大異名，故傳以玄紛爲黑綬。鄭於此注云：「以玄組爲之緣。」周禮大宗伯云：「以飲食之禮，親宗族兄弟。」鄭玄云：「親者，使之相親。人君有食宗族飲酒之禮，所以親之也。」文王世子云：「族食，世降一等。」是天子有與親屬私宴之事。以骨肉情親，不事華麗，故席几質飾也。

儀禮士虞禮：素几、葦席，在西序下。注：有几，始鬼神也。疏：經几、席具有，注唯云几者，以其大斂奠時已有席，至此虞祭乃有几故也。檀弓云：「虞而立尸，有几筵。」筵則席，虞祭始有者，以几筵相將，故連言筵。**藉用葦席。**疏：謂先陳席乃陳黍稷於上，是所陳席藉薦黍稷也。**祝布席於室中，東面，右几。**注：右几，於席近南也。

士虞禮記：尸出，執几從，席從。注：几、席，素几、葦席也。以几、席從，執事也。**尸出門右，南面。席設於尊西北，東面。几在南。**

特牲饋食禮：几席陳於西堂。祝筵几於室中，東面。注：爲神敷席也，至此使祝接神。

少牢饋食禮：司宮筵於奥，祝設几於筵上，右之。注：布陳神坐也。室中西南隅謂之奥。席東面近南爲右。

有司徹：司宮筵於户西，南面。注：爲尸席也。又筵於西序，東面。注：爲侑席也。

禮記禮器：鬼神之祭單席。疏：鬼神單席，神道異人，不假多重，故單席也。

陳氏祥道曰：周官之法，祀先王之席如朝覲饗射之數，而天神之祭則藁鞂而已。此言鬼神之祭單席者，非周制也。

陳氏禮書：司几筵之席莫貴於次席，而次席黼純。書之席莫貴於篾席，而篾席亦黼純。孔安國以篾席爲桃枝席，鄭氏以次席爲桃枝席，蓋有所傳然也。司几筵王筵有莞而無蒲純，有黼而無繢，諸侯筵有蒲與莞席，有莞繅而無次純，有繢而無黼，則蒲不如莞，繢不如紛，紛不如畫，而斷割之義，又王之所獨也。司几筵王席三，諸侯席二，鄉飲、鄉射大夫士一而已。禮器曰：「禮有以多爲貴者，天子之席五重，諸侯三重，大夫再重。」郊特牲曰：「大饗，君三重席而酢焉。」舉重數也。司几筵王之朝祀席皆三，諸侯祭祀席二。禮器曰：「禮有以少爲貴者。」鬼神之祭單席，非祀廟之禮也。司几筵諸侯筵國賓莞筵紛純，加繅席畫純；公食大夫蒲筵，常緇布純，加萑席尋，玄帛純。鄭氏釋聘禮謂蒲筵、萑席筵，上、下大夫也。莞筵、繅席筵，孤也。公食大夫、大射賓有加席，燕禮之賓無加席。鄭氏曰：「燕私禮〔一〕，臣屈也。」筵席之制，短不過尋，長不過常，中者不過九尺。公食大夫蒲筵常，萑席尋。匠人、明堂度九尺之筵。純緣之制，上不過黼，下不過緇布。其卷之也，必自末。其奉之也，如橋衡。敷必請鄉，升必由下。主人敬客，則請爲席。客敬主人，則徹重席。侍所尊者，敬無餘席。爲人子者，坐不中席。食坐則前席，虛坐則後席。有憂者側席，有喪者專席。此禮之大略然也。司几筵大朝覲、大饗射，凡封國、命諸侯，祀先王無異席，則祀先公亦用之矣。賈公彦釋禮器謂天子大祫，席五重，禘祭四重，時祭三重。上公大祫四重，諸侯大祫三重，禘與時祭同二重。其言無所經見，然書皆言敷重席。毛氏釋詩亦曰設重席，則王之次席、繅席皆重焉，與莞筵而五，諸侯繅席亦重焉，與蒲筵而三。其數適與禮器合矣。

〔一〕「私禮」，諸本誤倒，據儀禮注疏卷一四乙正。

周禮天官大宰〔一〕：享先王亦如之，贊玉几。注：玉几，所以依神。天子左右玉几。疏：不云大者，欲見宗廟六享同然。云「天子左右玉几」者，此是司几筵文。彼所云者，謂王受諸侯朝覲會同所設。今此享先王鬼神之几，亦與天子平生同，故引爲證。

儀禮有司徹：主人西面，左手執几，縮之，以右袂推拂几三。二手横執几，進授尸於筵前。尸進，二手受於手間。主人退。尸還几，縮之，右手執外廉，北面奠於筵上，左之，南縮，不坐。注：衣袖謂之袂。拂去，外拂之也。推拂去塵，示新。受從手間，謙也。左之者，異於鬼神。生人陽，長左。鬼神陰，長右。不坐奠之者，几輕。卒餈。右几。

周禮春官司几筵：凡吉事變几。注：吉事，王祭宗廟，祼於室，饋食於堂，繹於祊，每事易几，神事文，示新之也。

禮記祭統：鋪筵設同几，爲依神也。注：同之言詷也。祭者以其妃配。亦不特几也。疏：詷，共也。人生時形體異，故夫婦别几，死則魄氣同歸於此，故夫婦共几。鄭注「以某妃配」，儀禮少牢文，謂祭，夫祝辭不但不特設辭，亦不特設其几，祝辭與几皆同於夫也。故鄭注司几筵云：「祭於廟，同几，精氣合也。」席亦共之。必云「同几」者，筵席既長，几則短小，恐其各設，故云「同几」也。

〔一〕「大宰」，諸本作「冢宰」，據周禮注疏卷二改。

張子曰：鋪筵設同几，疑左右几。一云：交鬼神異於人，故夫婦而同几。又曰：鋪筵設同几，只設一位，以其精神合也。後又見合葬。孔子善之，知道有此義，然不知一人數娶，設同几之道，又何如此未易處。

陳氏樂書曰：人道則貴别，神道則貴親，故葬則同穴，而祭則同几也。同几所以依神。

陳氏禮書：周禮司几筵五几莫貴於玉，書之四几莫貴於華玉几。則玉几者，華玉几也。王設几於左右，優至尊也。諸侯而下或設之左，或設之右，適事之宜也。諸侯祭祀席右几，筵國賓左几。則祭祀陰事也，故右之；筵國賓陽事也，故左之。士虞禮布席於室中，東面，右几。少牢「祝設几於筵上，右之」，有司徹尸奠几於筵上，左之。卒蓍而厭祭，設右几。鄭氏謂「生人陽，長左；鬼神陰，長右」是也。然鬼神雖長右，而長右不必皆鬼神，故甸役亦右几，以甸役陰事故也。鄭氏以甸役右几爲貉祭，然經言甸役而不言甸役之祭，鄭氏之説其果然乎？司几筵吉事變几，凶事尚質，而几常仍故也。孔安國以書之仍几爲因生時之几不改作，誤矣。詩曰：「肆筵設席，授几有緝御。」昏禮「主人拂几，授校。」校，几足。聘禮宰夫奉兩端以進，公於序端受宰几，攝之，一手受之。以授賓，賓進，訝受。賓以兩手於几兩端執之。有司徹主人降，受宰几，二手横執以授尸，尸二手横於手間。則席常設於賓未至之前，几常授於行禮之際，其將授也，必拂。曲禮曰「進几杖者拂之」，士昏禮「主人拂几」，鄭氏曰：「外拂之也。」聘禮公東，南鄉，外拂几三。宰内拂几三。蓋於敵以下外拂，於尊者内拂，皆拂之三。其授之，或受其足，或受於手間，其避拜送也。或以几辟，昏、聘禮皆以几有辟者，以賓卑故也。或不以几辟，有司徹不云以几辟者，尊尸也。其敬父母不傳，内則：父母枕几不傳。其謀於長者，必操以從，是皆稱情以爲文故也。禮，王大朝覲、大饗射，凡封國、命諸侯、祀先王，酢席皆玉几；諸侯祭祀，彤几；酢席筵國賓，彤几；凡甸役，漆几。鄭氏謂諸侯朝者彤几，聘者彤几。聘者孤彤几，卿大夫其漆几歟？然禮於祭祀言彤几而朝者不與，於國賓言彤几，則無間於孤卿大夫，不知鄭氏何據云然邪？馬融曰：「几長三尺。」阮諶曰：「几長五尺，高二尺。」舊圖：「几，兩端赤，中央黑。」蓋各述其所傳然也。覲禮：「天子設斧扆，左右玉几。」司几筵：「大朝覲、大饗射，封國、命諸侯，王位設黼依，左右玉几。」几，所憑以安者也。王於朝覲會同，立而不坐，曲禮曰：「天子當依而立曰覲，當宁而立曰朝。」明堂位曰：「天子負斧扆而立。」非有所憑也。然必設几者，鄭氏釋太宰，謂「立而設几，優至尊也」。荀卿曰：「周公負扆而坐，諸侯趨走堂下。」得非所傳聞者異歟？儀禮昏、聘、公食大夫皆有几，冠禮醴賓，鄉飲酒、鄉射及燕賓無几，皆輕重之別也。喪或同時在殯，則每敦異几。鄭氏曰：敦讀曰燾。燾，覆也。及祭則同几，生事、鬼事之別也。几不特施於行禮而已，燕居亦有焉。士喪禮所謂「燕几」是也。不特施於燕居而已，田役、軍旅亦有焉。周禮「甸役，右漆几」。春秋之時，智伯在軍，「投之以几」是也。晉伐偪陽城，荀偃、士匄請班師，智伯怒投之以几，出於其間。不特所憑以安而已。死者用之拘足，尸與嫁者，或用以乘車，士喪禮「綴足用燕几」，曲禮「尸必式，乘必以几」，昏禮「婦乘以几」是也。

蕙田案：以上几席。

周禮天官幕人：祭祀，共其帷幕幄帟綬。注：共之者，掌次當以張。疏：供與掌次，使張之。

掌次：凡祭祀，張尸次。注：尸則有幄。鄭司農云：「尸次，祭祀之尸所居更衣帳。」疏：尸尊，故别張尸次。司農云「更衣帳」者，未祭則常服，至祭所，乃更去常服，服祭服也。

陳氏禮書：掌次「凡祭祀，張其旅幕，張尸次」。鄭氏曰：「旅，衆也。公卿以下，即位所祭祀之門外以待事，爲之張大幕，尸則有幄。」考之幕人，祭祀共其帷幕幄帟綬，帷設於旁，幕設於上，幄則四合如屋者也，帟則平帳承塵者也。掌次於旅言幕，於尸言次，則次不得用幕而已。鄭氏謂「尸則有幄」是也。特牲禮迎尸於門外，尸入門左，少牢禮祝出迎尸於廟門外，祝先入門右，尸入門左，則次設於西塾矣。尸次設於西塾，則旅幕設東塾矣。

蕙田案：以上尸次。

秋官司烜氏：掌以夫遂取明火於日，以鑒取明水於月，以共祭祀之明齍、明燭，共明水。

陳氏禮書：淮南子曰：「陽燧見日則然而爲火，方諸見月則津而爲水。」王充論衡曰：「陽燧取火於日，方諸取水於月。」相去甚遠，而火至水來者，氣感之也。鄭司農釋周禮，謂「夫」發聲。鄭康成謂「夫遂，陽遂也。鑑，鏡屬，世謂之方諸。」然則鑒金爲之，則夫遂亦金矣。内則以「夫遂爲金遂」是也。鑒之體方，則夫遂圜矣，世謂「鑒爲方諸」是也。蓋離者，陽中之陰，於物爲火；坎者，陰中之陽，於物爲水。以金遂取火，則以陽召陰；以方諸取水，則以陰召陽。以陽召陰，夫道也，故謂之夫。夫能遂事，故謂之遂。夫遂以義言，鑒以體言。於取火言夫遂，於取水言鑒，互相備也。高誘曰：「方諸，陰燧，大蛤也。熟摩向月則水生，以銅盤受之，下水數石。」觀漢之飲酎夕牲，以鑒諸取水於月，以陽燧取火於日。漢書儀。唐之李恭真嘗八九月中取蛤尺二寸試之，得水數斗。劉氏唐志。則取水亦以大蛤矣。或謂之方諸，蓋其類也。莊子曰：「木與木相摩則然。」文子曰：「木中有火，不鑽不發。」故四時變國火者，春取榆柳，夏取棗杏，季夏取桑柘，秋取柞楢，冬取槐檀。而木燧取火，蓋不必然。先儒謂晴則取火以金燧，陰則取火以木燧，然金燧以取明火，特施於致嚴之時而已，則凡取火皆木燧耳，孰謂木燧有間於陰晴耶？

蕙田案：以上夫遂、鑑。

易大過：初六，藉用白茅，无咎。

繫辭：藉用白茅，无咎。子曰：苟錯諸地而可矣。藉之用茅，何咎之有？慎之至也。

書禹貢：包匭菁茅。注：匭，匣也。茅以縮酒。

蔡傳：菁茅，所以共祭祀縮酒之用，而又匣之，所以示敬也。

周禮天官甸師：祭祀，共蕭茅。注：鄭大夫云：「蕭字或爲茜，讀爲縮。束茅立之祭前，沃酒其上，酒滲下去，若神歆之，故謂之縮。」杜子春讀爲蕭。蕭，香蒿也。玄謂詩所云「取蕭祭脂」，郊特牲云：「蕭合黍、稷，臭陽達於牆屋，故既薦然後焫蕭合馨香。」合馨香者，是蕭之謂也。茅以共祭之苴，亦以縮酒，苴以藉祭。縮酒，泲酒也。醴齊縮酌。

地官鄉師：大祭祀。共茅蒩。注：杜子春云：「蒩當爲菹，以茅爲菹，若葵菹也。」鄭大夫讀蒩爲藉，謂祭前藉也。玄謂蒩，士虞禮所謂「苴刌茅，長五寸，束之」者是也。祝設於几東席上，命佐食取黍稷，祭於苴，三，取膚祭，祭如初。此所以承祭，既祭，蓋束而去之。

春官司巫：祭祀，共蒩館。注：杜子春云：「蒩讀爲鉏。鉏，藉也。館，神所館止也。」玄謂蒩之言藉也，祭食當有藉者。館所以承蒩，謂若今筐也。士虞禮曰：「苴刌茅，長五寸，實於筐，饌於西坫上。」又曰：「祝盥，取苴降，洗之，升，入設於几東席上，東縮。」

男巫：掌望祀望衍授號，旁招以茅。注：旁招以茅，招四方之所望祭者。

禮記郊特牲：縮酌用茅，明酌也。注：謂泲醴齊以明酌也。周禮曰：「醴齊縮酌。」五齊醴尤濁，和之以明酌。藉之以茅，縮之以茅，縮去滓也。明酌者，事酒之上也。名曰明者。事酒，今之醳酒，皆新成也。春秋傳曰：「爾貢包茅不入，王祭不共。」泲以酌酒，酌猶斟也。酒已泲，則斟之以實尊彝。昏禮曰：「酌玄酒，三注於尊。」凡行酒亦爲酌也。

儀禮士虞禮：苴刌茅，長五寸，束之，實於筐。注：苴猶藉也。祝盥，升，取苴降，洗之，升，入設於几東席上，東縮。佐食[一]。取黍稷，祭於苴，三。注：苴，所以藉祭也。孝子始將納尸以事其親，爲神疑於其位，設苴以定之耳。或曰：苴，主道也。則特牲、少牢當有主象而無，可乎？

士虞禮記：既饗，祭於苴。

春秋僖公四年左氏傳：齊侯以諸侯之師伐楚，曰：「爾貢包茅不入，王祭不共，無以縮酒。」

陳氏禮書：茅之爲物，柔順潔白，可以施於禮者也，故古者藉祭縮酒之類皆用焉。禹貢荆州「包匭菁茅」，甸師「祭祀，共蕭茅」，鄉師「大祭祀，共茅葅」，司巫「祭祀，共葅館」，則茅有貢於方國者，有共於甸師者。甸師之茅，有入之鄉師，有入之司巫。則鄉師之所共者，大祭祀也。司巫之所共者，凡祭祀也。賈公彦曰：甸師共茅與司巫，司巫爲苴以共之。此據祭宗廟也。甸師氏送茅與鄉師，謂祭天也。孔子曰：「苟錯諸地

[一]「佐」，原作「左」，據光緒本、儀禮注疏卷四二改。

而可矣。藉之用茅，何咎之有？」則茅不特藉祭而已。士虞禮：「苴刌茅，長五寸，束之，實於筐，饌於西坫上。祝升，取苴降，洗之，升，入設於几東席上，東縮。佐食，取黍稷，祭於苴，三，取膚祭，祭如初。」此特藉祭者也。司尊彝「醴齊縮酌」，記曰「縮酌用茅，明酌也」。縮然後酌，則其縮不必束而立之祭前。鄭大夫謂「束而立之祭前，沃酒其上，酒滲而下，若神飲」。鄭康成謂「將納尸以事其親，爲神疑於其位，故設苴以定之」。其説皆不可考。男巫「望祀望衍，旁招以茅」。國語「置茅蕝，設表望」。公羊曰「鄭伯左執茅旌」，何休謂：「斷之曰藉，不斷曰旌。」宗廟之中，以迎道神，指護祭者。然則茅之所用，豈一端哉？故可以羃鼎，可以御柩。雜記或菹之以爲豆實，或包以通問好，或索綯以備民用，此茅所以可重也。士虞有苴，特牲、少牢吉祭無苴，而司巫祭祀共蒩館，則凡王祭祀有苴矣。賈公彦謂天子諸侯尊者禮備，於理或然。後世祭有翟蓋、茅旌之類。

蕙田案：以上蕭茅。

周禮天官冪人：祭祀，以疏布巾冪八尊，注：以疏布者，天地之神尚質。以畫布巾冪六彝。注：宗廟可以文。畫者，畫其雲氣與？疏：此六彝皆盛鬱鬯，以畫布冪之，故云畫布冪六彝。此舉六彝，對上經八尊無鬱鬯，以言宗廟有鬱鬯。其實天地亦有秬鬯之彝，用疏布，宗廟亦有八尊，亦用畫布，互舉以明義也。

凡王巾，皆黼。注：四飲三酒皆畫黼。周尚武，其用文德則黻可。

儀禮士虞禮：冪用絺布。注：絺布，葛屬。疏：「絺布，葛屬」者，絺綌以葛爲之，布則以麻爲之。今絺布並言，則此麻葛雜，故有兩號，是以鄭云「葛屬」也。

特牲饋食禮記：冪用綌。注：冪用綌，以其堅潔。

籩，巾以綌也，纁裏。注：籩有巾者，果實之物多皮核。優尊者，可蒸裹之也。舊説云：纁裏者皆被。

有司徹：乃設扃鼏。

禮記禮運：疏布以冪。注：冪，覆尊也。疏：疏布，謂粗布。

陳氏禮書：周官冪人「祭祀，以疏布巾冪八尊，以畫布巾冪六彝」。蓋八尊以獻，及於天地，故巾疏而不畫；六彝以祼，施於宗廟，故巾畫而不疏。冪人言疏布巾則畫用精者可知，言畫布巾則疏之不畫可知。巾以覆爲用，象天之體；畫必以黼，天事武也。鄭氏曰：「周尚武畫黼，其用文德則黻可。」又曰：「畫者，畫其雲氣歟？」此皆不可考也。燕禮「公尊冪，用綌若錫」。大射「冪用錫若絺」，士喪「冪用功布」，士虞「冪用絺」，鄉飲酒、士昏、特牲冪皆用綌。少牢合尊皆有冪蓋，亦用綌，以鄉飲酒知之。蓋人君尊也，故燕與大射之冪用葛若錫，冬、夏異也。人臣卑也，故鄉飲、昏、喪祭之冪用葛而已，冬、夏同也。然士冠禮禮賓、贊禮、禮婦，聘禮禮賓，皆用醴而無冪，以醴質故也。醮用酒亦無冪，從禮子之質故也。燕禮君尊有冪，方壺、圓壺無冪，卑屈於尊故也。昏禮尊於室内有冪，尊於房户外無冪，賤屈於貴故也。若無鄉飲與射，則無所屈焉，故皆有冪。大射之禮，冪綴諸箭，則異於他冪矣。

又曰：特牲「籩，巾以綌，纁裏」，士昏「醯醬二豆，菹醢四豆，兼巾之」，士喪「籩豆用布巾」，士婚「笲，緇被纁裏」，聘禮「竹簋方，玄被纁裏」，有司徹「簋有蓋冪」，然則冪巾不特施於尊彝而已，簠簋籩豆皆有之也。冪人「凡王巾皆黼」，則諸侯、大夫、士之巾不畫黼矣。

蕙田案：以上巾冪。

明堂位：其勺，夏后氏以龍勺，殷以疏勺，周以蒲勺。注：龍，龍頭也。疏，通刻其頭。蒲，合蒲，如鳧頭也。疏：「夏后氏以龍勺」者，勺爲龍頭。「殷以疏勺」者，疏，謂刻鏤，通刻勺頭。「周以蒲勺」者，皇氏云：「蒲謂合蒲，當刻勺爲鳧頭，其口微開，如蒲草本合而末微開也。」

周禮考工記：梓人爲飲器，勺一升。注：勺，尊升也。

儀禮士虞禮：加勺，南枋。

特牲饋食禮：尊兩壺於阼階東，加勺，南枋，西方亦如之。注：爲酬賓及兄弟。

少牢饋食禮：司宮取二勺於篚，洗之，兼執以升。

陳氏禮書：彝巾以畫布而勺有飾，明堂位曰「灌尊、龍勺、疏勺、蒲勺」是也。尊巾以疏布而勺無飾，禮記曰「犧尊樿勺，以素爲貴」是也。樿，白理木也，與士喪素勺異矣〔一〕。龍勺，刻之以龍也。疏勺，刻而疏之也。蒲勺，刻之以蒲也。疏勺蓋與疏匕、疏屏、疏渠眉之象同，蒲勺蓋與蒲璧之象同。龍，水畜也。疏，水道也。蒲，水物也。勺，所以斗齊酒明水，故其飾如此。考工記曰：「梓人爲飲器，勺一升，爵一升。」儀禮：「加勺於尊，皆南枋。」則勺者北面也。每尊皆加勺，則尊不共勺也。鄭康成曰：「蒲勺如鳧頭。」不可考也。

〔一〕「士喪」，原誤倒，據光緒本乙正。

蕙田案：以上勺。

儀禮士虞禮：水在洗西，篚在東。　苴刌茅，長五寸，束之，實於篚。　從者錯篚於尸左席上。　尸飯，播餘於篚。　三飯，佐食舉幹，尸受，振祭，嚌之，實於篚。佐食舉魚、腊，實於篚。　佐食受肺脊，實於篚。　主人答拜，受爵，出，實於篚。從者奉篚。

特牲饋食禮：主人答拜，受角，降，反於篚。　卒爵，降，實爵於篚。　卒受者實觶於篚。　降，實散於篚。

少牢饋食禮：觶實於篚。

陳氏禮書：詩序曰：「實幣帛筐篚」。禹貢「厥篚」，玄纁而織文、絲縞之類，皆以篚。儀禮罍洗之西皆有篚，又有上篚、下篚、膳篚之辨，則上篚在堂，下篚在庭，膳篚特饌君爵而已。篚之爲物，可以盛幣帛，可以盛勺觶，可以盛苴茅，士虞：苴刌茅，長五寸，束之，實於篚。可以代肵俎，士虞：佐食受肺脊，實於篚。可以實黍稷。肆師：「大朝覲，佐儐共設篚罋。」此篚之實黍者也。公食大夫：「豆實實於罋，簋實實於篚。」而篚者，筐類也，其用以實簋實宜矣。鄭氏曰：「篚，其筐字之誤歟？」不必然也。鄭氏又曰：「篚，竹器，如笭。」説文曰：「篚如竹篋，篋有蓋。」是以舊圖篚亦有蓋。

蕙田案：以上篚。

士虞禮：設洗於西階西南。士冠禮注：洗，承盥洗者棄水器也。士用鐵。疏：盥手、洗爵之時，恐水穢地，以洗承盥洗水而棄之，故云棄水器。云「士用鐵」者，案漢禮器制度，洗之所用，士用鐵，大夫用銅，諸侯用白銀，天子用黄金也。水在洗西，士冠禮注：水器，尊卑皆用金罍，其大小異。疏：云「水器，尊卑皆用金罍，及大小異」者，此亦案漢禮器制度，尊卑皆用金罍，及其大小異，此篇與昏禮、鄉飲酒、鄉射、特牲皆直言水，不言罍。大射惟云罍水，不云枓。少牢云：「司官設罍水于洗東，有枓。」鄭注云：「設水用罍，沃盥用枓，禮在此也。」欲見罍、枓俱有，餘文無者，不具之意也。匜水錯於槃中，南流，在西階之南。注：流，匜吐水口也。簞巾在其東。

士虞禮記：淳尸盥，執槃，西面。執匜，東面。執巾者在其北，東面。宗人授巾，南面。注：槃以盛棄水，爲淺汙人也。

特牲饋食禮：設洗於阼階東南。

特牲饋食禮：設洗，南北以堂深，東西當東榮。注：榮，屋翼也。

水在洗東。注：祖天地之左海。

特牲饋食禮：尸盥匜水，實於槃中，簞巾在門内之右。注：設盥水及巾，尸尊，不就洗，又不揮。門内之右，象洗在東。

少牢饋食禮：司宫設罍水於洗東，有枓。設篚於洗西，南肆。注：枓，㪺水器也。凡設水用罍，沃盥用枓，禮在此也。疏：云「凡設水用罍，沃盥用枓，禮在此也」者，言「凡」，總儀禮一部内用水者，皆須罍盛之，沃盥水者，皆用枓爲之。鄭言「禮在此」者，以士冠禮直言「水在洗東」，鄉飲酒、特牲記亦云，然皆不言罍器，亦不云有枓，其燕禮、大射雖云罍水，又不言有枓，故鄭云凡此等設水用罍，沃盥用枓，其禮具在此，故餘文不具，省文之義也。小祝設槃、匜與簞巾於西階東。注：爲尸將盥。宗人奉槃，東面於庭南。一宗人奉匜水，西面於槃東。一宗人奉簞巾，南面於槃北。乃沃尸。注：庭南，没霤。疏：庭南者，於庭近南，是没盡門屋霤，近門而盥也。是以特牲亦云「尸入門北面盥」，繼門而言，即亦没霤者也。

陳氏禮書：盛水者，罍也。㪺水者，枓也。盛棄水者，洗也。天子諸侯之屋四注，故洗當東霤。大夫士之屋兩下，故洗當東榮。水在洗東，祖左海也。南北以堂深，則遠近也。公食大夫、鄉飲、鄉射言洗與水而不及罍，大射、燕禮言罍水而不及料，少牢兼言罍水有枓，互相備矣。故鄭氏於少牢言凡設水用罍，沃盥用枓，禮在此也。洗皆在東階，士虞設於西階西南，反吉禮也。篚皆在洗西，士虞篚在洗東，以洗在西階也。然罍洗者，臣下之所就熟耳。若人君與尸，則有槃匜焉。公食大夫小臣具槃匜在東堂下，士虞匜水錯於槃中，南流，特牲尸盥，匜水實於槃中，少牢小祝設槃匜，蓋人君與尸尊，不就洗，故設槃匜，則匜之用猶罍水也，槃之用猶洗。開元禮皇帝皇后行事有槃匜，亞獻以下及攝事者無之，亦君尊不就洗之義。士喪設盆盥於饌東，則奠禮未用罍洗歟？

蕙田案：以上罍、洗、枓、槃、匜。

詩小雅楚茨：執爨踖踖。傳：爨，饔爨、廩爨也。踖踖，言爨竈有容也。疏：傳，正義曰：以祭祀之禮，饔爨以煮肉，廩爨以炊米。此言臣各有司，故兼二爨也。少牢云：「雍人概鼎、匕、俎于饔爨，饔爨在門東南，北上。廩人概甑、甗、匕與敦于廩爨，廩爨在饔爨之北。」故知有二焉。「踖踖，爨竈有容」者，謂執爨之有容儀也。

何氏楷曰：爨，賈公彦云「今之竈」也。周公制禮之時謂之爨，至孔子時則謂之竈。案少牢禮有饔爨，有廩爨。雍爨以亨肉，雍人掌之；廩爨以炊米，廩人掌之。

特牲禮有牲爨，有魚腊爨，即饔爨也，然無廩爨而有饎爨，主婦視之。舊説炊黍稷曰饎，饎、廩所爨同物，而比饎爲大，則行禮之人異耳。此詩言爲俎言燔炙，則所執者乃饔爨也。踖，説文云：「長脛行也。」重言踖踖，爾雅云：「敏也。」

周禮天官亨人：職外内饔之爨亨煮。注：職，主也。爨，今之竈。主於其竈煮物也。

儀禮士虞禮：魚、腊爨亞之，北上。注：爨，竈。饎爨在東壁，西面。注：炊黍稷曰饎。饎北上，上齊於屋宇。於虞有亨饎之爨，彌吉。

特牲饋食禮記：主婦視饎爨於西堂下。注：炊黍稷曰饎，宗婦爲之。爨，竈也。西堂下者，堂之西下也。近西壁，南齊於坫。古文「饎」作「糦」。周禮作「饎」。牲爨在廟門外東南，魚腊爨在其南，皆西面。饎爨在西壁。注：饎，炊也。西壁，堂之西墻下。

少牢饋食禮：雍爨在門東南，北上。注：爨，竈也。在門東南，統於主人。北上，羊豕魚腊皆有竈。竈西有鑊。凡概者，皆陳之而後告絜。疏：云「凡概者，皆陳之而後告絜」者，案特牲視濯時皆陳之，視訖告絜，此亦當然。廩爨在雍爨之北。

禮記禮器：燔柴於奥。注：「奥」當爲「爨」，字之誤也，或作「竈」。禮，尸卒食，而祭饎爨雍爨也。時人以爲祭火神乃燔柴。

一鼎。

蕙田案：以上爨。

周禮天官亨人：掌共鼎鑊。注：鑊所以煮肉及魚腊之器。疏：云「鑊所以煮肉及魚腊之器」者，案少牢，爨在廟門外之東，大夫五鼎，羊、豕、腸胃、魚、腊，各異鑊。鑊别有一鼎，鑊中肉孰，各升

春官大宗伯：省牲鑊。注：鑊，亨牲器也。疏：案特牲、少牢鑊即爨，在廟門之外東壁也。

小宗伯：大祭祀，省鑊。注：省鑊，視亨腥熟。疏：案禮運云：「腥其俎，熟其殽。」鄭云：「腥其俎，豚解而腥之。熟其殽，體解而爓之。」此謂祭宗廟朝踐饋食節，彼下文更有體其犬豕牛羊，謂室中饋熟亦須鑊，鄭不言，略也。

秋官小司寇：凡禋祀五帝，實鑊水。注：其時鑊水當以洗解牲體肉。

士師：祀五帝，則沃尸。及王盥，洎鑊水。注：洎，謂增其沃汁。

儀禮少牢饋食禮：三鼎在羊鑊之西，二鼎在豕鑊之西。注：魚、腊從羊，膚從豕，統於牲。疏：云「魚、腊從羊，膚從豕」者，上文摡鼎時，鄭云「羊、豕、魚、腊皆有竈」，今陳鼎宜各當其鑊，此三鼎在羊鑊之西，二鼎在豕鑊之西，故云「魚、腊從羊，膚從豕」也。其實羊、豕、魚、腊各有鑊也。此直有羊、豕，前注言皆有竈，可知魚、腊皆有竈。案士虞禮：「側亨於門外之右，東面。魚、腊爨亞之，北上。」士之魚、腊皆有爨，則大夫魚、腊皆有鑊可知，故羊、豕、魚、腊皆有竈也。

爾雅：附耳外謂之釴。注：鼎耳在表。

款足者謂之鬲。注：鼎曲脚也。疏：此别鼎名也。鼎最大者名鼐。體圓，斂上而小口者名鼒。詩周頌云：「鼐鼎及鼒。」附耳在鼎表者名釴。款，闊也。謂鼎足相去踈闊者名鬲。

䰝謂之鬵。注：詩曰：「溉之釜鬵。」

鬵，鉹也。注：涼州呼鉹。疏：䰝一名鬵，涼州名鉹。方言云「甑，自關而東或謂之甗，或謂之鬵，或謂之酢餾」，是也。注「詩曰溉之釜鬵」，檜風匪風篇文也。

詩召南采蘋：于以盛之？維筐及筥。于以湘之？維錡及釜。傳：方曰筐，圓曰筥。湘，亨也。錡，釜屬，有足曰錡，無足曰釜。箋云：亨蘋藻者于魚湆之中，是鉶羹之芼。疏：「方曰筐，圓曰筥；有足曰錡，無足曰釜」，此皆爾雅無文。傳以當時驗之，以錡與釜連文，故知釜屬。説文曰：「江、淮之間謂釜曰錡。」定本「有足曰錡」下更無傳，俗本「錡」下又云「無足曰釜」。少牢禮用羊豕也。經云：「上利執羊俎，下利執豕俎。」下乃云：「上佐食羞兩鉶，取一羊鉶於房中，下佐食又取一豕鉶於房中，皆芼。」注云：「芼，菜也。羊用苦，豕用薇，皆有滑。」牲體在俎，下乃設羊鉶、豕鉶。云皆芼，煮于所亨之湆，始盛之鉶器也。故特牲注云：「鉶，肉味之有菜和者。」今教成祭，牲用魚，芼之以蘋藻，則魚體亦在俎，蘋藻亨于魚湆之中矣，故鄭云魚爲俎實，蘋藻爲羹菜，以準少牢之禮，故知在鉶中爲鉶羹之芼。知非大羹盛在鐙者，以大羹不和，貴其質也。此有菜和，不得爲大羹矣。魯頌曰：「毛炰胾羹。」傳曰：「羹，大羹、鉶羹也。」以經單言羹，故得兼二也。特牲禮云：「設大羹湆于醢北。」注云：「大羹湆，煮肉汁。」則湆汁也。

何氏楷曰：受物曰盛。盛之，湘之，奠之，皆謂蘋藻也。筐、筥皆竹器。筐，説文本作「匡」，徐鍇云：「受物之器，象形，正三方也。」筥，説文云：「箱也。」陳祥道云：「宋、魏之間謂箸箘爲筲。」則其制圓而長矣。或作篆。方言云：「江、沔之間謂之籅，南楚謂之篗，自關而西秦、晉之間謂之簞。」亦作籧。月令「曲植籧筐」是也。湘之訓烹，似無其義。韓詩作鬺。説文本作䰞，漢志鬺亨上帝，史記武紀禹鑄九鼎，皆嘗鬺烹。顔師古云：「鬺烹一也。」古人音同者，字得通用。許慎云：「江、淮之間謂釜曰錡。」陸德明曰：「三足釜也。」毛傳云：「無足曰釜，古作鬴。」鄭玄云：「烹蘋藻者於魚湆之中，是鉶羹之芼。」又曰：「魚爲俎實，蘋藻爲羹菜。」案：湆，汁也。鉶，盛和羹器。凡肉味之有菜和者，則以鉶盛之，故謂之鉶羹。芼者，用菜雜肉爲羹之名，先將蘋藻烹於魚汁之中，始盛之鉶器，所謂芼以蘋藻者也。

陳氏禮書：周禮亨人「共鼎鑊，以給水火之齊。」小宗伯：「祭之日，逆齎省鑊。」小司寇：「禋祀五帝，實鑊水。」士師：「祀五帝，洎鑊水。」少牢：「饔人陳三鼎在羊鑊之西，二鼎在豕鑊之西。」詩傳曰：「有足曰錡，無足曰釜。」又曰：「鬲，釜屬。」説文曰：「江、淮之間謂釜曰錡。」又曰：「鑊，鐫也。鍑，釜大口者。」又曰：「朝鮮謂釜曰鉠。鬵，大釜也。一曰鼎，上大下小，若甑曰鬵。」爾雅曰：「窾足謂之鬲。」蓋鑊也，鐫也，釜也，鬵也，錡也，鬲也，鉠也，鍑也，皆烹飪之器也。錡，有足者也。鬲，空足者也。鬵，大釜也。鍑，釜口大者也。詩以錡釜湘菜，以釜鬵烹魚。周禮、儀禮以鑊烹牲，則鑊又大於釜矣。

儀禮少牢饋食禮：廩人概甑、甗。注：廩人，掌米入之藏者。甗如甑，一孔。古文「甑」爲「烝」。

周禮考工記陶人：陶人爲甗，實二鬴，厚半寸，脣寸。注：量六斗四升曰鬴。鄭司農云：「甗，無底甑。」

盆，實二鬴，厚半寸，脣寸。

甑，實二鬴，厚半寸，脣寸，七穿。

陳氏禮書：少牢禮「雍人概鼎、匕，廩人概甑、甗」。爾雅「甑謂之鬵。鬵，鉹也」。孫炎曰：「關東謂甑爲鬵，涼州謂甑爲鉹。」方言曰：「自關而東或謂之甗，或謂之鬵，或謂之酢餾。」甗，陶器也。春秋之時，齊有玉甗，則其所以寶者也。鬵，大釜也。毛氏、許慎以鬵爲釜屬，而爾雅、方言以鬵爲甑，則其名同者也。考工記「豆實三而成觳」，則觳之所容斗二升矣。庾實二觳，則二斗四升也。聘禮十六斗曰庾，申豐曰「粟五十庾」，杜預亦曰：「庾十六斗。」昭二十六年左。則庾固有大小者也。鄭司農曰：「甗，無底甑。」鄭康成釋儀禮曰：「甗如甑，一孔。」蓋無底則一孔而已。實菹醢者豆，而量容四升亦曰豆。容六升謂之庾，而容二斗四升亦謂之庾。有甑謂之釜，而無足亦謂之釜。則釜屬謂之鬵甑，亦謂鬵可也。謂鼎上大下小若甑曰鬵，則鬵非特名甑而已。

蕙田案：以上鑊、甑、甗。

詩大雅生民：于豆于登。傳：豆，薦菹醢也。登，大羹也。疏：公食大夫禮云：「大羹湆不和，實于登。」是登爲大羹。湆者，肉汁，太古之羹也，不調以鹽菜，以質，故以瓦器盛之。

爾雅釋器：瓦豆謂之登。疏：對文則木曰豆，瓦曰登，散則皆名豆，故云瓦豆謂之登。冬官旊人掌爲瓦器，而云豆中縣，鄭云縣繩正豆之柄，是瓦亦名豆也。

陳氏禮書：登，瓦器也。儀禮作鐙，則登亦金爲之。其實大羹，食禮用之，飲酒不用，故公食大夫設於醬西，鄉飲、鄉射、燕禮不設也。士虞、特牲、有司徹皆設之。

少牢不言設者，以特牲、有司徹見之也。

蕙田案：以上登。

詩小雅大東：有捄棘匕。傳：捄，長貌。匕所以載鼎實。棘，赤心也。疏：捄爲匕之狀，故知長貌。雜記云「匕用桑，長三尺」是也。鼎實，煮肉也。煮肉必實之於鼎。必載之者，以古之祭祀享食，必體解其肉之胖，既大，故須以匕載之。載，謂出之於鼎，升之於俎也。雜記注亦言「匕所以載牲體」，牲體即鼎實也。言「棘，赤心」者，以棘木赤心，言於祭祀，賓客皆赤心盡誠也。吉禮用棘，雜記言用桑者，謂喪祭也。待賓客之匕，禮當用棘。傳言赤心，解本用棘之意，未必取赤心爲喻。

儀禮特牲饋食禮記：棘心匕，刻。注：刻若今龍頭。

少牢饋食禮：雍人概鼎、匕。注：凡概者，皆陳之而後告絜。廩人概甑、甗、匕。注：匕，所以匕黍稷者也。疏：云「匕所以匕黍稷也」者，上「雍人」云「匕者所以匕肉」，此廩人所掌米，故云「匕黍稷」也。

鼎序入，雍正執一匕以從，雍府執四匕以從。匕皆加於鼎，東枋。

有司徹：陳鼎如初。雍正執一匕以從，雍府執二匕以從。匕皆加於鼎，東枋。注：雍正，群吏掌辨體名肉物者。府，其屬。凡三匕，鼎一匕。雍人覆二疏匕於其上，皆縮俎，西枋。注：疏匕，匕柄有刻飾者。司馬在羊鼎之東，二手執桃匕枋以挹湆，注於疏匕，若是者三。注：桃謂之㪺，讀如「或舂或抌」之「抌」。字或作「挑」者，秦人語也。此二匕者，皆有淺升，狀如飯橾。桃，長枋，可以抒物於器中者。注猶瀉也。今文「挑」作「抌」，「挹」皆爲「扱」。

陳氏禮書：雜記云：「枇以桑，長三尺，或曰五尺。」易曰：「不喪匕鬯。」詩曰：「有捄棘匕。」特牲禮：「棘心匕，刻。」少牢饋食禮：「雍人概鼎、匕、俎于雍爨，廩人概甑、甗、匕與敦於廩爨。」有司徹：「司馬以二手執桃匕枋以挹湇，注於疏匕，若是者三。」又云：「雍正、雍府加匕於鼎，東枋，雍人覆二疏匕於俎上。」蓋匕之別有四：有黍稷之匕，有牲體之匕，有疏匕，有喪匕。三匕以棘，喪匕以桑。廩人之所概，黍稷之匕也。雍人之所概，牲體之匕也。牲體之匕，桃匕也。其制則黍稷之匕小於桃匕，桃匕小於疏匕，何則？敦之量，不過三豆，而高不過一尺，則黍稷之匕小矣。挹之以桃匕，然後注於疏匕者三，則疏匕大矣。詩於「角弓」、「兕觥」，皆言「其觩」，於「天畢」與「匕」，皆言「有捄」，則匕之制，非挺然也。儀禮或作枇，或作匕，所謂執匕、概匕、取匕、加匕、覆匕，自匕言之也。所謂枇魚、枇者、乃枇、長枇、卒枇，自用匕言之也。特牲、少牢、有司徹、公食、昏禮舉鼎執匕俎，皆異其人，士喪禮執匕、執俎，皆舉鼎者爲之。吉禮尚文，喪禮尚略故也。特牲右人於鼎北匕肉，左人於鼎西載諸俎，士虞禮則右人載者，以吉禮尚右、喪禮尚左故也。

儀禮少牢饋食禮：上佐食羞兩鉶。皆有柶。尸扱以柶。

陳氏禮書：説文曰：「柶，匕也。」鄭氏曰：「柶如匕。」士冠、士昏醴柶皆用角，士喪禮醴柶皆用木，以木質於角故也。士喪東方之饌，用木柶。既夕厥明，奠用木柶。玉府「大喪，共角柶」，士喪「楔齒，用角柶」，以角貴於木故也。柶施於醴，亦施於鉶。公食大夫、少牢饋食鉶柶不言其材，蓋亦角爲之歟？其制，則先儒以爲枋長尺，櫼博三寸。醴柶之櫼淺，鉶柶之櫼深，理或然也。柶之所用，有多有寡。授柶之禮，有面枋，有面葉。公食大夫設柶鉶，而柶扱上鉶，少牢羞二鉶，皆有柶。蓋仁於賓者，以同爲樂，仁於神者，以異爲敬故也。冠禮贊者既酌，面葉以授賓，賓面枋以授冠者，冠者面葉以扱祭；昏禮贊者既酌，面葉以授主人，主人面枋以授賓，賓亦面葉以扱祭；聘禮宰夫既酌，面枋以授公，公面枋以授賓，而授公不面葉。蓋冠之賓、昏之主人必訝受，而公不訝受故也。

特牲饋食禮：宗人執畢入，當阼階，南面。注：畢狀如叉，蓋爲其似畢星取名也。主人親舉，宗人則執畢導之。既錯，又以畢臨匕載，備失脱也。雜記曰：「朼用桑，長三尺，畢用桑，長三尺，刊其本與末〔一〕。」杝、畢同材明矣。今此杝用棘心，則畢亦用棘心。舊説云：畢似御他神物，神物惡桑叉。則少牢饋食及虞無叉，何哉？此無叉者，乃主人不親舉耳。少牢大夫祭不親舉。虞，喪祭也，主人未執事。祔、練、祥執事用桑叉，自此純吉，用棘心叉。疏：云「畢狀如叉」者，下引舊説有他神物惡桑叉之言，故以叉而言。云「蓋爲其似畢星取名焉」者，案詩云：「有捄天畢，載施之行。」無正文，故云「蓋」以疑之也。云「主人親舉，宗人則執畢導之。既錯，又以畢臨匕載，備失脱也」，知必然者，以經言「宗人執畢，先入」，是導之也。又知「既錯，又以畢臨匕載，備失脱也」者，以經云「當阼階，南面」，明鄉主人執畢臨匕備失脱可知也。云「今此杝用棘心，則畢亦用棘心」者，案下記云「棘心匕，刻」是也。知畢亦棘心者，以雜記匕、畢同用桑，據喪祭。今吉祭，匕用棘心，則畢亦用棘心也。云「祔、練、祥執事用桑叉」者，以其虞時主人不執事，則祔以執事用桑叉，則雜記所云畢也。云「自此純吉，用棘心叉」者，除祥後則禫月及吉祭用棘心也。案易震卦彖辭云：「震來虩虩，笑言啞啞。震驚百里，不喪匕鬯。」鄭注云：「雷發聲於百里，古者諸侯象。諸侯出教令能警戒國内，則守其宗廟社稷，爲之祭主，不亡其匕鬯。」人君於祭，匕牲體，薦鬯而已，其餘不親爲也。若然，諸侯親匕牲體，大夫不親者，辟人君，士卑，不嫌得與人君同親匕也。

陳氏禮書：爾雅曰：「濁謂之畢。」濁，畋器也。郭氏曰：掩兔之畢。**畋器曰畢。祭**

〔一〕「與」，原作「於」，據儀禮注疏卷四五改。

器亦曰畢，皆象畢星也。詩曰「兕觵其觩」、「角弓其觩」、「有捄棘匕」、「有捄天畢」，捄者，曲而長也，則畢之狀可知矣。鄭氏曰：畢狀如叉。雜記「言枇用桑，長三尺，畢用桑，長三尺，刊其柄與末」。詩言棘匕，特牲記亦言棘心匕刻，喪匕用桑而畢亦桑，則吉匕用棘而畢亦棘，此鄭氏所以言匕、畢同材也。然桑黄棘赤，各致其義，舊圖謂匕、畢皆漆之，誤矣。特牲主人及佐食舉牲鼎，宗人執畢先入，贊者錯俎加匕，鄭氏曰：「主人親舉，則宗人執畢導之，以畢臨匕載，備失脱也。」少牢及虞禮無文，何哉？少牢大夫不親舉，虞祭主人未執事，其説是也。大射司馬正東面，以弓爲畢，鄭氏曰：「畢，所以教助執者。」則畢又可用以指教歟？

蕙田案：以上匕、柶、畢。

周禮地官封人：凡祭祀，飾其牛牲，設其楅衡，置其絼，共其水槀。注：飾謂刷治潔清之也。鄭司農云：「楅衡，所以楅持牛也。絼，著牛鼻繩，所以牽牛者，今時謂之雉，與古者名同。皆謂夕牲時也。」杜子春云：「楅衡，所以持牛，令不得抵觸人。」玄謂楅設於角，衡設於鼻，如椵狀也。水槀，給殺時洗薦牲也。絼字當以豸爲聲。疏：「玄謂楅設於角」者，楅者，相楅迫之義，故知設於角。云「衡設於鼻」者，衡者，横也，謂横木於鼻，今之馳猶然，故知設於鼻，破先鄭、子春之義。云「如椵狀」者，漢時有置於犬之上，謂之椵，故舉之以爲況衡者也。云「水藁，給殺時洗薦牲也」者，其牛將殺，不須飼之，又充人已飼三月，不得將殺，始以水槀飲飼。水所以洗牲，槀所以薦牲，故雙言洗薦牲也。云「絼字當以豸爲聲」者，爾雅：「有足曰蟲，無足曰豸。」但牛紖以麻爲之，從絲爲形，以豸爲聲，故云絼字當以豸爲聲。

詩魯頌閟宮：秋而載嘗，夏而楅衡。傳：楅衡，設牛角以楅之也。箋：秋將嘗祭，於夏則養牲。楅衡其牛角，爲其觸觝人也。疏：楅衡，謂設橫木於角以楅迫此牛，故云設牛角以楅之也。地官封人云：「凡祭祀，飾其牛牲，設其楅衡。」注云：「楅設於角，衡設於鼻，如椵狀。」如彼注，楅衡別兩處設之，此箋申傳，言楅衡其牛角，爲其觝觸人，以衡楅爲一者，無文，故兩解也。

禮記祭統：及迎牲，君執紖。注：紖，所以牽牲也。周禮作「絼」。疏：「君執紖」者，紖，牛鼻繩，君自執之，入繫於碑。

陳氏禮書：周官封人：「凡祭祀，飾其牛牲，設其楅衡，置其絼。」詩曰：「秋而載嘗，夏而楅衡。」毛氏曰：「楅，持牛也。絼，著牛鼻以牽者。」鄭康成曰：「楅設於角，衡設於鼻。」又曰：「楅衡其牛角，爲其觸觝人也。」蓋楅衡以木爲之，橫設於角，則楅幅其角，猶射以楅幅其矢也。絼則少儀、祭統所謂紖也。少儀牛則執紖，祭統及迎牲，君執紖。康成於詩合楅衡以爲一，於禮離楅衡以爲二，是自惑也。

蕙田案：以上楅、衡、絼。

周禮地官牛人：凡祭祀，共其牛牲之互與其盆簝，以待事。注：鄭司農云：「互謂楅衡之屬。盆、簝皆器名。盆所以盛血，簝受肉籠也。」玄謂互，若今屠家縣肉格。疏：先鄭上文楅衡共爲一物，後鄭已不從。今以互與楅衡爲一，彌不可。「玄謂互，若今屠家縣肉格」，其義可知。但祭祀殺訖，即有薦爓薦孰，何得更以肉縣於互乎？然當是始殺解體未薦之時且縣於互，待解訖乃薦之，故得有互以縣肉也。故詩云「或剝或亨，或肆或將」。注云「肆，陳也」，謂陳於互者也。

陳氏禮書：牛人：「凡祭祀，共牛牲之互與其盆簝，以待事。」鄭司農謂互，楅衡之屬。盆以盛血，簝受肉籠也。鄭康成謂互若今縣肉格。楚茨詩曰：「或剝或亨，或肆或將。」毛氏曰：「或陳於牙，或齊於肉。」蓋互、牙，古字通用。祭之日，君牽牲入廟門，麗於碑，卿大夫袒，而毛牛尚耳〔一〕，鸞刀以刲，盛血以盆，受肉以簝，然後陳肉於互，以授亨人亨之。掌舍設梐枑。脩閭氏掌比國中宿互者。互，行馬也。肉格謂之互，蓋其制類此。鄭司農以爲楅衡之屬，非是。

蕙田案：以上互、盆、簝。

〔一〕「牛尚耳」，諸本脱，據禮記正義卷四七補。

詩小雅信南山：執其鸞刀，以啓其毛，取其血膋。傳：鸞刀，刀有鸞者，言割中節也。箋：毛以告純也。膋，脂膏也。血以告殺，膋以升臭。

禮記郊特牲：割刀之用，而鸞刀之貴，貴其義也，聲和而后斷也。疏：「貴其義也」者，言割刀之用必用鸞刀，貴其聲和之義。「聲和而后斷也」者，必用鸞鈴之聲宫商調和，而后斷割其肉也。

祭義：鸞刀以封取膟膋。

祭統：君執鸞刀，羞嚌。疏：「君執鸞刀，羞嚌」者，嚌肝肺也。嚌有二時：一是朝踐之時，取肝以膋貫之，入室燎於爐炭，出薦之主前；二是謂饋熟之時，君以鸞刀割制所羞嚌肺，横切之使不絶，亦奠於俎上。尸並嚌之，故云羞嚌。

陳氏禮書：詩曰：「執其鸞刀，以啓其毛。」記曰：「割刀之用，鸞刀之貴，貴其義也，聲和而後斷也。」又曰：「鸞刀以封。」公羊傳曰：「鄭伯右執鸞刀以逆楚王。」毛氏曰：「鸞刀，刀有鸞者，割中節也。」孔穎達曰：「鸞即鈴也，謂刀環有鈴，其聲中節。」何休曰：「鸞刀，宗廟割切之刀，環有和，鋒有鸞。」考之詩、禮，曰「和鸞雝雝」，曰「登車聞和鸞之聲」，有鸞必有和，鸞在前，和在後。詩有言「鸞鑣」，有言「八鸞」，則和可知。有言「和鈴」，則鸞可知。然則何休言鸞刀之制，蓋有所授耳。夫和非斷則牽，斷非和則劇，故天以秋肅物，而和之以兑。聖人以義制物，而和之以仁。鸞刀以和濟，亦此意也。易曰：「利物足以和義。」説文：「鸞，赤神之精，赤色五采，雞形，鳴中五音。」

蕙田案：以上鸞刀。

周禮天官凌人：祭祀共冰鑑。

賈氏公彦曰：此云祭祀者，謂天地社稷及宗廟之等皆共鑑。

蕙田案：鑑之制，鄭康成謂如甀，大口。賈公彦謂甀，即今之甕也。廖百子則謂上體如斗，有疎稜，鏤底如風窗，承以大盤，置食於下，設冰於上，使寒氣通徹以禦暑。二説不同，當更考之。

蕙田案：以上冰鑑。

秋官伊耆氏：掌國之大祭祀，共其杖咸。注：咸讀爲函。老臣雖杖於朝，事鬼神尚敬，去之。有司以此函藏之，既事乃授之。疏：下二文云授杖，此經唯言共杖函，止謂祭祀時，臣雖老合杖，但爲祭祀尚敬，暫去之。去杖之時，共杖函盛之。祭祀訖，還與老臣拄之。老臣雖杖於朝，事鬼神尚敬，去之，謂七十有德，君不許致仕者也。王制云「七十杖于國，八十杖于朝」，謂得致仕者，與此異也。

鄭氏鍔曰：杖之有咸，猶節之有英蕩爾。

蕙田案：以上杖咸。

右器用

器用附

禮記禮運：汙尊而抔飲。注：汙尊，鑿地爲尊也。疏：謂鑿地汙下而盛酒，故云「汙尊」。

周禮春官鬯人：凡祭祀，社壝用大罍。注：大罍，瓦罍。疏：知大罍是瓦罍者，旊人爲瓦簋，據外神，明此罍亦用瓦，取質略之意也。

禜門用瓢齎。注：杜子春讀齎爲粢。瓢謂瓠蠡也。粢，盛也。玄謂齎讀爲齊，取甘瓠，割去柢，以齊爲尊。

地官掌蜃：祭祀，共蜃器之蜃。注：飾祭器之屬也。鬯人職曰：「凡四方山川用蜃器。」春秋定十四年：「秋，天王使石尚來歸蜃。」蜃之器以蜃飾，因名焉。鄭司農云：「蜃可以白器，令色白。」疏：經直云蜃器之蜃，鄭總云祭器之蜃，不辨宗廟及社稷之器，則宗廟、社稷皆用蜃飾之。知義然者，案此注引左傳云石尚來歸蜃，公羊以爲宜社之肉，以蜃器而盛肉，故名肉爲蜃，是社祭之器爲蜃也。大行人云：

「歸脤以交諸侯之福。」彼則宗廟社稷之器物謂之爲脤，是其宗廟、社稷之器皆蜃灰飾之事也。

王氏與之曰：祭有酒器，有肉器，亦皆有以蜃爲飾者。鬯人云「凡山川四方用蜃」，是酒器也。大宗伯云「以脤膰之禮親兄弟之國」，是肉器也。

春官鬯人：凡山川四方用蜃。注：蜃，畫爲蜃形。蚌曰含漿，尊之象。疏：云「畫爲蜃形」者，亦謂漆畫之。

凡祼事用概。注：概，尊以朱帶者。疏：「概，尊以朱帶者」，玄、纁相對，既是黑漆爲尊，以朱帶落腹，故名概。概者，横概之義，故知落腹也。

凡疈事用散。注：無飾曰散。疏：云「無飾曰散」者，以對概蜃獻象之等有異物之飾，此無，故曰散。云「疈事」者，即大宗伯云「疈辜祭四方百物」者也。

禮記禮器：尊於瓶。注：瓶，炊器也。疏：爨者是老婦之祭，其祭卑，盛酒於瓶。

詩小雅蓼莪：缾之罄矣，維罍之恥。傳：缾小而罍大。罄，盡也。疏：釋器云：「小罍謂之坎。」孫炎曰：「酒罇也。」郭璞云：「罍形似壺，大者受一斛。」是罍大於缾也。

周頌絲衣：兕觵其觩。箋：繹之旅士用兕觵，變於祭也。疏〔一〕：正義曰：少牢、特牲，大夫士

〔一〕「疏」，諸本作「箋」，據毛詩正義卷一九改。

之祭也。其禮小於天子，尚無兕觥，故知天子正祭無兕觥矣。今此繹之禮，至旅酬而用兕觥，變於祭也。知至旅而用之者，兕觥所以罰失禮，未旅之前，無所可罰，至旅而可獻酬交錯，或客失禮，宜於此時設之也。有司徹是大夫賓尸之禮，猶天子之繹，所以無兕觥。解者以大夫禮小，即以祭日行事，未宜有失，故無也。

陳氏禮書：觥，亦作觵。詩卷耳、七月、桑扈、絲衣言兕觥，則觥角爵也。周官閭胥「掌其比觥撻罰之事」，小胥「觵其不敬者」，則觵罰爵也。先儒謂其受七升，以兕角爲之，無兕則刻木爲之，如兕角。然其用，則饗、燕、鄉飲、賓尸皆有之。七月言「朋酒斯饗」、「稱彼兕觥」，春秋之時，衛侯饗苦成叔，而甯惠子歌「兕觥其觩」，則饗有觥也。鄭人燕趙孟、穆叔、子皮而舉兕爵，是燕有觥也。閭胥掌比觥，是鄉飲有觥也。絲衣言兕觥，是賓尸有觥也。蓋燕禮、鄉飲酒大夫之饗，皆有旅酬無算爵，於是時也用觥。

大雅公劉：酌之用匏。傳：酌之用匏，儉以質也。箋：酌酒以匏爲爵，言忠敬也。

行葦：酒醴維醹，酌以大斗。傳：大斗長三尺也。傳，正義曰：大斗長三尺，謂其柄也。漢禮器制度注「勺，五升〔一〕，徑六寸，長三尺」是也。此蓋從大器挹之以樽，用此勺耳。其在樽中，不當用如

〔一〕「五升」，原作「五斗」，據味經窩本、乾隆本、光緒本、毛詩正義卷一七改。

此之長勺也。

陳氏禮書：詩大東曰：「維北有斗，不可以挹酒漿。」又曰：「維北有斗，西柄之揭。」行葦曰：「酒醴維醽，酌以大斗。」蓋斗亦謂之勺，勺非斗也。勺挹於樽彝，而注諸爵瓚。斗挹於大器，而注諸樽彝。舊圖樽受五斗，斗實五升，勺柄長二尺四寸，斗柄長三尺，蓋其所傳者尚矣。史記曰：趙襄子令工人作爲金斗，長其尾，可以擊人，與代王飲，厨人進斟，因反斗以擊代王，殺之，此又非先王之所謂斗。

書顧命：上宗奉同、瑁。疏：禮於奠爵無名「同」者，但下文祭酢皆用同奉酒，知同是酒爵之名也。上宗，鄭玄云：「猶太宗。變其文者，宗伯之長，大宗伯一人，與小宗伯二人，凡三人，使其上二人也。」

蔡傳：同，爵名，祭以酌酒者。

乃受同、瑁，王三宿，三祭，三咤。上宗曰：「饗。」疏：天子執瑁，故「受瑁爲主」。「同」是酒器，故「受同以祭」。三祭各用一同，非一同而三反也。三宿爲三進爵，從立處而三進至神所也。三祭，三酬酒於神坐也。每一酬酒，則一奠爵，三奠爵於地也。經典無此「咤」字，以既祭必當奠爵，既言三祭，知三咤爲奠爵也。王肅亦以咤爲奠爵，禮於祭末必飲神之酒，受神之福。禮特牲、少牢主人受嘏福，是受神之福也。此非大祭，故於王三奠爵訖，上宗以同酌酒進王，讚王曰「饗福酒」也。

蔡傳：宗伯曰饗者，傳神命以饗告也。

鄒氏季友曰：吉祭，尸受酒灌於地。此非吉祭，不迎尸，故王代尸祭酒也。

太保受同，降，盥以異同，秉璋以酢。授宗人同，拜，王答拜。疏：祭祀以變爲敬，不可即用王同，故太保盥手更洗異同，實酒乃秉璋以酢。祭於上祭後復報祭，猶如正祭大禮之亞獻也。半圭曰璋，亞獻用璋瓚，此非正祭，亦是亞獻之類，故亦執璋。若助祭，公侯伯子男自得執圭璧也。

太保受同，祭，嚌，宅，授宗人同，拜，王答拜。

蔡傳：以酒至齒曰嚌。太保復受同以祭，飲福至齒。宅，居也。太保退居其所，以同授宗人，又拜，王復答拜。太保飲福至齒者，方在喪疚，歆神之賜而不甘其味也。若王，則喪之主非徒不甘味，雖飲福亦廢也。

蕙田案：以上汙尊也，大罍也，瓢齎也，匽尊也，概尊也，散尊也，瓶也，觥也，匏也，斗也，同也，皆非宗廟所用，而爲他祭祀之尊。汙尊，禮運「汙尊而抔飲」，鄭注：「鑿地爲尊。」大罍，春官鬯人社壝用大罍，鄭注瓦罍，賈疏知大罍是瓦罍者，旊人爲瓦簋，據外而言，此罍亦用，取其質略之意。瓢齎，鬯人「禜門用瓢齎」，鄭注：「瓢謂瓠蠡，齎讀爲齊，取甘瓠割去柢，以齊爲尊。」匽尊，鬯人「凡山川四方用蜃」，鄭注：「蜃，水中蜃。漆尊，畫爲蜃形。蚌曰含漿，尊之象也。」案地官掌蜃，祭祀共蜃器之蜃，是以蜃爲飾，非畫爲蜃形也。山堂云：「口徑一尺二寸，底徑八寸，足高二寸，下徑九寸，底至口上下徑一尺五分，容五斗。」概尊，鬯人「凡裸事用概」，鄭注：「概，漆尊以朱帶者。」賈疏：「概尊，朱帶玄纁相對，既是黑漆爲尊，以朱帶落腹，故名概尊。裸從埋，謂祭山林。」山堂云：「形制容受，一如蜃尊。」散尊，鬯人「凡疈事用散」，鄭注：「漆尊無飾曰散。」山堂云：「概尊、散尊，皆容五斗。」案此與角散之散不同，彼散爵容五升，此散尊容五斗，大小殊也。瓶，禮器：「奥者，老婦之祭，尊於瓶。」鄭注：「盛酒於瓶。」詩小雅：「瓶之罄矣，維罍之恥。」朱傳：「瓶小罍大，皆酒器也。」觥一名兕爵。陳氏禮書曰：「詩卷耳、七月、桑扈、絲衣言兕觥，則觥角爵也，罰爵也。」匏爵，公劉詩「酌之用匏」，疏云：「匏，自然之物。」陸佃禮圖云：「舊圖用匏片爲爵。」據此乃杓也。若爵，宜截其鼻以盛酒，不應破匏爲之。大斗，行葦詩「酌以大斗」，毛云：「大斗長三尺。」疏云：「長三尺，謂其柄也。」此蓋從大器挹之於樽，用此勺耳。同，周書顧命「上宗用同、瑁。」孔傳：「同，爵名。」疏云：「禮於奠爵無名『同』者，但下文祭酢皆用同奉酒，知『同』是酒爵之名。」王氏詳説曰：「銅爵以非宗廟所用，故附器用之末云。」

右器用附

五禮通考卷六十七

吉禮六十七

宗廟制度

服冕

易繫辭：黄帝、堯、舜垂衣裳而天下治，蓋取諸乾坤。注：垂衣裳以辨貴賤，乾尊坤卑之義也。

書益稷：帝曰：「余欲觀古人之象，日、月、星辰、山、龍、華蟲，作會，宗彝，藻、火、粉、米、黼、黻，絺繡，以五采彰施於五色，作服，汝明。」傳：欲觀示法象之服制。日月星爲三辰。華象草華蟲雉也。畫三辰、山、龍、華蟲於衣服旌旗。會，五采也，以五采成此畫焉。宗廟彝樽亦以山、龍、華蟲爲飾。藻，水草有文者。火爲火字，粉若粟冰，米若聚米，黼若斧形，黻爲兩己相背，葛之精者曰絺，五色備曰繡。天子服日月而下，諸侯自龍袞而下至黼黻，士服藻火，大夫加粉米。上得兼下，下不得僭上。以五采明施於五色，作尊卑之服，汝明制之。疏：易繫辭云：「黄帝、堯、舜垂衣裳而天下治。」象物制服，蓋因黄帝以還，未知何代而具采章。舜言己欲觀古，知在舜之前耳。日月星爲三辰，辰即時也，三者皆是示人時節，故並稱辰焉。周禮大宗伯云：「實柴祀日月星辰。」鄭玄云：「星謂五緯也，辰謂日月所會十二次也。」星、辰異者，彼鄭以偏祭天之諸神，十二次亦當祭之，故令辰與星别〔一〕。此云畫之於衣，日月合宿之辰，非有形容可畫，且左傳云三辰即日月星也。草木雖皆有華，而草華爲美，故云「華象草華，蟲雉也」。周禮司服有鷩冕，鷩則雉焉，雉五色，象草華也。月令五時皆云其蟲，蟲是鳥獸之總名也。下云「作服，汝明」，蓋知「畫三辰、山、龍、華蟲於衣服」也。又言「旌旗」者，左傳言「三辰旂旗」，周禮司常云「日月爲常」，王者禮有沿革〔二〕，後因於前，故知舜時三辰亦畫之於旌旗也。下傳云「天子服日月而下」，則三辰畫之於衣服，又畫於旌旗也。周禮司服云：「享先王則袞冕。」袞者，卷也，言龍首卷然。以袞爲名，則所畫自龍以下，無日月星也。郊特牲云：「祭之日，王被袞冕以象天也。」又曰：「龍章而設日月，

〔一〕「辰」，諸本作「神」，據尚書正義卷五改。
〔二〕「王」，諸本作「三」，據尚書正義卷五改。

以象天也。」鄭玄云「謂有日月星辰之章」，「設日月畫於衣服旌旗也」。據此記文，袞冕之服亦畫日月。鄭注禮記言特牲所云「謂魯禮也」。要其文稱王被服袞冕，非魯事也。或當三代天子，衣上亦畫三辰，自龍章爲首，而使袞統名耳。禮文殘缺，不可得詳，但如孔解，舜時天子之衣畫日月耳。鄭玄亦以爲然。王肅以爲「舜時三辰即畫於旌旗，不在衣也，天子山、龍、華蟲耳」。會者，合聚之名。下云「以五采彰施於五色，作服」，知「會」謂五色也。禮衣畫而裳繡，「五色備謂之繡」，知畫亦備五色，故云「以五采成此畫焉」，謂畫之於衣。「宗彝」文承「作會」之下，故云「宗廟彝樽亦以山、龍、華蟲爲飾」。知不以日月星爲飾者，孔以三辰之尊不宜施於器物也。周禮有山罍、龍勺、雞彝、鳥彝，以類言之，知彝樽以山、龍、華蟲爲飾，亦畫之以爲飾也。周禮彝器所云犧、象、雞、鳥者，鄭玄皆爲畫飾，與孔意同也。周禮彝器無山、龍、華蟲爲飾者，帝王革易，所尚不同，故有異也。詩云「魚在在藻」，是「藻」爲水草。草類多矣，獨取此草者，謂此草有文故也。「火爲火字」，謂刺繡爲「火」字也。考工記云：「火以圜。」鄭司農云：「謂圜形似火也。」鄭玄云：「形如半環。」然記後人所作，何必能得其真？今之服章繡爲「火」字者，如孔所説也。「粉若粟冰」者，粉之在粟，其狀如冰。「米若聚米」者，刺繡爲文，類聚米形也。「黼若斧形」，考工記云：「白與黑謂之黼。」釋器云：「斧謂之黼。」孫炎云：「黼文如斧形。」蓋半白半黑，似斧刃白而身黑。「黻謂兩己相背」，謂刺繡爲「己」字，兩「己」字相背也。考工記云：「黑與青謂之黻。」刺繡爲兩「己」字，以青黑線繡也。詩葛覃云「爲絺爲綌」，是絺用葛也。玉藻云：「浴用二巾，上絺下綌。」曲禮云：「爲天子削瓜者副之，巾以絺。爲國君者華之，巾以綌。」皆以絺貴而綌賤，是絺精而綌粗，故「葛之精者曰絺」。「五色備謂之繡」，考工記文也。

計此所陳，皆述祭服。祭服玄纁爲之，後代無用絺者。蓋於時仍質，暑月染絺爲纁而繡之以爲祭服。孔以「華象草華蟲雉」，則合華蟲爲一，周禮鄭玄注亦然，則以日、月、星辰、山、龍、華蟲六章畫於衣也，藻、火、粉、米、黼、黻六章繡於裳也。天之大數不過十二，故王者制作皆以十二象天也。顧氏取先儒等説，以爲「日月星取其照臨，山取能興雲雨，龍取變化無方，華取文章，雉取耿介」。顧氏雖以華蟲爲二，其取象則同。又云「藻取有文，火取炎上，粉取潔白，米取能養，黼取能斷，黻取善惡相背」。鄭玄云：「會讀爲繪。宗彝謂宗廟之鬱鬯樽也。故虞夏以上，蓋取虎彝蜼彝而已。粉米，白米也。絺讀爲黹。黹，紩也。自日月至黼黻凡十二章，天子以飾祭服。凡畫者爲繪，刺者爲繡。此繡與繪各有六，衣用繪，裳用繡。至周而變之，以三辰爲旂旗，謂龍爲衮，宗彝爲毳，或損益上下，更其等差。」鄭意以「華蟲」爲一，「粉米」爲一，加「宗彝」謂虎蜼也。周禮宗廟彝器有虎彝、蜼彝，故以「宗彝」謂虎蜼也。此經所云凡十二章，日也，月也，星也，山也，龍也，華蟲也，六者畫以作繪，施於衣也；宗彝也，藻也，火也，粉米也，黼也，黻也，此六者紩以爲繡，施之於裳也。鄭玄云「至周而變易之，損益上下，更其等差」，周禮司服之注具引此文，乃云：「此古天子冕服十二章也。王者相變，至周而以日月星畫於旌旗。冕服九章，登龍於山，登火於宗彝，尊其神明也。九章，初一曰龍，次二曰山，次三曰華蟲，次四曰火，次五曰宗彝，皆畫以爲繢；次六曰藻，次七曰粉米，次八曰黼，次九曰黻，以絺爲繡。則衮之衣五章，裳四章，凡九也。鷩畫以雉，謂華蟲也。其衣三章，裳四章，凡七也。毳畫虎雉，謂宗彝也。其衣三章，裳二章，凡五也。」是鄭以冕服之名皆取章首爲義，衮冕九章，以龍爲首，龍首卷然，故以衮爲名。鷩冕七章，華蟲爲首，華蟲即鷩雉也。毳冕五章，虎蜼爲首，虎雉毛淺，毳是亂毛，故以毳爲名。如鄭此解，配文甚便，於絺繡之義，總爲消帖。但解「宗彝」爲虎蜼，取理太迴，未知所説誰得經旨。此言「作服，汝明」，故傳辨其等差，天子服日月而下十二章，諸侯自龍衮而下至黼黻八章，再言「而下」，明天子諸侯皆至黼黻也。士服藻火二章，大夫加粉米四章。孔注上篇「五服」，謂「天子、諸侯、卿、大夫、士」，則卿與大夫不同，當加之以黼黻爲六章。孔略而不言，孔意蓋以周禮制諸侯有三等之服，此諸侯同八章者，上古樸質，諸侯俱南面之尊，故合三爲一等。且禮諸侯多同爲一等，故雜記云「天子九虞，諸侯七虞」，左傳云「天子七月而葬，諸侯五月而葬」，是也。孔以此經上句「日、月、星辰、山、龍、華蟲」尊者在上，下句「藻、火、粉、米、黼、黻」尊者在下，黼黻尊於粉米，粉米尊於藻火，故從上以尊卑差之，士服藻火，大夫加以粉米，并藻火爲四章。馬融不見孔傳，其注亦以爲然，以古有此言，相傳爲説也。蓋以衣在上爲陽，陽統於上，故所尊在先。裳在下爲陰，陰統於下，故所重在後。詩稱「玄衮及黼」，顧命云「麻冕黼裳」，當以黼爲裳，故首舉黼以言其事，如孔説也。天子諸侯下至黼黻，大夫粉米兼服藻火，是「上得兼下」也。士不得服粉米，大夫不得服黼黻，是「下不得僭上」也。訓「彰」爲明，以五種之采明制于五色，作尊卑之服，汝當分明制之，令其勿使僭濫也。鄭玄云：「性曰采，施曰色。」以本性施於繪帛，故云「以五采施於五色」也。鄭云「作服者，此十二章爲五服，天子備有焉。公自山龍而下，侯伯自華蟲而下，子男自藻火而下，卿大夫自粉米而下」，亦是以意説也。此云「作服」，惟據衣服，所以經有「宗彝」，及孔云旌旗亦以山、龍、華蟲爲飾者，但此雖以服爲主，上既云「古人之象」，則法象分在器物，皆悉明之，非止衣服而已。旌旗器物皆是采飾，彼服以明尊卑，故總云「作服」以結之。

蕙田案：服章之見於經者，始此傳，惟釋宗彝亦以山、龍、華蟲爲飾，與康成不同。先儒多不以爲然，疏釋天子衮冕十二章，并採鄭氏郊特牲之注，謂周衮冕之服，亦畫三辰，是孔之意，直以鄭判三辰於旗而天子服止九章之説爲不然，特未敢顯背之，而曰：「禮文殘缺，不可得詳耳。」

周禮考工記：畫繢之事，雜五色，東方謂之青，南方謂之赤，西方謂之白，北方謂之黑，天謂之玄，地謂之黄。青與白相次也，赤與黑相次也，玄與黄相次也。注：此言畫繢六色取象及布采之次第，繢以爲衣。　疏：畫繢並言者，言畫是總語，以其繢繡皆須畫之。言「繢」則舉對方而言，自「東方」以下是也。自言「東方謂之青」至「謂之黄」六者，先舉六方有六色之事。「青與白相次」以下，論繢於衣，爲對方之法也。

鄭氏鍔曰：其色之别有六，畫繢之事獨以五色爲言，何也？蓋玄之與黑，皆北方之色。黑者，陰之正。北方者，萬物歸根復命之地，而純陰之所聚也。乃取其正者以名之，然亦可謂之玄焉。自其辨而言之，則玄淺而黑深；自其體而言之，初不甚相遠也。然則畫玄黑者，殆難辨也，故特以雜五色言焉。

青與赤謂之文，赤與白謂之章，白與黑謂之黼，黑與青謂之黻，五采備謂之繡。注：此言刺繡采所用，繡以爲裳。　疏：此一經皆比方爲繡次。凡繡亦須畫，乃刺之，故畫、繡二工共其職也。

鄭氏鍔曰：黼，畫爲斧形。斧之爲物，能斷制也，非義則不能斷。白與黑謂之黼者，唯義唯智然後斷故也。王巾皆黼，王位設黼依，皆取諸此而已矣。此白黑所以謂之黼也。黻兩己相背，相背所以見其辨也。黻衣繡裳以賜諸侯，亦取諸此而已，此黑青所以謂之黻也。

項氏安世曰：青以白次，赤以黑次，玄以黄次，此六色之相配者，繢之以爲衣。青以赤繼，赤以白繼，白以黑繼，黑以青繼，此五色之相生者，繡之以爲裳。

陳氏澔曰：繪事則青白、赤黑、玄黄而對方，繡事則青赤、赤白、白黑、黑青而比方，何也？繪，陽事也。陽則尊而不親，故對方而不比。繡，陰事也。陰則親而不尊，故比方而不對。

土以黄，其象方，天時變。 注：古人之畫，無天地也。爲此記者，見時有之耳。鄭司農云：「天時變，謂畫天隨四時色。」

鄭氏鍔曰：土者，地也。黄者，地之中色。故畫以黄，地道成矩，唯矩則方，故畫地之形則以方。惟天以一氣運而爲四時，四時之色，春則爲青，夏則爲赤，秋則爲白，冬則爲黑，故畫天則隨時而變其色。

火以圜。 注：鄭司農云「爲圜形似火也」。玄謂形如半環然，在裳。 疏：孔安國以爲「火」字，與此別也。

山以章。注：章讀爲獐。獐，山物也，在衣。齊人謂麇爲獐。

趙氏溥曰：鄭改「章」作「獐」，是「山中物」對下「水以龍」，此未是。蓋章是山之草木。星辰，天之章。草木，地之章。畫山雖有形，須畫出草木之文而成章。王解引爾雅釋山曰上正章謂畫山，雖畫其章亦必畫其上正之形，謂畫一座山上頭尖要正當，亦不必如此說。

蕙田案：山以章，其義本難解。鄭氏改「章」爲「獐」，似無理。山之禽獸，何獨獐也？趙氏以「章」爲山之草木，理則通矣，然亦無據。案爾雅釋山有曰「上正章」，郭氏云：「山上平。」又邢氏「上正，章丘」，疏曰：「章亦平也。」王氏據以解此，以上文「火以圜」例之，爲近是。但畫山爲平，於義終未安。竊意上文曰「赤與白謂之章」，蓋山多石者，其色近赤。或以畫山之色赤白爲章，似稍有據。

觀承案：赤白爲章，雖似有據，然以此畫山之色，恐無此形象，不如姑以草木爲地之章，從趙氏說較穩。不然，則以「章」字對上「火以圜」，二字只活看亦可。蓋火雖炳爍，不過摹作圜形。山則青翠秀蔚，千彙萬狀，天地之文章，莫過於是。

水以龍。注：龍，水物，在衣。疏：龍，水物，畫水者并畫龍。

趙氏溥曰：龍，水中神物。畫水不畫龍，則無以見變化之神。

蕙田案：龍，冕服九章之所有也。水以龍者，左傳曰：「龍，水物也。」不能離水而立，故畫龍者兼畫水，猶後世之畫龍者必以雲耳。疏及趙氏謂畫水必以龍，誤矣。古人未聞畫水而必以龍者，且於此文之義，亦無當也。

鳥獸蛇。注：所謂華蟲也，在衣。蟲之毛鱗有文采者。疏：華言蟲者，是有生之總號。言鳥，以其有翼。言獸，以其有毛。言蛇，以其有鱗。以首似鷩，亦謂之鷩冕也。故云「蟲之毛鱗有文采」也。虞書有十二章，於此唯言四章，又兼言天地，而不云日月星藻與宗彝者，記人之言，略說之耳。

鄭氏鍔曰：是三物者，有於旌旗而畫之，有於衣服而畫之，不盡言所取象之物者，殆舉其一以見其二之意。

王氏昭禹曰：古之畫繢之事，以見於衣服、車旗、宮室、器械之間者，其爲象豈一端而已。仰以觀天之文，俯以察地之理，近取諸身，遠取諸物，或象其形與其性，或象其色與其用。道德之義、性命之理，皆寓於中，將使天下之人目擊心喻而得乎不說之大法。土以黄，則象其色也。其象方，則象其形也。天時變則象其用也，火以圜則象其性也，至於山以章、水以龍、鳥獸蛇之類，亦皆象其形也。

春秋昭公二十五年左氏傳：爲九文、六采、五章，以奉五色。疏：尚書益稷之文，解者多有異說。孔安國言：日也，月也，星辰也，山也，龍也，華也，蟲也，七者畫於衣服、旌旗。山、龍、華、蟲四者，亦畫於宗廟彝器。藻也，火也，粉也，米也，黼也，黻也，六者繡之於裳。如此數之，則十三章矣。天之大數不過十二，若爲十三，無所法象。或以爲孔并華蟲爲一，其言「華象草華蟲雉」者，言象草華之蟲，故爲雉也。若華别似草，安知蟲爲雉乎？未知孔意必然以否。鄭玄讀會爲繢，謂畫也。絺謂繡，謂刺也。宗彝，謂虎蜼也。周禮宗廟彝器有虎彝、蜼彝，故以宗彝名虎蜼也。周禮有衮冕、鷩冕、毳冕，其衮、鷩、毳者，各是其服章首所畫，舉其首章以名服耳。如鄭此言，則於尚書之文其章不次，故於周禮之注具分辨之。鄭於司服之注，具引尚書之文，乃云「此古天子冕服十二章，王者相變，至周而以日、月、星辰畫於旌旗」。杜之此注，亦以日、月、星辰畫於旌旗。華若草華，而不言蟲，則華蟲各爲一也。粉米若白米，是粉米共爲一也。世本云：「胡曹作冕。」注云「胡曹，黄帝臣也」。繫辭云：「黄帝、堯、舜垂衣裳而天下治，蓋取諸乾坤。」則冕服起於黄帝也。加飾起自唐虞，即書云「予欲觀古人之象」云云是也。所以衣服畫日月星等者，象王者之德照臨天下〔二〕，如三光之耀也。山體鎮重，象王者之德鎮重安静四方，又能潤益含靈，如山興雲致雨也。龍者，水物也，象王者之德流通無塞，如水利蒼生，又龍舒卷變化無方，象人君有無方之德也。華蟲即鷩雉，雉有文章，表王者有文章之德也。宗彝，彝，常也。宗廟之常器有六彝，今唯取虎蜼者，虎取毛淺而有威，蜼取毛深而有知，以表王者有深淺之知、威猛之德也。藻者，水草，是鮮潔之物，生於清水，能隨短長，象王者之德冰清玉潔，隨機應物，隨民設教，不肅而成也。火者，火性炎上，用表王者之德能使率土群黎向歸上命也。粉米者，米能濟人之命，表王者有濟養之德也。黼，白與黑形若斧，斧

〔二〕「照」，原作「昭」，據光緒本、春秋左傳正義卷五一改。

能裁斷，以象王者有裁斷之德也。黻之言戾，戾，背也。黑與青謂之黻，作兩「己」字相背，象王者能綏化兆民，能使向己，背惡以從善，故爲黻也。日之質赤，月星之質白。山作獐，考工記云「山以獐」也。龍爲騰躍之形。蜼，爾雅云「卬鼻而長尾」，郭璞云「似獼猴而大也」。章次如此者，王者與天地合其德，日、月、星，天用昭明，日最爲盛，所以居先，月星光劣，其次之也。上以象天，下宜法地。地之形勢莫大於山，故次三光也。龍爲水物，水出於山，故次之也。華蟲象於禮樂文章，以禮樂文章潤於萬物，故以次龍也。宗彝所以次華蟲者，言王者既有禮樂，須威知乃行，無威則民不畏，無知則教不成，故以次也。藻所以次宗彝者，王者威知之德，隨世而應，故以次也。火者，言王者有德必向歸仰之，如火向上，故次之也。米所以次火者，民既歸王，王須濟活，濟活之理，得米爲生，故次之也。黼所以次米者，言王者能濟活兆民，宜裁斷合理，如斧之斷決，故以次之。黻所以次黼者，王既裁斷得所，善惡各有分宜，人皆背惡從善，故以次之。六采，謂繢畫。五色，謂刺繡。故令色采之文異耳。鄭注尚書：「性曰采，施曰色。」性、色、聲三事，色居其中，故杜言集此五章以奉成五色之用也。

禮記禮運：五色六章十二衣，還相爲質也。 注：五色六章，畫繢事也。疏：云五色，謂青、赤、黄、白、黑，據五方也。六章者，兼天玄也。以玄、黑爲同色，則五。中通玄繢以對五方，則爲六色，爲六章也。爲十二月之衣，各以色爲質，故云「還相爲質」。

爾雅釋言：黼、黻，彰也。

袞，黻也。注：袞衣有黻文。疏：小雅采菽云：「玄袞及黼。」袞必兼有黼黻，詩但言「及黼」，嫌於無黻，故此釋之。

大戴禮五帝德：黄帝黼黻衣，大帶，黼裳。

家語：黄帝始垂衣裳，作黼黻。

陳氏禮書：冕服之作尚矣，書稱曰：「予欲觀古人之象，作服，日、月、星辰、山、龍、華蟲作繪，宗彝、藻、火、粉米、黼、黻絺繡。」則黼黻而上象服也。象服有冕。禮記曰：「有虞氏皇而祭，夏后氏收而祭，商人冔而祭，周人冕而祭。」則皇、收而下皆冕也。孔子稱「禹致美乎黻冕」，書稱「伊尹以冕服奉嗣王」，詩稱「商之孫子常服黼冔」，則夏、商服章，蓋與古同矣。古之服章十有二，日、月、星辰，在天成象者也。山、龍、華蟲、虎、蜼、藻、火、粉米、黼、黻，在地成形者也。在天成象者，道之運乎上；在地成形者，道之散乎下。道固始終於東北，故山、龍而降，始山終黻，莫不有序。何則？山居東北，冬、春交也。龍，春也，華蟲，夏也，虎，秋也，蜼，冬也，周而復始。則藻，春也；火，夏也；粉米，中央也；黼，秋、冬交也；黻，冬、春交也。龍與華蟲，陽之陽也，故繪而在衣。虎與蜼，陽之陰也，故繡而在裳。詩曰「玄袞及黼」，又曰「玄衮赤舄」，康成謂「凡冕服皆玄衣纁裳」，特荀卿謂「天子袾裷衣冕，諸侯玄裷衣冕」。考之於禮，王之五冕，皆玄冕朱裏。王之始冠，玄冠，丹組纓。聘禮釋幣玄纁束，昏禮納幣亦玄纁束，聘禮之篚玄被纁裏，昏禮之笲緇被纁裏，方相氏玄衣朱裳，銘物亦緇上赬，末則玄緇，所以體道丹黄，所以象事。體道者常在上，象事者常在下，故易稱「垂衣裳，以取乾坤」。天玄地黄，而纁赤黄色，則六服皆玄衣纁裳矣。荀卿「天子袾裷」之説，豈其所傳者異耶？荀卿又曰「天子山冕，諸侯玄冠」，蓋山冕即衮冕也。衮冕自登龍言之也，山冕本山龍言之也。考工記曰：「火以圜，山以章，水以龍。」爾雅釋丘曰：「上正，章丘。」釋山曰：「上正，章山。」禮記曰：「龍卷。」然則火圜山上，正而卷曲矣。周禮交龍爲旂，覲禮天子載大旂，升龍、降龍，衣章之飾，蓋亦如此。則龍之一升一降，乃不爲亢，君德之象也。司服公之服，自衮冕而下如王之服，則公衮亦有升龍矣。康成改「章」爲「獐」，謂天子有升龍、降龍，公衮無升龍，誤也。司尊彝有雞彝、鳥彝、斝彝、黄彝、虎彝、蜼彝，明堂位曰：「雞彝，夏后氏之尊也。斝彝，商尊也。黄目，周尊也。」則虎彝、蜼彝爲有虞以前之彝可知矣。先儒謂華非蟲，粉非米，宗彝有山、龍、華蟲之飾，而服無宗彝之文。山、龍至華蟲，尊者在上；藻、火至黼、黻，尊者在下。皆臆論也。五色備爲繡，葛之精者爲絺。孔穎達申安國之傳，謂古者尚質，絺纁而繡之以爲祭服，後代無用絺者，此説是也。康成讀絺爲黹，豈非溺於後代以疑古歟？史記亦曰：「舜被絺衣鼓琴。」

又曰：衣之所畫，蓋五星與十二次也。若旂則畫日、月、北斗七星而已，故禮記言「招摇在上」，穆天子傳稱「天子葬盛姬，建日月七星」。　山。古者衣、韍、尊、圭、瓚皆有山飾。考工記曰：「山以章。」荀卿曰：「天子山冕，諸侯玄冠。」書大傳曰：「山龍，青也。」　龍。古者衣、韍、旂、旃、儀禮有龍旃。簨、虡、盾、輴、勺、帷大記有龍輴。皆飾以龍。周禮曰「交龍爲旂」，覲禮曰「升龍、降龍」，爾雅曰「升白龍於縿」，曲禮曰「左青龍」，書大傳曰：「山龍，青也。」龍有升降，白者升於襂，則青者降矣。白陰而升，青陽而降，此交泰之道也。許慎曰：「卷龍繡於下幅，一龍蟠阿上鄉。」然龍繪於上幅，非繡於下幅，慎之説誤矣。　華蟲，翟也。翟不特施於王服，而后之車服亦有焉，所謂禕翟、揄翟、闕翟、重翟、厭翟是也。不特后之車服，而舞與喪禮亦用焉。書與周禮言「羽舞」，詩言「秉翟」，大記言「揄絞」是也。孔安國、顧氏以華蟲爲二章，非是。　宗彝。書曰「班宗彝，作分器」，周禮「大約劑，書於宗彝」，則宗彝，宗廟之彝也。先王致孝，有尊有彝，而衣特以彝爲章者，以虎蜼在焉故也。書謂之「宗彝」，周禮謂之「毳冕」，康成、穎達之徒謂毳畫虎蜼，因號虎蜼爲宗彝，其實虎蜼而已，此説非也。書大傳曰：「宗彝，白。」蓋宗彝白，而虎蜼各象其色耳。鄭司農以毳爲罽，孔安國謂宗彝亦以山、龍、華蟲爲飾，皆臆論也。藻，水草也，施於衣與棁而已。冕旒與玉繅亦曰藻，皆取其文而且潔也。書大傳曰：「藻火赤。」鄭氏釋巾車曰：「藻，水草，蒼色。」今藻色兼蒼赤，蓋伏、鄭各舉其一偏耳。火。左傳曰：「火、龍、黼、黻，昭其文也。」大記曰：「火三列。」明堂位曰：「殷火，周龍章。」則火之所施多矣。考工記曰：「火以圜。」鄭司農曰：「圜形如火。」鄭康成曰「形如半環」是也。大傳曰：「火，赤。」孔安國謂火爲火字，其説與考工記不合。粉米。鄭氏以粉米爲一章，則粉其米也。粉其米，散利養人之義也。孔安國曰：「粉若粟冰，米若聚米。」顧氏曰：「粉取潔白，米取能養。」然粉亦米爲之，一物而爲二章，與章不類，其説非也。黼。考工記曰：「白與黑謂之黼。」黼即斧也，刃白而銎黑，有剸斷之義，故裘、裳、席、巾、中衣、纇襌之領，冒之殺，覆椁之幕，檀弓曰：加斧於椁上。飾棺用焉。黻。考工記曰：「黑與青謂之黻。」施於衣與荒翣，見大記。其文兩「己」相戾，蓋左青而右黑，此相辨之義也。黻亦作韍、芾〔一〕，而韍亦作黻。左傳曰：「火、龍、黼、黻，昭其文也。」又曰：「衮、冕、黻、珽，昭其度也。」則黻珽之黻，乃韍也。白虎通曰：「黻，譬君臣可否相濟，見善改惡。」賈公彦曰：「黻，取臣民背惡向善。」

蕙田案：陳氏駁先儒之説多是。

又案：以上服章。

禮記王制：有虞氏皇而祭，夏后氏收而祭，殷人冔而祭，周人冕而祭。注：皇，冕屬也，畫羽飾焉。凡冕屬，其服皆玄上纁下。有虞氏十二章，周九章，夏、殷未聞。

儀禮士冠禮記：周弁，殷冔，夏收。注：弁名出于槃，槃〔二〕，大也，言所以自光大也。冔名出于幠，幠，覆也，言所以自覆飾也。收，言所以收斂髮也。齊所服而祭也。其制之異未聞。三王共皮弁、素積。注：質不變。疏：欲見此是三代之冠，百王同之，無別代之稱也。

禮記郊特牲：周弁，殷冔，夏收。三王共皮弁、素積。注：周弁、殷冔、夏收，齊所服而祭也。三王共皮弁、素積，不易於先代。

〔一〕「韍」，諸本作「敝」，據禮書卷二改。
〔二〕「槃」，諸本脱，據儀禮注疏卷三補。

方氏慤曰：皮弁則以白鹿皮爲之，素積則以素爲裳。言裳則衣可知。裳必疊幅，故謂之積，揚雄所謂「襞幅爲裳」是已。

世本：黄帝作冕服。

史記：放勳黄收純衣。

論語：惡衣服，而致美乎黻冕。注：孔曰：損其常服，以盛祭服。疏：鄭注此云：「黻是祭服之衣。冕，其冠也。」左傳「晉侯以黻冕命士會」，亦當然也。黻，蔽膝也。祭服謂之黻，其他謂之韠，俱以韋爲之，制同而色異。韠，各從裳色。黻，其色皆赤，尊卑以深淺爲異，天子純朱，諸侯黄朱，大夫赤而已。大夫以上，冕服悉皆有黻，故禹言黻冕。左傳亦言黻冕，但冕服自有尊卑耳。左傳士會黻冕，當是希冕也。此禹之黻冕，則六冕皆是也。

詩大雅文王：常服黼冔。注：黼，白與黑也。冔，殷冠也。夏后氏曰收，周曰冕。

何氏楷曰：蔡邕云：「冕，冠。周曰爵弁，殷曰冔，夏曰收。皆以三十升漆布爲殼，廣八寸，長尺二寸，加爵冕其上，周黑而赤，如爵頭之色，前小後大，殷黑而微白，前大後小，夏純黑而赤，前小後大，皆有收以持笄。」

陳氏禮書：世本云：「黄帝造冕。」史記云：「堯黄收純衣。」王制云：「有虞氏皇而祭，夏后氏收而祭，商人冔而祭。」郊特牲與冠禮記云：「周弁，商冔，夏收。」鄭氏釋王制謂「皇，冕屬也，畫羽飾焉」；釋冠禮記謂「弁名出於槃，槃，大也，言所以自光大也。冔名出於幠，幠，覆也，言所以自覆飾也。收，言所以收斂髮也」。白虎通曰：「弁，攀也，攀持其髮。」此雖不可以考，然周禮掌次之皇邸，樂師之皇舞，皆以鳳凰之羽爲之，則皇冕畫羽飾可知也。王制以皇、收、冔對冕言之，又孔子稱「禹致美乎黻冕」，詩稱「商之孫子常服黼冔」，「黼冔」云者，猶所謂黼冕也。冠禮記與郊特牲以收、冔對弁言之者，三王共皮弁、素積，則夏、商而上，非無弁也。然世之文質，煩簡不同，故夏、商之用冕者，周或用弁而已。檀弓曰：「周人弁而葬，商人冔而葬。」范氏曰：爵弁，一名冕，廣八寸，長尺二寸，繪其上，似爵頭色，有收持笄，所謂夏收、殷冔者也。其說不可考。

蕙田案：陳氏此說最爲通達。

禮記禮運：衣其澣帛。注：澣帛，練染以爲祭服。疏：「澣帛，練染以爲祭服」，亦異代禮。周禮則先染絲乃織成爲衣，故玉藻云「士不衣織」。

陸氏佃曰：衣其澣帛。詩曰「害澣害否」，傳以謂「私服宜澣，公服宜否」。婦人有副暈以接見君子、見舅姑，其餘則私也。然則衣其澣帛，蓋自褕狄而下，且言澣帛，則亦以著潔其衣服。

蕙田案：衣其澣帛，不專指后服，陸説非是。

禮器：禮有以文爲貴者。天子龍衮，諸侯黼，大夫黻，士玄衣纁裳。天子之冕，朱緑藻，十有二旒，諸侯九，上大夫七，下大夫五，士三，此以文爲貴者也。注：此祭冕服也。朱緑似夏、殷禮也。周禮，天子五采藻。疏：人君因天之文章以表於德，德多則文備，故天子龍衮。諸侯以下，文稍少也。然周禮上公亦衮，侯伯鷩，子男毳，孤卿希，大夫玄，士爵弁玄衣纁裳。今言諸侯黼，大夫黻，雜用夏、殷禮也。但夏、殷衣有日、月、星辰、山、龍，今云龍衮者，舉多文爲首耳。日月之文，不及龍也。朱緑藻，十有二旒，亦是夏、殷也。周藻五采也。十二謂旒數也。諸侯九以下，亦夏、殷也。周家旒數隨命數，又士但爵弁無旒也。熊氏曰：「朱緑以下，是夏、殷禮，其天子龍衮，諸侯黼，大夫黻等，皆周法，無嫌。諸侯雖九章七章以下，其中有黼也。孤希冕而下，其中有黻，特舉黼黻而言耳。故詩采菽云『玄衮及黼』，是特言黼也。詩終南美秦襄公『黻衣繡裳』，是特言黻也。」

陳氏禮書：天子之冕，朱緑藻，十有二旒，諸侯九，上大夫七，下大夫五，士三，其制與弁師不同，異代之禮也。方氏慤曰：凡服其章雖異，至于玄衣纁裳，則通上下如之，然此止以言士者。士之服無章，以玄纁爲主故也。自大夫而上皆冕服也，士則皮弁服而已。藻必五采，特曰朱緑，則舉其華者以該之也。亦與雜帶君朱緑同義。

蕙田案：以上通論四代冕服。

周禮春官司服：掌王之吉凶衣服，辨其名物與其用事。王之吉服，祀昊天上帝則服大裘而冕，祀五帝亦如之。享先王則衮冕，享先公、饗、射則驚冕，祀四望、山川則毳冕，祭社稷、五祀則希冕，祭群小祀則玄冕。注：六服同冕者，首飾尊也。先公，謂后稷之後，太王之前，不窋至諸盩。饗、射，饗食賓客與諸侯射也。群小祀，林澤、墳衍四方百物之屬。鄭司農云：「大裘，羔裘也。衮卷，龍衣也。鷩，裨衣也。毳，罽衣也。」玄謂書曰：「予欲觀古人之象，日、月、星辰、山、龍、華蟲作繢，宗彝、藻、火、粉米、黼、黻希繡。」此古天子冕服十二章，舜欲觀焉。華蟲，五色之蟲。繢人職曰：「鳥獸蛇雜四時五色以章之謂」是也。希讀爲絺，或作黹，字之訛也〔一〕。王者相變，至周而以日月星辰畫於旌旗，所謂三辰旂旗，昭其明也。而冕服九章，登龍于山，登火于宗彝，尊其神明也。九章，初一曰龍，次二曰山，次三曰華蟲，次四曰火，次五曰宗彝，皆畫以爲繪；次六曰藻，次七曰粉米，次八曰黼，次九曰黻，皆希以爲繡。則衮之衣五章，裳四章，凡九也。鷩畫以雉，謂華蟲也。其衣三章，裳四章，凡七也。毳畫虎蜼，謂宗彝也，其衣三章，裳二章，凡五也。希刺粉米，無畫也，其衣一章，裳二章，凡三也。玄者衣無文，裳刺黻而已。是以謂玄焉。凡冕服皆玄衣纁裳。疏：冕名雖同，其旒數則亦有異，

〔一〕「訛」，周禮注疏卷二一作「誤」。

但冕名同耳。云「衮卷，龍衣也」者，鄭注禮記云：「卷，俗讀，其通則曰衮。故先鄭衮卷并言之也。」云「鷩，裨衣也」者〔一〕，案禮記曾子問云「諸侯裨冕」，覲禮「侯氏裨冕」，鄭注云：「裨之言埤也。天子大裘爲上，其餘爲裨。」若然，則裨衣自衮以下皆是，先鄭獨以鷩爲裨衣，其言不足信矣。

王氏昭禹曰：以周之祖廟考之，先公尊於先王，而所服止於鷩冕，祭亦各以其服授尸，尸服如是，王服衮以臨之，非所以爲敬，故不敢。

陳氏禮書：衮冕九章，十二斿，鷩冕九斿，毳冕七斿，希冕五斿，玄冕三斿。觀弁師於王言冕之表裏、延、紐而不及玉瑱，於諸侯言玉瑱，而不及冕之表裏、延、紐，於王言繅不言斿，於諸侯言繅斿不言玉數，止言瑉玉三采。言繅斿皆就而不言采數，公之五冕皆三采。言玉笄而不言紘，是皆約辭以互發之。則五采繅十有二就，不言皆者，其斿如康成之説信矣。春秋傳曰：「上物不過十二。」郊特牲曰：「戴冕璪十有二旒，則天數也。」玉藻曰：「天子玉藻十有二旒，龍卷以祭。」是王衮冕十有二旒也。典命曰：「上公以九爲節。」則上公之衮冕九旒九玉。弁師言繅十有二就，以見斿亦

〔一〕「鄭注禮記云卷俗讀其通則曰衮故先鄭衮卷并言之也云鷩裨衣也者」二十八字，原脱，據光緒本補。

十有二。言繅斿九就，以見斿與玉亦九。於玉舉衮冕，於諸侯舉上公之冕，皆指其盛者言之也。孔子曰：「麻冕，禮也。」記曰：「玉藻前後邃延。」漢孫叔通之冕，制版廣八寸，而長倍之，後方前圓，後仰前俛，則版質而麻飾之。上玄爲延，下朱爲裹，約之以武，設之以紐，貫之以笄，固之以紘。五采玉，則朱、白、蒼、黄、玄也。皇氏、沈氏謂五采玉依飾射侯之次，從上而下，初以朱，次白，次蒼，次黄，次玄。五采玉貫編，周而復始。其三采者，先朱，次白，次蒼。二色者，先朱，後緑。玉有十二，則每玉間以寸也。其玄朱、方圓、俛仰如此，先儒謂前低寸。而辨物之德，應物之事，不變之體，無方之用，莫不該存乎其間，命之曰冕者，禮爲應物而設故也。然服飾於下，陰也，故司服之服六，冕飾於上，陽也，故弁師之冕五而已，猶王后之服六，而追師之首飾三而已。副編次。則大裘衮衣同冕，猶三翟同副也。康成謂大裘無衮，其冕無旒，於經無據。玉藻曰「龍卷以祭」，其文在「朝日聽朔」之上，則祭昊天、五帝、先王之類，皆以玉藻龍卷，此又與郊特牲象天則天數之説合矣。蓋先王祭服，其内明衣加以中衣，中衣繡黼丹朱，然後加裘衮焉，則大裘之所著見者，領而已。衮服，玄衣纁裳而九章，則龍也，山也，華蟲也，火也，宗彝也，繪於衣；藻也，粉米也，黼也，黻也，繡於裳。前後邃延，則前十二旒，其玉百四十四，後十二旒，玉亦百四十有四。鄭氏曰：旒十有二，前後邃延者，言皆出冕前後而垂也。釋名曰：「冕，玄上纁下，前後垂珠有文飾也。」其韍朱韍，其帶素帶，朱裏，朱緑終辟。執鎮圭、搢大圭。朝諸侯則執瑁圭。佩白玉而玄組綬，赤舄。鷩冕七章。鷩，雉也。雉之爲物，五色備而成章，故曰夏翟，亦曰華蟲，猶中國謂之夏，亦謂之華也。司服又謂之鷩者，别其名也。考工記曰：「鳥、獸、虵。」鳥而類於獸。虵者，指其文也。鄭氏曰：華蟲之毛鱗有文采者。鷩冕以祀先公、饗、射，然先公尊矣，所服止於此者，非卑之於先王以爲祭，則各以其服授尸，尸服如是，而王服衮以臨之，非所以爲敬，故弗敢也。其制亦五采繅十有二就，五采玉十有二，前後皆九斿，共玉二百一十六。玄衣纁裳繪於衣者，華蟲、火、宗彝也；繡於裳者，藻、粉米、黼黻也。韍、帶、圭、佩、綬、舄與衮冕同。然則饗、射亦以鷩冕者，王朝覲諸侯以衮冕，故饗與賓射以鷩冕。祭祀以衮冕，故大射亦以鷩冕。以饗與賓射殺於朝覲，而大射殺於祭祀故也。燕射於寢，則皮弁而已。賈公彦謂賓射服皮弁，燕射服朝服，然鄭氏釋司服謂鷩冕饗射者，饗食賓客與諸侯射，則賓射不以皮弁矣。又皮弁即王之朝服耳。離而二之，其説誤也。左傳曰：「五雉爲五工正。」爾雅有鸕諸雉〔一〕、鷮雉、鳪音卜雉、鷩雉、秩秩海雉、鸐山雉、雗汗雉、鵫雉、翬雉、鷂雉。南方曰𠃢，東方曰鶅，北方曰鵗，西方曰鷷，而衣章之所取者，特鷩與翬鷂耳，以其文尤著故也。

毳冕五章。説文：「毳，獸細毛也。」宗彝有虎蜼之飾，而毳衣有宗彝之章，故書謂之宗彝，周禮謂之毳冕。毳冕，王所祀四望、山川之服也。五采繅十有二就，五采玉十有二，前後皆七旒，共玉百六十有八。繪於衣則宗彝、藻、粉米也，繡於裳則黼黻也。韍、帶、圭、佩、綬、舄與鷩冕同。詩曰：「毳衣如菼。」菼之初生，其色玄則如菼，言其衣也。又曰：「毳衣如璊。」璊之爲玉，其色赤，説文：璊，玉赬色。則如璊言其裳也。劉熙釋名以毳爲藻文，鄭司農以毳爲罽衣，與宗彝之制不合，不足信也。爾雅曰：「蜼，卬鼻而長尾。」郭璞曰：「蜼似猴而色黑，尾數尺，鼻上向，雨則以尾若兩指窒其鼻。」蓋虎取其義，蜼取其智。

希冕三章，王祭社稷、五祀之服，非卑之於饗、射也。以社稷、五祀之所上，止於利人，故衣粉米而已。謂之希，以其章少故也。

〔一〕「鸕」，諸本作「顱」，據爾雅釋鳥改。

鄭氏以希爲絺，以絺爲刺，謂希刺粉米無畫。然畫，陽事也，在衣；繡，陰功也，在裳。希衣之粉米，固亦畫矣。繡而不畫，則與餘章之在衣者不類，其説非也。唐以希冕爲繡冕，蓋亦襲鄭氏之失歟？希冕亦五采繅十有二就，五采玉十有二，前後皆五旒，共玉百二十。賈公彦謂天子九章，侯伯七章，大章也。章各依命數數章也。則九章，章皆十二。七章，章皆七。若然，則舜十二章之服，日月星辰之類，皆十二乎，不必然也。考之於禮，升龍、降龍爲一章，虎彝、蜼彝爲一章，則山、火而下，蓋皆左右畫繡之也。玄冕一章，王祭群小祀之服。其衣玄而無文，裳黻而已，其章不足道也，故以玄名之。玄冕亦五采繅十有二就，五采玉十有二，前後三旒，共玉七十二，而王之齊服亦用焉。荀卿曰「絻而乘路」，即玄冕也。諸侯之齊，以玄冠不以玄冕。及親迎，則玄冕齊戒，攝盛故也。宗彝於十二章之服在裳，於九章之服在衣；粉米於七章之服在裳，於五章之服在衣。蓋次服之首章，上服固已升之矣。夫乾居西北，而天事武，故黼之色白、黑；艮居東北，而成始終，故黻之色青、黑。天下之理，歸於所斷，成於所辨，故服章以黻終焉。觀易陰陽之相代歸於復，小而辨於物，卦象之相推終於未濟之辨物居方。舜命九官終於黜陟分北，周官六計終於廉辨，皆六服終黻之意也。然剛斷者，先王之所沉潛，非嚮而上之也，故黼依設於後，席用黼純設於下，而中衣繡黼設於中，皆六服後黼之意也。詩曰「玄衮及黼」、「黻衣繡裳」、「常服黼冔」，書曰「麻冕黼裳」，語曰「致美乎黻冕」，記曰「諸侯黼，大夫黻」，爾雅曰「衮，黻也」，凡此皆舉其章之末者，則餘章著矣。裨冕。覲禮「侯氏裨冕」，曾子問曰「大祝裨冕，執束帛」，又曰大宰、大宗、大祝皆裨冕，玉藻曰「諸侯裨冕以朝」，樂記曰「裨冕搢笏」，而虎賁之士説劍也，荀卿曰「大夫裨冕」。鄭康成釋覲禮曰「裨之言埤也」，天子大裘爲上，其餘爲裨，釋玉藻曰「裨冕：公衮，侯伯鷩，子男毳」，是也。鄭司農釋周禮特以鷩爲裨衣，拘矣。

蔡氏德晉曰：衮冕，衮衣而冕也。下鷩冕等倣此。享先王衮冕有二：一則冕十二旒，服十二章，祭武王則服之；一則服九章，自山、龍而下，荀子所稱山冕，禮記所稱龍衮，即此，其冕九旒，祭太王、王季、文王則服之。先公祖紺以上至后稷也六服，但舉其大綱。一服中顏色各異，寒暑不同，初非一例。如十二章之服，以大裘爲上，故舉此以例其餘，必更有帛有絺綌，而裘帛與絺綌必非一色，康成謂凡冕服皆玄衣纁裳，恐未必然。以書顧命卿士、邦君麻冕蟻裳，蟻爲玄色，推之可見。

方氏苞曰：公之服，自衮冕而下，如王之服，則王備十二章可知矣。享先王以衮冕，則祀天地以十二章之服可知矣。不敢服三辰之章以祀先王，與不敢以衮冕祀先公，其義一也。郊特牲及明堂位皆特舉旂之章，而不及於服者，旂有旒而設日月，乃周人創制；若服之備十二章，則邃古如斯，不必言也。典命職上公九命爲伯，其衣服禮儀皆以九爲節，則衣裳九章。天子法天以十二爲數，蓋日、月、星辰麗天，非人臣所敢服。

又曰：九章之説，群儒辨之詳矣，而學者終以三辰之服未見於經爲疑，不知六典乃設官分職之大經，故服物采章，文多不具，或彼此互見，此職第言衮而不及衮以上之三辰，第言衮以下、鷩以下、毳以下、玄以下而不及其繪繡之物，則亦具詳於冬官可知矣。

蕙田案：先儒辨鄭氏天子衮冕九章之説甚詳，已見「圜丘祀天」門「冕服」條下，兹方氏所云，可謂簡而當也。蓋十二章之服，始於虞、舜，三代所同。周制天子之禮，皆以十二爲節，故圭尺二寸，冕十二旒，繁纓十二就，則衣十二章明矣。故事天及五帝，冬至則内服大裘，裘之外襲以玄衣，備十二章，名之爲衮。若五帝則唯立春爲然，餘則但服大裘，外之衮衣。至夏、秋以紗爲衣，備十二章。是祀天、祀五帝其用十二章之衮無疑。但欲以别於祀先王之服，故不曰「衮冕」，而曰「大裘而冕」也。自鄭康成造爲周以日、月、星辰畫於旂，王與公同服九章之説，則尊卑不分，等威莫辨，而與經文不合矣。況質文相變，每後增於前，周尚文而反減冕服之章，有是理乎？蔡氏謂周衮冕有二，一十二章以祭武王，一九章以祭大王、王季、文王。方氏謂不敢服三辰之章以祀先王，與不敢服衮冕祀先公，其義一。方氏之説爲是。蓋日、月、星辰麗天之文，則服以祀天宜矣。先王雖尊，若以三辰臨之，恐褻天之章，故服山、龍以下。若大王、王季、文王既經追王，則皆謂之先王可也，而又加區别，非人子所敢出，故鷩冕享先公。陳氏謂非尊先王而卑先公，蓋不敢以衮臨尸服，其義精矣。蔡氏所云，未詳何據。至方氏又云，學者終以三辰不見於經爲疑，而以具於冬官爲辭，此雖理或有之，然亦非據也。要之周禮，大抵多因前代，因則不同於創，無爲特筆以著之，又何必以三辰不見於經爲疑也。且不見於經，亦唯曰周官無之爾，尚書明言之矣，可謂之不見於經乎？即如唐、虞之制，璿璣玉衡見於書，不必著於周禮；五瑞之制，見於周禮，而不必詳於書。蓋古人簡質，不獨周禮一書文多互見，即六經之文，以互見爲援據者，不可勝數也。若必以不見三辰爲疑，則固矣。又謂旂有旒而設日月，乃周人創制，亦未確考。郊特牲、明堂位所言皆魯禮，魯僭天子禮爲日月之旂，故陋儒誇言以示美。若周天子則固有之，無庸説也，即曰創制，亦只可曰魯人，而不可曰周人也。尚書孔傳云：「畫三辰於衣服旌旗。」疏言左傳有三辰旂旗，周禮司常云「日月爲常」，三者禮有沿革，後因於前，故知舜時三辰亦畫之於旂也。據此，則亦非周人始創明矣。

宗元案：天子法天，以十二爲數，則服亦宜十二章，此復何疑？而仍訛襲陋者，皆以九章爲説。不知只就「公之服，自衮冕而下九章如王之服」一句，可知王之服有在衮冕而上者，合三辰而得十二章矣。望溪先生此解，可謂一語破的，何舊説之憒憒也！

公之服，自衮冕而下如王之服；侯伯之服，自鷩冕而下如公之服；子男之服，自毳冕而下如侯伯之服；孤之服，自希冕而下如子男之服；卿大夫之服，自玄冕而下如孤之服。凡大祭祀，共其衣服而奉之。注：自公之衮冕至卿大夫之玄冕，皆其朝聘天子及助祭之服。諸侯非二王後，其餘皆玄冕而祭於己。雜記曰：「大夫冕而祭於公，弁而祭於己。士弁而祭於公，冠而祭於己。」大夫爵弁自祭家廟，唯孤耳，其餘皆玄冠，與士同。玄冠自祭其廟者，其服朝服玄端。諸侯之自相朝聘，皆皮弁服。此天子日視朝之服。

蔡氏德晉曰：自公衮冕至大夫玄冕，皆朝聘天子及助祭與受王命之服。其餘事之重者亦用之，如冠、昏之禮是也。助祭則隨事用之，如王祭群小祀玄冕，則助祭者皆玄冕也。若朝王及在國受王命與冠、昏之禮，則各服其上服，上公則衮冕，侯伯則鷩冕，諸侯自祭。鄭康成謂惟魯及二王後衮冕，餘皆玄冕，以大夫冕而祭於公，弁而祭於己推之，理或然也。

典命：上公九命，其衣服以九爲節。侯伯七命，其衣服以七爲節。子男五命，其衣服以五爲節。王之三公八命，其卿六命，其大夫四命，及其出封皆加一等，其衣服亦如之。疏：案大行人云：上公冕服九章，侯伯於上公降殺以兩，子男比於侯伯又降殺以兩爲差耳。

公之孤四命，眡小國之君。其卿三命，其大夫再命，其士一命，其衣服各眡其命之數。侯伯之卿、大夫、士亦如之。子男之卿再命，其大夫一命，其士不命，其衣服各眡其命之數。疏：四命者，冕服四章。三命者，以三爲節。再命、一命者，亦以命數爲降殺也。但大夫玄冕，一命者一章，裳上刺黻而已。衣無章，故得玄名也，則冕亦象衣無旒。其士服爵弁，並無章飾，是以變冕言爵弁也。

秋官大行人：以九儀辨諸侯之命。上公之禮，冕服九章。諸侯之禮，冕服七章。

諸伯如諸侯之禮。諸子冕服五章。諸男如諸子之禮。注：冕服，著冕所服之衣也。九章者，自山、龍以下。七章者，自華蟲以下。五章者，自宗彝以下也。疏：凡服皆以冠冕表衣，故言衣先言冕。鄭恐冕服是服此冕，故云著冕所服之衣也。

凡大國之孤眡小國之君。凡諸侯之卿其禮各下其君二等以下，及其大夫士皆如之。

詩秦風終南：黻衣繡裳。疏：鄭於周禮之注差次章色，黻皆在裳。言黻衣者，衣大名，與繡裳異其文耳。

豳風九罭：衮衣繡裳。傳：衮衣，卷龍也。音義：衮，六冕之第一章也〔一〕。畫爲九章，天子畫升龍於衣上，公但畫降龍。

陳氏禮書：凡裳前三幅，後四幅。賈公彥曰：「前爲陽，後爲陰。前三後四，象陰陽也。」然則士喪記「明衣裳不辟」，喪裳一袧，則吉裳不特三袧而已。明衣長及轂，則凡裳不特及轂而已。明衣有前後裳，則凡裳前三後四，以象陰陽可知也。明

〔一〕「章」，諸本作「者」，據毛詩正義卷八改。

衣裳「緅縪緆，緇純」，士昏禮「爵弁、纁裳、緇袘」，曲禮「素衣、素裳、素冠，徹緣」，則凡裳有緣可知也。玉藻曰「衣正色，裳間色」，然冕服玄衣纁裳，皮弁服素衣素裳，諸侯朝服緇衣素裳，士爵弁服緇衣纁裳，玄端服有玄裳、黄裳、雜裳，玄端服惟三裳而已。士昏禮使者玄端，鄭氏曰：有司緇裳無據。深衣、長衣裳之色同，三翟三衣亦衣裳之色同。緇衣非正色也，黄素之裳非間色也。蓋衣之玄緇，所以象天道；裳之黄，所以象地德。素，陰之正也，亦可以爲裳；纁，陽之間也，不可以爲衣。是衣之色常尊，裳之色常卑，非必衣色皆正、裳色皆間也。記且云：「爾者豈非以玄爲天之正色，纁非地之正色乎？」書言「王麻冕黼裳，卿士、邦君皆麻冕蟻裳，太保、太史、太宗皆麻冕彤裳」。孔安國曰：「蟻裳玄，彤裳纁。」詩曰「毳衣如璊」，又曰「載玄載黄，我朱孔陽，爲公子裳」。蓋裳以纁爲主，纁，赤黄色，以土無正位，必託於火故也。若夫玄裳、素裳之類，各象其事而服之。孔穎達曰：「書之卿士、邦君，非執事者也，故玄裳；太保、太史、太宗執事者也，故彤裳。」其説是也。

小雅采菽：玄衮及黼。箋：玄衮，玄衣而畫以卷龍。黼，黼黻，謂絺衣也。疏：「謂絺衣」，絺謂刺之，言此黼黻絺刺之於衣。衮黼之在衣也，衮則畫之，黼則刺之，故言「謂絺衣」，以對「衮畫衣」故也。

絺在裳，言衣者，衣總名也。

何氏楷曰：據此詩玄衮，明上公之衣亦玄色。周禮言玄冕，謂衣之無文者，其本色是玄，然則凡冕服之皆玄衣，其説確矣。公衣五章，裳四章，而衣以衮爲首，子男衣三章，裳二章，而裳以黼爲首，此言玄衮及黼者，舉公及子男以該侯伯也。又詩若概舉九章，當始于衮，終于黻，故爾雅訓衮爲黻，黻者，衮之盡也。此不言黻者，以卿大夫止有裳一章，刺黻無黼，故但言黼，以别於卿大夫。明此所錫予者，止於來朝之諸侯，不爲卿大夫設也。凡此皆先王待諸侯之常制，是時諸侯尚未來朝，而王者已預爲之儲具如此。

韓奕：玄衮赤舄。 疏：又賜身之所服以玄爲衣而畫以衮龍，足之所履，配以赤色之舄。

何氏楷曰：赤舄，冕服之舄也。上公九命，得服衮冕，故履赤舄與王同也。

論語：服周之冕。 注：包曰：「冕，禮冠。周之禮文而備，取其黈纊塞耳，不任視聽。」 疏：云「冕，禮冠。周之禮文而備」者，冠者，首服之大名，冕者，冠中之别號，故云「冕，禮冠」也。謂之冕者，冕，俛也，以其後高前下，有俛俯之形，故因名焉。蓋以在上位者失於驕矜，欲令位彌高而志彌下，故制此服，令貴者下賤也。云「取其黈纊塞耳，不任視聽」者，黈纊，黄綿也，案今禮圖，衮冕以下皆有充耳，天子以黈纊，諸侯以青纊，以其冕旒垂目，黈纊塞耳，欲使無爲清静，以化其民，故不任視聽也。

禮記王制：制，三公一命卷，若有加則賜也，不過九命。 注：卷，俗讀也，其通則曰衮。

三公八命矣，復加一命，則服龍衮，與王者之後同。多於此，則賜，非命服也。虞夏之制，天子服有日、月、星辰。周禮曰：「諸公之服，自衮冕而下如王之服。」

陳氏禮書：公卿大夫之命以四、以六、以八，陰數也。公侯伯子男之命以五、以七、以九，陽數也。典命上公九命，衣服以九爲節，司服所謂「公之服，自衮冕而下如王之服」是也。侯伯七命，衣服以七爲節，司服所謂「侯伯之服，自鷩冕而下如公之服」是也。王之三公八命，其卿六命，其大夫四命，及其出封，皆加一等，蓋八命加一等，則是三公一命衮而衣服以九爲節也。其未出封，則八命與侯伯同七章之服矣。公與侯伯同七章之服，則卿六命與子男同五章之服矣。觀司服「孤之服，自希冕而下如子男之服；卿大夫之服，自玄冕而下如孤之服」，公之孤四命，而服三章之希冕，大國之卿三命，大夫再命，而服一章之玄冕，則王之公卿大夫，其衣服各降命數一等可知也。詩言周大夫之服毳衣，則王之上大夫卿也。雜記曰「大夫冕而祭」，於公則希冕、玄冕也。然則上公自衮冕而下，其服五；侯伯自鷩冕而下，其服四；子男自毳冕而下，其服三；孤自希冕而下，其服二。服雖不同而冕同。賈公彦曰「諸公繅玉同文，惟有一冕以冠五服」，其説是也。弁師「諸侯繅斿九就，瑉玉三采，其餘如王之事。繅斿皆就，玉瑱玉笄」。諸侯及孤卿大夫之冕，各以其等爲之。鄭氏謂上公繅九就，用玉百六十二，侯伯用玉九十八，子男繅五就，玉五十，繅皆三采；弁師瑉玉三采，鄭氏曰：「瑉」，故書作「璑」。説文：璑，三采玉。孤繅四就，玉三十二，三命之卿繅三就，玉十八，再命之大夫繅再就，玉八，繅玉皆朱緑。考之聘禮，諸侯朝天子圭繅，朱、白、蒼。大夫問諸侯圭繅，朱、緑。則朱、白、蒼者，君之繅；朱、緑者，臣之繅。冕、繅之别，蓋亦如此，鄭氏之説是也。希冕三章，鄭氏謂孤繅四就，蓋孤四命，其宮室車旗衣服各眡其命之數，則服雖三章而冕四斿，斿四就，無害其與服章異也。晉武公之臣請服於周，始曰「無衣七兮」，次曰「無衣六兮」，以示不敢上眡侯伯，姑請六命之服，列於天子之卿，猶愈乎不也。孔穎達謂卿從車六乘，旌旗六旒，弁飾六玉，冠六辟積，然則卿服雖五章，而冕繅六斿，斿六就，猶大夫之服三章，而繅四斿，斿四就也。不特人臣之冕如此，王服九章而繅十有二斿，斿十有二就，是繅、斿與服章不必同也。鄭氏又曰一命之大夫冕而無斿，然典命言各眡其命之數，果一命之冕無斿，則眡其命之數云者爲虚言也。夫冕之有斿，爲蔽明也。繅之就數，固雖不同，蓋皆其垂過目，而每就非止一寸。每就一寸，殆王之十有二就者然也。賈公彥曰：每玉相去一寸，十二玉則十二寸。就，成也。以一玉爲一成，結之使不相并也。射人三公執璧，執璧則服毳冕而已。蓋王饗、射降而服鷩冕，則公於王射降而服毳冕矣。鄭氏曰：「諸侯入爲卿大夫，各服本國服章，與在朝仕者不同。」然卿大夫出，則伸而加一等，入則屈而降一等，則各服本國服章之説，無是理也。書曰「周公秉圭」，射人「三公執璧」，蓋圭乃公之常禮，璧特射時所執也。王之卿大夫其所執亦羔雁，特其飾與諸侯之卿大夫不同。周語單子譏陳侯棄衮冕而南冠，春秋伐楚之役，許男卒而以衮斂。夫陳侯有衮冕，許男以衮斂者，尊三恪而優死王事者也。左氏曰：凡諸侯薨，於朝會加一等，死王事加二等。書大傳曰：「天子衣服，其文華蟲作繢，宗彝、藻、火、山、龍。諸侯作繢，宗彝、藻、火、山、龍。子男宗彝、藻、火、山、龍。大夫藻、火、山、龍。士山、龍。」故書曰：「天命有德，五服五章哉！」又曰：「天子服五，諸侯服四，次國服三，大夫服二，士服一。」然大夫之服，自玄冕而下，士之服自皮弁而下，固無藻、火、山、龍矣。既曰：「子男宗彝、藻、火、山、龍，士山、龍」，又曰「次國服三，大夫服二，士服一」，是自戾也。漢明帝時，冕皆廣七寸，長尺二寸，前圓後方，朱緑裏玄上，前垂四寸，後垂三寸，繫白玉珠爲十二旒。三公諸侯服三龍九章，冕七旒，青玉爲珠。卿大夫服用華蟲七章，冕五旒，黑玉爲珠，皆有前無後，以承大祭。然旒有前無後，非古制也。又古者大夫冕而祭於公，士弁而祭於公，則大夫以上助祭，皆冕服也。明帝之時，百官不執事者袀玄以從，失之矣。

蕙田案：侯國諸臣之服，與諸侯之服不同。諸侯之服章數依命數，而諸臣之服不隨命數也。故公之孤四命而服希冕三章，若王朝諸臣之服，以義推之，則王之三公八命宜服七章之鷩冕，卿六命服五章之毳冕，大夫四命服三章之希冕，士之三命、再命同服無章之玄冕可知也。陳氏謂王朝之卿大夫皆降其命一等同諸侯章服，極是。又從鄭氏云繅、斿與章服不必同，則非矣。

玉藻：天子玉藻，十有二旒，前後邃延，龍卷以祭。注：祭先王之服也。雜采曰藻。天子以五采藻爲旒，旒十有二。「前後邃延」者，言皆出冕前後而垂也。天子齊肩，延冕上覆也。疏：藻，謂雜采之絲繩以貫於玉，以玉飾藻，故云玉藻也。藻之前後，各有十二旒。旒十有二就，每一就貫以玉。就間相去一寸，則旒長尺二寸，故垂而齊肩也。言「天子齊肩」，則諸侯以下各有差降，則九玉者九寸，七玉者七寸，以下皆依旒數垂而長短爲差。旒垂五采玉，依飾射侯之次，從上而下，初以朱，次白，次蒼，次黄，次玄。五采玉既貫徧，周而復始。三采者，先朱，次白，次蒼。二色者，先朱，後緑。卷，謂卷曲，畫此龍形卷曲于衣，以祭宗廟。司服及覲禮「卷」皆作「衮」。

馬氏晞孟曰：冕之爲物，後方而前圓，後仰而前俛，有延在上，有旒在下，視之則延長，察之則深邃。冕止於五，則大裘而冕，與衮冕一矣。蓋祀昊天則大裘而加冕，享先王則服衮而已。周官於祀昊天不言衮，則用衮可知也。記於龍衮言以祭，不言所祭，則昊天先王可知也。先儒有云大裘無冕，衮而其冕無旒，不知何據。

玄端而朝日於東門之外，聽朔於南門之外。注：「端」當爲「冕」，字之誤也。玄衣而冕，冕服之下。疏：凡衣服，皮弁尊，次以諸侯之朝服，次以玄端。案下諸侯皮弁聽朔，朝服，視朝之服，卑於聽朔。今天子皮弁視朝，若玄端聽朔，則是聽朔之服卑於視朝，與諸侯不類。且聽朔大，視朝小，故鄭注知「端當爲冕」，謂玄冕也，是冕服之下。

方氏慤曰：經有曰玄冕，有曰玄冠，有曰玄端，何也？蓋玄端者，祭服、燕服之總名。衣玄衣而加玄冕則爲祭服，衣玄衣而加玄冠則爲燕服。或冠冕通謂之端。玄端而朝日則是玄冕者也，玄端而居則是加玄冠冕也。聽朔亦玄冕者，敬朔事如祭故也。

諸侯玄端以祭，皮弁以聽朔於太廟。注：祭先君也。「端」亦當爲「冕」，字之誤也。諸侯祭宗廟之服，惟魯與天子同。皮弁，下天子也。

方氏慤曰：玄端，祭服也。皮弁，朝服也。天子以祭服聽朔者，示受之於天，故神之也。諸侯以朝服聽朔者，示受之於祖，故明之也。

陸氏佃曰：玄端，玄端而冕。諸侯冕而祭于公，玄端而冕祭于己，據大夫冕而祭于公，弁而祭于己。然則玄端雖冕，異于玄冕。玄冕，纁裳。玄端而冕，玄裳。特牲主人冠玄端不言玄，嫌裳或素。天子言門，諸侯言太廟，言内朝斥近，不敢以言天子也。

雜記：大夫冕而祭於公，弁而祭於己，士弁而祭於公，冠而祭於己。士弁而親迎，然則士弁而祭於己可也。注：弁，爵弁也。冠，玄冠也。祭於公，助君祭也。大夫爵弁而祭於己，惟孤爾。然則士弁而祭於己，緣類欲許之也。親迎雖亦己之事，攝盛服耳，非常也。疏：此一節明大夫、士公私祭服。大夫謂孤也。冕，絺冕也。祭於己，自祭廟也。助祭爲尊，故服絺冕。自祭爲卑，故服爵弁。士以爵弁爲上，故用助祭。冠，玄冠，爲卑，自祭不敢同助君之服，故用玄冠也。作記之人雖云「士冠而祭於己」，以己既爵弁親迎，親迎輕於祭，尚用爵弁，則自用爵弁自祭己廟，於禮可用也。是記者緣事類許之著爵弁也。儀禮少牢上大夫自祭用玄冠，此亦云弁而祭於己，與少牢異，故鄭注云「惟孤爾」。知非卿者，以少牢禮有卿賓尸，下大夫不賓尸，明卿亦玄冠，不爵弁也。親迎配偶，一時之極，故許其攝盛服。祭祀須依班序，著弁，於理可也。

馬氏晞孟曰：大夫則冕而祭於公，弁而祭於己，士弁而祭於公，冠而祭於己者，亦周官六服同冕之意也。蓋王則異其服，而大夫士則異其冕弁而已。周禮又曰：卿大夫之服自玄冕而下，士之服自皮弁而下，則大夫以玄冕爲極，而士以爵弁爲極也。非祭於公，安敢用哉？雖然，士弁而親迎，則士弁而祭於己可乎？士可弁而祭於己，則大夫亦可冕而祭於己矣。雖然，士之弁而親迎，亦猶記所謂冕而親迎者也，故哀公嘗疑其爲已重，而孔子非之。諸侯以祭服而親迎，則士以助祭服而親迎，義之當然，於是乎在。苟弁而祭於己，則非特嫌其同於公，而又著其輕於昏矣。故士之弁而祭於公者，正也；弁而親迎者，權也；弁而祭於己，則不可也。

李氏某曰：大夫冕而祭於公，謂天子之大夫也。儀禮曰大夫朝服而祭，謂諸侯之大夫也。

復，諸侯以褒衣、冕服、爵弁服。注：冕服者，上公五，侯伯四，子男三。褒衣，亦始命爲諸侯及朝覲見加賜之衣也。褒猶進也。疏：謂復時以始命褒賜之衣。「冕服、爵弁服」者，諸侯既用褒衣，又以冕服、爵弁服也。凡服，各依其命數，則上公五冕之外，更加爵弁服以下皮弁、冠弁之等，而滿九；侯伯冕服之外，亦加爵弁以下，而滿七；子男冕服之外，加爵弁、皮弁，而滿五；其褒衣，若特所褒賜，則宜在命數之外也。故王制云：「三公一命衮，若有加則賜」，是褒衣，故不入命數也。此褒衣，或是冕之最上者。

陸氏佃曰：先儒謂始命爲諸侯及朝覲加賜之衣，若秦仲受顯服。其詩曰黻衣繡裳，此其一隅。黻，衮也。然則復諸侯以褒衣，公襲衮衣，一舉其有者也。若以謂諸侯人得而有之，非所謂褒。

喪大記：君以卷，大夫以玄赬，士以爵弁。注：君以衮，謂上公也。赬，赤也。玄衣赤裳，所謂卿大夫自玄冕而下之服也。疏：「君以卷」者，謂上公以衮冕而下。「大夫以玄頳」者，用玄冕玄衣纁裳也。「士以爵弁」者，士亦用助祭上服。六冕則以衣名冠，諸侯爵弁則以冠名衣。今言爵弁者，但用其衣，不用其弁也。

陳氏禮書：諸侯祭服。祭統曰：「夫人蠶於北郊，以共冕服。」又曰：「君純冕，立於阼。」玉藻曰：「諸侯玄端以祭，裨冕以朝。」鄭氏謂諸侯祭宗廟之服，惟魯及二王之後衮冕，餘皆玄冕。考之雜記，大夫冕而祭於公，弁而祭於己，士弁而祭於公，冠而祭於己，以其致隆於公，不敢與己同其服，則諸侯以鷩毳希冕祭於王，端冕祭於己，宜矣。然玉藻玄端以祭，言其服也。玄端無章，則三旒之冕可知。鄭氏易端爲冕，過矣。司服言及諸侯、孤、卿、大夫、士之服，而繼之以其齋服有玄端、素端，則玄端、素端，非特士之齋服而已。鄭氏曰：「端者，取其正也。」士之衣袂，皆二尺二寸而屬幅，是廣袤等也。其袪尺二寸，大夫以上侈之。侈之者，蓋半而益一，則其袂三尺三寸，袪尺八寸。然謂之端，則衣袂與袪廣袤等矣，無大夫、士之辨也。果士之袪殺於袂尺，非端也。大夫之袪侈以半而益一，亦非端也。深衣之袂圜，長衣之袂長，弔祭及餘衣之袂侈，司服凡弔事弁絰服，雜記凡弁絰服，其衰侈袂。少牢主婦衣宵衣，侈袂。儒行曰：孔子衣逢掖之衣。荀卿曰：其衣逢。則玄端之袂端可知矣。古者端衣，或施之於冕，或施之於冠。大戴禮曰：「武王端冕而受丹書。」樂記曰：「魏文侯端冕而聽古樂。」荀卿曰：「端衣玄裳，絻而乘路。」此施於冕者也。冠禮冠者，玄端、緇布冠。既冠，易服，服玄冠、玄端。特牲禮「主人冠端玄」，內則「子事父母冠緌纓，端韠紳」。劉定公曰：「吾端委以治民。」董安于曰：「臣端委以隨宰人。」公西華曰：「宗廟之事，如會同，端章甫。」以至晉侯端委以入武宮，晏平仲端冕以立於虎門，此施之於冠者也。蓋玄端，齋服也。諸侯與士以爲祭服，玉藻「玄端以祭」，特牲「冠端玄」是也。大夫、士以爲私朝之服，玉藻「朝玄端」是也。天子至士，亦以燕服，玉藻「天子卒食，玄端而居」，內則「事父母端韠」是也。然則端衣所用，固不一矣。記曰「齋之玄也，以陰幽思也」。故祭之冕服皆玄，齊之端衣亦玄。若夫朝服，天子以素，諸侯以緇，未聞以玄端也。儀禮大夫祭以朝服，士祭以玄端。冠禮主人朝服，既冠，冠者服玄端。雜記公襲朝服一、玄端一。禭禮自西階受朝服，自堂受玄端，則朝服、玄端異矣。玄端皆玄裳，或黃裳、雜裳可也，鄭氏曰：上士玄裳，中士黃裳，下士雜裳。雜裳前玄後黃。荀卿曰：「端衣玄裳，絻而乘路，志不在於食葷。」蓋齊則衣裳皆玄，非齊則裳不必玄。未聞以素裳也。鄭氏釋儀禮謂玄端即朝服之私易其裳耳，釋玉藻曰：「朝服，冠玄端素裳。」此説無據。服玄端者，冠則緇布冠，齊則玄冠，特天子齊用冕，燕則玄冠而已。然齊或用素端，則其冠不玄矣。鄭氏曰「素端爲札荒，有所禱請」是也。

蕙田案：以上王祭服，見諸臣服冕。

周禮夏官弁師：掌王之五冕，皆玄冕，朱裏，延，紐。注：延，冕之覆，在上，是以名焉。紐，小鼻，在武上，笄所貫也。今時冠卷當簪者，廣袤以冠縰，其舊象與？ 疏：云「皆玄冕」者，古者績麻三十升布，染之，上以玄，下以朱，衣之於冕之上下。云「延」者，即是上玄者。「紐」者，綴於冕，兩旁垂之，武兩旁作孔，以笄貫之，使其得牢固也。凡冕體，周禮無文，叔孫通作漢禮器制度，取法於周，今還取彼以釋之。案彼文，凡冕以版，廣八寸，長尺六寸，以此上玄下朱覆之，乃以五采繅繩貫五采玉，垂於延前後，謂之邃延。故玉藻云「天子玉藻，前後邃延，龍卷以祭」是也。云「延，冕之覆，在上」者，案玉藻注：「延，冕上覆。」言雖不同，義則不異，皆以玄表覆之在冕上也。以爵弁前後平，則得弁稱。冕則前低一寸餘，得冕名，冕則俛也，以低爲號也。云「紐，小鼻」至「其舊象與」者，古之紐，武笄貫之處，若今漢時冠卷當簪所貫者，於上下之廣及隨縱之袤以冠縰者，貫簪之處，當冠縰之中央。是周冕垂紐於武，貫笄之舊象也。言「與」者，以無正文，故云「與」以疑之。

鄭氏鍔曰：王之吉服六服，每一冕則宜六冕。今止五冕者，禮圖以大裘之冕無旒。陸佃云：大裘襲衮則戴繅冕，十有二旒。大裘與衮同一冕，故服六而冕五。此説得之。

五采繅十有二就，皆五采玉十有二，玉笄，朱紘。注：繅，雜文之名也。合五采絲爲之繩，垂於延之前後，各十二，所謂邃延也。就，成也。繩之每一帀而貫五采玉，十二斿則十二玉也。每就間蓋一寸。朱紘，以朱組爲紘也。紘一條，屬兩端於武。繅不言皆，有不皆者。此爲衮衣之冕十二斿，則用玉二百八十八。鷩衣之冕繅九斿，用玉二百一十六。毳衣之冕七斿，用玉百六十八。希衣之冕五斿，用玉百二十。玄衣之冕三斿，用玉七十二。　疏：言「五采藻十有二」者，此據衮冕而言，謂合五采絲爲藻繩十二道，爲十二旒也。「就皆五采玉十有二」者，此合據一旒而言，以玉有青赤黄白黑五色於一斿之上，以此五色玉貫於藻繩之上，每玉間相去一寸，十二玉則十二寸。就，成也。以一玉爲一成，結之，使不相并也。「玉笄，朱紘」者，以玉笄貫之，又以組爲紘，仰屬結之也。云「繅，雜文」者，若水草之藻有五采，故云雜文之名也。云「紘一條，屬兩端於武」者，謂以一條繩先屬一頭於左旁笄上，以一頭繞於頤下，至向上，於右相笄上繞之。是以鄭注士冠禮云：「有笄者屈組以爲紘，垂爲飾。無笄者，纓而結其絛。」彼有笄，據皮弁、爵弁。此五冕皆有笄，與彼同。此言屬於武者，據笄貫武，故以武言之，其實在笄。云「繅不言皆，有不皆者」，謂王之五冕，繅則有十二，有九，有七，有五，有三，其玉旒皆十二，故繅不言皆。有不皆者，則九旒以下是也。玉言皆，則五冕旒皆十二玉也。此經十二旒，據衮冕而言，是以鄭云「此爲衮衣之冕十二旒」，以其十二旒旒各十二玉，前後二十四旒，故用二百八十八。已下計可知。

王氏安石曰：五采，備采也。十有二就，備數也。玉有十二，備物也。玉笄貫其上，以象德也。

蔡氏德晉曰：王之吉服六，而言五冕者，以玄冕無旒，不數之也。

蕙田案：天子之冕，雖有九旒、七旒、五旒、三旒之別，而每旒之玉皆十二。諸侯以下之冕則九旒者九玉，七旒者七玉，五旒者五玉，而玉又用瑉也。玄冕無旒，故不數。蔡氏較注疏爲長。

諸侯之繅斿九就，瑉玉三采，其餘如王之事。繅斿皆就，玉瑱玉笄。注：「侯」當爲「公」，字之誤也。三采，朱、白、蒼也。其餘，謂延紐皆玄覆朱裏，與王同也，出此則異。繅斿皆就，皆三采也。每繅九成，則九旒也。公之冕用玉百六十二。玉瑱，塞耳者。故書「瑉」作「璑」。鄭司農云：「繅當爲藻，繅古字也，藻今字也。同物同音。璑，惡玉名。」疏：諸公云「繅九就」，又云「繅斿皆就」，與上言「繅十有二就，皆五采玉十有二」異。上繅、玉別文，則繅有差降，玉無差降。此諸公繅、玉同文，則惟有一冕而已，故鄭計一冕爲九旒，旒各九玉。據冕九旒，不別計鷩冕以下，以其一冕而已冠五服故也。已下侯伯子男，亦皆一冕冠數服也。王不言玉瑱，於此言之者，王與諸侯互見爲義，是以王言玄冕朱裏延紐及朱紘，明諸侯亦有之，諸公言玉瑱，明王亦有之，是其互有也。鄭知「侯當爲公」者，以下別見諸侯，又此經云「九就」，當上公以九爲節，故知是公也。知「三采，朱、白、蒼」者，聘禮記「公侯伯繅籍三采，朱、白、蒼」，故知三采亦朱、白、蒼也。云「出此則異」者，異謂天子朱紘，諸侯當青組紘之等，不得與王同也。

鄭氏鍔曰：凡冕，天子皆十二旒，諸侯皆九斿，故記曰天子十有二旒，諸侯九。而弁師云「諸侯九就」，諸侯蓋通稱。繅即禮記所謂藻也。易藻爲繅，繅，雜文之名，取其義之著也。斿即禮記所謂旒也。易旒爲斿，謂其垂於前後，如旌旗之斿也。諸侯九就，蓋自公而推之以九、以七、以五皆可見矣。

蕙田案：諸侯九就，以上公言之也。瑁玉三采，則繅斿亦宜三采矣。繅斿皆就。郎完白謂侯伯七命則七就，子男五命則五就，皆如其命數以爲就也。陸農師謂諸侯九斿，則上公十二斿，鄭剛中謂天子皆十二旒，説俱未是。

陳氏禮書：延，先儒謂冕上覆。古者績麻三十升布，上玄下朱，以表裏冕版，三十升，則麻之尤精者也。書稱「康王麻冕黼裳，卿士、邦君麻冕蟻裳，太保、太史、太宗皆麻冕彤裳」。孔子曰：「麻冕，禮也，今也純儉。」顔淵問爲邦，孔子曰：「服周之冕。」則古者五冕皆麻，至孔子時乃去麻用純。然郊冕猶用麻，所以示復本也，故荀卿曰：「郊之麻冕，喪服之先散麻，一也。」武組。弁師「五冕皆紐」。鄭氏曰：「紐，小鼻，在武上，笄所貫也。」蓋武，冠卷也。古者居冠屬武，則非燕居，武不屬於冠也。喪冠條屬，則非有喪者，纓武異材也。鄭氏曰：條屬者，通屈一條繩，若布爲武，垂下爲纓，屬之冠。子姓之冠，縞冠玄武，不齒之冠，玄冠縞武，則非子姓與不齒者，冠、武同色也。雜記曰：「委武玄縞而后蕤。」鄭氏謂秦人曰委，齊東曰武。則武亦謂之委。以其若冠之足，故曰武。以其委於下，故曰委。蓋古者施冠於首，然後加武以約之。觀喪大記「弔者襲裘加武」，則武之設，所以約冠也。紐垂於冕之兩旁，其長及武，笄以貫之。

繅。鄭氏曰：「雜文之名也。」合五采絲爲之繩，垂於延之前後，各十二，所謂邃延。繩每一匝貫五采玉。諸侯繅旒皆就，皆三采也。每繅九成，則九旒也。侯伯繅七就，子男繅五就，孤繅四就，卿繅三就，大夫繅再就，理或然也。然冕五而已，未有不設繅斿者。鄭氏謂「大裘之冕無旒，爵弁如冕亦無旒」，此不可考。

紘纓。弁師「王之五冕皆朱紘」，禮記「天子爲藉冕而朱紘，諸侯爲藉冕而青紘」。士冠禮「緇布冠，青組纓，皮弁笄，爵弁笄，緇組紘，纁邊」。蓋朱者，正陽之色，天子以爲紘。青者，少陽之色，諸侯以爲紘。緇者，陰之色，而士以爲紘。卿大夫冕弁之紘，無所經見。禮器曰：「管仲鏤簋朱紘，君子以爲濫。」鄭氏謂大夫士當緇組紘纁邊，理或然也。一組繫於左笄，遶頤而上，屬於右笄，垂餘以爲飾，謂之紘。二組屬於笄，順頤而下，結之，謂之纓。纓之垂餘，謂之緌。檀弓曰：「蟬有緌。」鄭氏曰：「緌謂蜩喙，長在腹下。」喪冠，緇布冠，纓而不緌。冕、弁紘而不纓。春秋之時，楚子玉瓊弁玉纓。自漢以來，冕纓各象其綬色。冕弁而有纓，非古制也。夫縣鐘磬者，亦謂之紘；繫車蓋者，亦謂之紘。佩容臭者，亦謂之纓；馬之膺飾，亦謂之纓。旌旗之旒，亦謂之緌。襌被之識，亦謂之紞。則紘纓緌之名，非特施於冠冕也。

緌。詩曰：「葛屨五兩，冠緌雙止。」檀弓曰：「范則冠而蟬有緌。」緌謂蜩喙，長在腹下。郊特牲曰：「太古冠布，齊則緇之。其緌也，孔子曰：『吾未之聞也。』」玉藻曰：「緇布冠繢緌，諸侯之冠也。」縞冠素紕，既祥之冠也。垂緌五寸，惰游之士也。自天子下達，有事然後緌。大帛不緌。玄冠紫緌，自魯桓公始也。雜記曰：「大白冠、緇布之冠，皆不蕤；委武玄縞而後蕤。」秦人曰委，齊東曰武。內則：「子事父母，冠緌纓。」

笄，鬠笄。弁師「掌王之五冕，皆玉笄，諸侯玉笄，士冠皮弁、爵弁笄」，則冕弁有笄也。國語范文子以杖擊其子，折委笄，則冠有笄也。士喪服婦人吉笄，有首，尺二寸。吉笄，象笄也。男子之笄，亦或尺二寸。大夫、士之笄，亦或象爲之歟？禮，王祀以玉路，朝以象路。王玉爵，諸侯象觚。王玉笏，諸侯象笏。皆象次於玉。然則諸侯玉笄，大夫士用象可知。賈公彥釋士冠禮，大夫士笄當用象。鄭氏釋士冠禮謂「有笄者，屈組爲紘，垂爲飾；無笄者，纓而結其條」。無笄，蓋指緇布冠言之也。雜記曰：「緇布不蕤。」則緇布非特無笄，又纓而不緌矣。古者笄亦謂之簪。易曰：「朋盍簪。」鄭氏謂「笄，今之簪」是也。荀卿鍼賦曰：「簪以爲父。」則簪形似鍼而巨也。考之士喪禮鬠笄用桑，長四寸，纋中。其母之喪，内御者浴鬠無笄，則鬠笄與冠弁之笄異矣。鬠笄四寸，所以安髮，男子、婦人皆有之。男子死有鬠笄而無冠弁之笄，以其不冠故也。婦人死，不特無冠弁之笄，亦無鬠笄，以其不以髮爲猶男子之冠故也。家語曰：「孔子之喪，襲而冠。」此王肅附會之論也。荀子亦曰：「鬠而不笄。」瑱以充耳，紞以垂瑱。周官弁師「王之五冕皆玉瑱」，詩於衛夫人言「玉之瑱也」，於衛武公言「充耳琇瑩」，於衛之臣言「褎如充耳」。齊詩言充耳以素、以青、以黄，尚之以瓊華、瓊瑩、瓊英，則瑱不特施於男子也，婦人亦有之，不特施冕也，弁亦有之，故詩言「充耳琇瑩」，繼之以「會弁如星」。喪禮士無冕而瑱用白纊，則弁亦有之可知也。士瑱用白纊，即詩所謂「充耳以素」者也。人君用黈纊，即詩所謂「充耳以黄」者也。毛氏以「充耳以素」爲士之服，「充耳以青」爲卿大夫之服，「充耳以黄」爲人君之服，於説是也。然以素爲象瑱，青爲青玉，黄爲黄玉，而用瓊華以飾象，則是士瑱用二物，與餘瑱不類，非禮意也。鄭氏以素爲素紞，青爲青紞，黄爲黄紞，人君五色，人臣三色，然魯語王后織玄紞，夫人加紘綖，內子爲大帶，命婦成祭服，列士之妻加以朝服，則夫人以至士妻，特有所加而已。其織玄紞一矣，未聞有五色、三色之别也。又紞所以垂充耳，而充耳不在紞，爲紞爲充耳非也。春秋傳曰：「縳之如一瑱。」則縳纊以爲瑱，自古然也。其制蓋皆玄紞以垂之，瓊玉以承之。承之，詩所謂「尚之」也。梁制，垂以珠瑱。班固賦曰：「雕玉瑱以居楹礎。」石亦謂之瑱，則瑱居纊下可知也。賈公彦曰：「古者瑱不用纊，士死則用白纊。」然士之襲禮，皮弁、褖衣、緇帶、韎韐、竹笏之類，皆用生時之物，孰謂瑱用白纊，特死者之飾哉？檀弓「小祥用角瑱」，楚語曰「巴浦之犀犛兕象，其可盡乎？其又以規爲瑱」，則古者之瑱，亦以象與角爲之。

王之皮弁，會五采玉璂，象邸，玉笄。注：故書「會」作「䯤」。鄭司農云：「讀如馬會之會，謂以五采束髮也。士喪禮曰：『鬠用組，乃笄。』鬠讀與䯤同，書之異耳。説曰〔一〕：『以組束髮乃著笄，謂之檜。』沛國人謂反紒爲䯤。璂讀如綦車轂之綦。」玄謂會讀如大會之會。會，縫中也。璂讀如薄借綦之綦。綦，結也。皮弁之縫中，每貫結五采玉十二以爲飾，謂之綦。詩曰「會弁如星」，又曰「其弁伊綦」是也。

〔一〕「説」，諸本作「語」，據周禮注疏卷三二改。

邸，下柢也，以象骨爲之。　疏：先鄭以會爲「五采束髮」，讀經以爲皮弁會五采，引士喪禮及沛國之事，後鄭皆不從，故以會謂縫中解之。先鄭讀從馬會，取會結之義，又讀璂如車轂綦之綦，直取音同，未知何義也。玄謂會如大會之會，漢歷有大會、小會，取會聚之義，故爲縫中。漢時有「薄借綦」之語，故讀從之，亦取結義，薄借之語未聞。云「皮弁之縫中，每貫結五采玉十二以爲飾，謂之綦」者，天子以十二爲節，約同冕旒也。詩「會弁如星」，注云：「會，謂弁之縫中，飾之以玉，皪皪而處，狀似星也。」又曰「其弁伊綦」，璂既爲玉，又得爲結義，得兩合耳。云「邸，下柢也」者，謂於弁内頂上，以象骨爲柢。

易氏祓曰：王之吉服其弁三，皮弁用之于眡朝，韋弁用之於兵事，冠弁用之於田獵。兵田之弁，有時而用之者也。皮弁眡朝，則日眡朝之禮，其用數矣，此弁師所以特言皮弁之制。若夫韋弁，即爵弁也，所謂「爵弁經紨衣」是已。冠弁即玄端也，所謂玄衣素裳是已。二弁與皮弁素積相似，微有損益。

蔡氏德晉曰：皮弁以皮六方縫之，會其合縫處也。玉笄貫於弁，以爲固也。言皮弁，則韋弁、冠弁在其間。

諸侯及孤卿大夫之冕、韋弁、皮弁、弁經，各以其等爲之，而掌其禁令。　注：各以其等，繅斿玉璂如其命數也。冕則侯伯繅七就，用玉九十八，子男繅五就，用玉五十，繅玉皆三采。孤繅四就，用玉三十二，三命之卿繅三就，用玉十八，再命之大夫藻再就，用玉八，藻玉皆朱緑。韋弁、皮弁則侯伯璂飾七，子男璂飾五，玉亦三采。孤則璂飾四，三命之卿璂飾三，再命之大夫璂飾二，玉亦二采。一命之大夫冕而無旒，士變冕爲爵弁。其韋弁、皮弁之會無結飾，弁經之弁不辟積。禁令者，不得相僭踰也。玉藻曰：「君未有命，不敢即乘服。」不言冠弁，冠弁兼於韋弁、皮弁矣。不言服弁〔一〕，服弁自天子以下無飾無等。　疏：云「一命之大夫冕而無旒」者，此亦無文，鄭知然者，凡冕旒所以爲文飾，一命若有，則止一旒一玉而已，非華美。又見一命大夫衣無章，士又避之，變冕爲爵弁。若一命大夫有旒，士不須變冕爲爵弁，直服無旒之冕矣，故知一命大夫無旒也。若然，爵弁制如冕，但無旒爲異，則無旒之冕亦與爵弁不殊。得謂之冕者，但無旒之冕亦前低一寸餘，故亦得冕名也。

易氏祓曰：此言諸侯之冕、弁，而兼及卿大夫冕、弁之制。

蔡氏德晉曰：韋弁服，王亦有之。言於此，互見也。各以其等，如其命數也。孤、卿、大夫則如其命數而降一等，故八命者七旒，六命者五旒，四命者三旒，其三命者亦三旒，再命一命者無旒。士則不論三命及不命，皆不服冕而服爵弁。掌其禁令，不得有僭踰也。

蕙田案：蔡氏之説是也。康成説侯伯子男玉數則是，其説孤以下玉數則非。

陳氏禮書：皮弁。周禮弁師「王之皮弁，會五采玉璂，象邸，玉笄。諸侯及孤卿大夫之冕、韋弁、皮弁、弁經，各以其等爲之」。儀禮士冠「爵弁服，纁裳純衣，緇帶。皮

〔一〕「服」，諸本作「皮」，據周禮注疏卷三二改。

弁笄，爵弁笄，緇組紘，纁邊。賓同篋，受皮弁，右執項，左執前」。鄭康成曰：「皮弁者，以白鹿皮爲之。」蓋皮弁存毛，順物性而制之，文質具焉。韋弁去毛，違物性，而又染之文而已。凡在下者爲邸，可以託宿者爲邸，玉璂則縫中貫玉而施於下者也。象邸，則下柢用象而託以皮者也。爾雅邸謂之柢。賈公彦曰：「邸，下柢也。謂於弁内頂上，以象骨爲柢。」然謂之柢，不特施於頂上。魏臺訪議曰：「邸以象骨周緣弁下根柢。」然則魏武所作弁柢，或古之遺制與？諸侯及孤卿大夫之韋弁、皮弁，各以其等爲之。鄭康成曰：「侯伯璂飾七，子男璂飾五，玉亦三采。孤璂飾四，三命之卿璂飾三，再命大夫璂飾二，玉亦二采。」於理或然。推此，則公之玉九，天子之玉十有二，又可知也。詩曰「會弁如星」，言其玉也。説文引詩「鱠弁如星」，謂骨擿之可會髮者，此不可據。又曰：「其弁伊騏。」書曰：「綦弁執戈」，言其文也。毛氏曰：「騏，文也。」孔安國曰：「綦文，鹿子皮。」説文：「綦，蒼艾色。」蓋綦者，陰陽之雜，故禮以綦組纓爲士之齋冠，綦組綬爲世子佩。詩以綦巾爲女巾，皆其未成德者之服也，則士弁以綦宜矣。弁師言卿大夫之冕、弁，各以其等爲之，則士弁無玉飾。康成讀玉璂爲綦，以綦爲結，是臆説也。記曰：「三王共皮弁，素積。」語曰：

「素衣麑裘」[一]，則素衣其衣也，素積其裳也。士冠禮「皮弁、素積、緇帶」，禮記「雜帶，君朱緑，大夫玄華，士緇辟」，則士之皮弁緇帶與君大夫皮弁之帶異矣。士冠禮「皮弁笄，爵弁笄，緇組紘，纁邊」，弁師「王朱紘」，禮記「天子朱紘，諸侯青紘」，則士皮弁緇組紘，與天子諸侯皮弁之紘亦異矣。蓋皮弁，天子以視朝，以宴，詩曰：「側弁之俄。」以聽郊報，以舞大夏；諸侯以聽朔，以巡牲，以卜；夫人世婦以迎王之郊勞，以待聘賓；卿大夫以王命勞；侯氏以聘於鄰國，以卜宅；士以冠；學士以釋菜。凡大夫士之朔月，皆皮弁服，則皮弁之所施者衆矣。蓋人爲者多變，自然者不易。皮弁因其自然而已，此所以三王共皮弁素積，而周天子至士共用之也。然喪服小記諸侯弔必皮弁錫衰，郊特牲大蜡，皮弁素服，葛帶，榛杖以送終，則弁雖與吉禮同，而服與吉服不同。韋弁、爵弁。弁師「諸侯及孤卿大夫之冕、韋弁、皮弁、弁絰，各以其等爲之」，司服「凡兵事，韋弁服」，聘禮「君使卿韋弁，歸饔餼」。鄭氏釋周禮謂「以韎韋爲衣裳」，春秋傳曰「晉郤至衣韎韋之跗注」是也；釋聘禮謂「韎布以爲衣而素裳」。既曰「韎韋爲衣」，又

[一]「衣」，原作「以」，據光緒本、論語注疏卷一〇改。

曰「韎布爲衣」，既曰「韎韋爲裳」，又曰「素裳」，蓋以軍國之容不同故也。然賈、服之徒謂「韎韋之跗注」者，袴屬於足跗也。袴屬於足跗，則非衣也。詩於兵服曰「制彼裳衣」，「與子同袍」，「與子同裳」，「載是常服」。春秋傳曰「袀服振振」，則兵事上下同服矣。詳不可知也。或曰周禮有韋弁，無爵弁，書與冠禮、禮記有爵弁，無韋弁。士之服止於爵弁，而荀卿曰「士韋弁」，孔安國曰：「雀，韋弁也。」劉熙釋名亦曰：「以爵韋爲之，謂之韋弁。」則爵弁即韋弁耳。觀弁師、司服韋弁先於皮弁，書雀弁先於綦弁。孔安國曰：綦弁，皮弁也。士冠禮次加皮弁，三加爵弁，而以爵弁爲尊。聘禮主卿贊禮服皮弁，及歸饔餼服韋弁，而以韋爲敬，則皮弁之上非韋弁則爵弁耳。此所以疑其爲一物也。爵弁，士之祭服，而王服之者，王哭諸侯服爵弁，而即戎服之爾。士冠禮「爵弁服，纁裳純衣，緇帶」。昏禮「主人爵弁，纁裳，緇袘」。檀弓「天子哭諸侯爵弁，紂衣」。書「二人雀弁執惠，立於畢門之内」。雜記「復，諸侯以褒衣、冕服、爵弁服」。子羊之襲皮弁一，爵弁一，玄冕一。釁廟，祝、宗人、宰夫、雍人皆爵弁純衣，則爵弁雖士之祭服，而天子、諸侯、大夫皆服之。鄭氏謂爵弁，冕之次制，如冕，但無繅耳，其布三十升。然古文弁，象形，則其制上鋭，若合手然，非如冕也。韋，其質也。爵，其色也。

其笄、紘、玉飾各以其等爲之，如皮弁制。鄭氏釋士冠禮謂「爵弁赤而微黑，如爵頭然」，則赤多黑少矣。釋巾車又曰「雀飾，黑多赤少」。然雀之色，固赤多而黑少，鄭氏爲之二説，是自惑也。其言爵弁赤，亦無據。

蕙田案：以上冕、弁之制。

右服冕

五禮通考卷六十八

吉禮六十八

宗廟制度

王后服飾

周禮天官内司服：掌王后之六服，褘衣，揄狄，闕狄，鞠衣，展衣，緣衣，素沙。注：

鄭司農云：「褘衣，畫衣也。祭統曰：『君卷冕立於阼，夫人副褘立於東房。』揄狄、闕狄，畫羽飾。展衣，白衣也。喪大記曰：『復者朝服，君以卷，夫人以屈狄，世婦以襢衣。』屈者，音聲與闕相似，襢與展相似，皆婦人之服。鞠衣，黄衣也。素沙，赤衣也。」玄謂狄當爲翟。翟，雉名，伊、雒而南，素質五色皆備成章曰翬；江、淮而南，青質五色皆備成章曰摇。王后之服，刻繒爲之形而采畫之，綴於衣以爲文章。褘衣畫翬者，揄翟畫搖者，闕翟刻而不畫，此三者皆祭服。從王祭先王則服禕衣，祭先公則服揄翟，祭群小祀則服闕翟。今世有圭衣者，蓋三翟之遺俗。鞠衣，黄桑服也，色如鞠塵，象桑葉始生。月令：「三月薦鞠衣于先帝，告桑事。」展衣，以禮見王及賓客之服，字當爲襢，襢之言亶，亶，誠也。詩國風曰「玼兮玼兮，其之翟也」，下云「胡然而天也，胡然而帝也」，言其德當神明。又曰「瑳兮瑳兮，其之展也」，下云「展如之人兮，邦之媛也」，言其行配君子。二者之義，與禮合矣。雜記曰：「夫人服稅衣、揄狄。」又喪大記曰：「士妻以褖衣。」言褖者甚衆，字或作稅。此緣衣者，實作褖衣也。褖衣，御于王之服，亦以燕居。男子之褖衣黑，則是亦黑也。六服備于此矣。禕、揄、狄、展，聲相近，緣，字之誤也。以下推次其色，則闕狄赤，揄狄青，禕衣玄。婦人尚專一，德無所兼，連衣裳不異其色。素沙者，今之白縳也。六服皆袍制，以白縳爲裏〔一〕，使之張顯。今世有沙縠者，名出於此。疏：王之吉服有九，韋弁以下，常服有三，與后鞠衣以下三服同。但王之祭服有六，后祭服唯有三翟者，天地山川社稷之等，后夫人不與，故三服而已。必知外神后夫人不與者，案内宰云：「祭祀祼獻則贊。」天地無祼，言祼惟宗廟。又内宗、外宗佐后，皆云宗廟，不云外神，故知后于外神不與。是以白虎通云：「周官祭天，后夫人不與者，以其婦人無外事。」若然，哀公問云「夫人爲天地社稷主」者，彼見夫婦一體而言也。「司農云『禕衣，畫衣也』」者，先鄭意禕衣不言狄，則非翟雉。知畫衣者，以王之冕服而衣畫，故知后衣畫也。又引祭統者，彼據二王後夫人助祭服禕衣，與后同也。

〔一〕「縳」，原作「服」，據光緒本、周禮注疏卷八改。

「揄狄、闕狄，畫羽飾」者，以其言狄，是翟羽故也。云「鞠衣，黄衣也。素沙，赤沙也」者，先鄭意以素沙爲服名，又以素沙爲赤色〔一〕，義無所據，故後鄭不從之。「玄謂狄當爲翟」者，破經二狄從翟雉之翟也。「伊、洛而南」以下至「曰摇」，皆爾雅文。玄引此者，證褘揄爲雉也。又云「翬衣，畫翬者」，以先鄭褘衣不言翟，故增成。「摇狄，畫摇」者，亦就足先鄭之義。云「闕翟刻而不畫」者，此無正文，直以意量之。言翟而加闕字，明亦刻繒爲雉形，但闕而不畫五色而已。云「此三者皆祭服」者，對鞠衣以下非祭服也。云「從王祭先王則服褘衣，祭先公則服摇翟，祭群小祀則服闕翟」，鄭言此者，欲見王后無外事，唯有宗廟分爲二，與王祀先王衮冕、先公鷩冕同差。群小祀王玄冕，故后服闕翟。云「今世有圭衣者，蓋三翟之遺俗」者，漢時有圭衣，刻爲圭形綴於衣，是由周禮有三翟，别刻繒綴於衣，漢俗尚有，故云三翟遺俗也。

鄭氏鍔曰：天子六服，有章數之殊，備物而尚文。王后三服，無章數之異，守一而尚質。惟其尚文，故日、月、山、龍而下，有鷩有毳，其物十二。惟其尚質，故純用狄而已。以王服之章十二推之，則后服六，刻十二以爲飾。何則？文質雖殊，而合體同尊，法天之大數也。

辨外内命婦之服，鞠衣，展衣，緣衣，素沙。注：内命婦之服：鞠衣，九嬪也；展衣，世婦

〔一〕「色」，原作「名」，據光緒本、周禮注疏卷八改。

也；緣衣，女御也。外命婦者：其夫孤也，則服鞠衣；其夫卿大夫也，則服展衣；其夫士也，則服緣衣。三夫人及公之妻，其闕狄以下乎？侯伯之夫人揄狄，子男之夫人亦闕狄，唯二王後褘衣。疏：上言王后六服，此論外内命婦不得有六服，唯得鞠衣以下三服，尊卑差次服之而已。亦以素沙爲裹，故云「素沙」也。鄭必知九嬪以下服鞠衣以下者，但九嬪下有世婦、女御三等，鞠衣以下服亦三等故也。云「外命婦」者，此約司服孤絺冕、卿大夫同玄冕、士皮弁三等而言之。孤以下妻，其服無文，故以此三等之服配三等臣之妻也。但司服孤卿大夫士文承諸侯之下，皆據諸侯之臣而言。若然，諸侯之臣妻，亦以次受此服。是以玉藻云：「君命闕狄，再命褘衣，一命襢衣，士緣衣。」注云：「此子男之夫人及其卿大夫士之妻命服也。褘當爲鞠。諸侯之臣皆分爲三等，其妻以次受此服。」若然，五等諸侯之臣命雖不同，有孤之國孤絺冕，卿大夫同玄冕，無孤之國則卿絺冕，大夫玄冕。其妻皆約夫而服此三等之服。其天子之臣服無文，亦得與諸侯之臣服同，是以此外命婦服亦得與諸侯臣妻服同也。云「三夫人及公之妻，其闕狄以下乎」者，婦人之服有六，從下向上差之，内命婦三夫人當服闕狄，外命婦三公夫人亦當闕狄。若三夫人，從上向下差之則當揄狄。是以玉藻云：「王后褘衣，夫人揄狄。」注：「夫人，三夫人。」若三公夫人，不得過闕狄。知者，射人云「三公執璧」，與子男執璧同，則三公亦毳冕。玉藻「君命屈狄」，據子男夫人，則三公之妻當闕狄。三夫人其服不定，三公夫人又無正文，故總云「乎」以疑之也。云「侯伯之夫人揄狄，子男夫人亦闕狄，唯二王之後褘衣」者，玉藻云：「夫人揄狄。」夫人，三夫人，亦侯伯之夫人。鄭必知侯伯夫人揄翟者，以玉藻云「君命闕狄，再命鞠衣，一命襢衣」，並是子男之國，闕翟既當子男夫人，以上差之，侯伯夫人自然當揄翟，二王後夫人當褘衣矣。案喪大記云「復，君以卷」，注云：「上公以衮，則夫人用褘衣。」又案隱五年公羊云：「諸公者何？天子三公稱公。」若然，天子三公有功，加命服衮冕，其妻亦得服褘衣矣。此注直云二王後，不云三公之内上公夫人者，以其八命則毳冕，夫人服闕狄，不定故不言。若然，喪大記注云「公之夫人」，容三公夫人兼二王後夫人矣。明堂位云「夫人副褘」，是魯之夫人亦得褘衣，故彼鄭注：「副褘，王后之上服，惟魯及王者之後夫人服之。」以此而言，則此注亦含有九命上公夫人，與魯夫人同也。

蕙田案：九嬪服鞠衣。若中宮無后，以九嬪中賢而長者攝行后事，當服闕狄也。侯伯夫人得服揄狄，而王朝三公之夫人止服闕狄，以近尊而降也。蓋亦如公卿大夫之服，其出封皆加一等矣。

凡祭祀，共后之衣服；及九嬪世婦凡命婦，共其衣服。疏：祭祀共三狄。九嬪世婦，謂助后祭祀時。

詩鄘風君子偕老：玼兮玼兮，其之翟也。傳：玼，鮮盛貌。褕翟、闕翟，羽飾衣也。箋：侯伯夫人之服，自褕翟而下，如王后焉。疏：傳以翟，雉名也，今衣名曰翟，故謂以羽飾衣，猶右手秉翟，即執真翟羽。鄭注周禮三翟，皆刻繒爲翟雉之形，而采畫之以爲飾，不用真羽。孫毓云：「自古衣飾山、龍、華蟲、藻、火、粉米，及周禮六服，無言以羽飾衣者。羽施於旌旗蓋則可，施於衣裳則否。蓋附人身，動則卷舒，非可以羽飾故也。鄭義爲長。」

何氏楷曰：翟，山雉尾長者，取以爲衣名。郝敬云：「闕狄，喪大記作屈狄，栖伏曰屈，狄有揄屈，猶衮龍有升降也。」鄭玄云：「三翟以翟雉之形爲飾，不用真羽。」展，玉藻作襢，説文作㚔，云「丹縠衣」也。毛傳亦云「禮有展衣者，以丹縠爲衣」，與説文合，當從之。禮見王及賓客之服。緣當作褖，御於王之服，色黑。此后六服也。又案鄭司農謂褘衣玄，揄狄青，闕狄赤，展衣白，鞠衣黄，褖衣黑；而孫毓以爲褘衣赤，闕狄黑，展衣赤，其揄狄、鞠衣、褖衣同，俱未詳所出。姑兩存以備考。此翟依鄭説則揄狄、闕狄也，與上章言副皆祭祀之服。

瑳兮瑳兮，其之展也。蒙彼縐絺，是紲袢也。傳：禮有展衣者，以丹縠爲衣。蒙，覆也。絺之靡者爲縐，是當暑袢延之服也。箋：后妃六服之次展衣，宜白。縐絺，絺之蹙蹙者。展衣，夏則裏衣縐絺。此以禮見於君及賓客之盛服也。展衣字誤，禮記作「襢衣」。疏：言衣服之内有名展衣者，其衣以丹縠爲之。以文與「縐絺」相連，嫌以絺爲之，故辨其所用也。絺者，以葛爲之，精曰絺，麤曰綌。其精尤細靡者，縐也。言細而𥾯縐，故箋申之云：「縐絺，絺之蹙蹙者。」言「是當暑袢延之服」，謂縐絺是紲袢之服〔一〕，展

〔一〕「謂」上，原衍「詩」字，據毛詩正義卷三删。

衣則非是也。紲袢者，去熱之名，故言袢延之服。袢延是熱之氣也。

何氏楷曰：案周禮六服之外，原有素沙，鄭注謂素沙爲六衣之裏，據雜記云「復用素沙」，其非衣裏明矣。所謂蒙彼縐絺，乃展衣上加縐絺蒙之，即素沙也。郝敬云：「素沙即白紗，所以加於衣上者，尚絅之意。」古婦人盛服以薄綃蒙於外，凡繒薄細者皆稱絺，即今方目紗之類，不獨葛也。

蕙田案：何氏釋素沙之說近是。

禮記玉藻：王后禕衣，夫人揄狄。注：禕讀如翬，揄讀如搖，翬、搖皆翟雉名也。刻繒而畫之，著于衣以爲飾，因以爲名也。後世作字異耳。夫人，三夫人，亦侯伯之夫人也。王者之後，夫人亦禕衣。疏：禕衣，六服之最尊也。狄讀如翟。鄭注內司服引爾雅釋鳥：「伊、雒而南，素質五色皆備成章曰翬。江、淮而南，青質五色皆備成章曰搖。」鄭又云：「王后之服刻繒爲之形而采畫之，綴于衣以爲文章。禕衣，畫翬者。揄狄，畫搖者。闕狄，刻而不畫。從王祭先王則服禕衣，祭先公則服揄狄，祭群小祀則服闕狄。鞠衣，黃桑服也，色如鞠塵，服之以告桑。展衣，以禮見王及賓客。褖衣，御於王之服。闕狄赤，揄狄青，禕衣玄，鞠衣黃，展衣白，褖衣黑。」其六服皆以素紗爲裏。鄭注以經王后夫人其文相次，故以夫人爲三夫人。但三夫人與三公同對王爲屈，三公執璧與子男同，則三夫人亦當與子男夫人同，故鄭注司服疑而不定，云「三夫人，其闕狄以下乎」，爲兩解之也。王者之後，自行正朔，與天子同，故祭其先王，亦褘衣也。若祭先公則降焉。魯祭文王、周公，其夫人亦褘衣，故明堂位云「夫人副褘立於房中」是也。

陳氏禮書：九者，陽之窮，故王之吉服九。六者，陰之終，故后之吉服六。王之服九而祭服六，后之服六而祭服三，以婦人不與天地、山川、社稷之祭故也。王之服，衣裳之色異；后之服，連衣裳而其色同。以婦人之德，本末純一故也。王之服襌而無裏，后之服裏而不襌，以陽成於奇，陰成於耦故也。素質，義也；青質，仁也；五色皆備成章，禮也。有仁義以爲質，有禮以爲文，后之德如此而已。然地道尚義，故褘衣爲上，揄狄次之。言褘衣則知揄之爲狄。闕狄，周禮謂之闕，禮記謂之屈，則其制屈於揄褘而已。三狄蓋皆畫之於衣，如王冕服。鄭、賈之徒謂褖衣黑而象水，水生於金，故展衣白。金生於土，故鞠衣黄。土生於火，故闕狄赤。火生於木，故揄狄青。五色之上，則玄而已，故褘衣玄。祭先王服褘衣，祭先公服揄狄，祭群小祀服闕狄，蠶則服鞠衣，以禮見王及賓客服展衣，燕居及御於王則服褖衣。崔靈恩謂王后三狄，數皆十二；王者之後，諸侯夫人三公而下，夫人雉數如命數，於理或然。詩曰「其之翟也」，而繼之以「胡然而天，胡然而帝」，則德當神明可知矣。曰「其之展也」，而繼之以「展如之人，邦之媛也」，則行配君子可知矣。然謂三狄刻繒畫之綴於衣，闕狄刻之而不畫，其説無據。夫黄者，陰之盛色，蠶而服之，以其帥外内命婦而蠶，使天下之嬪婦取中焉，后事之盛也。白者，陰之純色，見王及賓客服之，以其見王及賓客無事乎飾，一於誠焉，后禮之懿也。黑者，陰之正色。纚者，陰之上達。褖則循褖之也，燕居及御於王服之，以其體貴至正，以上達爲循褖而已，后行之盛也。玉藻所謂夫人揄翟，君命屈狄，再命鞠衣。士褖衣者，周官内司服「辨外内命婦之服，鞠衣、展衣、褖衣」，鄭氏以爲：「内命婦之服：鞠衣，九嬪也；展衣，世婦也；褖衣，女御也。外命婦者：其夫孤也則鞠衣，卿大夫也則展衣，士也則褖衣。三夫人及公之妻，其闕狄以下乎？侯伯之夫人揄狄，子男之夫人亦闕狄，唯二王後褘衣。」然記言「士褖衣」，則明婦命眂夫也。言君命則明再命、一命非女君也。蓋子男之夫人闕狄，侯伯之夫人揄狄，公之夫人褘衣，記稱「夫人副褘」是也。再命鞠衣，則上公至於四命可知也。鄭氏謂侯伯之夫人揄狄，子男之夫人屈狄，孤鞠衣，卿大夫展衣，士褖衣，而改褘爲鞠，其説是也。謂三夫人及公之妻闕狄，誤矣。王制言「三公一命衮」，則三公在朝鷩冕，其妻揄狄可知也。玉藻言「夫人揄狄」，則三夫人揄狄可知也。公之夫人褘衣，而明堂位言「魯夫人副褘」者，魯侯得用衮冕，則夫人副褘可知也。少牢大夫之妻衣侈袂，則其上至后夫人之袂皆侈，特士妻褖衣之袂不侈。

君命屈狄，再命褘衣，一命襢衣，士褖衣。注：君，女君也。屈，周禮作闕，謂刻繒爲翟，不畫也。此子男之夫人及其卿大夫士之妻命服也。褘當爲鞠，字之誤也。禮，天子諸侯命其臣后夫人亦命其妻以衣服，所謂夫尊於朝，妻榮於室也。子男之卿再命而妻鞠衣，則鞠衣襢衣褖衣者，諸侯之臣皆分爲三等，其妻以次受此服也。公之臣，孤爲上，卿大夫次之，士次之；侯伯子男之臣，卿爲上，大夫次之，士次之。「褖」或作「稅」。疏：女君謂后也。以禮，君命其夫，后命其婦，則子男之妻不得受天子之命，受后之命，故云君命屈狄也。直刻雉形，闕其采畫，故云闕狄也。褘衣是王后之服，故鄭知當爲鞠，謂子男卿妻服鞠衣也。襢，展也。子男大夫一命，其妻服展衣；子男之士不命，其妻服褖衣也。典命云：「子男之卿再命，其大夫一命，其士不命。」此云再命褘衣，一命襢衣，士褖衣，又承闕狄下，正與子男同，故知據子男夫人及卿大夫之妻也。

儀禮士昏禮：女次，純衣纁袡，立于房中，南面。注：次，首飾也，今時髲也。周禮追師掌爲副、編、次。純衣，絲衣。女從者畢袗玄，則此衣亦玄矣。袡，亦緣也。袡之言任也。以纁緣其衣，象陰氣上任也。凡婦人不常施袡之衣，盛昏禮，爲此服。喪大記曰「復衣不以袡」，明非常。疏：不言裳者，以婦人之服不殊裳，是以内司服皆不殊裳，彼注云：「婦人尚專一，德無所兼，連衣裳不異其色。」是也。注「周禮追師掌爲副編次」者，案彼注云：「次，次第髮長短爲之，所謂髲髢。」又云「衣褖衣者服次」。士服爵弁助祭之服以迎，則士之妻亦服褖衣助祭之服也。

姆纚、笄、宵衣，在其右。注：姆，婦人年五十無子，出而不復嫁，能以婦道教人者，若今時乳母。纚，韜髮。笄，今時簪也。纚亦廣充幅，長六尺。宵讀爲詩「素衣朱綃」之「綃」，魯詩以綃爲綺屬也。姆衣玄衣，以綃爲領，因以爲名，且相別耳。姆在女右，當詔以婦禮。

女從者畢袗玄，纚笄，被顈黼，在其後。注：女從者，謂姪娣也。袗，同也，同玄者，上下皆玄也。顈，禪也。周禮曰：「白與黑謂之黼。」卿大夫之妻，刺黼以爲領，如今偃領矣。士妻始嫁，施禪黼于領上，假盛飾耳。言被，明非常服。疏：注云「卿大夫之妻，刺黼以爲領」者，以士妻言被，明非常，故知大夫之妻，刺之常也。但黼乃白黑色爲之，若於衣上則畫之，若於領上則刺之。以爲其男子冕服，衣畫而裳繡，繡皆刺之。其婦人領雖在衣，亦刺之矣。然此士妻言被禪黼，謂于衣領上別刺黼文，謂之被，則大夫以下刺之，不必被之矣。

特牲饋食禮：主婦纚笄宵衣，立于房中，南面〔一〕。注：主婦，主人之妻。雖姑存，猶使之主祭祀。纚笄，首服。宵，綺屬也。此衣染之以黑，其繒本名曰宵。詩有「素衣朱宵」，記有「玄宵衣」，凡

〔一〕「南」，原作「東」，據味經窩本、乾隆本、光緒本、儀禮注疏卷四四改。

婦人助祭者同服也。疏：云「纚」者，謂若士冠禮廣終幅，長六尺。笄，安髪之笄，非冠冕之笄，男子有，婦人無。若安髪之笄，男子婦人俱有。云「凡婦人助祭同服也」者，經及記不見主婦及宗婦異服之文，故知同服。

少牢饋食禮：主婦被錫，衣侈袂。主婦贊者一人，亦被錫，衣侈袂。注：被裼，讀爲髲鬄。古者或剔賤者刑者之髪，以被婦人之紒爲飾，因名髲鬄焉。此周禮所謂次也。不纚笄者，大夫妻尊，亦衣綃衣，而侈其袂耳。侈者，蓋半士妻之袂以益之，衣三尺三寸，袪尺八寸。今文「錫」爲「緆」。疏：云「主婦贊者一人亦被裼」者，此被錫侈袂與主婦同，既一人與主婦同，則其餘不得如主婦，當與士妻同，纚笄綃衣。若士妻與婦人助祭一皆纚笄綃衣，以綃衣下更無服，服窮則同，故特牲云「凡婦人助祭者同服」是也。

禮記雜記：夫人税衣揄狄，狄税素沙。内子以鞠衣，褒衣，素沙。下大夫以襢衣，其餘如士。注：言其招魂用税衣上至揄狄也。狄税素沙，言皆以白沙縠爲裏。内子，卿之適妻也。下大夫，謂下大夫之妻。襢，周禮作「展」。王后之服六，唯上公夫人亦有褘衣，侯伯夫人自揄狄而下，子男夫人自闕狄而下，卿妻自鞠衣而下，大夫妻自展衣而下，士妻税衣而已。素沙，若今沙縠之帛也。六服皆袍制，不襌，以素沙裹之，如今袿袍襈重繒矣。「褒衣」者，始爲命婦見加賜之衣也。其餘如士之妻，則亦用税衣。疏：袍制，謂通衣裳，有表有裏，故云「皆袍制，不襌」。「其餘如士」，謂鞠衣襢衣之外，其餘褖衣如士之妻。士妻既用褖衣而復，則内子下大夫妻等亦用褖衣也。

喪大記：夫人以屈狄，世婦以襢衣，士妻以税衣。注：上公以衮，則夫人用褘衣；而侯伯以鷩，其夫人用揄狄；子男以毳，其夫人乃用屈狄矣。其世婦亦以襢衣。疏：「夫人以屈狄」者，謂子男之夫人，自屈狄而下。「世婦以襢衣」者，世婦，大夫妻也。其上服唯襢衣，故用招魂也。言世婦者，亦見君之世婦服與大夫妻同也。「士妻以税衣」者，税衣，六衣之下也。士妻得服之，故死用以招魂也。

陳氏禮書：褖衣。纁袡，素裏，色紫，無雉，餘同褘衣制。士褖衣，赤袡，素裏，色紫，無雉，餘同褘衣。爾雅曰：「赤緣謂之褖。」内司服言緣衣，玉藻言褖衣，士喪禮襲服亦言褖衣，雜記、喪大記之復服言税衣，則緣、褖、税同實而異名也。鄭氏釋周禮曰：「褖衣，御于王之服，亦以燕居，男子褖衣黑，是亦黑也。」釋士喪禮曰：「黑衣裳赤緣謂之褖，褖之言緣也，所以表袍也。」考之士冠，陳三服，玄端，皮弁服，爵弁服。有玄端，無褖衣。士喪陳三服，爵弁服，皮弁服，褖衣。有褖衣，無玄端，則褖衣所以當玄端也。然玄端之裳三，褖衣連衣裳，玄端無緣，褖衣有緣，此其名所以異也。子羔之襲繭衣裳與税衣纁袡，曾子譏之曰「不襲婦服」。鄭氏曰：「税衣若玄端而連衣裳者也。丈夫而以纁爲之緣，非也。」蓋丈夫褖衣緣以赤，婦人褖衣緣以纁。古文「褖」爲「緣」。

鄭氏亦曰「褖之言緣」，而引爾雅赤緣之文，以釋士之褖衣，則褖衣未嘗無緣也，特赤與纁正間之色異耳。賈公彦曰：「爾雅釋婦人褖衣，鄭氏以士之褖衣雖不緣，而其名同，故引而證之。」此臆論也。士昏禮：「女次純衣，纁衻。」喪大記曰：「婦人復不以衻。」鄭氏曰：「凡婦人不常施衻之衣，盛昏禮爲此服耳。」復衣不以衻，明非常也。然純衣，褖衣也，士妻助祭乃得服之，則服純衣猶士之爵弁服也。復衣不以衻，則明凡褖衣皆有衻也。孰謂衻特爲昏禮施哉？

宵衣。染之以黑。士昏禮：「女次純衣，纁衻，立於房中，南面。姆纚笄，宵衣，在其右。」特牲禮：「主婦纚笄，宵衣，立於房中。」少牢禮：「主婦被錫，衣侈袂。主婦贊者一人亦被錫，衣侈袂。」鄭氏釋昏禮曰：「宵讀爲『素衣朱綃』之『綃』，綃，綺屬也。姆亦玄衣，以綃爲領。」釋特牲謂：「其繒曰宵，染之以黑。記有『玄宵衣』。」釋少牢曰：「被錫讀爲髲鬄，古者或剔賤者、刑者之髮，以被婦人之紒爲飾，因名髲鬄焉。此周禮所謂次也。不纚笄者，夫人妻亦衣綃衣，而侈其袂耳。侈者，蓋半士妻之袂以益之，衣三尺三寸，袪尺八寸。」玉藻士褖衣或作稅衣，曾子譏子羔之襲稅衣纁衻，則女次純衣纁衻者，褖衣也。昏禮之姆，特牲禮之主婦，皆纚笄宵衣，則宵衣不以純矣。少牢禮之主婦與贊者一人被錫，衣侈袂，則錫衣非宵衣矣。玉藻曰「王被衮」，士昏禮曰「女從者畢袗玄，纚笄，被顈黼」，孟子曰「被袗衣」，則被者，服之也，不特首飾而已。鄭以被爲首飾，以少牢之被錫爲髲鬄，以詩「被之僮僮」爲髲鬄，誤矣。不特此也，釋追師則以「侈袂」爲侈褖衣之袂，釋少牢則以「侈袂」爲侈宵衣之袂，釋昏禮謂「姆宵衣以綃爲領」，釋特牲爲主婦宵衣，以綃爲衣。禮文殘缺，鄭氏自惑，學者據經可也。禮有錫衰、錫冪，史有阿錫，蓋錫，布之細者也。少牢大夫朝服以布，則其妻以錫，不亦宜乎？若助祭之類，則申上服。內司服曰：「辨外內命婦之服，鞠衣，展衣，褖衣，素沙。凡祭祀、賓客，凡命婦，共其衣服。」鄭氏謂外命婦，唯王祭祀、賓客，以禮佐后得服，此上服自於其家則降焉。然則諸侯之卿大夫妻以禮佐夫人，蓋亦視此。玄袗、玄衣。顈黼黑。士昏禮：「女從者畢袗玄，纚笄，被顈黼，在其後。」鄭氏曰：「袗，同也。顈，禪也。」詩云：「素衣朱襮。」爾雅云：「黼領謂之襮。」考工記曰：「白與黑謂之黼。」天子、諸侯后夫人狄衣，卿大夫之妻，刺黼以爲領，如今偃領矣。士妻始嫁，施禪黼於領上，假盛飾也。然論語、曲禮皆曰「袗絺綌」，孟子曰「被袗衣」，則袗設飾也。説文〔一〕曰：「褧，檾也，枲屬。」潁與褧、檾通用。則袗玄者，設飾以玄也。潁黼者，潁枲爲領而刺黼也。從者畢袗玄，女與姆之衣玄可知。從者潁黼，則女與姆之領不以枲可知。袗玄而黼領，此表衣耳，與黼領之中衣異也。士冠禮主人之兄弟與昏禮婦人從者均於畢袗玄，鄭氏以袗爲同；曲禮曰「袗絺綌」，鄭氏又以袗爲襌，是自戾也。

又景衣，白。褧衣。白。士昏禮「女次純衣，乘婦以几，姆加景，乃駈。」鄭氏曰：「景之制，蓋如明衣，加之以爲行道禦塵，令衣鮮明，景亦明也。」然則乘車而加之以景，猶衣錦而加之以褧也。景以禦塵，褧以晦其文。玉藻曰「襌爲褧」，則景蓋亦襌歟？衣錦尚褧，夫人始嫁之服。庶人始嫁亦有服之者，攝盛也。

蕙田案：禮書辨正注説皆可從。

又曰：緣。爾雅曰：「緣謂之純。」曲禮曰：「父母存，冠衣不純素；孤子當室，冠衣不純采。」深衣：「具父母、大父母，衣純以續。具父母，衣純以青。如孤子，衣

〔一〕「説文」，原作「説又」，據光緒本、禮書卷一八改。

純以素。純袂、緣、純邊，廣各寸半。」曲禮又曰：「大夫士去國，素衣、素裳、素冠、素緣。」司几筵：「莞筵紛純，繅席畫純，次席黼純。」士昏禮：「主人爵弁，纁裳緇袘。袘謂緣袘之，言袘以緇緣裳，象陽氣下袘。女次純衣，纁袡。袡亦緣也，袡之言任也，以纁緣其交，象陰氣上任也。」既夕禮：「明衣縓綼緆[一]，在幅曰綼，在下曰緆。緇純。飾衣曰純，謂領與袂。衣以緇，裳以縓，象天地也。」士冠禮：「黑屨青絇繶純，純博寸。」既夕禮「服攝白絇攝，緣也。」，記曰：「縞冠素紕，既祥之冠也。紕，緣邊也。[二]」又曰：「童子緇布衣，錦緣。」雜記：「韠紕以爵韋六寸，不至下五寸，純以素，紃以五采。在旁曰紕，在下曰純。」子羔之襲也，税衣，纁袡，大夫而以纁爲之緣，非也。史曰褾襈。襈，緣也。古者衣裳冠帶韠屨席有緣而純袘。紕、綼、緆、袡、襈、攝皆緣名也，特其所施者異耳。深衣之緣錦，青，若素長衣之緣素。爵弁纁裳之緣緇，明衣之緣縓緇，中衣黼領之緣丹朱，童子緇布衣之緣錦，婦人褖衣緣纁。周禮「緣衣」作「褖衣」。屨之緣或青，或緇，或黑。帶之緣，

[一]「綼」，原作「緣」，據禮書卷七改。
[二]「紕」，諸本作「純」，據禮記注疏卷二九改。

或朱緣，或玄華。席之緣，或紛，或黼，或繪。韠之緣，爵與素。玄服之緣白絇，其他不可考也。喪服無緣，至練然後練衣，黄裏縓緣，既祥然後縞冠素紕。大夫去國徹緣，以喪禮處之也。公子爲其母，麻衣縓緣，爲妻亦麻衣縓緣，以父厭殺之也。

蕙田案：以上后祭服及后以下之服。

周禮天官追師：掌王后之首服，爲副、編、次，追衡、笄，爲九嬪及外内命婦之首服，以待祭祀、賓客。注：鄭司農云：「追，冠名。士冠禮記曰：『委貌，周道也。章甫，殷道也。母追，夏后氏之道也。』追師，掌冠冕之官，故并主王后之首服。副者，婦人之首服。祭統曰：『君卷冕立于阼，夫人副褘立于東房。』衡，維持冠者。春秋傳曰：『衡紞紘綖。』」玄謂副之言覆，所以覆首爲之飾，其遺象若今步繇矣，服之以從王祭祀。編，編列髪爲之，其遺象若今假紒矣，服之以桑也。次，次第髪長短爲之，所謂髲髢，服之以見王。王后之燕居，亦纚笄總而已。追猶治也。詩云「追琢其章」。王后之衡、笄皆以玉爲之。唯祭服有衡，垂于副之兩旁，當耳，其下以紞縣瑱。詩云：「玼兮玼兮，其之翟也。鬒髪如雲，不屑鬄也，玉之瑱也。」是之謂也。笄，卷髪者。外内命婦衣鞠衣、襢衣者服編，衣褖衣者服次。外内命婦非王祭祀賓客佐后之禮，自于其家則亦降焉。少牢饋食禮曰「主婦髲鬄衣侈袂」，特牲饋食禮曰「主婦纚笄綃衣」是也。昏禮女次純衣，攝盛服耳。主人爵弁以迎。侈袂，褖衣之袂。凡諸侯夫人于其國，衣服與王后同。疏：鄭意以追師掌作冠冕，弁師掌其成法，若縫人掌縫衣，别有司服、内司服之官相似，故有兩官共掌男子首服也。後鄭不從者，此追師若兼掌男子首服，亦當如下屨人職云「掌王及后之服屨」，兼王爲文。今不云王，明非兩官共掌，此直掌后以下首服也。桓二年臧哀伯云「衡紞紘綖」，則據男子之衡。引證此者，司農意男子婦人皆有衡，後鄭意亦爾，但後鄭于此經無男子耳。副者，是副貳之副，故轉從覆爲蓋之義。漢之步繇，謂在首之時，行步繇動。案詩有「副笄六珈」，謂以六物加于副上，未知用何物，故鄭注詩云「副既笄而加飾，古之制所有，未聞」是也。云「服之以從王祭祀」者，鄭意三翟皆首服副。祭祀之中，含先王、先公、群小祀，故以祭祀總言之也。鄭必知三翟之首服副、鞠衣展衣首服編、褖衣首服次者，王之祭服有六，首服皆冕，則后之祭服有三，首服皆副可知。昏禮「女次純衣」，純衣則褖衣，褖衣而云次，則褖衣首服次可知。其中亦有編，明配鞠衣、展衣也。云「服之以見王」者，上注「展衣」云「以禮見王」，則展衣首服編以禮見王。此又云次以見王者，則見王有二：一者以禮朝見于王，與見賓客同，則服展衣與編也；一者褖衣首服次，接御見王，則褖衣與次，則此注見王是也。故二者皆云見王耳。云「唯祭服有衡」，知者，見經后與九嬪以下別言，明后與九嬪以下差別，則衡、笄惟施于翟衣，其鞠衣以下無衡矣。又見桓二年哀伯云「衮冕黻珽，帶裳幅舄，衡紞紘綖」，並據男子之冕祭服而言，明婦人之衡亦施于三翟矣，故鄭云唯祭服有衡也。鞠衣以下雖無衡，亦應有紞以懸瑱，是以著詩云「充耳以素」、「以青」、「以黃」，是臣之紞懸以瑱，則知婦人亦有紞以懸瑱也。云「垂于副之兩旁，當耳，其下以紞懸瑱」者，傳云「衡紞紘綖」，與衡連，明言紞爲衡設矣。笄既橫施，則衡垂可知。若然，衡訓爲橫，既垂之，而又得爲橫者，其笄言橫，據在頭上橫貫爲橫，此衡在副旁當耳，據人身豎爲從，此衡則爲橫，其衡下乃以紞懸瑱也。云「內外命婦自于其家則亦降焉」，知者，大夫妻服襢衣首服編，士妻服褖衣首服次。少牢、特牲是大夫、士妻，特牲云「主婦纚笄綃衣」，少牢云「主婦髮鬄衣，侈袂」，但大夫妻侈袂爲異，又不服編，故知自于其家則降，是以即引少牢爲證耳。

何氏楷曰：王之祭服六，首服皆冕，則后之祭服有三，首服皆副可知。

王氏昭禹曰：后之服六，首服有三，益以一當二。副配褘揄，編配闕鞠，次配展褖。

陳氏禮書：周官追師：「掌王后之首服，爲副編次，追衡笄。」左傳曰：「衡紞紘綖，昭其度也。」鄭司農曰：「衡，維持冠者。」鄭康成曰：「王后之衡、笄，皆玉爲之。唯祭服有衡，垂于副之兩旁，當耳，其下以紞垂瑱。」孔穎達曰：「婦人首服有衡，則男子首服亦然。王后之衡以玉，則天子之衡亦玉。諸侯以下未聞。」然則左傳言衡則繼以紞，弁師、士冠禮言笄則繼以紘，是衡有紞、笄有紘也。副者，翟之配。以配褘翟，則禮所謂「副褘」是也。以配揄翟，則詩所謂「副笄六珈，其之翟也」是也。褖衣之配，禮所謂「女次純衣」是也。然則編爲鞠衣、展衣之配可知矣。禮，男子冠，婦人笄；男子免，婦人髽。婦人之飾，不過以髮與笄而已。則副之覆首若步摇，編之編髮若假紒。次之次第其髮爲髲髢云者，蓋有傳然也。莊子曰：「秃而施髢。」詩曰：「鬒髮如雲，不屑髢也。」左傳曰：衛莊公髡己氏之妻髮，以爲吕姜髢。説文曰：「髲，益髮也。」蓋髢所以益髮，而鬒髮者不屑焉。詩曰「被之僮僮」，則被之者不特髲鬄也。少牢曰「主婦被錫，衣侈袂」，則被錫者非髲鬄也。鄭氏皆以爲髲鬄，非是。婦人首飾，副也，編也，次也，纚笄也。觀士昏禮「女次純衣，姆纚笄，宵衣」，特牲禮「主婦纚笄，宵衣」，則副編次之下，纚笄其飾也。楚語：「司馬子期欲以妾爲内子，訪之左史倚相，曰：『吾有妾而愿，欲笄之，其可乎？』」蓋古之爲妾者不笄。士姆纚笄，亦攝盛也。鄭氏曰：「王后之燕居亦纚笄總而已。」此不可考。纚。緇色。内則：「子事父母，雞初鳴，咸盥漱，櫛縰笄總，拂髦，冠緌纓。」男女未冠笄者，盥漱，櫛縰，拂髦，總角。」士冠禮：「緇纚廣終幅，長六尺〔一〕，贊者坐櫛，設纚；賓坐正纚。」特牲禮「主婦纚笄，宵衣」，鄭氏曰：「纚，今之幘梁也。」纚一幅長六尺，足以韜髦而結之。」蓋櫛以理髦而後纚，以纚爲紒，然後笄。古之言纚笄者，未有先笄而後

〔一〕「六尺」，原作「六寸」，據光緒本、儀禮注疏卷二改。

纚也。

蕙田案：副、編、次三者，皆用髮爲之。副爲首飾之上，而名副者，蓋既以己之髮爲髻，復別用髮爲首飾，以加其上，有貳益之義，故名副也。用以配褘衣，故記言「夫人副褘立于東房」，又以詩「副笄六珈」推之，諸侯夫人揄狄，而首服用副，故先儒謂揄狄、闕狄皆以副配也。但副既以配三翟，其制亦宜有三等之別。如用玉加于副以爲飾謂之珈，侯伯夫人揄狄之副用六珈，則王后褘衣之副其珈必不止六，而闕狄之副其珈又當降殺，如王五冕之旒有等級之辨也。編、次。舊說，編，列髮爲之，用以配鞠衣、展衣。次，次第髮長短爲之，用以配褖衣。追，王昭明謂以纚作髻如堆。特牲禮所謂「主婦纚笄，宵衣」，士昏禮「女次純衣，姆亦纚笄，宵衣。女從者畢袗玄，纚笄」，康成云「王后之燕居亦纚笄總」是也。衡、笄皆髻也。長大者爲衡，短小者爲笄。王后之衡、笄，皆以玉爲之。唯祭服有衡，横貫副上兩旁，以紞懸瑱。大夫士之妻笄用骨、角。士冠禮有「設纚設笄」之文，左傳有「衡紞紘綖」之語，則追、衡、笄三者，男子亦有之，其與婦人異同之制，不可考矣。

詩召南采蘩：被之僮僮，夙夜在公。被之祁祁，薄言還歸。傳：被，首飾也。箋：公，事也。早夜在事，謂視濯溉饎爨之事。禮記：「主婦髲鬄。」祭祀畢，夫人釋祭服而去髲髢，其威儀祁祁然而安舒，無罷倦之失。　疏：被者，首服之名，在首，故曰首飾。箋引少牢之文，云「主婦髲鬄」，與此被一也。案少牢作「被裼」，注云：「被裼讀爲髲鬄。古者或剔賤者、刑者之髮，以被婦人之紒爲飾，因名髲鬄焉。此周禮所謂次也。」又「追師掌爲副編次」，注云「次，次第髮長短爲之，所謂髲髢」，即與次一也。知者，特牲云「主婦纚笄」，少牢云「被裼纚笄」，笄上有次而已，故知是周禮之次也。此言被，與髲鬄之文同，故知被是少牢之髲鬄，同物而異名耳。少牢注讀「被裼」爲「髲鬄」者，以剔是剪髮之名，直云「被裼」，于用髮之理未見，故讀爲「髲鬄」。鬄，剔髮以被首也。少牢既正其讀，故此及追師引經之言髲鬄也。定本作「髲髢」，與俗本不同。少牢云「主婦衣侈袂」，注云：「衣綃衣而侈其袂耳。侈者，蓋半士妻之袂以益之，衣三尺三寸，袪尺八寸。」此夫人首服與之同，其衣則異。何者？夫人於其國，與王后同，展衣以見君，褖衣御序於君。此雖非正祭，亦爲祭祀，宜與見君相似，故絲衣士視壺濯猶爵弁，則此夫人視濯溉，蓋展衣，否則褖衣也。知非祭服者，郊特牲曰「王皮弁以聽祭報」，又曰「祭之日，王被衮以象天」。王非正祭不服衮，夫人非正祭不服狄衣，明矣。且狄，首服副，非被所當配耳，故下箋云「夫人祭畢，釋祭服而去」，是也。少牢注侈綃衣之袂，追師注引少牢「衣侈袂」，以爲侈褖衣之袂不同者，鄭以特牲禮士妻綃衣，大夫妻言侈袂，對士而言，故侈綃衣之袂。以無明文，故追師之注更別立說，見士祭玄端，其妻綃衣，大夫祭朝服，其妻亦宜與士異，故爲侈袂衣之袂也。知非助祭、自祭爲異者，以助祭申上服，卿妻鞠衣，大夫妻展衣，不得侈袂衣之袂。此「主婦髲鬄」，在少牢之經，箋云「禮記曰」者，誤也。

朱子集傳：被，首飾也，編髮爲之。

嚴氏粲曰：諸侯夫人於其國，衣服與王后同。上公夫人得褘衣以下，侯伯夫人得揄狄以下。夫人祭祀不應服次，曹氏以爲或作商時，故與周禮異。

鄘風君子偕老：副笄六珈。傳：副者，后夫人之首飾，編髮爲之笄。衡，笄也。珈，笄飾之最盛者，所以別尊卑。箋：珈之言加也。副既笄而加飾，如今步搖上飾。古之制所有，未聞。疏：副者，祭服之首飾。追師「掌王后之首服，爲副、編、次」，注云「副之言覆，所以覆首爲之飾，其遺象若今之步摇矣，服之以從王祭祀。編，編列髮爲之，其遺象若今假紒矣，服之以告桑也。次，次第髮長短爲之，所謂髲鬄，服之以見王」，是也。言編若今假紒者，編列他髮爲之，假作紒形，加于首上。次者，亦鬄他髮與己髮相合爲紒，故云「所謂髲鬄」。是編、次所以異也。以此笄連副，則爲副之飾，是衡笄也。故追師又云「追衡笄」，注云「王后之衡笄，皆以玉爲之，唯祭服有衡笄，垂于副之兩旁，當耳，其下以紞懸瑱」，是也。編、次則無衡笄。言珈者，以玉加于笄爲飾，后夫人首服之尤尊，故云「珈笄，飾之最盛者」。此副及衡笄與珈飾，唯后夫人有之，卿大夫以下則無，故云「所以別尊卑」也。以珈字從玉，則珈爲笄飾。謂之珈者，珈之言加，由副既笄，而加此飾，故謂之珈，如漢步摇之上飾也。步摇，副之遺象，故可以相類也。古今之制，不必盡同，故言「古之制所有，未聞」。以言「六珈」，必飾之有六，但所施不可知。據此言「六珈」，則侯伯夫人爲六，王后則多少無文也。

朱子集傳：副，祭服之首飾，編髮爲之。笄，衡笄也，垂于副之兩旁，當耳，其下以紞懸瑱。珈之言加也，以玉加於笄而爲飾也。

何氏楷曰：副者，祭服之首飾。毛傳云：「編髮爲之。」案周禮追師：「掌王后之首飾，爲副、編、次、追、衡、笄。」副以覆首爲之飾。編者，編列他髮爲之。次者，鬄他髮而次第其長短，與己髮相合爲紒。追者，治玉石之名，謂治玉爲衡、笄，即詩「追琢其章」之「追」。衡笄，鄭玄以爲二物，其制皆以玉爲之，謂祭服有衡垂於副之兩旁，當耳，其下以紞懸瑱。孔氏以左傳「衡紞紘綖」證之，謂紞與衡連文，以橫貫爲橫，此衡垂在兩旁，當耳，據人身而言。竪爲從，則此衡爲橫，其衡下乃以紞懸瑱也。愚案：如孔說，大是强解。左傳雖衡紞連言，然自是兩事，如下文言紘綖，紘是纓從下而上者，綖是冠上覆之玄布，何相涉之有？且衡之與副，既言垂於副之兩旁，何得名衡？據鄭衆、杜預解，衡但謂維持冠者。愚意左傳言衡，直是指笄。而周禮衡笄連文，亦正謂笄橫貫在頭上，故名之謂衡笄耳。男子之笄以維持冠，婦人之笄則以固髮。所以知后笄用玉者，以弁師王之笄以玉，故知后與王同也。侯夫人無考。珈，説文云：「婦人首飾。」毛傳云：「珈笄，飾之最盛者，所以別尊卑。」鄭箋云：「珈之言加也。」孔云：「以珈字從玉，則珈爲笄飾。䌛副既笄，而加此飾，故謂之珈，如漢之步摇之上飾也。言六珈，必飾之有六。據此，侯夫人爲六，王后則多少無文也。」季云：「笄，本婦人之常飾，唯副之珈則后夫人有之，卿大夫以下妻所無也。」錢氏云：「今人步摇，加飾以珠，飾之少者六，多者倍蓰至三十六。」據詩云六珈，然則古玉數凡六也。案後漢書輿服志云：「皇后步摇以黄金爲山題，貫白珠爲桂枝相繆，一爵九華，熊虎、赤羆、天鹿、辟邪、南山豐大特六獸，詩所謂『副笄六珈』者。諸爵獸皆翡翠爲毛羽，金題，白珠璫繞，以翡翠爲華云。」疑未必古制也。

蕙田案：何氏以衡即笄，駁注説甚是。

禮記明堂位：君卷冕立于阼，夫人副褘立于房中。注：副，首飾也。詩云：「副笄六珈。」周禮追師：「掌王后之首服，爲副。」褘，王后之上服，唯魯及王者之後夫人服之，諸侯夫人則自揄翟而下。　疏：此明祀周公之時，君與夫人卿大夫命婦行禮之儀。尸初入之時，君待于阼階，夫人立于東房中。魯之太廟，如天子明堂。得立房中者，房則東南之室也，總稱房爾。副是首飾，以其覆被頭首，鄭引詩鄘風言宣姜首著副珈，而又以笄六玉加于副上。引周禮追師證副是王后首服。案周禮褘衣、揄狄、闕狄等，皆是后之所服。褘衣則后服之上者，故鄭云「褘，王后之上服」也。

陳氏禮書：祚者，明陽之地。房者，幽陰之地。君于祚，法陽之道。夫人于房，體陰之道。天子六冕有衮，諸侯出而有君道，故其冕亦如之。而王后六衣亦有褘衣，以從王祭祀，諸侯之夫人從夫之爵，則禮當服焉。鄭氏以爲二王之後，誤矣。

蕙田案：禮書駁鄭氏褘衣爲二王夫人之服，亦是。

祭統：君純冕立于阼，夫人副褘立于東房。疏：純冕，純亦緇也。冕皆上玄下纁，其服亦然，故通云緇冕。若非二王後及周公廟，則悉用玄冕而祭。副及褘，后之上服，魯及二王之後夫人得服之。侯伯夫人揄狄，子男夫人闕狄，並立東房，以俟行事。尸既入之後，轉就西房，故禮器云「夫人在房」。雖不云東西房〔一〕，然下文「夫人東酌罍尊」，則知在房謂西房也。

方氏慤曰：君純冕立于阼，夫人副褘立于東房，與明堂位所言同義。于夫人言副褘，則君純冕者，衮冕也。六冕皆麻而曰純者，孔子稱：「麻冕，禮也。今也純，儉，吾從衆。」當孔子時，固有純冕矣。

王氏釋服：「周之冕爲純冕者，以此衮冕副褘，蓋天子王后之服，容記二王之後與？」魯禮亦極諸侯之

〔一〕「房」，諸本脱，據禮記正義卷二五補。

盛禮言之耳，衛非二王之後，而夫人之詩則曰「副笄六珈」，何也？周官追師掌首服，有副，有編，有次。副爲首飾之上，故以之配三狄；編爲首飾之中，故以之配鞠、展；次爲首飾之下，故以之配褖衣而已。謂之副，則夫人之所同。謂之褘，則天子之所獨。猶衮之九章，則上公之所同；旒之十二，則天子之所獨也。男服以在上者異，所以尊陽道也。女服以在上者同，所以尊陰道也。三狄雖同用副，然以配褘衣爲正，故經未有言副揄、屈者，止曰副褘而已。

蕙田案：以上后首飾。

右王后服飾

舄屨韍韠帶佩

周禮天官屨人：掌王及后之服屨。爲赤舄、黑舄，赤繶、黄繶，青句，素屨，葛屨。

注：屨自明矣，必連言服者，著服各有屨也。複下曰舄，禪下曰屨。古人言屨以通于複，今人言屨以連于禪，俗易語反與？舄屨有絇、有繶、有純者，飾也。鄭司農云：「赤繶、黄繶，以赤黄之絲爲下緣。士喪禮曰：『夏葛屨，冬皮屨，皆繶緇純。』禮家説繶亦謂以采絲礫其下。」玄謂凡屨舄，各象其裳之色。士冠禮曰「玄端、黑屨、青絇繶純，素積、白屨、緇絇繶純，爵弁、纁屨、黑絇繶純」是也。王吉服有九，舄有三等，赤舄爲上，冕服之舄也。詩云「王賜韓侯，玄衮赤舄」，則諸侯與王同。下有白舄、黑舄。王后吉服六，唯祭服

有舄。玄舄爲上，褘衣之舄也。下有青舄、赤舄。鞠衣以下皆屨耳。句當作絇，聲之誤也。絇、繶、純者同色。今云赤繶、黄繶、青絇，雜互言之，明舄屨衆多，反覆以見之。凡舄之飾，如繢之次。赤繶者，王黑舄之飾；黄繶者，王后玄舄之飾；青絇者，王白舄之飾。言繶必有絇純，言絇亦有繶純，三者相將。王及后之赤舄皆黑飾，后之青舄白飾。凡屨之飾，如繡次也。黄屨白飾，白屨黑飾，黑屨青飾。絇謂之拘，著舄屨之頭以爲行戒。繶，縫中紃。純，緣也。天子諸侯吉事皆舄，其餘唯服冕衣翟著舄耳。士爵弁纁屨，黑絇繶純，尊祭服之屨，飾從繢也。素屨者，非純吉，有凶去飾者。言葛屨，明有用皮時。疏：云「掌王及后之服屨」者，但首服在上，尊，又是陽，多變，是以追師與弁師男子婦人首飾服各別官掌之。屨舄在下，卑，又是陰，少變，故男子婦人同官掌之也。云「爲赤舄」以下，謂掌而營造之，故云爲也。赤舄者，男子冕服，婦人闕狄之舄也。黑舄者，天子諸侯玄端服之舄。「赤繶」以下，云「繶」云「句」者，欲言繶、絇以表見其舄耳。赤繶者，是天子諸侯黑舄之飾。黄繶者，與婦人爲玄舄之飾也。青句者，與王及諸侯爲白舄之飾。凡屨舄，皆有絇、繶、純三者相將，各言其一者，欲互見其屨舄，故多舉一邊而言也。素屨者，大祥時所服，去飾也。葛屨者，自赤舄以下夏則用葛爲之，若冬則用皮爲之。在素屨下者，欲見素屨用葛與皮故也。云「著服各有屨」者，屨舄從裳色，裳既多種，故連言服也。下謂底。複，重底。重底者名曰舄，襌底者名曰屨。無正文，鄭目驗而知也。「舄屨有絇、有繶、有純者，飾也」者，言繶是牙底相接之縫，綴絛于其中。言絇謂屨頭以絛爲鼻。純謂以絛爲口緣。經不云純者，文略也。云「皆繶緇純」者，葛屨皮屨皆有繶也。緇純，純用緇，則繶絇亦用緇色也。云「玄端黑屨」者，凡玄端，有上士玄裳，中士黄裳，下士雜裳。今云黑屨者，據裳爲正也。云「青絇繶純」者，屨飾從繡次也。云「素積白屨」者，皮弁服素積以爲裳，故白屨也。云「緇絇繶純」者，亦飾從繡次也。云「爵弁、纁屨、黑絇繶純」者，鄭云「尊祭服，飾從繢次」。言云「王吉服有九」者，則司服六冕，與韋弁、皮弁、冠弁是也。云「舄有三等」者，謂赤舄、黑舄、白舄也。云「赤舄爲上冕服之舄也」者，經先言赤舄，是舄中之上，是六冕之舄也。引詩「玄衮」者，冕服皆玄上纁下而畫以衮龍。云「赤舄」者，象纁裳故也。引之者，證諸侯得與王同有三等之舄，赤舄爲上也。云「下有白舄黑舄」者，白舄配韋弁、皮弁，黑舄配冠弁服。案司服注：「韋弁，以韎韋爲弁，又以爲衣裳。」則韋弁其裳以韎之赤色韋爲之。今以白舄配之，其色不與裳同者，鄭志及聘禮注「韋弁服」皆云以素爲裳〔一〕，以無正文，鄭自兩解不定，故得以白舄配之。冠弁服則諸侯視朝之服，是以燕禮記云「燕朝服」，鄭云：「諸侯與其群臣日視朝之服也。」謂冠玄端、緇帶、素韠、白屨也。白屨即與皮弁素積白屨同，今以黑舄配之，不與裳同色者，朝服與玄端大同小異，皆玄端緇布衣而裳有異耳〔二〕。若朝服，則素裳白屨。若玄端之裳，則玉藻云：「韠，君朱，大夫素，士爵韋。」是韠從裳色，則天子諸侯朱裳，大夫素裳，皆不與裳同色者，但天子諸侯舄有三等，玄端既不得與祭服同赤舄，若與韋弁、皮弁同白舄，則黑舄無所施〔三〕，故從上士玄裳爲

〔一〕「鄭志」，原作「鄭注」，據光緒本、周禮注疏卷八改。
〔二〕「玄端」，諸本作「玄冠」，據周禮注疏卷八改。
〔三〕「舄」，諸本作「色」，據周禮注疏卷八改。

正而黑舄也。大夫玄端素裳，亦從玄裳黑屨矣。云「王后吉服六，唯祭服有舄」者，以王舄有三，后舄不得過王，故知后舄亦三等。但冕服有六，其裳同，故以一舄配之。后翟三等，連衣裳而色各異，故三翟以三等之舄配之。玄舄配褘衣，則青舄配揺翟，赤舄配闕翟可知。云「鞠衣以下皆屨耳」者，后服三翟既以三舄配之，且下文命夫命婦唯言屨不言舄，故知鞠衣以下皆屨也。云「句當爲絇」，知者，以此屨舄無取句之義，案士冠禮皆云絇，故知當爲絇。云「絇繶純同色」者，案士冠禮三冠絇繶純各自同色故也。男子有三等屨舄，婦人六等屨舄，故雜互見之，明其衆多也。云「凡舄之飾，如繢之次」者[一]，無正文，此約皮弁白屨黑絇繶純，白黑比方爲繡次[二]，爵弁纁屨黑絇繶純，黑與纁南北相對，尊祭服，故對方爲繢次也。以此而言，則知凡舄皆不與屨同，而爲繢次可知。云「言繶必有絇純，言絇亦有繶純[三]，三者相對」者[四]，以士冠禮三冠各有絇繶純，故知三者相對，但經互見，故各偏舉其一耳。云「凡屨之飾如繡次也」者，亦約士冠禮白屨黑絇繶純之等而知也。云「黄屨白飾，白屨黑飾，黑屨青飾」者，此據婦人之屨，鞠衣以下之屨，故有黄屨、黑屨也。以屨從繡次爲飾，故知義然也。云「絇爲之拘，著于舄屨之頭以爲行戒」者，鄭注士冠亦

[一]「云凡」，原誤倒，據光緒本、周禮注疏卷八乙正。
[二]「比」，諸本作「北」，據周禮注疏卷八改。
[三]「絇」，原作「純」，據光緒本、周禮注疏卷八改。
[四]「對」，周禮注疏卷八作「將」，下「對」字同。

云：「絇之言拘也，以爲行戒，狀如刀衣鼻，在屨頭。」言拘取自拘持爲行戒者，謂使低目，不妄顧視也。云「其餘唯服冕衣翟著舄耳」者，服冕謂后以下婦人也。

訂義：湯氏曰：禪下曰屨，複下曰舄。凡舄之内必有屨，屨外有加舄，故云複也。屨之與舄，理宜同色，亦猶裳之與屨同色也。周人衣服大概三色，玄、青、黑、緇之類爲一色，白、素之類爲一色，纁、赤、黄之類爲一色。此三代所尚。纁、赤，周也；白、素，殷也；青、黑，夏也。纁、赤爲上，白、素爲中，青、黑爲下，故儀禮爵弁纁裳、皮弁素積、玄冠玄端三服相次，等而上之，六曰玄冕，五曰絺冕，四曰毳冕。絺，麻衣；毳，罽衣也。詩曰毳衣如璊，麻衣如雪，三色相次，亦可見矣。但周人盛服不用白、素，故舄無白者。自漢明帝時，諸儒誤讀尚書，始爲山、龍、華蟲十二章之飾，而冕服始皆玄衣纁裳，故鄭康成謂冕服皆赤舄。宜檢周禮注先鄭、後鄭不同處，仍以後漢輿服志參考之，知漢儒衣服非復周制，康成蓋時學耳。

王氏詳説曰：鄭氏于追師，其説皆可取，若夫屨人，其説鑿矣。且玉藻所謂享天子諸侯衣服冠佩等制甚詳，未嘗及舄屨，不過曰「在官不俟屨」，又曰「童子不屨絇」，又曰「弁行，剡剡起屨」，又曰「退則坐取屨」而已。鄭氏以士冠禮有黑屨、白屨、纁屨之文，以意解而廣之。夫士之冠禮，其可爲王與后服屨之禮乎？漢儒之禮，其可執以爲周公之禮乎？謂王之吉服有九，祭服之六皆赤舄，韋弁、皮弁則白舄，冠弁則黑舄。謂后之吉服有六，祭服之三，褘衣則玄舄，揄狄則青舄，闕狄則赤舄，何祭服之多而舄之少耶？何后服之少而舄之多耶？謂后之鞠衣黄屨，展衣白屨，褖衣黑屨，何王之屨絶無而后之屨有許多耶？況經有赤舄、黑舄而已，鄭氏乃有白舄、玄舄、青舄焉。經有素屨、葛屨、命屨、功屨、散屨而已，鄭氏乃有黄屨、黑屨、白屨焉。經有赤繶、黄繶而已，鄭氏乃言繶必有絇純，言絇必有繶純，三者相對焉；又以舄之飾如繢之次，以屨之飾如繡之次，不知又自畔其説。且既曰複下曰舄，禪下曰屨，今以白屨、黑屨爲屨之飾如繡之次，又以纁屨爲舄之飾如繢之次，是以纁屨而纁舄。又以爵弁爲士之祭服，故尊之以爲舄，其説愈不可曉。

蕙田案：屨人注疏，諸家皆議其非，而亦莫能疏解簡確，使人可曉其制者，唯郝仲輿曰：「服屨，禮服之屨。王用赤舄，象陽。后用黑舄，象陰。繶，牙底接處以小絛綴其際爲飾。王赤舄、赤繶，象純陽也。后黑舄、黄繶雜，象陰也。絇，以絛著屨頭爲鼻，拘束行履也。王與后舄絇用青，象東方帝出之生氣也。青黄赤黑四者，四方之正色，故王與后吉屨用之。白不用，近凶。周所勝色也。素屨，燕居之屨，無繶絇文采之飾。葛屨，當暑，王后皆用之。鄭氏謂王吉服九，舄三，赤、白、黑。后吉服六，舄三，玄、青、赤。舄南北相對，如繢之次。屨飾西北相比，如繡之次。皆無端穿鑿。」案郝氏之説，簡易明白，較諸家爲勝矣。

觀承案：注謂言葛屨，明有用皮時，是反以用葛爲常，而皮特其偶矣。不知古者行禮之服，皆用皮屨，故以葛屨别言之於後耳。詩傳「夏葛屨，冬皮屨」者，亦特言隨時之便，非以葛屨爲夏時行禮之服也。若行禮，雖夏猶當用皮。

辨内外命夫命婦之命屨、功屨、散屨。注：命夫之命屨，纁屨。命婦之命屨，黄屨以下。功屨，次命屨，于孤卿大夫則白屨、黑屨；九嬪、内子亦然；世婦、命婦以黑屨爲功屨。女御、士妻命屨而已。士及士妻謂再命受服者。散屨，亦謂去飾。疏：上明王及后等尊者舃屨訖，此明臣妻及嬪已下之屨也。云「命夫之命屨」者，以其經不云舃，唯云屨，大夫以上衣冠則有命舃，無命屨，故知命屨中唯有屨而已。士之命服，爵弁則纁屨，故云命屨纁屨而已。云「命婦之命屨，黄屨以下」者，以其外命婦孤妻已下，内命婦九嬪已下，不得服舃，皆自鞠衣以下，故云黄屨以下。言「以下」者，兼有卿大夫妻及二十七世婦，皆展衣白屨，士妻與女御皆褖衣黑屨，故云「以下」以廣之。云「功屨，次命屨，于孤卿大夫則白屨、黑屨」者，案司服，孤希冕，卿大夫玄冕，皆以赤舃爲命舃，以下仍有韋弁白屨，冠弁黑屨，故云次命屨。命屨據婦人而言，其實卿大夫身則功屨，次命舃也。云「九嬪内子亦然」者，九嬪與孤妻内子既以黄屨爲命屨，功屨之中有襢衣白屨、褖衣黑屨，故云「亦然」。云「世婦以黑屨爲功屨」者，以其皆以襢衣白屨爲命屨，其功屨唯有褖衣黑屨也。云「女御、士妻命屨而已」者，以二者唯有褖衣黑屨爲命屨而已。云「及士妻謂再命受服者」，案大宗伯云「一命受職，再命受服」，但公侯伯之士一命，子男之士不命，及王之下士皆受職，不受服。王之中士再命，上士三命已上，乃受服。受服則并得此屨，故云「再命受服者」也。云「散屨，亦謂去飾」者，據臣言，散即上之素，皆是無飾，互换而言，故云「謂去飾」者也。鄭志趙商問：「司服王后之六服之制，自不解，請圖之。」答曰：「大裘、衮衣、鷩衣、毳衣、絺衣、玄衣，此六服皆纁裳赤舄。韋弁衣以韎，皮弁衣以布，此二弁皆素裳白舄。冠弁服黑衣裳而黑舄。冠弁玄端。禕衣玄舄，首服副，從王見先王。揄狄青舄，首服副，從王見先公。闕狄赤舄，首服副，從王見群小祀。鞠衣黄屨，首服編，以告桑之服。襢衣白屨，首服編，以禮見王之服。褖衣黑屨，首服次，以御于王之服。后服六翟三等，三舄，玄、青、赤。鞠衣以下三屨，黄、白、黑。婦人質不殊裳，屨舄皆同裳色也。」

蕙田案：郝仲輿曰：「命服之屨亦赤、黑二色，青、黄繶絇。功屨次于命屨，文飾而攻緻。散屨，賤者之屨。」案上云「命夫命婦之屨」，此不當云「賤者之屨」。散屨，蓋不加功飾，所常御之屨耳。

陳氏禮書：古者衣象裘色，韠象裳色，而士冠禮三屨皆象其裳之色，則王及后之舄屨各象其裳之色可知也。玄黄、青白、赤黑對方者，爲繢次。青赤、赤白、白黑、黑青比方者，爲繡次。而冠禮黑屨青絇繶純，白屨緇絇繶純，皆比方之色。特爵弁纁屨黑絇繶純，絇，拘也，以爲行戒，狀如刀衣鼻，在屨頭。繶，縫中紃也〔一〕。純即緣也。蓋

〔一〕「紃」，諸本作「糾」，據周禮注疏卷八改。

尊祭服之屨，故飾從對方之色。爵弁韍不曰韠而曰韎，韐衣不以布而以純，蓋皆尊祭服之故也。則凡舄之飾如繢次，屨之飾如繡次，可知也。絇青緇黑，而繶純如之，則繶從絇色可知也。由是推之，王之吉服九而舄三，赤舄配冕服而黑絇繶純，白舄配皮弁服而青絇繶純〔一〕，黑舄配冠弁服而赤絇繶純。后之吉服六而舄屨各三，玄舄配褘衣而黄絇繶純，青舄配揄狄而白絇繶純，赤舄配闕狄而黑絇繶純，黄屨配鞠衣而白絇繶純，白屨配展衣而黑絇繶純，黑屨配褖衣而青絇繶純〔二〕。司服言舄止于赤、黑，言繶止于赤、黄，言句止于青，有素屨而無飾屨，有葛屨而無皮屨，鄭氏謂雜互反覆以見之，理固然也。觀弁師于王言冕之表裏延紐而不及玉瑱，言繅而不言斿；于諸侯言玉瑱而不及冕之表裏延紐，言繅斿而不及玉數，言繅斿皆就而不及采數。大宗伯祀有昊天而無五帝，有司中、司命而無司民、司禄，祭有社稷而無大示，有五嶽而無四瀆，有山林川澤而無丘陵墳衍，享有先王而無先公，凡此類者，不可勝舉，

〔一〕「絇」，諸本作「繶」，據禮書卷一五改。
〔二〕「屨」，原作「絇」，據光緒本、禮書卷一五改。

而禮皆約辭以互發之，則舄屨之辨，如鄭氏之說，信矣。然謂褘弁衣素裳白舄，此不可考。内司服「辨外内命婦之服，鞠衣，展衣，褖衣」；屨人「辨内外命婦之命屨、功屨、散屨」，鄭氏謂：「命夫之命屨，纁屨；命婦之命屨，黄屨以下。功屨，次命屨，于孤卿大夫則白屨、黑屨，九嬪、内子亦然。世婦、命婦以黑屨爲功屨。女御、士妻命屨而已。」蓋禮一命受職，再命受服。公侯伯之大夫，子男之卿，王之中士，皆再命。其妻再命鞠衣，則纁屨，爵弁而上之屨也。黄屨，鞠衣之屨。孤卿大夫之功屨，白屨、黑屨，以其服皮弁、冠弁故也。九嬪與孤妻内子功屨亦白屨、黑屨，以其服展衣、褖衣故也。女御、士妻以黑屨爲命屨，以其所服者唯褖衣故也。詩云「赤舄几几」，「玄衮赤舄」，「赤芾金舄」，周公及諸侯冕服之舄也。赤舄爲之金舄者，鄭氏謂「金舄，黄朱色也」。考之于禮，周尚赤，而灌尊黄彝，纁裳赤黄，馬黄朱，而諸侯之芾亦黄朱，鄭氏釋斯干詩曰：「芾，天子純朱，諸侯黄朱。」則舄用黄朱宜矣。唐制以金飾屨，與鄭氏之所傳者異也。　繶，士虞禮曰：「足有緣之爵，謂之繶爵。」則繶，緣也。鄭司農曰：「赤繶、黄繶，以赤黄之緣爲下緣。」鄭康成曰：「繶，縫中紃。」正義曰：「繶者，牙底相接之縫，綴絛于其中。」　絇，屨人作「句」，士冠、士喪禮作「絇」。

説文曰：「纑，布縷也。纑，繩約也。」鄭釋屨人曰：「絇謂之拘，狀如刀衣鼻，著屨舄之頭，以爲行戒。」釋士喪禮曰：「綦結于跗，連絇者，絇在屨頭，以餘組連之，止足折也。」賈公彦曰：「絇，謂屨頭以絛爲鼻，或謂用繒一寸屈之爲絇，絇所以受繫穿貫者也。」蓋絇以絲爲之，所以自拘戒，猶幅所以自偪束也。童子不絇，未能戒也。喪屨無絇，去飾也。鄭氏曰：「小功以下吉屨，無絇。」人臣去國，鞮屨不絇，以喪禮處之也。純，儀禮曰：「純博寸。」鄭康成曰：「純，緣也。」正義曰：「純以爲口緣。」　綦，儀禮「組綦繫于踵」，又曰「綦結于跗，連絇」，内則「屨著綦」。莊周曰：「正縻繫屨。」鄭氏曰：「綦，屨繫也，所以拘止屨也。綦讀如馬絆綦之綦。」蓋綦屬于跟後，以兩端嚮前而結之，特死者連絇，止足折也。　鞮屨，鞮屨以革爲之，周禮有鞮屨氏，曲禮曰「鞮屨素簚」，鄭氏曰：「鞮屨，無絇之扉也。」

又曰：用屨、脱屨之節。儀禮士相見禮：「若君賜之爵，升席，祭，卒爵，退，坐取屨，隱辟而后屨。」鄉飲酒禮：「司正請坐于賓，賓、主人、介、衆賓皆降，説屨，揖讓如初，升，坐。説屨，主人先左，賓先右，乃羞。鄉射、大射儀並倣此。」燕禮：「賓及卿大夫皆説屨，升，就席。」正義曰：直云賓及卿大夫説屨，不云君降説屨，則君説在堂上席側，是以記云：

「排闔説屨于户内者，一人而已。」士虞禮曰：「尸坐，不説屨。侍神不敢燕惰也。」曲禮曰：「户外有二屨，言聞則入，言不聞則不入，毋踐屨。侍坐于長者，屨不止于堂，解屨不敢當階，就屨跪而舉之，屏于側。鄉長者而屨，跪而遷屨，俯而納屨。」内則曰：「屨著綦。綦，屨繫也。」玉藻曰：「禮已三爵，油油以退，退則坐取屨，隱辟而後屨。坐左納右，坐右納左。」又曰：「在官不俟屨。」少儀曰：「排闔説屨于户内者，一人而已矣。有尊長在，則否。凡祭于室中，堂上無跣，燕則有之。祭不跣，主敬也。燕則有跣，爲歡。」禮，凡祭于室中，堂上無跣，燕則有之，故特牲、少牢饋食自主人以至凡執事之人，自迎尸以至祭末，旅酬，無算爵，與夫尸謖餕食之節，皆不説屨，而尸坐亦不説屨，以其侍神不敢燕惰也。若夫登坐于燕飲，侍坐於長者，無不説屨，以其盡歡致親，不敢不跣也。故在堂，則屨不上于堂；在室，則屨不入于户。排闔説屨于户内者，一人而已。有尊長在，則否。然則君屨不下于堂，不出于室矣。解屨必屏于側，取屨必隱辟，納屨必鄉長者，遷之必跪，納之必俯，説之必主人先左賓先右，納之必坐左納右坐右納左，則屨之説納，皆有儀矣。昔褚聲子韤而登席，其君戟手而怒之，此知説屨而不知跣也。後世人臣説履然後登堂，此知致敬而不知非坐不説屨也。漢、魏以後朝祭皆跣韤，惟蕭何劍履上殿，魏武亦不解履上殿。宋志：南郊，皇帝至南階，脱舄升壇，入廟，脱舄，升殿，朝士詣三公，尚書丞郎詣令僕射、尚書並門外下車履。梁天監中，尚書參議，清廟崇嚴，既絶常祀，凡有履行者，應皆跣韤，詔可。隋志諸非侍臣，皆脱履升殿，臺官詣三公至黄閤，下履過閤，還著履。唐志元正冬至受朝賀，上公一人詣西階席，脱舄，置于席，升。開寶通禮，太廟晨祼，饋食并禘祫，皇帝至東階下，解劍脱舄〔一〕。　韤，左傳曰：「韤而登席。」則屨有韤矣。史曰「張釋之爲王生結韤」，傳曰「文王左右無結韤之士」，則韤有繫矣。梁天監間，尚書參議，案禮跣韤事由燕坐，今極恭之所，莫不皆跣。清廟崇嚴，以絶常禮，凡有禮，行者應皆跣韤。蓋方是時，有不跣韤者，故議者及之。

蕙田案：以上爲屨。

易困卦：九二：朱紱方來，利用享祀。疏：坎，北方之卦。朱紱，南方之物。處困用謙，能招異方者也，故曰「朱紱方來」也。舉異方者，明物無不至，酒食豐盈，異方歸向，祭則受福，故曰「利用享祀」。

禮記明堂位：有虞氏服韍，夏后氏山，殷火，周龍章。注：韍，冕服之韠也，舜始作之，

〔一〕「劍」，原作「歛」，據光緒本、禮書卷一六改。

以尊祭服，禹、湯至周，增以畫文，後王彌飾也。山，取其仁可仰也。火，取其明也。龍，取其變化也。天子備焉，諸侯火而下，卿大夫山，士韎韋而已。韍或作黻。　疏：此論魯有四代韍制。有虞氏直以韋爲韍〔一〕，未有異飾，故畫韍。夏后氏畫之以山，殷以火，周人加龍以爲文章。易困卦九二：「朱紱方來，利用享祀。」故鄭知韍爲祭服。案士冠禮「士韎韐」，是士無飾。推此，即尊者飾多。此有四等，天子至士亦四等，故知卿大夫加山，諸侯加火，天子加龍。

方氏慤曰：有山有火，而又加之以龍，則其文成矣。于周特言章焉，章者，文之成也。

玉藻：韠，君朱，大夫素，士爵韋。圜，殺，直：天子直，公侯前後方，大夫前方後挫角，士前後正。注：韠之言蔽也。凡韠，以韋爲之，必象裳色。此玄端服之韠也。天子、諸侯玄端朱裳，大夫素裳，唯士玄裳、黄裳、雜裳也。皮弁服皆素韠。圜、殺、直〔二〕，目韠制也。天子四角直，無圜、殺。公侯殺四角，使之方，變于天子也。所殺者去上下各五寸。大夫圜其上角，變于君也。韠以下爲前，以上爲後。士賤，與君同，不嫌也。正，直、方之間語也。天子之士則直，諸侯之士則方。　疏：此一經總明韠韍上下尊卑之制。案士冠禮玄端、玄裳、黄裳、雜裳、爵韠，謂士玄端之韠。此云「士爵韋」，故知是玄端之韠也。圜、殺、直者，前方後挫角，則圜也。前後方，方則殺也。又天子直，故鄭注云「目韠制也」。

〔一〕「有虞氏」，原脱「有」字，據光緒本、禮記正義卷三一補。
〔二〕「殺」，原脱，據光緒本、禮記正義卷三〇補。

公侯前後方，是殺四角，上下各去五寸，所去之處，以物補飾之，使方變于天子也。鄭注「所殺者去上下各五寸」者，案雜記云「韠會去上五寸」，是上去五寸。又云「紕以爵韋，六寸，不至下五寸」，是去下五寸。鄭注雜記云：「會，謂上領縫也。領之所用，蓋與紕同。」如鄭此言，即上去五寸是領也。以爵韋爲領，故云「領之所用與紕同」。下云「所去五寸，純以素」，故鄭注雜記云：「純紕所不至者五寸。」然則上去五寸是領也，下去五寸是純也。若然，唯去上畔下畔，而云「殺四角」者，蓋四角之處別異之，使殊于餘邊也。其會之下，純之上，兩邊皆紕以爵韋，表裏各三寸，故雜記云：「韠長三尺，下廣二尺，上廣一尺。會去上五寸。紕以爵韋六寸，不至下五寸，純以素，紃以五采。」韠制大略如此。但古制難知，不可悉識。後挫角，謂挫上角使圜，不令方也。注云「正，直、方之間語」者，正謂不袤也。直而不袤謂之正，方而不袤亦謂之正，故云間語。

方氏愨曰：韠即芾也，故者蔽前一巾而已，芾存此象焉。以其服在衣之後，故有畢之義焉。芾又作韍，經所謂緼韍是也。又謂之韐，冠禮所謂靺韐是矣。若詩所謂「靺韐有奭」，則韋弁服以之代韠而已。說者以祭服曰韍，朝服曰韠，兵服曰韐，蓋無所據。至于以韋爲之，則一而已。士言爵韋者，舉卑以見尊也。曰君，則兼天子諸侯言之矣。然詩以赤芾謂諸侯之服者，蓋諸侯之在國，則朱韍以存臨下之仁，在朝則赤芾以示事上之禮故也。天子體天以臨下，故直；公侯法地以事上，故方。于方言前後，則直亦前後可知。所謂直則必方矣，所謂方則未必直也。此其所以爲殺歟？

韠下廣二尺，上廣一尺，長三尺，其頸五寸，肩，革帶，博二寸。注：頸五寸，亦謂廣也。

頸中央，肩兩角，皆上接革帶以繫之，肩與革帶廣同。凡佩，繫於革帶。疏：其上下及肩與革帶俱二寸。韠繫于革帶，鄭恐繫于大帶，故云「凡佩繫於革帶」。以大帶用組約，其物細小，不堪懸韠佩故也。

一命緼韍幽衡，再命赤韍幽衡，三命赤韍葱衡。注：此玄冕爵弁服之韠，尊祭服，異其名耳。韍之言亦蔽也。緼，赤黄之間色，所謂韎也。周禮：「公侯伯之卿三命，其大夫再命，其士一命；子男之卿再命，其大夫一命，其士不命。」疏：鄭以上經是玄端服之韠，知此韠異于上也。此據有孤之國，以卿大夫雖三命再命，皆著玄冕。若無孤之國，則三命再命之卿大夫皆絺冕，不得惟玄冕也。爵弁，則士所服。他服稱韠，祭服稱韍，是異其名也。案易困卦九二「朱紱方來，利用享祀」，是祭祀稱韍也。韍、韠皆言爲蔽，取蔽障之義也。案毛詩傳：「天子純朱，諸侯黄朱。」黄朱色淺，則亦名赤韍也。大夫赤韍，色又淺耳。有虞氏之前，直用皮爲之，後王漸加飾焉。明堂位云「有虞氏服韍，夏后氏山，殷火，周龍章」是也。此一命，謂公侯伯之士。士冠禮「爵弁韎韐」，此「緼韍」則當彼「韎韐」，故云「所謂韎也」。毛詩云：「韎韐茅蒐染。」齊人謂茅蒐爲赤、黄之間色。若子男大夫俱名緼韍，不得爲韎韐也，以其非士故耳。周禮牧人云：「陰祀用黝牲。」又孫炎注爾雅云：「黝青黑，葱則青之異色。」三命則公之卿玄冕，侯伯之卿絺冕，皆赤韍葱衡。

陳氏禮書：此一命于公侯則爲士，而子男則大夫也。再命于侯伯則爲大夫，而子男則爲卿者也。三命則侯伯之卿是也。典命所載可考，已見鄭注。蓋赤、黄間而爲緼，則其色雜矣。雜則賤，故于士言之。赤則其色純矣，純則貴，故于卿大夫言之。以其如畢羅之可蔽則爲韠，以其文飾之與裳辨則謂之韍。可以爲祭服，亦可以爲朝服。鄭氏謂尊祭服，異其名，則以韍爲祭，韠爲朝，誤矣。又曰：韍不獨祭服也。「服其命服，朱芾斯皇」，見于方叔；赤芾朱舄，又歌於會東都之諸侯。禮曰「君朱，大夫素，士爵韋」，又曰「赤韍幽衡」、「赤韍葱衡」，若朝服也。然主人玄端素韠于廟門之内，以筮日，則見于士冠禮之初。而緇衣則爵韠，皮弁則素韠，又序于士冠禮三加之際。則韠不得爲朝服也。

陸氏佃曰：韎，日在昧谷；緼，日在暘谷之色。赤則既進矣。故韎韐，昧也，進而爲緼，緼進而爲赤，赤進而爲朱。詩曰「朱芾斯皇」、「有瑲葱衡」，則三命赤芾，蓋朝會之服。士一命，皮弁素韠，再命爲爵弁韎韐，若加一命是爲三命，服玄冕矣。玄冕以上服韍，所謂「一命緼韍幽衡」是也。又加一命，則服赤芾幽衡，又加一命則服赤芾葱衡，是爲五命。先儒謂三命以上皆服葱衡，此讀「三命赤韍葱衡」之誤。

禮記雜記：韠長三尺，下廣二尺，上廣一尺。會去上五寸。紕以爵韋六寸，不至下五寸，純以素，紃以五采。注：會，謂領上縫也。領之所用，蓋與紕同。在旁曰紕，在下曰純。素，生帛也。紕六寸者，中執之，表裏各三寸也。純、紕所不至者五寸，與會去上同。紃，施諸縫中，若今時條也。　疏：韠，韍也，長三尺，與紳齊也。下廣上狹，象天地數也。「會去上五寸」者，會謂韠之領縫也。此縫去韠上畔廣五寸，謂會上下廣五寸。「紕以爵韋六寸」者，謂會縫之下〔一〕，韠以兩邊，紕以爵韋闊六寸倒襵之，兩廂各三寸也。「不至下五寸」者，謂紕、韠之兩邊，不至韠之下畔闊五寸。「純以素」者，素謂生帛，謂紕所不至之處，横純之以生帛，此帛上下各闊五寸也。「紃以五采」者，紃，絛也，謂五采之絛置于諸縫之中。韠旁緣謂之紕，上緣謂之會。以其在下總會之處，故謂之爲會。此上緣緣韠之上畔，其縫廣狹去上畔五寸也。云「領之所用蓋與紕同」者，紕既用爵韋，會之所用無文，會、紕同類，故知會之所用與紕同也。云「純紕所不至者五寸」者，純，緣也。緣之所施，是兩旁之紕不至下五寸之處，以素緣之。云「與會去上同」者，純之上畔去韠下畔五寸，會之下畔去韠之上畔五寸，以其俱五寸，故云與會去上同。如諸儒所說，云會者韠之上畔，淺緣而已。去上五寸，謂與兩旁之紕去韠上畔會縫之下有五寸。若如此說，何得鄭注「與會上去同」？明知會之闊狹五寸也。

儀禮特牲饋食禮記：特牲饋食，其服皆朝服，玄冠，緇帶，緇韠。注：于祭服此也。皆者，謂賓及兄弟筮日、筮尸、視濯亦玄端，至祭而朝服。朝服者，諸侯之臣與其君日視朝之服，大夫以祭。今賓、兄弟緣孝子欲得嘉賓尊客以事其祖禰，故服之。緇韠者，下大夫之臣。夙興，主人服如初，則

〔一〕「下」，原作「中」，據光緒本、禮記正義卷四三改。

固玄端。疏：士冠禮云：「主人玄冠，朝服，緇帶，素韠。」韠與裳同色，此朝服緇韠，大夫之臣朝服素韠，此緇韠，故云下大夫之臣。

唯尸、祝、佐食玄端，玄裳、黄裳、雜裳可也，皆爵韠。注：與主人同服。周禮士之齊服有玄端、素端。然則玄裳上士也，黄裳中士，雜裳下士。疏：周禮士之齊服有玄端、素端，司服文。引之者，欲見士之齊服有一玄端，而裳則異，故鄭云「然則玄裳」以下，見玄端一而裳有三也。彼注云「素端」者，亦謂札荒有所禱請服之，于此經無所當而連引之耳。若然，士冠亦有玄端三等裳，而引司服者，以此特牲祭祀時，彼據齊時四命以上齊祭異冠，大夫齊祭同冠，故就此祭祀引齊時冠服爲證也。

陳氏禮書：鄭康成曰：「古者田漁而食之，衣其皮，先知蔽前，後知蔽後。後王易之以布帛，而獨存其蔽前者，不忘本也。」爾雅曰：「蔽膝謂之襜。」釋名曰：「韠，蔽也，所以蔽前也。婦人蔽膝亦如之也。」是知韠之作也，在衣之先，其服也，在衣之後，其色則視裳而已。禮記言「君朱，大夫素，士爵韋」者，祭服之韠也。蓋君祭以冕服，冕服玄衣纁裳〔一〕，故朱韠；大夫祭以朝服，緇衣素裳，故素韠；士祭以玄端，玄端玄裳、黄裳、雜裳可也，故爵韠。周官典命公侯伯之士一命，而士之助祭以

〔一〕「服」，原脱，據光緒本、禮書卷二三補。

爵弁，弁而祭于公。爵弁纁裳，故緼韍，緼，赤、黄之間色。所謂「一命緼韍」是也。公侯伯之卿三命，大夫再命，而卿大夫助祭、聘王以玄冕，司服「孤之服，自希冕而下」，鄭氏以爲卿大夫之服自玄冕而下。鄭氏以爲助祭、聘王之服，蓋孤希冕祭于公，弁而祭于己；卿大夫玄冕祭于公，冠而祭于己。玄冕纁裳，故赤韍，所謂「再命、三命赤韍」是也。韠之爲物，以其蔽前，則曰韍。以其一巾足矣，故曰韠。以色則曰緼，以緼質則曰韎韐。古人謂蒨爲茅蒐，讀茅蒐爲韎韐。考之士冠禮，於皮弁玄端皆言韠，特於爵弁言韎韐。詩於素韠言韠，於朱芾、赤芾乃言芾，是韠者芾之通稱，而芾與韎韐異其名，所以尊祭服也。君韠雖以朱，而諸侯朝王亦赤芾。詩曰「赤芾在股」、「赤芾金舄」是也。士雖以爵，凡君子之齊服，皆爵韠。記曰「齊則綪結佩而爵韠」是也。采芑言方叔之將兵，韍亦以朱。瞻彼洛矣言作大師，而韍以韎韐者，蓋兵事韋弁服，韋弁服纁裳，故貴者以朱芾，卑者以韎韐，韎韐即謂緼韍也。韠長三尺，所以象三才；頸五寸，所以象五行；下廣二尺，象地也；上廣一尺，象天也。「會去上五寸，紕以爵韋六寸，不至下五寸，純以素，紃以五采」，會猶書所謂「作會」也。紕，裨其上與旁也。純，緣其下也。去會與純合五寸，則其中餘二尺也。紕六寸，則表裏各三寸也。天子之韠直，其會龍、火與山；諸侯前後方，其會火以下；大夫前方挫角，其會山而已。鄭氏謂：「山取其仁，火取其明，龍取其變，天子備焉。諸侯火而下，卿大夫山，士韎韋。」以禮推之，周人多以近世之禮待貴者，遠世之禮待卑者，則鄭氏之説是也。周以虞庠爲小學，以夏序商學爲大學；以商人棺槨葬長殤，以夏之堲周葬中殤，以虞氏之瓦棺葬無服之殤，皆待卑者以質略也。然韠自頸肩而下則其身也，鄭氏以其身之五寸爲領，而會爲領縫，是肩在領上矣。衣之上韠，猶尊上玄酒、俎上生魚也。鄭氏謂衣之上韠者，執事以蔽裳爲敬，與不忘其本之説戾矣。古者喪服用韠，無所經見，詩曰「庶見素韠」，是祥祭有韠也。劉熙曰：「韠以蔽前，婦人蔽膝亦如之。」唐志「婦人蔽膝，皆如其夫」，是婦人有韠也。荀子曰「共艾畢」，説者曰「蒼白之韋」，是罪人有韠也。及戰國連兵，韍非兵飾，去之。明帝復制韍，天子赤皮蔽膝，魏、晉以來用絳紗爲之，故字或作「紱」。徐廣車服儀制云。

邪幅，朱色。詩曰：「赤芾在股，邪幅在下。」左氏曰：「帶裳幅舃。」内則曰：「偪屨著綦。綦，屨繫也。」鄭康成謂：「偪束其脛，自足至膝，故曰在下。」蓋以幅帛邪纏于足，故謂之邪幅。邪偪，所以自偪束也，故謂之偪。偪即縢，約之也，故漢謂之行縢。内則男子事父母有偪，詩諸侯朝天子有邪幅，則凡行皆有偪，特婦人不用焉，故内則婦事舅姑，無偪。

蕙田案：以上韍韠。

易訟卦：上九：或錫之鞶帶[一]。疏：鞶帶，謂大帶也。

禮記玉藻：天子素帶朱裏，終辟。注：謂大帶也。疏：「天子素帶朱裏」者，以素爲帶，用朱爲裏。終辟，辟則裨也。終竟帶身在要及垂皆裨，故云「終辟」。

陸氏佃曰：辟讀如字。既夕禮曰：「有前後裳，不辟。」辟，辟之而已，若積無數。

陳氏澔曰：素，熟絹也。用朱爲裏。終辟，終竟此帶盡緣之也。

而素帶，終辟；大夫素帶，辟垂；士練帶，率，下辟。注：「而素帶，終辟」，謂諸侯也。諸侯不朱裏，合素爲之，如今衣帶爲之，下天子也。大夫亦如之。率，繂也。士以下皆禪，不合而繂積，如今作幧頭爲之也。辟，讀如「裨冕」之「裨」。裨，謂以繒采飾其側。人君充之，大夫裨其紐及末，士裨其末而已。疏：「而素帶，終辟」者，謂諸侯也，以素爲帶，不以朱爲裏，亦用朱緣終裨。「大夫素帶，辟垂」者，大夫亦用素爲帶，不終裨，但以玄華裨其身之兩旁及屈垂者。「士練帶，率，下辟」者，士用熟帛練爲帶，其帶用單帛，兩邊繂而已。繂謂緶緝也。「下裨」者，但士帶垂者必反屈嚮上，又垂而下，大夫則總，皆裨之。

[一]「帶」，原作「革」，據光緒本、周易正義卷二改。

士則用緇，唯裨嚮下一垂者。注云「率，繂也。士以下皆禪，不合而繂積」者，以「率」非縫繞之事，故讀爲繂，與裨繂同也。知「士以下皆禪」者，以經云「士練帶，率」，繂是縫緝之名，以縫旁邊，故知禪也。云「人君充之」者，充，滿也。人君，謂天子諸侯。飾帶從首及末編滿皆飾，故云「充之」。云「大夫裨其紐及末」者，大夫卑，但飾其帶紐以下，至于末也。云「士裨其末而已」者，士又卑，但裨其一條下垂者，故云裨末而已。

陸氏佃曰：士言練，大夫言素，相備也。

陳氏澔曰：大夫之素帶，則唯緣其兩耳及垂下之紳，腰後不緣。練，繒也。士以練爲帶，單用之而緶緝其兩邊，故謂之繂。腰及兩耳皆不緣，唯緣其紳，故云下辟。

方氏慤曰：上有「而」字，蓋衍文。無「諸侯」字，疑脱之也。帶之體用素者，示其有潔白之德，以約其身。帶之裏用朱者，示其有含陽之德，藏于密。下言雜帶，君朱緑，則兼大夫諸侯言之。凡帶繚于腰者爲鞶，垂于前者爲紳，天子諸侯終辟，則自鞶至紳皆辟也。大夫垂則辟其紳而已，于鞶則否也。士下辟則紳之下而已，于上則否也。自天子至于士，則降殺可見矣。至于以潔白約其身，無貴賤一也，故悉以素爲體焉。率者，循其經緯之理而攝之也。言士如此，則舉卑以見尊。下言凡帶有率，無箴功，則知率固不止于士矣。

居士錦帶，弟子縞帶。 注：居士，道藝處士也。 疏：「居士錦帶」者，用錦爲帶，尚文也。「弟子縞帶」者，用生縞爲帶，尚質也。

陳氏禮書：居士錦帶，然則所謂居士，即命民。錦，以其有備成之文也。居士即處士也，有守節而不仕者，有成材而未仕者。鄉飲酒禮「主人就先生而謀賓介」，鄭氏謂：「賓介，處士也。」鄉射禮「徵唯所欲，以告于先生君子可也」，鄭氏云：「君子，處士也。」此蓋處士之未仕者歟？

應氏鏞曰：管子曰「處士就閒燕」，則士之未仕者也。然書曰「越百姓里居」，則居士非特窮而在下者也，抑士有學成德尊不屑仕，而君就命之。後世命隱逸之禮，即所謂飾車衣錦之命民歟？然士賤，縞布帶乃其常耳。退居而有錦帶，亦衆尊而奉之歟？

方氏慤曰：居士有由中之良貴，則服錦帶以象之；弟子有受道之素質，則服縞帶以象之。亦唯其稱而已。或曰縞，或曰素，何也？所謂縞，則素縑而已；所謂素，則凡未受采者皆是也。縞則生者而已，素則生熟是也。前言縞冠素紕，此其辯歟？然合而言之，皆白而已。

并紐約用組，三寸，長齊于帶，紳長制：士三尺，有司二尺有五寸。子游曰：「參分帶下，紳居二焉。」紳、韠、結三齊。注：三寸，謂約帶紐組之廣也。長齊于帶，與紳齊也。紳，帶之垂者也，言其屈而重也。論語曰：「子張書諸紳。」有司，府史之屬也。三分帶下而三尺，則帶高于中也。結，約餘也。結或爲衿[一]。疏：「并紐約用組」者，并，並也。紐，謂帶之交結之處，以屬其紐。約者，謂以物穿紐，約結其帶。謂天子以下，至弟子之等，其所紐約之物，並用組爲之，故云「并紐約用組」。

[一]「衿」，諸本作「紾」，據禮記正義卷三〇改。

「三寸」者，謂紐約之組闊三寸也。「長齊于帶」者，言約紐組餘長三尺，與帶垂者齊，故云「長齊于帶」。「紳長制：士三尺，有司二尺有五寸」者，紳，謂帶之垂者。紳，重也，謂重屈而舒申。其制：士長三尺，有司長二尺五寸。「子游曰：參分帶下，紳居二焉」，記者記子游之言，以證紳之長短。人長八尺，大帶之下四尺五寸，分爲三分，紳居二分焉，紳長三尺也。「紳、韠、結三齊」者，紳謂紳帶，韠謂蔽膝，結謂約紐餘組。長三尺者，俱長三尺，故云「三齊」也。

方氏慤曰：紐則帶之交結也。合并其紐，用組以約之，則不可解矣。紳長制士三尺者，則自要而下三尺爲稱故也。言士如此，則亦舉卑以見尊而已。有司謂府史之屬，欲其便於奔走之役，故特去其五寸焉。

大夫大帶四寸。雜帶，君朱緑，大夫玄華，士緇辟二寸，再繚四寸。凡帶有率，無箴功。注：雜猶飾也，即上之裨也。君裨帶，上以朱，下以緑終之。大夫裨垂，外以玄，内以華。華，黄色也。士裨垂之下，外内皆以緇，是謂緇帶。大夫以上以素，皆廣四寸。士以練，廣二寸，再繚之。凡帶，有司之帶也，亦綼之如士帶矣。無箴功，則不裨之。士雖綼，帶裨亦用箴功。凡帶不裨，下士也。疏：君謂天子諸侯。飾帶外邊上畔以朱，朱是正色〔一〕，故在上也。下畔以緑，緑是間色，故在下也。「華，黄

〔一〕「色」，原作「是」，據光緒本、禮記正義卷三〇改。

色也」者，熊氏云：「近人爲内，遠人爲外。玄是天色，故在外。以華對玄，故以爲黄也。黄是地色，故在内也。士既練帶，而士冠禮謂之緇帶，據韠色言之，故謂之緇帶，以韠之内外皆用緇也。」

周氏諝曰：于士帶言三尺，則士以上皆三尺也。于大夫言四寸，則大夫以上皆四寸也。士雖二寸，再繚之，亦四寸也。大以形言，雜以色言。凡帶即所謂有司二尺有五寸者，率者欲其自直而已。有率則有箴功，而言無箴功者，指其無所裨而言之。

陸氏佃曰：天子雜帶，蓋亦朱緑，而不言，則用全天子之事，雜非所言也，以君見之而已。雜帶猶言雜佩、雜裳。冠禮云玄裳、黄裳、雜裳是也。雜裳，先儒謂前玄後黄。素帶即大帶也。言素以于雜帶爲素，言大以于雜帶爲大。然則素帶，冕服之帶；雜帶，爵弁、皮弁、玄端之帶。知然者，以爵弁服緇帶，皮弁服緇帶，玄端緇帶知之也。緑木之間，華土之間，先儒謂五間，緑、紅、碧、紫、騮黄，蓋所謂騮黄，騂騮也。據此大帶四寸，雜帶二寸，再繚四寸，雜帶之二當大帶之一也，士緇辟二寸。

方氏慤曰：言大夫帶四寸，則亦舉卑以見尊也。不言士，則以獨二寸故也。言雜帶，則知素帶之爲純。言素帶，則知雜帶之爲采矣。大夫以玄，則失之太質，故又爲之華藻焉。士緇辟二寸，則半大夫之制故也。再繚四寸者，再繞于要則合爲四寸矣。此所以半大夫之制歟？凡帶率之而已，故無用箴之功以縫之也。然帶之有辟，亦用箴矣。此所言謂率處無之耳。

蕙田案：無箴功謂無刺繡之功，即所謂素帶是也。方氏説非。

深衣：帶，下無厭髀，上無厭脅，當無骨者。 注：當骨，緩急難爲中也。　疏：此深衣帶下于朝祭服之帶也。朝祭之帶則近上，故玉藻云「三分帶下，紳居二焉」，是自帶以下四尺五寸也。

呂氏大臨曰：帶，下無厭髀，上無厭脅，當無骨者，此衣帶高下之中也。

詩曹風鳲鳩：其帶伊絲。 注：其帶伊絲，謂大帶也。大帶用素絲，有雜色飾焉。　疏：玉藻說大帶之制云：「天子素帶朱裏，終辟。諸侯素帶，終辟。大夫素帶，辟垂。士練帶，率，下辟。」是大夫以上，大帶用素，故知「其帶伊絲」，謂大帶用素絲，故言絲也。玉藻又云：「雜帶，君朱緑，大夫玄華，士緇辟。」是其有雜色飾也。

小雅都人士：垂帶而厲。 傳：厲，帶之垂者。　箋：而，如也。而厲，如鞶厲也。鞶必垂厲以爲飾。厲字當作「裂」。　疏〔一〕：毛以言「垂帶而厲」爲絕句之辭。則厲是垂帶之貌，故以厲必帶之垂者。　箋〔二〕：「如厲，如鞶厲」者，謂如桓二年左傳云「鞶、厲、游、纓」也。彼服虔以鞶爲大帶也，鄭意則不然。内則云：「男鞶革，女鞶絲。」注云：「鞶，小囊盛帨巾者。男用韋，女用繒，有飾緣之則是鞶。」裂與詩云『垂帶如厲』，紀子帛名裂繻，字雖今異，意實同也。」以鄭玄注言之，則鞶是囊之名，但有飾緣之垂，而不

〔一〕「疏」，原作「傳」，據光緒本、毛詩正義卷一五改。
〔二〕「箋」下，原衍「正義」二字，據光緒本、毛詩正義卷一五删。

名之爲裂，鞶必垂裂以爲飾，言帶之垂似之也。

何氏楷曰：帶，大帶也。小爾雅云：「帶之垂者謂之厲。」左傳所謂鞶厲。孔云：「大帶之垂者名之爲紳，而復名爲厲者，紳是帶之名，厲是垂之貌。」李本云：「從其垂下，如將履之，有危厲之意焉。」案禮，紳長三尺。子游曰「三分帶下，紳居二焉」。注謂：「人長八尺，大帶之下四尺五寸，分爲三分，紳居二分焉，紳長三尺也。」

春秋桓公二年左氏傳：鞶、厲、游、纓。 注：鞶，紳帶也，一名大帶。厲，大帶之垂者。游，旌旗之游。纓，在馬膺前，如索帬。疏：易訟卦上九「或錫之鞶帶」，知鞶即帶也。以帶束要，垂其餘以爲飾，謂之紳。上帶爲革帶，故云「鞶，紳帶」，所以別上帶也。玉藻説帶云「大夫大帶」，是一名大帶也。詩毛傳云：「厲，帶之垂者。」故用毛説以爲「厲，大帶之垂者」也〔一〕。大帶之垂者，名之爲紳，而復名爲厲者，紳是帶之名，厲是垂之貌。詩稱「垂帶而厲」，是厲爲垂貌也。玉藻稱天子素帶，朱裏，終辟；諸侯素帶，不朱裏；大夫玄華〔二〕，辟垂。帶皆博四寸，士帶博二寸，再繚四寸，緇辟下垂。賈、服等説鞶、厲皆與杜同，唯鄭玄獨異。禮記内則注以鞶爲小囊，讀厲如裂繻之裂，言鞶囊必裂繒緣之以爲飾。案禮記稱「男鞶革，女鞶絲」，是帶之別稱，遂以鞶爲帶名，言其帶革、帶絲耳，鞶非囊之號也。禮記又云「婦事舅姑施縏

〔一〕「用」，原作「云」，據光緒本、春秋左傳正義卷五改。
〔二〕「玄華」，諸本作「素帶」，據春秋左傳正義卷五改。

袠」，袠是囊之别名。今人謂裹書之物爲袠，言其施帶、施囊耳，其鞶亦非囊也。若以鞶爲小囊，則袠是何器？若袠亦是囊，則不應帶二囊矣。以是知鞶即是紳帶，爲得其實。

昭公十一年左氏傳：叔向曰：「衣有禬，帶有結。」注：禬，領會。結，帶結也。

國語魯語：卿之内子爲大帶。

大戴禮五帝德：黄帝黼黻衣，大帶，黼裳。

爾雅釋器：緌，綏也。

釋名：帶，蔕也，著於衣如物之繫蔕也。

陳氏禮書：古者革帶、大帶皆謂之鞶。内則所謂男鞶革帶也，春秋傳所謂鞶厲大帶也，易言鞶帶，揚子言鞶帨，以至許慎、服虔、杜預之徒皆以鞶爲帶，特鄭氏以男鞶革爲盛帨之囊，誤也。詩言「垂帶而厲」，毛萇、杜預之徒皆以厲爲帶之垂者，特鄭氏以而厲爲如裂，亦誤也。辟猶冠裳之辟積也。率，縫合之也。天子諸侯大帶，終辟，則竟帶之身辟之。大夫辟其垂，士辟其下而已，雜飾也。飾帶，君朱緑，大夫玄華，士緇，故儀禮士冠主人朝服緇帶，冠者爵弁、皮弁、緇布冠皆緇帶，則士帶練而飾以緇也。士辟下二寸，則辟其下端二寸也。再繚四寸，則結處再繚屈之四寸也。天子至士帶，皆合帛爲之，或以素，或以練；或以終辟，或辟垂，或辟下；其飾或朱緑，或玄華。蓋素得于自然，練成于人功，終辟則所積者備，辟垂、辟下則所積者少。朱者，正陽之色。緑者，少陽之雜。禮器「冕，朱緑璪」，雜記「公襲，朱緑帶」，聘禮「問諸侯，朱緑繅」，皆取正色。玄與緇者，陰之體。華者，文之成。天子體陽而兼乎下，故朱裏而裨以朱緑。諸侯雖體陽而不兼乎上，故飾以朱緑而不朱裏〔一〕。大夫體陰而有文，故飾以玄華。士則體陰而已，故飾以緇。然于大夫言帶廣四寸，則其上可知，而士不必四寸也〔二〕。于士言紳三尺，則其上可知，而有司止于二尺五寸也。凡帶有率，無箴功，則帶縪而已，無刺繡之功也。以至并紐約組三寸，再繚四寸，紳韠結三齊，皆天子至士所同也。夫所束長於所飾，則失之太拘；所飾長於所束，則失之太文。紳韠結三齊，叔向曰：衣有襘，帶有結。然後爲稱，則有司之約韠，蓋亦二尺五寸歟？古者于物言「華」，則五色備矣。書云華蟲、華玉。于文稱「凡」，則衆禮該矣。

〔一〕「朱」，原作「知」，據光緒本改。
〔二〕「必」，原作「爲」，據光緒本改。

鄭氏以華爲黄，以凡帶爲有司之帶，以率爲士與有司之帶，以辟爲裨，以二寸爲士帶廣，以至大夫以上用合帛，士以下禪而不合，皆非經據之論也。隋志曰：「乘輿大帶，素帶朱裏，紕其外，上以朱，下以緑。王、公、侯、伯、子、男素帶，不朱裏，皆紕其外，上以朱，下以緑。正三品已上帶紕其垂〔一〕，外以玄，内以黄，紐約皆用青組。」唐開元禮義羅曰：「大帶，三品已上青帶，不朱裏，皆紕其外，上以朱，下以緑。五品已下紕其垂，外以玄，内以黄，紐約皆用青組。六品已下練帶，紕其垂，内外以緇，約用青組。」其制多襲鄭氏之說。　内則曰：「男鞶革。」莊子曰：「帶死牛之脅。」玉藻曰：「革帶博二寸。」士喪禮「韐帶搢笏」，鄭氏曰：「韐帶，韎韐緇帶。不言韎緇者，欲見韐自有帶。韐帶用革。笏搢于帶之右旁。」然則革帶其博二寸，其用以繫佩韍，然後加以大帶，而佩繫于革帶，笏搢于二帶之間矣。晉語寺人勃鞮曰：「乾時之役，申孫之矢集于桓鉤，鉤近于袪，而無怨言。」則革帶有鉤以拘之，後世謂之鉤鰈。丑列。阮諶云：「鰈，螳蜋鉤，以相拘帶，謂之鉤鰈。」唐以玉爲鉤鰈，與古異矣。然革

〔一〕「正三品」下，隋書禮儀志七有「已下從五品」五字；「帶」上，隋書禮儀志七有「素」字。

帶用于吉而已。荀卿曰「搢紳而無鉤帶」是也。古者裼衣象裘色，韠屨象裳色，而革帶與韠，其用相因，則革帶豈亦與韠同色與？

蕙田案：以上帶。

周禮天官玉府：共王之佩玉。注：佩玉者，王之所帶者。玉藻曰：「君子于玉比德焉。天子佩白玉而玄組綬。」詩傳曰：「佩玉，上有葱衡，下有雙璜、衝牙〔一〕，蠙珠以納其間。」疏：「佩玉者，王之所帶者」，謂佩于革帶之上者也。所佩白玉，謂衡、璜、琚、瑀。玄組綬者，用玄組條穿連衡璜等，使相承受。引「詩傳曰」，謂是韓詩。「佩玉，上有葱衡」者，衡，横也，謂葱玉爲横梁。「下有雙璜、衝牙」者，謂以組懸于衡之兩頭，兩組之末皆有，半璧曰璜，故曰雙璜。又以一組懸于衡之中央，于末著衝牙，使前後觸璜，故言衝牙。案毛詩傳衡璜之外，别有琚瑀。其琚瑀所置，當于懸衝牙組之中央，又以二組穿于琚瑀之内角，斜繫于衡之兩頭，于組末繫于璜。云「蠙珠以納其間」者，蠙，蜯也。珠出于蜯，故言蠙珠。納其間者，組繩有五，皆穿珠于其間，故云「以納其間」。

禮記玉藻：古之君子必佩玉，右徵、角，左宫、羽。注：右徵、角，左宫、羽，玉聲所中也。徵、角在右，事也，民也，可以勞。宫、羽在左，君也，物也，宜逸。疏：「玉聲所中也」者，謂所佩之玉，中

〔一〕「衝牙」，諸本作「衡牙」，據周禮注疏卷六改，下同。

此徵、角、宮、羽之聲。樂記：「角爲民，徵爲事。」右廂是動作之方，而佩徵、角。事則須作而成，民則供上役使，故可勞而在右也。宮爲君，羽爲物，今宮羽在左，是無事之方。君宜靜而無爲，物宜積聚，故在于左，所以逸也。

趨以采齊，行以肆夏，周還中規，折還中矩，進則揖之，退則揚之，然後玉鏘鳴也。故君子在車則聞鸞、和之聲，行則鳴佩玉，是以非辟之心無自入也。注：采齊，路門外之樂節。至應門謂之趨。「齊」當爲「楚薺」之「薺」。肆夏，登堂之樂節。周還，反行也，宜圜。折還，曲行也，宜方。揖之，謂小俛，見于前也。揚之，謂小仰，見于後也。鏘，聲貌。鸞在衡，和在式。自，由也。疏：路寢門外至應門謂之趨，于此趨時，歌采薺爲節。路寢門内至堂謂之行，于行之時，則歌肆夏之樂。爾雅釋宫云：「室中謂之時，堂上謂之行，堂下謂之步，門外謂之趨，中庭謂之走，大路謂之奔。」此對文耳。若總而言之，門内謂之行，門外謂之趨。反行謂到行，反而行，假令從北嚮南，或從南嚮北。曲行謂屈曲而行，假令從北嚮南行，曲折而東嚮也。「見于前」者，謂佩嚮前垂而見之。「見于後」者，謂佩嚮後垂而見也。「鸞在衡，和在式」，韓詩外傳文。

陳氏禮書：書傳曰：「天子左五鐘，右五鐘。出撞黄鐘，右五鐘皆應，然後太師奏登車，告出也。入撞蕤賓，左五鐘皆應，然後少師奏登堂就席，告入也。」周禮樂師行以肆夏，趨以采薺，自其出言之也，則黄鐘之鐘所以奏肆夏也。禮記趨以采

薺，行以肆夏，自其入言之也，則蕤賓之鐘所以奏采薺也。出撞陽鐘，而陰鐘應之，則動而節之以止也。入撞陰鐘，而陽鐘應之，則止而濟之以動也。動而節之以止，則無過；舉止而濟之以動，則無廢功。

方氏慤曰：古者君子以見佩之所設其所由來尚矣。佩上有一瑀，下有二璜。瑀奇，天道也。璜耦，地道也。上有三珩，中有一琚瑀，又謂之衡。衡，云以爲平也。珩又謂之衡，衡，行也，人行亦行耳。則佩之設也，豈苟然？徵、角爲陽，宫、羽爲陰。陽主動，陰主静。右佩陰也，而聲中徵、角之動；左佩陽也，而聲中宫、羽之静，何哉？蓋佩所以爲行之節，時止則止，時行則行，此設佩之意也。知行而不知止，則動或生悔；知止而不知行，則静或失時。以處静必知動，故右之聲而中徵、角之陽；以即動必知静，故左之聲而中宫、羽之陰焉。先右而後左者，禮以右爲尊故也。至於言結佩、設佩則先左而後右者，德尊而事卑故也。此所以爲德佩、事佩之辨。而五聲之中獨無商者，則與周官言宫之樂無商義同。蓋佩之象德也，而基德者必以温，樂之享神也，而懷神者必以柔。商於四時爲秋，秋之氣肅，非所以爲温故也。於五行爲金，金之性剛，非所以爲柔故也。齊，周官作薺，當以周官爲正。

采薺，蓋逸詩。肆夏，即九夏之一也。周還則其步緩而曲，曲則圜前，故中規；折還則其步疾而直，直則方後，故中矩。中規，仁也。中矩，義也。君子雖行步而不忘仁義焉。玉鏘然而鳴，則右中徵、角，左中宫、羽。在車則聞鸞和之聲，行則鳴佩玉，經解所謂「行步則有環佩之聲，升車則有鸞和之音」者是矣。夫環佩以玉爲之，則陽精之所生；鸞和以金爲之，則陰精之所成。陽主仁，陰主義。環佩入而在内之節也，鸞和出而在外之節也。君子存心以仁爲本，故行則鳴佩玉；制事以義爲先，故在車則聞鸞和之聲焉。有仁義，則所習者是，所從者正，是以非辟之心無自入也。

朱子曰：周旋中規，折旋中矩。周旋是直走卻回來，其回轉處，欲其圜如規也。折旋是直去了復横走，如曲尺相似，其横轉處，欲其方如矩也。

君在不佩玉，左結佩，右設佩。居則設佩，朝則結佩。注：謂世子也。出所處而君在焉，則去德佩而設事佩，辟德而示即事也。結其左者，若于事有未能也。結者，結其綬不使鳴焉。居則設佩，謂所處而君不在焉。朝于君則結佩，亦結左。疏：「君在不佩玉」者，謂世子出所處而與君同在一處，則不敢佩玉。玉以表德，去之示己無德也。「左結佩」者，佩亦玉佩。既不佩玉，而結左佩也。鄭云

「結其綬不使鳴也」，賀云：「事佩綬且不鳴，今云『結綬使不鳴』，則猶在佩玉也。」「右設佩」者，結左邊玉佩而設右邊事佩。事佩是木燧、大觿之屬。知「謂世子也」者，以臣之對君，則恒佩玉，故下云：「君子無故玉不去身。」前文云：「然後玉鏘鳴也。」是臣之去朝君，備儀盡飾，當佩玉。今云「君在不佩玉」，故知非臣，下云「世子佩瑜玉」，是以知世子也。

陳氏禮書：古者有德佩，有事佩。德佩則左右皆玉，事佩則左紛帨、右玦捍之類。左佩皆有五，右佩皆六，以左陽而奇，右陰而耦故也。左佩者小，右佩者大，以左手足不如右强故也。先設事佩，次加德佩，以事成而下、德成而上故也。詩言「佩觿」、「佩韘」，乃言「容兮遂兮」，是先設事佩，後設德佩也。此經鄭氏以爲世子之禮是也。臣於君所佩必垂委，而朝必鳴玉，是與世子之禮異也。

馬氏晞孟曰：古之君子必佩玉，右徵、角，左宫、羽者，君佩也。君在不佩玉，左結佩、右設佩者，臣佩也。君佩尊，是以左右皆以玉；臣佩卑，是故左以德，右以事。

輔氏廣曰：左結佩，不敢比德也。右設佩，不敢忘事也。居恐其略，故言設佩。朝戒其敖，故言結佩。無非教也。

應氏鏞曰：先儒疑臣之朝君未嘗去佩，遂以此爲世子之事，然尋上下文義，皆無世子之文。

齊則綪結佩，而爵韠。注：綪，屈也。結又屈之，思神靈，不在事也。疏：「綪，屈也」，謂結其綬，而又屈上之也。

陳氏禮書：齊，所以致精明之德。佩既結矣，又從而屈之，不以徵、角、宮、羽之聲散其志也。儀禮之陳服器有順有縪，順則直，縪則屈。

凡帶必有佩玉，唯喪否。佩玉有衝牙，君子無故玉不去身，君子於玉比德焉。注：凡，謂天子以至士。衝牙居中央，以前後觸也。疏：「佩玉有衝牙」者，凡佩玉必上繫于衝，下垂三道〔一〕，穿以蠙珠，下端前後以懸于璜，中央下端懸以衝牙，動則衝牙前後觸璜而爲聲。所觸之玉，其形似牙，故曰「衝牙」。皇氏謂衝居中央，牙是外畔兩邊之璜，以衝、牙爲二物。若如皇氏說，鄭何得云牙「居中央以爲前後觸也」？

方氏慤曰：帶以約身，玉以比德。約身必以德，故帶必有佩玉。有衝牙者，以往來於兩璜之間相衝焉，故謂之衝牙。牙言其體也，衝言其用也。

天子佩白玉而玄組綬，公侯佩山玄玉而朱組綬，大夫佩水蒼玉而純組綬，世子佩瑜玉而綦組綬，士佩瓀玟而緼組綬。注：玉有山玄、水蒼者，視之文色所似也。綬者，所以貫佩玉，相承受者也。純，當爲「緇」。古文「緇」字或作絲旁才。綦，文雜色也。緼，赤黃。疏：玉色似山之

〔一〕「三道」，原作「二道」，據光緒本、禮記正義卷三〇改。

玄而雜有文，似水之蒼而雜有文，故云「文色所似」。但尊者玉色純，公侯以下玉色漸雜，而世子及士唯論玉質，不明玉色，則玉色不定也。瑜是玉之美者[一]，故世子佩之。承上天子、諸侯，則世子，天子、諸侯之子也。然諸侯之世子雖佩瑜玉，亦應降殺天子世子也。瓀玟，石次玉者，賤，故士佩之。云「純，當爲緇」，鄭以經云玄組、朱組者是色，則純亦是色也，故讀「純」爲「緇」。

方氏慤曰：組與前所謂纓之組同。組以言其質，玄以言其色，綬以言其用也。緼與緼韍之緼同。君以無爲而體道，道則純，故色以純者，君也。臣以有爲而用事，事則雜，故色以雜者，臣也。諸侯雖有君道，以對天子則爲臣，故綬雖以朱之純，而山玄則雜之矣。世子亦有君道，以有父在則爲臣，故玉雖以瑜之純，而綬以綦則雜之矣。是皆不純乎？君道故也。若天子玉純以白，異乎公侯雜之以山玄也；綬純以玄，異乎世子雜之以綦也。此非隆殺之辨歟？

蔡氏德晉曰：詩國風「青青子佩」，毛傳云「士佩瓀玟而青組綬」，與此不同，疑此言已仕之士，彼言未仕之士也。

孔子佩象環五寸而綦組綬。注：謙不比德，亦不事也。象，有文理者也。環，取可循而無窮。疏：孔子以象牙爲環，廣五寸，以綦組爲綬也。五寸，法五行也。

[一]「者」，原作「也」，據光緒本、禮記正義卷三〇改。

一命幽衡，再命幽衡，三命葱衡。注：衡，佩玉之衡也。幽，讀爲黝。黑謂之黝，青謂之葱。

詩王風丘中：貽我佩玖。疏：玖，佩玉之名。

鄭風雞鳴：雜佩以贈之。

朱集傳〔一〕：雜佩者，左右佩玉也。上横曰珩，下繫三組，貫以蠙珠。中組之半，貫一大珠曰瑀。末懸一玉，兩端皆鋭，曰衝牙。兩旁組半，各懸一玉，長博而方，曰琚。其末各懸一玉，如半璧而内向，曰璜。又以兩組貫珠，上繫珩兩端，下交貫於瑀，而繫於兩璜，行則衝牙觸璜而有聲也。

秦風渭陽：瓊瑰玉佩。疏：瓊者，玉之美名，非玉名也。瑰是美石之名也。佩玉之制，諸侯以下玉石雜用。此贈晉侯，故知瓊瑰是美石，次玉。

小雅采芑：有蒼葱衡。

大東：鞙鞙佩璲。注：佩璲者，以瑞玉爲佩。

禮記經解：行步則有環佩之聲。注：環佩，佩環、佩玉也，所以爲行節也。環取其無窮止，

〔一〕「集傳」，原作「注」，據光緒本改。

玉則比德焉。孔子佩象環，五寸。人君之環，其制未聞也。

春秋定公五年左氏傳：季平子行東野，卒于房。陽虎將以璵璠斂[一]，仲梁懷弗與，曰：「改步改玉。」注：璵璠，美玉，君所佩。昭公之出，季孫行君事，佩璵璠祭宗廟。今定公立，復臣位，改君步，則亦當去璵璠。疏：玉藻云：「君與尸行接武，大夫繼武，士中武。」是君臣步不同也。又云：「公侯佩山玄玉，大夫佩水蒼玉。」是君臣玉不同也。昭公之出，季氏行君事，爲君行，佩君玉。及定公立，季氏復臣位，故步玉皆改矣。

哀公十三年左氏傳：申叔儀乞糧于公孫有山氏，曰：「佩玉蘂兮，余無所繫之。」

國語晉語：公子夷吾私于公子縶曰：「黄金四十鎰，白玉之珩六雙[二]，不敢當公子，請納之左右。」

楚語：趙簡子問於王孫圉曰：「楚之白珩猶在乎？」

大戴禮保傅：下車以佩玉爲度，上有雙衡，下有雙璜，衝牙玭珠以納其間，琚瑀以雜之。注：衡，平也。半璧曰璜。衡在中，牙在傍。玭亦作蠙，納于衡璜之間。總曰玭珠，而赤者曰琚，

[一]「璵璠」，原誤倒，據味經窩本、乾隆本、光緒本、春秋左傳正義卷五五乙正。
[二]「玉」，原作「璧」，據光緒本、國語晉語二改。

白者曰瑀。

三才圖會：上横曰珩，繫三組，貫以蠙珠。中組之半貫瑀，末懸衝牙，兩旁組各懸琚璜，又兩組交貫于瑀，上繫珩，下繫璜，行則衝牙觸璜而有聲也。

陳氏禮書：古之君子必佩玉，其制上有折衡，下有雙璜，中有琚瑀，下有衝牙，貫之組綬，納之以蠙珠。而其色有白、蒼、赤之辨，其聲有角、徵、宫、羽之應，其象有仁、智、禮、樂、忠信、道德之備。禮記曰：「昔者君子比德于玉焉。温潤而澤，仁也；縝密以栗，智也；廉而不劌，義也；垂之如隊，禮也。叩之，其聲清越以長，其終詘然〔一〕，樂也。瑕不揜瑜，瑜不揜瑕，忠也。孚尹旁達，信也。氣如白虹，天也。精神見于山川，地也。天下莫不貴者，道也。」或屈或垂，所以著屈伸之理；或設或否，所以適文質之儀。此所以純固之德不内遷，非僻之心無自入也。蓋衡以平其心，璜以中其德。居欲其有所安，牙欲其有所制。右徵、角所以象事與民，左宫、羽所以象君與物。趨以采薺，行以肆夏，所以比於樂；周旋中規，折還中矩，所以比於禮。進則揖之於前，退則揚之於後，則佩之爲

〔一〕「終」，諸本作「中」，據禮記正義卷六三改。

物，奚適而非道耶？蓋民爲貴，君爲輕，事爲先，物爲後。能治民然後能安君，能應事然後能生物。此所以事與民在所右，而物與君在所左也。春秋傳曰「改步改玉」，則自天子至士步固不同，而玉亦隨異，故天子佩白玉，公侯佩山玄玉，大夫佩水蒼玉，世子佩瑜玉，士佩瓀玟。蓋玉之貴者，莫如白，晉以白珩賂秦，而楚寶白珩以聞於晉，則白玉之貴可知。賤者莫如瓀玟，山玄以象君德之靜，水蒼以象臣職之動。山玄、水蒼，其文也；瑜與瓀，其質也。世子佩瑜則士佩瓀矣，士佩瓀則世子而上佩堅矣。瓀或作碝，以其多石故也。玟或作珉，以其賤故也。衡，亦作珩，韋昭曰：珩似磬而小。詩曰：「有蒼葱衡。」晉語曰：「白玉之衡六雙。」楚語曰：「楚之白珩猶在乎？」大戴禮曰：「上有雙衡。」玉藻曰：「一命幽衡，再命幽衡，三命葱衡。」韋昭曰：「珩似磬而小。」孔穎達曰：「佩玉上繫於衡，下垂三道，穿以蠙珠，前後下端垂以璜，中央下端垂以衝牙。」觀晉語、大戴禮皆有雙珩，則珩雙設矣。珩貴白而賤幽，綬貴玄而賤素。方叔非止三命而佩葱衡者。孔穎達曰：「玉藻纍一命而上于三命，自三命以至九命，皆葱衡也。」以理或然，何則？方叔所乘者路車，所服者朱芾，則所佩者豈特三命之衡哉？爾雅曰：「青謂之葱。」　褑，爾雅曰：「衿謂之袸，佩衿謂之褑。」則衿，衣之小帶也。褑，佩之衿也。鄭氏謂凡佩繫於革帶，則繫於革帶者褑也。璜，肉倍好謂之璧，半璧謂之璜。韓詩外傳曰：「阿谷之女佩璜。」大戴禮曰：「下有雙璜，璜居前後而牙衝之，然後有宫、角、徵、羽之音。」衝牙，玉藻曰：「佩玉有衝牙。」鄭氏謂「牙居中央，以爲前後觸」。皇氏謂「衝居中央，牙是兩端之璜」。然璜非牙也，當從鄭説。琚瑀，説文曰：「珩，佩上玉也。璜，半璧也。琚，佩玉名。瑀，玟石，次玉也。」考之於詩曰「報之以瓊琚」，又曰「佩玉瓊琚」。大戴禮曰：「上有雙衡，下有雙璜，衝牙玭珠以納其間，琚瑀以雜之。」毛氏詩傳曰：「雜佩者，珩、璜、瑀、衝牙之類。」則居中央而瑀爲之也。纂要曰：「琚瑀所以納間，在玉之間，今白珠也。」此不可考。禮記曰：「行步有環佩之聲。」又孔子佩象環，衛南子環佩璆然，魯昭公賜仲環而佩之。昭四年。漢制，縌綬之間得施玉環鐍。缺環曰鐍。蓋古者佩玉有環矣。組綬，天子玄，諸侯朱，大夫純，世子綦，士緼。玉藻：「天子佩白玉而玄組綬，諸侯佩山玄玉而朱組綬，大夫佩水蒼玉而純組綬，世子佩瑜玉而綦組綬，士佩瓀玟玉而緼組綬。」鄭氏曰：綬者，所以貫佩玉，相承受也。純當爲緇。詩曰：「青青子佩。」毛氏曰：「士佩瓀玟玉而青組綬。」爾雅曰：「璲，瑞也。繸，綬也。」漢志曰：「縌者，佩繸也。」然則組綬之佩謂之綬，以其貫玉相承受也。謂之璲，以其貫璲玉也。謂之縌，以其貫玉相迎也。其飾天子玄，諸侯朱，大夫純，世子綦，士緼。玄者，道也。朱者，事也。蒼白者，德之雜。赤黄者，事之雜。純則素而已，此天子至士佩綬之辨也。鄭氏以大夫純綬爲緇綬，毛氏以青爲士佩，豈其所傳者異歟？禮，紳韠結三齊，特佩綬之長，無所經見。漢制：貴者縌長三尺二寸，卑者縌長三尺。古者之佩，蓋亦類此。然秦以采組連結於璲，光明章表，轉相結受，故謂之綬。漢承秦制，加之以雙印、佩刀之飾。天子黄赤綬，四采，黄赤紺縹，淳黄圭，長二丈九尺九寸〔一〕，五百首。諸侯王赤綬，四采，赤黄縹紺，淳赤圭，長二丈一尺，三百首。諸國貴人、相國皆緑綬，三采，緑紫紺，淳緑圭，長二丈一尺，二百四十首。公侯將軍紫綬，二采，紫白，淳紫圭，長丈七尺，百八十首。九卿、中二千石、二千石青綬，三采，青白紅，淳青圭，長丈七尺，百二十首。千石、六百石黑綬，三采，青赤紺，淳青圭，長丈六尺，八十首。四百石、三百石長同。四百石、三百石、二百石黄綬，淳黄圭，一采，長丈五尺，六十首。百石

〔一〕「二丈」，諸本脱「二」，據後漢書輿服志下補。

青紺綬〔一〕，一采，宛轉繆織圭〔二〕，長丈二尺。凡先合單紡爲一系，四系爲一扶，五扶爲一首，五首成一文，文采淳爲一圭。首多者系細，少者系麤，皆廣尺六寸。唐制，天子白玉雙佩，黑組大雙綬，黑質，黑黄赤白縹緑爲純，廣一尺，長二丈四尺，五百首。紛廣二寸四分〔三〕，長六尺四寸，色如綬。又有小雙綬，長二尺六寸，色如大綬而首半之。皇太子瑜玉雙佩，朱組雙大綬，朱質，赤白縹紺爲純，長一丈八尺，廣九寸，三百二十首。紛長六尺四寸，廣二寸四分，色如大綬。群臣一品衮冕，山玄玉佩，緑綟綬，緑質，緑紫黄赤色爲純，長一丈八尺，廣九寸，二百四十首。二品鷩冕，佩水蒼玉，紫綬，紫質，紫黄赤爲純，長一丈六尺，廣八寸，一百八十首。三品毳冕，紫綬，如二品。自三品以下皆青綬，青質，青白紅爲純，長一丈四尺，廣七寸，一百四十首。五品玄冕，黑綬，紺質，青紺爲純，長一丈二尺，廣六寸，一百二十首。進賢冠，紛長六尺四寸，廣四寸，色如其綬。遠游冠，纁朱綬，朱質，赤黄，縹紺爲純，

〔一〕「綬」，諸本作「綸」，據後漢書輿服志下改。
〔二〕「圭」，諸本脱，據後漢書輿服志下補。
〔三〕「二寸」，原作「二尺」，據光緒本、新唐書車服志改。

長一丈八尺，廣九寸，二百四十首。然大綬之飾，於古無有，特後世之制也。玭珠，玉府「共玉之服玉、佩玉、珠玉」。大戴禮曰：「玭珠以納其間。」韓詩傳亦曰：「蠙珠以納其間。」蠙者，蚌也。玭即蠙也。然荀卿賦曰：「璇玉瑶珠，弗知佩也。」謂之瑶珠，則以玉爲珠，非蚌珠也。謂之蠙珠，蓋其狀若蚌珠然。綪結，結又屈之。玉藻曰：「齊則結綪佩。」鄭氏曰：「綪，屈也，結又屈之，思神靈不在事也。」蓋齊所以致精明之德，佩既結矣，又從而屈之，不以徵、角、宫、羽之聲散其志也，況敢聽樂乎！儀禮陳服器有順有綪，順則直，綪則屈，故士喪禮陳襲事於房中，西領，南上，不綪；陳衣於房，南領，西上，綪。士虞禮曰：「器西，南上，綪。」既夕禮：「乃奠豆南上，綪。俎二，南上，不綪。」鄭氏曰：「綪讀爲絳。絳，屈也，江、沔之間謂縈收繩索爲絳。」

蕙田案：以上佩。

右舄屨韍韠帶佩

五禮通考卷六十九

吉禮六十九

宗廟制度

服飾總

周禮天官典絲：凡祭祀，共黼畫組就之物。注：以給衣服冕旒及依盥巾之屬。白與黑謂之黼。采色一成曰就。疏：言「凡祭祀」者，謂祭祀天地、宗廟、社稷、山川之等，故言「凡」以廣之。云「共黼畫」者，凡祭服皆畫衣繡裳，但裳繡須絲，衣畫不須絲，而言共絲者，大夫以上裳皆先染絲，則玄衣亦須絲爲之乃畫，故兼衣畫而言之也。「組就」者，謂以組爲冕旒之就，故組就連言之。云「之物」者，謂絲之物色共之。又曰：云「以給衣服」者，經云「共」，據王而言；注云「給」，據臣而言。鄭欲見尊卑皆授絲物也。言衣服，釋經黼畫。但周之冕服九章，衣五章，裳四章。龍衮以下直言黼者，據美者而言，謂若詩云「玄衮及黼」，尚書云「麻冕黼裳」之類。云「冕旒」者，釋經「組就」。謂若弁師云「十二就」之等。云「及依」者，亦釋經「黼」。此據祭祀，謂若掌次「大旅上帝設皇邸」，邸即屏風，爲黼文。云「盥巾」者，亦釋經「黼」，謂若冪人職云「王巾皆黼」之類。云「之屬」者，殯有加斧於椁上及綃黼丹朱之類也。云「采色一成曰就」者，謂若典瑞云「五采五就」，弁師「十二就」之等，皆是采色一成爲就也。

薛氏季宣曰：天子之巾曰黼，巾位曰黼，依無非黼也。天子佩白玉而玄組綬，素絲組之。良馬五之，則馬與佩亦用組也。然祭祀之用絲者，莫急于冕服。黼畫則其服也，組綬則其冕也。在衣而繢，在裳而繡，黼之於裳則繡矣。此曰黼畫者，周人以黼爲尚耳。詩曰「玄衮及黼」，書曰「麻冕黼裳」，此典絲之所以首黼畫也。天子繅斿十有二就，就，成也。曰「組就」者，以組爲就，故典絲言良工者，其致美乎黼冕之意歟？

禮記月令：季夏之月，命婦官染采，黼黻文章，必以法故，無或差貸。注：婦官，染人也。采，五色。

黑黃蒼赤，莫不質良，毋敢詐僞。注：質，正也。良，善也。所用染者，當得真采正善也。**以給郊廟祭祀之服。**

胡氏邦衡曰：鄭謂后妃受内命婦獻繭，非也。據經云后妃獻繭，則獻于王矣。鄭又謂收外命婦繭税，案内宰職后妃率外内命婦蠶，則繭税亦内外均，何必獨外命婦？

仲秋之月，乃命司服，具飭衣裳，文繡有恒。制有小大，度有長短。衣服有量，必循其故。冠帶有常。注：謂祭服也。文謂畫也。祭服之制，畫衣而繡裳。疏：此云「文繡」，又下文别云「衣服有量」，故鄭知此經謂祭服也。經云「具飭衣裳」，飭謂正也，言備具正理衣裳。云「文謂畫也」者，以經文與繡相對，祭服裳繡而衣畫，故以文爲畫也。云「祭服之制，畫衣而繡裳」者，案尚書咎繇謨云「予欲觀古人之象，日、月、星辰、山、龍、華蟲作會」，是衣畫也；「宗彝、藻、火、粉米、黼、黻絺繡」，是裳繡也。畫色輕，故在衣以法天；繡色重，故在裳以法地也。

祭義：遂朱緑之，玄黄之，以爲黼黻文章。服既成，君服以祀先王先公，敬之至也。疏：養蠶是婦人之事，婦人不與外祭，故云「以祀先王先公」。

春秋桓公二年左氏傳：衮、冕、黻、珽。注：衮，畫衣也。冕，冠也。黻，韋韠，以蔽膝也。珽，玉笏也，若今吏之持簿。疏：畫衣，謂畫龍於衣。祭服玄衣纁裳，詩稱玄衮，是玄衣而畫以衮龍。衮之言卷也，謂龍首卷然。玉藻曰：「龍衮以祭。」知謂龍首卷也。尚書益稷云：「帝曰：予欲觀古人之象，日、月、星辰、山、龍、華蟲作繪，宗彝、藻、火、粉米、黼、黻絺繡。」言觀古人之象，謂觀衣服所象。日月以至黼黻十二物，皆衣服之所有也。華蟲以上言作會，宗彝以下言絺繡，則二者雖在於服，而施之不同。冬官考工記畫繢與繡布采異次，知在衣則畫之，在裳則刺之，故鄭玄禮注及詩箋皆云「衣繢而裳繡」，以此知衮是畫文，故云「衮，畫衣也」。衮衣以下章數，鄭玄注司服云有虞氏十二章，自日、月而下，至周而日、月、星辰畫於旌旗，又登龍於山，登火於宗彝。冕服自九章而下，如鄭此言，九章者，龍一，山二，華蟲三，火四，宗彝五，在衣；藻六，粉米七，黼八，黻九，在裳。鷩冕者，去龍去山，自華蟲而下，七章，華蟲一，火二，宗彝三，在衣；餘四章在裳。毳冕者，去華蟲去火，五章，自宗彝而下，宗彝一，藻二，粉米三，在衣；餘二章在裳。希冕者，去宗彝去藻，三章，自粉米而下，粉米一，在衣；餘二章在裳。玄冕者，其衣無畫，裳上刺黻而已。杜昭二十五年數九文，不取宗彝，則與鄭異也。冠者，首服之大名；冕者，冠中之別號。故云「冕冠」也。世本云「黄帝作冕」，宋仲子云「冕，冠之有旒者」。禮文殘缺，形制難詳。周禮弁師掌王之五冕，皆玄冕朱裏，止言玄朱而已，不言所用之物。論語云：「麻冕，禮也。」蓋以木爲幹，而用布衣之，上玄下朱，取天地之色，其長短廣狹，則經傳無文。阮諶三禮圖漢禮器制度云：「冕制，皆長尺六寸，廣八寸，天子以下皆同。」沈引董巴輿服志云：「廣七寸，長尺二寸。」應劭漢官儀云：「廣七寸，長八寸。」沈又云：「廣八寸，長尺六寸者，天子之冕；廣七寸，長尺二寸者，諸侯之冕；廣七寸，長八寸者，大夫之冕。」但古禮殘缺，未知孰是，故備載焉。司馬彪漢書輿服志云：「孝明帝永平二年，初詔有司采周官、禮記、尚書之文制冕，皆前員後方，朱裏，玄上，前垂四寸，後垂三寸。天子白玉珠十二旒，三公、諸侯青玉珠七旒，卿大夫黑玉珠五旒，皆有前無後。」此則漢法耳。古禮，鄭玄注弁師云：天子衮冕以五采繅，前後各十二斿，斿有五采，玉十有二。鷩冕前後九斿，毳冕前後七斿，希冕前後五斿，玄冕前後三斿，斿皆五采，玉十有二。上公衮冕三采繅，前後九斿，斿有三采，玉九。侯伯鷩冕三采繅，前後七斿，斿有三采，玉七。子男毳冕三采繅，前後五斿，斿有二采，玉五。孤卿以下皆二采繅，二采玉，其斿及玉各依命數耳。謂之冕者，冕，俛也，以其後高前下，有俯仰之形，故因名焉。蓋以在上位者，失於驕矜，欲令位彌高而志彌下，故制此服，令貴者下賤也。韍韠制同而名異。鄭玄詩箋云：「芾，太古蔽膝之象也。冕服謂之芾，其他服謂之韠，以韋爲之。」故云「韍，韋韠也」。詩云「赤芾在股」，則芾是當股之衣，故云「以蔽膝也」。鄭玄易緯乾鑿度注云：「古者田漁而食，因衣其皮，先知蔽前，後知蔽後。後王易之以布帛，而獨存其蔽前者，重古道而不忘本也。」是説韍韠之元由也。禮記明堂位云：「有虞氏服韍。」言舜始作韍也，尊祭服而異其名耳，未必先時始存象也。知冕服謂之韍也者，易云：「朱紱方來，利用享祀。」知他服謂之韠者，案士冠禮「士服皮弁、玄端，皆服韠」，是他服謂之韠，以冕爲主，非冕謂之他。此欲以兩服相形，故謂韍爲韋韠。韍之與韠，祭服他服之異名耳，其體制則同。玉藻説玄端服之韠云：「韠，君朱，大夫素，士爵韋。」發首言韠，句末言韋，明皆以韋爲之。凡韠，皆象裳色，言君朱，大夫素，則尊卑之韠，直色别之而已，無他飾也。其韍則有文飾焉，明堂位曰：「有虞氏服韍，夏后氏山，殷火，周龍章。」鄭玄云：「韍，冕服之韠也，舜始作之，以尊祭服。禹、湯至周，增以畫文，後王彌飾也。山，取其仁可仰也；火，取其明也；龍，取其變化也。天子備焉，諸侯火而下，卿大夫山，士韎韋而已。」是説韍之飾也。玉藻曰：「韠，下廣二尺，上廣一尺，長三尺。其頸五寸，肩革帶博二寸。」鄭玄云：「頸五寸亦謂廣也，頸中央，肩兩角，皆上接革帶以繫之，肩與革帶廣同。」是説韠之制也。記傳更無韍制，皆是韠義，明其制與韠同。經傳作韍，或作紱，或作芾，音義同也。徐廣車服儀制曰：「古者韍，如今蔽膝。戰國連兵，以韍非兵飾，去之。漢明帝復制韍，天子赤皮蔽膝。蔽膝，古韍也。然則漢世蔽膝，猶用赤皮，魏、晉以來，用絳紗爲之。」是其古今異也。以其用絲，故字或有爲紱者。天子之笏以玉爲之，故云「珽，玉笏也」。管子云「天子執玉笏以朝日」，是有玉笏之文也。禮之有笏者，玉藻云：「凡有指畫於君前，用笏，造受命於君前，則書於笏。」釋名曰：「笏，忽也。君有命則書其上，備忽忘也。」或曰笏可以簿疏物也。徐廣車服儀制曰：「古者貴賤皆執笏，即今手板也。」然則笏與簿，手板之異名耳。蜀志稱秦密見太守以簿擊頰，則漢、魏以來皆執手板，故云「若今吏之持簿」。玉藻云：「笏，畢用也，因飾焉。」言貴賤盡皆用笏，因飾以示尊卑。其上文云：「笏，天子以球玉，諸侯以象，大夫以魚須文竹，士竹本象可也。」鄭玄云：「球，美玉也。文猶飾也。大夫士飾竹以爲笏，不敢與君並用純物，是其尊卑異也。」大夫與士笏俱用竹，大夫以魚須飾之，士以象骨爲飾，不敢純用一物，所以下人君也。用物既殊，體制亦異。玉藻云：「天子搢珽，方正於天下也；諸侯荼，前詘後直，讓於天子也；大夫前詘後詘，無所不讓也。」鄭玄以爲謂之珽，珽之言珽然無所屈，前後皆方正也。荼謂舒懦，所畏在前也。圜殺其首，屈于天子也。大夫上有天子，下有己君，故首末皆圜，前後皆讓，是其形制異也。其長，則諸侯以下與天子又異。珽一名大圭，周禮典瑞云「王晉大圭以朝日」是也。冬官考工記：「大圭長三尺，天子服之。」是天子之珽長三尺也。玉藻云「笏度二尺有六寸」，短於天子。蓋諸侯以下，度分皆然也。

帶、裳、幅、舄。 注：帶，革帶也。衣下曰裳。幅，若今行縢也。舄，複履。 疏：下有鞶是紳帶，知此帶爲革帶。玉藻「革帶博二寸」，鄭云：「凡佩繫于革帶。」白虎通云：「男子有鞶革者，示有金革之事。」然則示有革事，故用革爲帶，帶爲佩也。昭十二年傳云：「裳下之飾也。」經傳通例，皆上衣下裳，故云「衣下曰裳」。幅與行縢，今古之異名，故云「若今行縢」。詩云「邪幅在下」，毛傳曰：「幅，偪也，所以自偪束也。」鄭箋云：「邪幅如今行縢也，偪束其脛，自足至膝。」縢訓緘也，然則行而緘足，故名行縢。邪纏束之，故名邪幅。舄者，履之小別。鄭玄周禮屨人注云：「複下曰舄，禪下曰屨。」然則舄之與屨，下有禪、複爲異。屨是總名，故云「舄，複屨」，謂其複下也。鄭玄又云：「天子諸侯吉事皆舄。」赤舄者，冕服之舄。白舄者，皮弁之舄。黑舄者，玄端之舄。其士皆著屨。纁屨者，爵弁之屨。白屨者，皮弁之屨。黑屨者，玄端之屨。其卿大夫服冕者，亦赤舄，餘服則屨。其王后，褘衣玄舄，褕狄青舄，闕狄赤舄，鞠衣黄屨，展衣白屨，褖衣黑屨。其諸侯夫人及卿大夫之妻合衣狄者皆舄，其餘皆屨。其舄之飾，用對方之色，赤舄黑飾是也。屨之飾用比方，白屨黑飾是也。

衡、紞、紘、綖。 注：衡，維持冠者。紞，冠之垂者。紘，纓從下而上者。綖，冠上覆。 疏：此四物者，皆冠之飾也。周禮追師：「掌王后之首服，追、衡、笄。」鄭司農云：「衡，維持冠者。」鄭玄云：「祭服有衡，垂於副之兩旁，當耳，其下以紞縣瑱。」彼婦人首服有衡，則男子首服亦然。冠由此以得支立，故云「維持冠者」。追者，治玉之名。王后之衡以玉爲之，故追師掌之。弁師「掌王之五冕」，弁及冕皆用玉笄，則天子之衡亦用玉，其諸侯以下衡之所用則未聞。紞者，縣瑱之繩，垂於冠之兩旁，故云「冠之垂者」。魯語敬姜曰「王后親織玄紞」，則紞必織線爲之，若今之絛繩。鄭玄詩箋云充耳「謂所以縣瑱者，或名爲紞，織之，人君五色，臣則三色」是也。絛必雜色，而魯語獨言玄者，以玄是天色，故特言之，非謂純玄色也。紘、纓皆以組爲之，所以結冠于人首也。纓用兩組，屬之于兩旁，結之于頷下，垂其餘也。紘用一組，從下屈而上，屬之于兩旁，垂其餘也。紘、纓同類，以之相形，故云「紘，纓從下而上者」。弁師：「掌王之五冕，皆玉笄朱紘。」祭義稱諸侯冕而青紘，士冠禮稱緇布冠青組纓，皮弁笄、爵弁笄，緇組紘。鄭玄云：有笄者，屈組爲紘，垂爲飾。無笄者，纓而結其絛。以其有笄者用紘力少，故從下而上屬之；無笄者用纓力多，故從上而下結之。冕、弁皆有笄，故用紘。緇布冠無笄，故用纓也。魯語稱公侯夫人織紘綖，知紘亦織而爲之。士冠禮言組纓、組紘，知天子諸侯之紘亦用組也。「綖，冠上覆」者，冕以木爲幹，以玄布衣其上，謂之綖。論語、尚書皆云麻冕，知其當用布也。弁師「掌王之五冕皆玄冕」，知其色用玄也。孔安國論語注言「績麻三十升布以爲冕」，即是綖也。鄭玄玉藻注云：「延，冕上覆也。」此云「冠上覆」者，冠、冕通名，故此注衡及綖皆以冠言之，其實悉冕飾也。

昭其度也。注：尊卑各有制度。疏：此上十二物者，皆是明其制度。哀伯思及，則言無次第也。鄭玄覲禮注云：上公衮無升龍，「天子有升龍，有降龍」，是衮有度也。冕則公自衮以下，侯伯自鷩以下，是冕有度也。韍則諸侯火以下，卿大夫山，是韍有度也。珽則玉象不同，長短亦異，是珽有度也。衮冕、鷩冕，裳四章；毳冕、希冕，裳二章。是裳有度也。鄭玄屨人注云：「王吉服，舄有三等，赤舄爲上，冕服之舄，下有白舄、黑舄；王后祭服，舄有三等，玄舄爲上，褘衣之舄，下有青舄、赤舄。」是舄有度也。紞則人君五色，臣則三色，是紞有度也。天子朱紘，諸侯青紘，是紘有度也。其帶、幅、衡、綖則無以言之。傳「言昭其度也」，明其尊卑各有制度。

火、龍、黼、黻。注：火，畫火也。龍，畫龍也。白與黑謂之黼，形若斧。黑與青謂之黻，兩己相戾。疏：考工記記畫繢之事云「火以圜」，鄭司農云：「爲圜形似火也。」鄭玄云：「形如半環然。」又曰「水以龍」，鄭玄云：「龍，水物。」畫水者並畫龍，是衣有畫火畫龍也。「白與黑謂之黼，黑與青謂之黻」，考工記文也。其言形若斧，兩己相戾，相傳爲説。孔安國虞書傳亦云：「黼若斧形，黻爲兩己相背。」是其舊説然也。周世衮冕九章，傳唯言火、龍、黼、黻四章者，略以明義，故文不具舉。衣之所畫龍先于火，今火先于龍，知其言不以次也。

昭其文也。注：以文章明貴賤。

國語魯語：公父文伯母曰：「王后親織玄紞，公侯之夫人加之以紘、綖，卿之内子爲大帶，命婦成祭服，列士之妻加之以朝服，自庶士以下，皆衣其夫。社而賦事，烝而獻功，男女效績，愆則有辟，古之制也。」注：説云：「紞，冠之垂前後者。」昭謂：

紞，所以縣瑱當耳者〔二〕。既織紞，又加之以紘、綖也。冕曰紘。紘，纓之無緌者也。從下而上，不結。綖，冕之上覆也。卿之適妻曰内子。大帶，緇帶也。命婦，大夫之妻也。祭服，玄衣、纁裳。列士，元士也。既成祭服，又加之以朝服也。朝服，天子之士皮弁素積，諸侯之士玄端委貌。庶士，下士也。下，士庶人。社，春分祭社也。事，桑之屬也。冬祭曰烝，烝而獻五穀、布帛之功也。績，功也。辟，罪也。

孟子：衣服不備，不敢以祭。注：衣服，祭服。　疏：衣服無以致備，則不敢祭社稷宗廟。

楊氏復儀禮旁通圖：冕弁門冕弁制度等降見於儀禮、周禮、禮記者，互有詳略。鄭注賈疏又各有得失，今悉圖以見之。

冕圖。凡冕，上玄下纁，前後有旒，低前一寸二分，故取其俛而謂之冕。冕同而服異，曰衮冕、曰鷩冕、曰毳冕、曰絺冕、曰玄冕，皆因服之異而名之耳。冕之制雖同，而旒玉有多少，等降亦不同也。

王冕

〔二〕「瑱」，原作「珥」，據光緒本、國語魯語上改。

大裘而冕	王祀昊天上帝，祀五帝亦如之。
衮冕	王享先王。覲禮「天子衮冕，負斧依。」注：「衮衣者，裨之上也。繢之繡之爲九章，衣衮衣而冕，南鄉，以俟諸侯見。」周禮司服注云：「王受朝覲於廟，則衮冕。」
鷩冕	王享先王、饗射。
毳冕	王祀四望山川。
絺冕	王祭社稷五祀。
玄冕	王祭群小祀。

司服「掌王之五冕」，今衮冕而上又有大裘而冕，則六冕矣。陳祥道曰：「司服：王祀昊天上帝則服大裘而冕，祀五帝亦如之；饗先王則衮冕。」禮記曰：「郊之祭，王被衮以象天，戴冕藻十有二旒，則天數也。」鄭司農曰：「大裘、黑羊裘服以祀天，示質也。」合周官、禮記以考之，王之祀天，内服大裘，外被龍衮。龍衮所以襲大裘也。蓋先王祀天以冬至之日爲主，而裘又服之本也，故云：「大裘以文之。」以是言之〔一〕，則四時之祭祀〔二〕，以宜服之。

〔一〕「是」，諸本作「抶」，據儀禮旁通圖王冕改。
〔二〕「則」，諸本作「即是冕周禮天官屨人凡」十字，據儀禮旁通圖王冕改。

則凡事上帝之祀，不必服大裘，貴得時之宜耳。月令孟冬「天子始裘」，先儒謂服大裘以祭地祇，非也。

旒

鄭云：「大裘之冕，蓋十二旒。」

以爲即衮服之冕，說見前。

冕十二旒，旒十二玉，繅玉五采。

聘疏曰：「五采，每玉相去一寸。就，成也〔一〕。以一玉爲一成結之〔二〕，使不相并也。」弁師「掌王五冕，皆玄冕、朱裏，延，紐，五采繅十有二就，皆五采玉十有二，玉笄，朱紘。」鄭氏謂：「繅不言皆，有不皆者。衮冕十二旒，鷩冕九旒，毳冕七旒，絺冕五旒，玄冕三旒也。延，冕之覆在上。組，小鼻在武，笄所貫也。繅，雜文之名也。合五采絲爲之繩，垂于延之前後。朱紘，以朱組爲紘也。紘一條，屬兩端於武。」蓋上玄爲延，下朱爲裏，約之以武，設之以紐，貫之以笄，固之以紘。

九旒，旒十二玉，繅玉五采。

七旒，旒十二玉，繅玉五采。

五旒，旒十二玉，繅玉五采。

三旒，旒十二玉，繅玉五采。

〔一〕「成」，原作「令」，據光緒本改。
〔二〕「結」，原脱，據光緒本補。

			服	
玉笄	朱紘	玉瑱注：塞耳者。	玄衣纁裳	九章 龍 山 華蟲 火 宗彝 畫衣爲繢 藻 粉米 黼 黻 刺裳爲繡 案覲禮注，九章，天子有升
			同上七章	華蟲 火 宗彝 衣 藻 粉米 黼 黻 裳
			同上五章	宗彝 藻 粉米 衣 黼 黻 裳
			同上三章	粉米 刺衣爲畫 黼 黻 裳 陳云：衣亦畫也。
			同上	衣無文，裳刺黻而已，是以謂玄焉。

龍，對降龍，上公袞無升龍。

古天子冕服十二章，周以星辰日月畫於旌旗，所謂「三辰旂旗，昭其明也」。而冕服九章，登龍於山，登火於宗彝，尊其神明也。華蟲，雉也，亦曰鷩。毳，獸細毛也。宗彝有虎蜼之飾，而毳衣有宗彝之章，故書謂之宗彝，周禮謂之鷩冕。虎取其義，蜼取其智。鄭注。今案，周天子九章，乃鄭氏一家之説云耳。司服「上公自袞冕而下，侯伯自鷩冕而下」。夫袞冕九章，鷩冕七章，上公既自袞冕而下，則上而天子當有十二章，備日月星辰之象，不言可知。鄭説恐未可以爲據也。

執鎮圭，搢大圭，朝諸侯則執瑁圭。

素帶朱裏，終辟。

朱韍。韍同裳色。

佩白玉而玄組綬。

赤舄。配冕服，黑絇繶純。

右王之五冕祭服，朝覲、會同、大會皆用之。此外于事之重者亦用之，如王養老則冕而總干，耕籍則冕而秉耒是也。若天子以日視朝，則弁而不冕。

公侯伯子男冕服

上公衮冕	侯伯鷩冕	子男毳冕			
繅九就，前後九旒，旒九玉，繅三采，朱、白、蒼。賈疏云：「公繅玉同文者，唯有一冕，以冠五服。」	繅七就，前後七旒，旒七玉，繅三采。	繅五就，前後各五旒，旒五玉，繅三采。			

上公自衮冕而下，其服五；侯伯自鷩冕而下，其服四；子男自毳冕而下，其服三。若助祭，則隨事用之。如王祭群小祀玄冕，則助祭者亦玄冕是也。若朝王則各服其服，如上公衮冕、侯伯鷩冕是也。又覲禮「侯氏裨冕，釋幣于禰」，注：「裨冕者，衣裨衣而冕也。裨之爲言埤也。天子六服，大裘爲上，其餘爲裨。」案注云「天子大裘爲上，其餘爲裨」，以此例推之，上公衮冕爲上，其餘爲裨；侯伯鷩冕爲上，其餘爲裨。所謂「侯氏裨冕，釋幣于禰」者，謂用裨冕釋幣也。又諸侯

非二王後，其餘皆玄冕而祭于己。玉藻云「諸侯玄端以祭」，注：「端，當爲冕，字之誤也，言用玄冕，非用玄端也。」事之重者，亦用之，如諸侯冕而親迎是也。若諸侯以日視朝，則弁而不冕。

雜附

公執桓圭　侯執信圭　伯執躬圭

子執穀璧　男執蒲璧

諸侯素帶，終辟，不朱裏。

朱韍。鄭氏釋斯干詩曰：「芾，天子純朱，諸侯黄朱。」又詩曰「赤芾在股」、「赤芾金舄」是也。芾與韍同。

佩山玄玉而朱組綬。

赤舄。詩曰「赤舄几几」、「玄衮赤舄」、「赤芾金舄」，用公及諸侯冕服之舄也。赤舄謂之金舄。鄭氏謂「金舄，黄朱色也」。諸侯之芾亦黄朱，則舄用黄朱宜也

王公卿大夫及諸侯孤卿大夫冕服此下經無正文，皆先儒推説。

王之三公 鷩冕 繅八就，前後各八旒，旒八玉。 王之三公蓋執信圭。	
王之孤卿 毳冕 繅六就，前後各六旒，旒六玉。 孤執皮帛，卿執羔。	
王之大夫 絺冕 繅四就，前後各四旒，旒四玉。 大夫執雁。	公之孤 繅、玉如王之大夫。
	大國之卿 玄冕 繅三就，前後各三旒，旒三玉。 再命之大夫 繅再就。 一命之大夫 繅一就。

帶素帶辟垂。

韍再命赤韍，三命赤韍，公侯伯之卿三命，大夫再命，而諸侯助祭、聘王以絺冕，玄冕纁裳，故赤韍。

佩水蒼玉而純組綬。

公之孤執皮帛。

大國之卿執羔。

一命再命之大夫執鴈。

典命：「王之三公八命，其卿六命，其大夫四命。及其出封，皆加一等。」蓋八命加一等，則是三公一命衮而衣服以九爲節也。其未出封則八命，與侯伯同七章之服矣。公與侯伯同七章之服，則卿六命與子男同五章之服矣。觀司服孤之服自絺冕而下，如子男之服。卿大夫自玄冕而下，如孤之服。公之孤四命而服三章之絺冕。大國之卿三命、大夫再命而服一章之玄冕，則王之公卿大夫衣服各降命數一等可知。玄自公之衮冕，至大夫之玄冕，皆其朝聘天子及助祭之服，諸侯非二王後，其餘皆玄冕而祭于己。雜記曰：「大夫冕而祭于公，弁而祭于己；士弁而祭于公，冠而祭于己。」大夫爵弁自祭家廟，惟孤耳，其餘皆玄冕，與士同。

弁圖周禮弁師「掌王之五冕三弁」，則冕弁同官也。五冕已見前圖，三弁別圖以見之。但弁冕之制，上得以兼下，下不得以兼上，故三弁之服，雖上下之通用，而其用有不同，今具其制於后。

爵弁	韋弁	皮弁	冠弁
賈疏曰：「凡冕，上玄下纁，前後有旒。低前一寸二分，故取其俛而謂之冕。其爵弁制大同，惟爲爵色而無旒，又前後平，故不得爲冕。用布弁數，取	**兵事韋弁服** 注：「韋弁以韎韋爲弁。」周禮司服。	**眡朝皮弁服** 注：「皮弁以白鹿皮爲冠。」司服。弁師：「王之皮弁，會五采玉璂，象邸，玉笄。」注：「會，縫中也。縫中，每貫結五	**甸冠弁服** 注：「甸，田獵也。冠弁，委貌也，亦曰玄冠。」司服。

冠倍之義，朝服十五升，故其冕爲三十升也。」

采玉十二以爲飾，謂之璂。」詩云：「會弁如星。」

陳祥道曰：周禮有韋弁無爵弁，書「二人雀弁」，儀禮、禮記有爵弁無韋弁。士之服止于爵弁，而荀卿曰「士韋弁」，孔安國曰「雀，韋弁也」，則爵弁即韋弁耳。又曰：「弁象古文形，則其制上鋭如合手然，非如冕也。韋，其質也。爵，其色也。」士冠禮再加皮弁，三加爵弁，而以爵弁爲尊。聘禮王卿贊禮服皮弁，及歸饔餼服韋弁，而以韋弁爲敬。韎色赤，爵色亦赤，即一物耳。　案司服兵事韋弁服，陳祥道云「韋弁即爵弁」，豈軍國並用之歟？

服

爵弁，冕之次，餘衣皆用布，惟冕與爵弁服用絲，纁衣纁裳。

司服韋弁以韎韋爲弁，又以爲衣裳。春秋傳曰「晉郤至衣韎韋之附注」是也。司服注以韎爲韋衣裳，聘禮釋謂「韎布以爲衣而素裳」。既曰「韎韋爲衣」，又曰「韎布爲衣」；既曰「韎韋爲裳」，又曰「素裳」。或者軍國之容不同故也。

用布亦十五升，其色白，與冠同，素積。　注：「素積者，以素爲裳，辟積其腰中。」

特牲「冠端玄」疏云：「下言玄者，玄冠有不玄端者。」不玄端，則朝服玄冠，一冠冠兩服也。朝服十五升，緇布衣而素裳〔一〕，但六入爲玄，七入爲緇，大判言之，緇衣亦名玄，故云「周人玄衣而養老」。玄衣，指朝服言之。鄭康成釋儀禮，謂玄端即朝服之衣，易其裳耳。此説不然。儀禮大夫筮日以朝服，士筮日以玄端。冠禮主人朝服既冠，冠者服玄端。雜記襚禮，自西階受朝服，自堂受玄端。則服與玄端異矣。

〔一〕「裳」，原作「裏」，據光緒本改。

	爵弁緇帶	玉藻「士練帶，率下辟」。士冠主人朝服緇帶，冠者爵弁、皮弁、緇布冠，皆緇帶，則士帶皆練，而皆飾以緇。	**爵弁韎韐** 韠同裳色。士冠禮注：「韎韐，緼韍也。爵
	皮弁緇帶		**皮弁素韠** 皮弁，素積，故素韠。
朝服 素裳已見上文	**朝服緇帶**		**朝服素韠** 朝服，緇布衣而素裳，故亦素韠。
玄端 玄端玄裳，黃裳、雜裳可也。鄭注云：「上士玄裳，中士黃裳，下士雜裳。」玄端服，君大夫士皆服之，而裳則不同。	**玄端緇帶**		**玄端朱韠** 素韠、爵韠。玉藻云：「君朱，

弁纁裳，故緼韍。緼，赤黄之間色。」	士佩瓀玟玉而緼組綬。		爵弁纁屨	爵弁
	同上			韋弁
	同上	白舄配皮弁服，青絇繶純。	素積白屨	皮弁
	同上	黑舄配冠弁服，赤絇繶純。	朝服白屨	朝服
大夫素，士爵韋。」蓋天子諸侯玄端朱裳，故朱韠；大夫玄端素裳，故素韠；士玄裳、黄裳、雜裳可也，故爵韠。	同上		玄端白屨	玄端

士弁而祭於公，冠而祭於己。士以爵弁爲上，故用以助祭，大夫爵弁而祭於己，惟孤爾。

士冠三加爵弁服。

士昏主人爵弁，纁裳緇袘。

士喪復者一人以爵弁服。

又士喪陳衣，有爵弁服。

聘禮君使卿韋弁歸饔餼。夕，夫人使下大夫韋弁歸禮。

王及諸侯卿大夫之兵服。韋弁服，軍容，君臣同服。

天子以視朝，司服視朝則皮弁服。士冠禮鄭注云：「天子與其臣玄冕以視朔，皮弁以日視朝。皆君臣同服。」

以宴，詩曰：「側弁之俄。」

以聽郊報，郊特牲：「祭之日，王皮弁以聽祭報，示民嚴上也。」

以食，玉藻：「皮弁以日視朝，遂以食。」

天子以田，司服：「凡甸，冠弁服。」

以燕群臣，以養老。王制云：「周人玄衣而養老。」注云：「天子燕服，爲諸侯朝服。」又云：「凡養老之服，皆其時與群臣燕之服。」

天子之卿服，以從燕諸侯。

諸侯以日視朝。王制注云：「天

天子卒食，玄端以居。玉藻注云：「天子服玄端，燕居。」

諸侯孤卿大夫士之齊居。司服其齊服有玄端、素端。「玄冠丹組纓，諸侯之齊冠也。玄冠綦組纓，士之齊冠也。」

士祭以筮日、筮尸。特牲：「筮

天子哭諸侯檀弓曰：「天子之哭諸侯也。爵弁絰，紂衣〔一〕。」

以啓金縢之書，書：「王與大夫盡弁。」

以舞大夏，明堂位：「魯祀周公以天子之禮樂，皮弁素積，裼而舞大夏。」

以勞。

諸侯以聽朔。玉藻：「諸侯皮弁以聽朔于太廟。」士冠禮

子燕服，爲諸侯朝服。」玉藻云：「朝服以日祀朝于內朝。」

朝服以食。注：「朝服以食，所以敬養身也。」

諸侯不限畿內、畿外，視朝、行道皆服之。

諸侯之孤卿大夫服以朝君。

日，主人冠端玄，有司群執事如主人服。筮尸，如求日之儀。」

大夫士以爲私朝之服。玉藻「朝玄端」。

以事親，內則曰：「子事父母，端、韠、紳，搢笏。」

以擯相，端章甫，願爲小相焉。

士冠贊者玄端。

〔一〕「紂」，諸本作「紡」，據禮記正義卷八改。

注云：「諸侯與其臣皮弁以視朔，朝服以日視朝。」

以卜夫人、世婦，使人於蠶室。

以迎王之郊勞。覲禮：「王使人皮弁，用璧勞侯氏，侯氏亦皮弁，迎於帷門之外。」

卿大夫以聘於

諸侯之臣與其君日視朝之服。

大夫士以爲祭服，少牢禮：「筮日，主人朝服。」主人朝服迎鼎，厭祭，迎尸以祭。特牲饋食「主人朝服」。

士冠以筮日，士冠：「筮日，主人朝服，尊蓍龜之道也。」

士冠。既冠易服，服玄冠、玄端以見卿大夫、鄉先生。

玄端，齊服也。天子以爲燕服，士以爲祭服，大夫士以爲私朝之服。或以事親，或以擯相，或既冠則服之，以見鄉大夫、鄉先生。凡書傳所謂委貌者，鄰國，聘禮「賓皮弁聘」。以待聘賓還玉，聘禮：「君使卿皮弁還玉於館。」以卜宅，大夫卜宅與葬日，占者皮弁。大學以釋菜，學記、大學始教，皮弁祭菜，示敬道也。士冠，再加皮弁。葬，薦乘車，載皮弁服。

即此玄端委貌也。如晉侯端委以入武宮，劉定公曰：「吾端委以治民，臨諸侯。」「晏平仲端委以立於虎門之外」是也。則玄端之所用爲尤多矣。

此外又有二條。

玄端而冕。天子之齊服，玄端而冕。武王

弔，喪服小記：「諸侯弔，必皮弁、錫衰。」

大蜡。郊特牲：「大蜡，皮弁、素服、葛帶，榛杖以送終。」

齊三日，端冕以奉丹書。荀子曰：「端衣玄裳冕而乘輅者，志不在于茹葷。」以齊之時，故不茹葷也。自諸侯以下，其制則玄冠、玄端，而以組纓殊色爲尊卑之別，所謂「玄冠丹組纓」、「玄冠綦組纓」是也。天子、諸侯、大夫齊祭異冠，士齊祭同冠。

玄端而緇布冠。士冠：「始加緇布冠，服玄端。」玉藻云：「玄冠朱組纓，天子之冠也；緇布冠繢緌，諸侯之冠也。」鄭氏曰：「皆始冠之冠。」禮，始冠緇布冠，自諸侯下達。」則諸侯所以異于大夫、士者，續緌耳。天子始冠不以緇布而以玄冠。詳見士冠禮。

爵弁重於皮弁

士冠禮再加皮弁，三加爵弁，而以爵弁爲尊。

韋弁重於皮弁

聘禮主卿贊禮，服皮弁，及歸饔餼，服韋弁，而以韋弁爲敬。

皮弁重於朝服

天子皮弁以日視朝，諸侯朝服以日視朝。

朝服重於玄端

特牲、士祭禮：筮日服玄端，及祭而朝服。少牢大夫祭禮，筮日及祭皆朝服。

朱先生曰：「不學雜服，不能安禮。鄭注謂服是皮弁、冕服之類。古人服各有等降，若理會得雜服，則於禮亦思過半矣。且如冕服是天子祭服，皮弁是天子朝服，諸侯助祭於天子則服冕服，自祭于其廟則服玄冕；大夫助祭於諸侯則服玄冕，自祭于其廟則服皮弁。又如天子常服則服皮弁，朔旦則服玄冕；諸侯常朝則用玄端，朔旦則服皮弁；大夫常朝亦用玄端，夕深衣；士則玄端以祭，上士玄裳，中士黄裳，下士雜裳；前玄後黄也。庶人深衣。」今案：所引禮服，惟諸侯常朝則服玄端一節可疑。玉藻云：「諸侯朝服以日視朝。」非用玄端也。玄端，天子燕服，諸侯以爲齊服，大夫士以爲私朝之服，非諸侯視朝之服，恐語録傳寫之誤也。

内司服圖

王吉服九，后吉服六，王之服九而祭服六，后之服六而祭服三，以婦人不預天地、山川、社稷之祭故也。王之服，衣裳之色異，后之服連衣裳而其色同，以婦人之德本末純一故也。王之服禪而無裏，后之服裏而不禪，以陽成于奇，陰成于耦故也。

褘衣	從王祭先王則服褘衣。褘音暉，即翬也。爾雅曰：「伊、雒而南，素質，五色皆備成章曰翬。」
揄狄	從王祭先公則服揄狄。揄音遥，即摇也。江、淮而南，青質，五色皆備成章曰摇。狄當爲翟，詩云：「玼兮玼兮，其之翟也。」翟，雉名。
闕狄	從王祭群小祀則服闕狄。闕狄，禮記謂之屈狄，闕與屈聲相近，陳祥道云：「其制屈於褘揄而已。」
鞠衣	蠶則服鞠衣。鞠，居六反。鞠衣，黄桑服也，色如鞠塵，象桑葉始生。月令：「三月，薦鞠衣于上帝，告桑事。」
展衣	以禮見王及賓客，服展衣。展，張彦反。當爲襢，襢之爲言亶，誠也。襢聲與展相近，詩云：「瑳兮瑳兮，其之展也。」
緣衣	燕居及御於王，服緣衣。爾雅曰：「赤緣謂之褖。」內司服言緣衣，玉藻言褖，喪服襲言褖衣，復言税衣，則緣、褖、税同實而異名也。子羔之襲税衣纁袡，曾子譏之曰：「不襲婦服，蓋丈

內司服鄭注：褘、揄二翟，刻繒爲之形而采畫之，綴于衣，以爲文章。褘衣畫翬者，揄狄畫摇者。闕翟刻而不畫。陳祥道云：「三翟蓋皆畫

		裏	裳	首服		
之於衣，如王冕服。」	色玄	素沙注：今之白縳也。六服皆袍制，以白縳爲裏，使之張顯，今世有沙縠者，出名于此。	連衣裳注：婦人尚專一德，無所兼，連衣裳，不異其色。	副	以副配褘，禮「夫人副褘，立於東房」是也。	三翟首服副，副之言覆，所以覆首爲之飾。
	色青			副	以副配翟，詩「副笄六珈，其之翟也」是也。	
	色赤			副		
	色黃			編	鞠衣、展衣，首服編。編，編列髮爲之，其遺像若今之假紒。	
	色白			編		
夫褖衣緣以黑，婦人褖衣緣以纁。」	色黑			次	褖衣者服次。次，次第髮長短爲之，所謂髲髢也。	

衡

周禮追師「追衡、笄」，注：「追，猶治也。詩云『追琢其章』。王后之衡笄皆以玉爲之，惟祭服有衡，垂于副之兩旁，當耳。其下以紞縣瑱。紞，所以縣瑱當耳者也。詩云『玉之瑱也』。」

唯王后祭服有衡，若編次則無衡。

笄以玉爲之。笄，今之簪，王后燕居，亦纚、笄、總而已。

舃

玄舃黃絇繶純。

青舃白絇繶純。

赤舃黑絇繶純。

黃屨白絇繶純。

白屨黑絇繶純。

黑屨青絇繶純。

複下曰舃，禪下曰屨。禕衣玄，故玄舃配禕衣。青舃以下，以此推之。　玄、黃、青、白、赤、黑，對方爲繢次，青赤、赤白、白黑、黑青，比方爲繡次。而冠禮黑屨青絇繶純，白屨緇絇繶純，皆比方之色。特爵弁纁屨黑絇繶純，蓋尊祭服之屨，故飾從對方之色。則凡舃之飾如繢次，屨之飾如繡次，可也。拘謂之絇，著舃屨之頭，以爲行戒。繶，縫中紃。純，緣也。后之吉服六，而舃屨各三。古者衣象裘色，韠象裳色，士冠三屨，皆象其裳之色，則王及后之舃屨，各象其裳之色，可知也。

内命婦

三夫人	玉藻「夫人揄狄」，鄭注：「夫人，三夫人。」又内司服「辨内外命婦之服」，鄭注云：「三夫人及公之妻，其闕狄以下乎？」二説不同。	舄
九嬪	自鞠衣而下。	命屨黄
世婦	自展衣而下。	功屨白
女御		功屨黑

外命婦

公之妻。鄭注：「公之妻，其闕狄以下乎？」陳祥道云：「王制言三公一命卷，則三公在朝鷩冕，其妻揄狄可知。」	舄青
其夫孤也，則服鞠衣。	命屨黄
其夫卿大夫也，則服展衣。	功屨白
其夫士也，則服緣衣。	功屨黑

二王後夫人用褘衣。 禮記「夫人副褘，立于東房」。明堂位言魯侯得用衮冕，則夫人副褘可知也。	爲玄
侯伯之夫人揄狄。	爲青
子男之夫人闕狄。	爲赤
諸侯之臣之妻，其服經無明文。玉藻云：「君命屈狄，再命褘衣，一命襢衣，士緣衣。」注云：「此子男之夫人及其卿大夫士之妻命服也。褘，當爲鞠，字之誤也。君，女君也，謂子男之夫人屈狄也。子男之卿，再命而妻鞠衣，一命之妻襢衣，士之妻緣衣。」又曰：「諸侯之臣，皆分爲三等，其妻以次受此服也。公之臣，孤爲上，卿、大夫次之，士次之。侯伯子男之臣，卿爲上，大夫次之，士次之。」	
展衣	被錫，衣侈袂。少牢禮：「主婦被錫，衣侈袂。主婦贊者一人，亦被錫，衣侈服。」鄭
緣衣	主婦纚笄宵衣，立於房中。禮注：「宵，綺屬。」此衣染以黑，其繒本名曰宵，鄭

注：「被錫，讀爲髮鬄，此周禮所謂次也。」特牲禮「主婦纚笄宵衣」，此不纚笄者，大夫妻尊故也，亦衣綃衣而侈其袂耳。士妻之袂二尺二寸，袪尺二寸三分。侈者，蓋半士妻之袂以益之，三分益一，故三尺三寸，袪尺八寸也。　今案大夫妻服展衣，首服編。少牢乃

注內司服云：「男子之緣衣黑，則宵衣亦黑也。」　今案注以宵衣爲褖衣，未知然否。

女次，純衣纁袡。士昏禮：「女次，純衣纁袡，立于房中，南面。」注：「純衣，絲衣也。」曾子譏子羔襲稅衣纁袡者，則緣衣也。

姆纚笄宵衣，在其右。

大夫禮，主婦不服編，展衣，乃被錫衣侈袂者，鄭氏謂外命婦，惟王祭祀，賓客以禮佐后得服此上服，自於其家，則降焉，未知然否。今去古益遠，副、編、次之制不復得見其詳，鄭注以少牢被錫，當周禮首服次，未敢以爲必然也。

士昏禮：「女次純衣，姆纚笄宵衣。」特牲禮：「主婦纚笄宵衣。」則副、編、次之下，纚笄其飾也。纚，絡髮者。笄，今時簪也。士姆纚笄，亦攝盛也。姆亦玄衣，以綃爲領也。詩云「素衣朱繡」，又云「素衣朱襮」，爾雅釋器云「黼領謂之襮」，襮既爲領，明朱繡亦領可知。今案特牲禮云「主婦纚笄宵衣」，鄭注以宵爲衣。此纚笄宵衣，鄭注以宵爲領。二説牴牾。

女從者畢袗玄。女從者，謂姪娣也。論語、曲禮皆曰「袗絺綌」，孟子曰「被袗衣」，則袗，設飾也。袗玄者，設飾以玄也。　今案上文「女純衣」，注云「褖衣」。下文「姆纚笄宵衣」，注云「母亦玄衣」。此「女從者畢袗玄」，如疏家所説褖也、宵也、玄也，皆爲異色。

蕙田案：古聖人惡衣服而致美乎黻冕。孔子酌四代禮樂而曰「服周之冕」，祭服之重也，尚矣。虞書：「予欲觀古人之象，日、月、星辰、山、龍、華蟲作繪，宗彝、藻、火、粉米、黼、黻絺繡。以五采彰施於五色，作服。」傳云：「六者繪之於衣，六者繡之於裳，所謂十二章也。」王制：「有虞氏皇而祭，夏后氏冔而祭，殷人收而祭，周人冕而祭。」疏以爲：「皇，畫鳳羽飾之。冔名出於幠。幠，覆也，所以自覆飾也。收，言所以收斂髮也。冕，俯也，後高前下，有俯仰之形，故因名焉。」周禮王有六服五冕，春官司服：「祀昊天上帝則服大裘而冕，祀五帝亦如之。享先王則袞冕，享先公則鷩冕，祀四望山川則毳冕，祭社稷五祀則希冕，祭群小祀則玄冕。」先鄭云：「大裘，羔裘；袞，卷龍衣；鷩，裨衣；毳，罽衣。」後鄭云：「鷩畫以雉，毳畫虎蜼，希刺粉米無畫。玄者，衣無文，裳刺黻而已。凡冕服皆玄衣纁裳，六服同冕。」疏云：「冕名雖同，其旒數則有異，但冕名同耳。」案冕服有六而弁師止言五冕者，大裘襲袞，與袞同一冕，故服六而冕五也。其章數則鄭氏以爲虞十二章，周則九章，以日、月、星辰畫於旌旂。袞九章，衣五章，裳四章也。鷩七章，衣三章，裳四章也。毳五章，衣三章，裳二章也。希三章，衣一章，裳二章也。玄一章，衣無文，裳刺黻而已。然鄭氏周九章之説，諸儒並以爲不然。楊信齋曰：「公之服袞冕而下，推而上之，則天子之服有日、月、星辰之章可知。君臣同袞，略無區别，必無是理。此不待旁引别證，而知鄭説之非矣。自上古至於周，天子仰則之數路十二就，常十二斿，馬十二閑，圭尺二寸，繅十二旒，冕服之章，莫不皆然。」劉執中曰：「交龍爲旂，周之衣不去其龍矣。熊虎爲旗，周之裳不去其虎蜼矣。何獨日、月爲常而去衣章日、月、星辰乎？」林少穎曰：「郊特牲云『祭之日，王被袞以象天』，則十二章備，鄭以爲魯禮，豈有周制九章，魯乃加以十二章理乎？」案：據諸家説，則周衮十二章明矣。差次以降，則鷩當九章，毳當七章，絺當五章，玄當三章又明矣。而曾子問諸侯裨冕，覲禮侯氏裨冕，先鄭以爲鷩冕，後鄭以爲自衮以下皆爲裨衣，則先鄭是而後鄭非。而凡畫雉畫虎蜼之説，皆不然矣。其冕之制，則夏官弁師所掌之五冕皆玄冕，朱裏，延紐，五采繅十有二就，皆五采玉十有二，玉笄，朱紘。據注疏括其説，冕以板爲體，廣八寸，長尺六寸；延以三十升麻布染爲玄、朱二色，冒於板上下，上玄下朱；紐以組爲鼻，綴於冕旁武上，以貫笄者。五采，朱、白、蒼、黄、玄也。繅，謂以朱絲爲雜文之繩，綴於延之前後以貫玉者，各十二條也。就，成也，以一玉爲一成，結之使不相并也。五采玉十有二，謂琢五采玉爲珠，貫之于繅，每繅皆玉十有二也。每玉間相去一寸，則繅長尺二寸。笄，簪也，貫於紐之鼻孔，使得牢固。紘，冕之系，以朱組爲之，繫於武之兩旁，下結於項，垂之以爲纓，所以固冕也。玉藻天子玉藻十有二旒，前後邃延，言十二旒在前後垂而深邃，以延覆冕上也。左傳臧哀伯云「衡紞紘綖」，衡，注云「維持冠者」，疏云「天子以玉爲之」。案追師首服有衡、笄。衡與笄一類，但長短不同耳。紞即繅，紘即纓，綖即上覆之延也。國語敬姜云：「公侯之夫人織紘綖。」即此紘綖也。其旒玉之數，則鄭注弁師云：「衮衣之冕十二旒，用玉二百八十八。鷩衣之冕九旒，用玉二百一十六。毳衣之冕七旒，用玉百六十八〔一〕。希衣之冕五旒，用玉百二十。玄衣之冕三旒，用玉七十二。」案此以每旒玉十二合前後數之。旒數如此，則章數必相準可知，則鄭釋弁師是而釋司服非也。其王以下之冕服，則司服云：「公之服自衮冕而下如王之服，侯伯之服自鷩冕而下如公之服，子男之服自毳冕而下如侯伯之服，孤之服自希冕而下如子男之服，卿大夫之服自玄冕而下如孤之服。」疏云：「上得兼下，下不得僭上也。」案諸侯於天子降殺以兩，上公雖與天子同衮冕，而服止九章，冕止九旒，三采九玉。以此推之，則侯伯鷩冕者服七章，冕七旒，三采七玉；子男毳冕者服五章，冕五旒，二采五玉；孤絺冕者服三章，冕三旒，二采三玉；卿大夫玄冕者服一章，冕無旒玉。天子五冕，旒數減而玉數不減；諸侯五冕，旒數減而玉數亦減。則同之中有不同者在也。又案諸侯之服，其章數皆依命數，而侯國諸臣之服，不隨命數

〔一〕「百六十八」，原脱「百」字，據光緒本、周禮注疏卷三二補。

爲章數。故孤四命而希冕三章，卿大夫有三命、再命之異，而玄冕一章則同服也。再命乃受服。子男之大夫一命，其士不命，公侯伯之士一命，俱未受冕服而服皮弁，其色如爵，所謂爵弁也。然則王朝諸臣之服，經雖不見，以義推之，其出封皆加一等，以四命之孤而服三章之希冕例推之，則王之三公八命，必服七章之鷩冕；卿六命，服五章之毳冕；大夫四命，服三章之希冕；士之三命、再命，同服一章之玄冕可知；一命之士未受服者，則但服爵弁。而鄭康成、王昭明乃爲八旒、六旒、四旒、二旒諸服之説，抑鑿矣。其后之服有六而祭則三。天官内司服：「掌王后之六服，褘衣，揄狄，闕狄，鞠衣，展衣，緣衣。」據注疏，「狄」當爲「翟」。從王祭先王服褘衣，畫翬雉者，其色玄；祭先公服揄翟，畫揺雉者，其色青；祭群小祀服闕翟，刻繒爲翟不畫者，其色赤。三者皆祭服。鞠衣黄，躬桑之服。展衣白，以禮見王及賓客之服。展又作襢，義取誠也。緣衣黑，御於王之服。緣又爲褖。其后以下之服，唯二王後及魯夫人得服。褘衣，明堂位「夫人副褘，立於房中」，祭統「夫人副褘，立於東房」是也。侯伯夫人服揄狄以下，玉藻「夫人揄狄」是也，詩「玼兮玼兮，其之翟也」，傳謂「揄翟」、「闕翟」是也。三夫人、子男夫人及公之妻服闕狄，玉藻「君命屈狄」是也。内司服又云：「辨外内命婦之服，鞠衣，展衣，緣衣。」注：「内命婦、九嬪鞠衣，世婦展衣，御女緣衣。外命婦，孤之妻鞠衣，卿大夫之妻展衣，士之妻緣衣。」玉藻：「再命鞠衣，一命襢衣，士緣衣。」案此一命再命，言自士緣衣而上加之命服，一加爲襢衣，再加爲鞠衣。鄭以爲子男之卿再命而妻服鞠衣者，非也。又案：侯伯夫人得服揄狄，而王朝之三公之夫人止服闕狄，以近尊而降也。蓋亦如公卿大夫之服，其出封皆加一等矣。其后之首服有三，曰副，曰編，曰次。天官追師：「掌王后之首飾，爲副、編、次，追、衡、笄。」案：副、編、次，皆用髮爲之。三翟皆以副配，副爲首飾之上而名副者，以髮加髻，有貳益之義，故名副也。用以配褘衣，故記言「夫人副褘立東房」。又以詩「副笄六珈」推之，諸侯夫人揄狄而首服用副，故先儒謂揄狄、闕狄，皆以副配也。編、次，舊説編，列髮爲之，以配鞠衣、展衣；次，次第髮長短爲之，以配褖衣。追，王昭明謂以纚作髻如堆，特牲禮所謂「主婦纚笄，宵衣」；士昏禮「女次純衣，姆亦纚笄，宵衣。女從者畢袗玄，纚笄」，康成云「王后之燕居亦纚笄」是也。衡、笄，皆所以固髮者。長大者爲衡，短小者爲笄。王后之衡、笄，皆以玉爲之。唯祭服有衡，横貫副上兩旁，以紞懸瑱。大夫士之妻用骨角，但士冠禮有「設纚」、「設笄」之文，左傳有「衡紞紘綖」之語，則追、衡、笄三者，男子亦有之。其與婦人異同之制，則不可考耳。其王及后之屨，則天官屨人：「掌王及后之服屨，爲赤舄、黑舄，赤繶、黄繶，青絇，素屨，葛屨。」據注疏，複底曰舄，禪底曰屨。舄、屨有繶有絇有純者，飾也。繶，牙底相接之縫，綴絛於其中。絇謂屨頭以絛爲鼻。純謂以絛爲口緣。士冠禮三冠各有絇繶純，此不言純者，文略也。天子吉服有九，而舄三等，赤、白、黑，冕服有六，皆同。赤舄，詩云「王錫韓侯，玄衮赤舄」，則諸侯與王同。后吉服六，唯祭服有舄。禕衣玄舄，揄狄青舄，闕狄赤舄，鞠衣黄屨，展衣白屨，緣衣黑屨，凡舄屨皆象裳色。案以上王三、后六之説，諸儒皆非之，以爲經文所無，而鄭添之。經言禮服之屨，王用赤舄以象陽，后用黑舄以象陰。赤舄赤繶，陽純故也。黑舄黄繶，陰雜故也。二者同用赤色爲絇。素屨，燕居之屨，無繶絇文采之飾。葛屨，當暑，王后皆用之。説似直捷，其王后以下，有内外命夫婦之命屨、功屨、散屨，蓋命屨亦赤、黑二色，功屨加功飾，散屨不用功飾，皆常御之屨也。其韍與韠，制同而名異。韍一作芾，一作紱，一作韍，音義並同。鄭氏詩箋云：「芾，蔽膝也，以韋爲之。」詩云「赤芾在股」，則芾是當股之衣，故云以蔽膝也。冕服者謂之芾，易云「朱韍方來，利用享祀」，論語云「致美乎黻冕」是也。他服者謂之韠。士冠禮士服皮弁、玄端皆服韠是也。易緯乾鑿度鄭注云：「古者田漁而食，因衣其皮，先知蔽前，後知蔽後。後王易之以布帛，而獨存其蔽前者，重古而不忘本也。」是説黻韠之緣起也。玉藻説玄端之韠云：「韠，君朱，大夫素，士爵韋。」發首言韠而末言韋，明皆以韋爲之。凡韠皆象裳色，言君朱，大夫素，直色別之而已，無他飾也，其黻則有文飾焉。明堂位曰：「有虞氏服黻，夏后氏山，殷火，周龍章。」鄭云：「韍，冕服之韠也。舜始作之，以尊祭服。禹、湯至周，增以畫文，後王彌飾也。山，取其仁可仰也；火，取其明也；龍，取其變化也。天子備焉，諸侯火而下，卿大夫山，士韎韋而已。」是説韍之飾也。玉藻曰：「韠，下廣二尺，上廣一尺，長三尺，其頸五寸，肩革帶博二寸。」鄭云：「頸五寸，亦謂廣也。頸中央，肩兩角，皆上接革帶以繫之，肩與革帶廣同。」是説韠之制也。玉藻：「一命緼韍幽衡，再命赤韍幽衡，三命赤韍葱衡。」韞，赤黄之間色。衡，佩玉之衡。幽讀爲黝，青黑色。葱則青之異色。士冠禮「爵弁韎韐」，韎韐即緼韍，未命稱韎韐，一命稱緼韍，其實一也。是説韍之等差也。帶有大帶，有革帶，皆謂之鞶。大帶合帛爲之，繚於腰者爲鞶，垂於前者爲紳，長三尺。記子游曰：「三分帶下，紳居二焉。」人長八尺，大帶之下四尺五寸，三分之，紳居二，則三尺也。交結之處有紐，以組貫而約之曰結。約組廣三寸，垂其餘，亦三尺，玉藻「紳韠結三齊」是也。大帶廣四寸，大夫以上同之；紳長三尺，士以上同之。則天子諸侯可知也。惟士帶博二寸，有司紳長二尺五寸，降殺之別也。其色，天子素帶，君朱緑，大夫玄華，士緇素，謂不加繢畫，先儒謂白色者，非也。禮書謂：「天子體陽而兼乎下，故朱裏而裨以朱緣。諸侯雖體陽而不兼乎上，故飾以朱緑而不朱裏。大夫體陰而有文，故飾以玄華。士則體陰而已，故飾以緇也。」凡帶有率，無箴功。率，繂也，謂縫合之也。箴功，謂刺繡也。「天子終辟」，注謂辟爲裨，禮書釋爲辟積，皆未確。陳氏澔訓爲緣者，近是。終辟，則竟帶之身緣之。大夫辟垂，士練帶辟下，以辟緣之長短爲等差也。束帶之法，下毋厭髀，上無厭脅，當無骨者，先革帶，後加大帶。革帶以繫佩，而笏搢於二帶之間。革帶博二寸，有鉤牒，無紳，是朝祭所同也。佩用玉，天子以白，公侯以山玄，大夫以水蒼，世子以瑜，士以瓀玟。白玉，玉之最上者。山玄似山之玄，水蒼似水之蒼，皆言其文相似。瑜亦美玉，瓀玟則近石矣。是玉貴賤之等也。其佩之制，上有雙衡，下有雙璜，中有衝牙，間以琚瑀，貫之以組綬。衡亦名珩，似磬而小，兩端繫組，組半懸琚，組末有璜，璜形如半璧，衡之中組半懸一玉名瑀，末懸衝牙，組皆間以蠙珠。又以二組交貫於瑀而繫於璜，上屬於衡以維之。動則衝牙前後觸璜而聲出焉，其聲則右中徵、角，左中宫、羽。徵、角，陽也，爲事，爲民。宫、羽，陰也，爲君，爲物。右陰佩而取陽，左陽佩而取陰，動静互根也。趨以采齊，行以肆夏，比於樂而養其和也。周旋中規，折還中矩，比於禮而著其節也。其綬之色，天子玄，公侯朱，大夫純，世子綦，士緼，以純雜分尊卑也。綬以名璲，以其貫瑞玉也。亦名綖，以其相迎受也。古者君子比德於玉，是以天子、公、侯、大夫、士皆有佩玉，尚德也，故曰德佩。至於君在與齋則結佩，喪則去佩，或避尊，或專志，或申哀，是又佩之變禮也。經傳服飾之制，信齋楊氏最爲詳核，考正注疏先儒之誤，大端有六，如大裘加衮，一也；祭地不服大裘，二也；天子衮冕周十二章，三也；旒玉之數天子皆十二，四也；爵弁及韋弁與冕不同，五也；玄端非朝服，六也。今載此圖以備考，而楊氏所未及者并附著於後，以俟論禮者質焉。

右服飾總

五禮通考卷七十

吉禮七十

宗廟制度

虞廟享之樂

禮記明堂位：土鼓，蕢桴，葦籥，伊耆氏之樂也。注：蕢當爲凷。籥如笛，三孔。伊耆氏，古天子有天下之號也。今有姓伊耆氏者。疏：説者以伊耆氏爲神農。

禮運：蕢桴而土鼓，猶若可以致其敬于鬼神。注：凷，堛也，謂摶土爲桴也。土鼓，築土爲鼓也。

蕙田案：此上古享祭之樂。

書益稷：夔曰：「戛擊鳴球，搏拊琴瑟以詠。祖考來格。虞賓在位，群后德讓。下管鼗鼓，合止柷敔，笙鏞以間，鳥獸蹌蹌。簫韶九成，鳳凰來儀。」傳：此舜廟堂之樂，故以祖考來至明之。丹朱爲王者後，故稱賓。言與諸侯助祭，班爵同，推先有德。下管，堂下樂也。上下合止樂，各有柷敔，明球、弦、鐘、籥，各自互見。鏞，大鐘。間，迭也。吹笙擊鐘，鳥獸化德，相率而舞，蹌蹌然。韶，舜樂名。言簫，見細器之備。鳳凰，靈鳥也。儀，有容儀。備樂九奏而致鳳凰〔一〕，則餘鳥獸不待九而率舞。　疏：戛擊是作用之名，非樂器也，故以「戛擊」爲柷敔。樂之初，擊柷以作之；樂之將末，戛敔以止之，故云「所以作止樂」雙解之。搏拊形如鼓，以韋爲之，實之以糠，擊之以節樂。鳴球，謂擊球使鳴。商頌云「依我磬聲」，鄭玄云：「磬，懸也，而以合堂上之樂。玉磬和，尊之也。」此「舜廟堂之樂」，謂廟内堂上之樂。言「祖考來格」，知在廟内，下云「下管」，知此在堂上也。此經文次，以柷敔是樂之始終，故先言戛擊。其球與搏拊琴瑟，皆當彈擊，故使鳴冠于球上，使下共蒙之也。鄭玄以「戛擊鳴球三者，皆總下樂，擽擊此四器也」，樂器唯柷敔當擽耳，鄭言非也。經言下管，知是堂下樂也。敔當戛之，柷當擊之，上言戛擊，此言柷敔，其事是一，故云「上下合止樂，各有柷敔也」。言堂下堂上合樂各以柷，止樂各以敔也。上言作用，此言器名，兩相備也。上下皆有柷敔，兩見其文，明球、弦、鐘、籥，上下樂器不同，各自更

〔一〕「致」，原作「鼓」，據光緒本、尚書正義卷五改。

互見也。弦謂琴瑟。鐘，鏞也。籥，管也。琴瑟在堂，鐘鏞在庭，上下之器各別，不得兩見其名，各自更互見之。依大射禮鐘磬在庭，今鳴球于廟堂之上者，案郊特牲云「歌者在上」，貴人聲也。左傳云「歌鐘二肆」，則堂上有鐘明矣。磬亦在堂上，故漢、魏以來登歌皆有鐘磬。燕禮、大射堂上無鐘磬者，諸侯樂不備也。間，代也。孫炎曰：「間厠之代也。」釋言云：「遞，迭也。」李巡曰：「遞者，更迭間厠相代之義。」故間爲迭也。吹笙擊鐘，更迭而作，鳥獸化德，相率而舞，蹌蹌然。下云「百獸率舞」，知此「蹌蹌然」亦是舞也。韶是舜樂，經傳多矣，但餘文不言簫。簫乃樂器，非樂名，簫是器之小者。言「簫，見細器之備」，謂作樂之時大小之器皆備也。「成」謂樂曲成也。鄭云：「成猶終也。」每曲一終，必變更奏，故經言「九成」，傳言「九奏」，周禮謂之「九變」，其實一也。樂之作也，依上下遞奏間合而後曲成，神物之來，上下共致，非堂上堂下別有所感。以祖考尊神，配堂上之樂；鳥獸賤物，故配堂下之樂。總上下之樂，言九成致鳳。尊異靈瑞，故別言耳。非堂上之樂獨致神來，堂下之樂偏令獸舞也。

蔡傳：戞擊，考擊也。鳴球，玉磬名也。搏，至；拊，循也。樂之始作，升歌于堂上，則堂上之樂惟取其聲之輕清者，與人聲相比，故曰「以詠」。蓋戞擊鳴球，搏拊琴瑟，以合詠歌之聲也。下，堂下之樂也。管，猶周禮所謂「陰竹之管」、「孤竹之管」、「孫竹之管」也。鏞，大鐘也。葉氏曰：「鐘與笙相應者曰笙鐘，與歌相應者曰頌鐘。頌，或謂之鏞。詩『賁鼓維鏞』是也。」頌鐘，即鏞鐘也。上言「以詠」，此言

「以間」，相對而言，蓋與詠歌遞奏也。簫，古文作「箾」，舞者所執之物。説文云：「樂名箾韶者，季札觀周樂，見舞箾韶。」蓋舜樂之總名也。今文作「簫」，故先儒以簫管釋之。九成者，樂之九成也。功以九叙，故樂以九成。戛擊鳴球，搏拊琴瑟以詠，堂上之樂也。下管鼗鼓，合止柷敔，笙鏞以間，堂下之樂也。或曰：「笙之形如鳥翼，鏞之虡爲獸形，故于笙鏞以間，言鳥獸蹌蹌。」風俗通曰：「舜作簫笙以象鳳，蓋因其形聲之似，以狀其聲之和，豈真有鳥獸鳳凰而蹌蹌來儀者乎？」曰：是未知聲樂感通之妙也。瓠巴鼓瑟而游魚出聽，伯牙鼓琴而六馬仰秣。聲之致祥召物，見于傳者多矣。況舜之德，致和于上；夔之樂，召和于下。其格神，舞鳥獸，豈足疑哉？今案季札觀周樂，見舞韶箾者，曰：「德至矣，大矣！如天之無不覆，如地之無不載。雖甚盛德，蔑以加矣。」夫韶樂之奏，幽而感神，則祖考來格；明而感人，則群后德讓；微而感物，則鳳儀獸舞。原其所以感召如此者，皆由舜之德，如天地之無不覆燾也。其樂之傳，歷千餘載，孔子聞之于齊，尚且三月不知肉味，曰「不圖爲樂之至于斯」，則當時感召，從可知矣。

蕙田案：孔傳訓戛擊爲柷敔，謂堂上堂下各有柷敔以止作樂，此恐未是。不如從蔡傳訓「考擊」爲長。鏞，大鐘，孔疏說是，蔡傳謂頌鐘即鏞鐘，非也。頌鐘亦編擊之，設于西方者，非大鐘也。

林氏之奇曰：享禮曰升歌清廟，示德也；下管象、武，示事也。燕禮曰升歌鹿鳴，下管新宮，蓋堂上之樂以歌爲主，堂下之樂以管爲主，其實相合以成。

陳氏櫟曰：郊特牲曰：「歌者在上，匏竹在下，貴人聲也。」即此說以證此章，與儀禮皆無不合。古文簡質，下之一字別管鼗鼓爲堂下之樂，顯見鳴球琴瑟爲堂上之樂矣。奏石絲以詠歌之時，則堂下之樂不作；奏匏竹等衆樂之時，則堂上之樂不作。以今奏樂例之，亦如此耳。

李氏光地曰：戛擊搏拊，古注皆以爲樂器之名。惟沈括以屬于鳴球琴瑟而爲作樂之義，于理爲優。據儀禮，作樂凡四節，升歌一也，笙入二也，間歌三也，合樂四也。蓋堂上之樂，工鼓琴瑟；而歌堂下之樂，或主笙，或主管，各以所宜，故曰歌者在上，匏竹在下。匏竹即笙管之謂也。上下迭作，則謂之間；上下並作，則謂之合。準此以求，則戛擊鳴球，搏拊琴瑟以詠，升歌之樂也。下管鼗鼓，合止柷敔，下管之樂也。笙鏞以間，間歌之樂也。簫韶九成，合作之樂也。蓋鐘與笙相應者曰笙鐘，與歌相應者曰鏞鐘。今曰笙鏞以間，則爲歌笙迭作明矣。合樂之時則舞入，故春秋傳曰「見舞韶箾者」。然則簫韶九成之爲合樂，又明矣。此舜享于宗廟之樂也。

蕙田案：廟享之樂，始見于虞書，其次第節奏，惟儀禮可考而知也。陳氏、李氏説最爲明晰，可爲論廟樂之準則矣。

觀承案：笙鏞以間，乃間歌之樂也。鐘之與笙相應者曰笙鐘，與歌相應者曰鏞鐘。今曰笙鏞以間，明是歌吹迭作，故堂上之歌與堂下之笙相間，則鏞鐘即是頌鐘，乃編懸之鐘，而非大鐘矣。蓋頌與鏞，古字通也，似仍以蔡傳説爲是。

右虞廟享之樂

夏廟享之樂

禮記郊特牲：饗、禘有樂，而食、嘗無樂，陰陽之義也。凡飲，養陽氣也。凡食，養陰氣也。故春禘而秋嘗，春饗孤子，秋食耆老，其義一也。而食、嘗無樂。飲，養陽氣也，故有樂。食，養陰氣也，故無聲。凡聲，陽也。注：其義一也，亦義同，而或用樂，或不用樂也。此「禘」當爲「禴」，字之誤也。王制曰：「春禴秋嘗。」疏：此一節論享、禘、食、嘗有樂無樂之異。享謂春享孤子，禘謂春祭宗廟，以其在陽時，故有樂。食謂秋食耆老，嘗謂秋嘗宗廟，以其在陰時，故無樂。

無樂爲陰，有樂爲陽，此陰陽之義也。享、禘在春爲陽，食、嘗在秋爲陰。禘之與嘗，同是追慕；享之與食，同是賞功；其事無殊，故云一也。「而食、嘗無樂」，結之也。不言享、禘，略可知也。依禮，三代無春禘之文，周則春曰祠，王制夏、殷之禮云「春曰礿」，今云「春曰禘」，故知「禘當爲礿」。此經所論，謂夏、殷禮也。舉春見夏、舉秋見冬。若周則四時祭皆有樂，故祭統云：「內祭則大嘗禘，升歌清廟，下管象。」是秋嘗有樂也。案王制：夏后氏養老以享禮，則夏家養老用春時，有樂，無秋食之禮。殷人養老以食禮，而秋時不作樂，無春享之禮。周人脩而兼用之，則周人養老，春夏用享禮，秋冬用食禮，四時皆用樂，故文王世子云：「凡大合樂，必遂養老。」注云：「春合舞，秋合聲。」下云「養老之禮，遂發詠焉，登歌清廟」，是秋時養老亦用樂也。

陳氏禮書：冕而總干，施于食禮，而記稱「食嘗無樂」者，考之于詩，商頌言「顧予蒸嘗」，而有「鼗鼓淵淵，嘒嘒管聲」，小雅言「以往烝嘗」，而有「鐘鼓既戒，鼓鐘送尸」，則嘗有樂矣。樂師享祀諸侯，序其事，令奏鐘鼓；鐘師凡享食奏燕樂；籥師賓客享食，鼓羽籥之舞，則食有樂矣。其曰「食嘗無樂」，非殷、周之制也。

方氏慤曰：重言「而食、嘗無樂」五字，蓋衍文。

周氏諝曰：考于商頌、周官則食、嘗未有不用樂者，豈非夏之制與？

祭義：禘有樂而嘗無樂。疏：春夏陽，似神之來，故祭有樂。秋冬陰，似神之去，故無樂。然周禮四時祭皆有樂，殷則烝嘗之祭亦有樂，故那詩云：「庸鼓有斁，萬舞有奕。」下云「顧予烝嘗」，則殷秋冬亦有樂，義具郊特牲疏。

朱子曰：春陽氣發，人之魂魄亦動，故禘有樂以迎來，如楚辭大招中亦有魂來之語。秋陽氣退去，乃鬼之屈，故嘗不用樂以送往。

蕙田案：郊特牲、祭義並言嘗無樂，郊特牲疏以爲夏、殷禮，而祭義疏則云：「周禮四時祭皆有樂，殷則烝嘗之祭亦有樂，故那詩云『庸鼓有斁，萬舞有奕』，下云『顧予烝嘗，湯孫之將』，則殷秋冬亦有樂。」據此則不得兼殷爲説矣。商頌那疏云：「禮文殘缺，鄭以異于周者，即便推爲夏、殷，未必食、嘗無樂非夏禮也。」説甚破的。今依詩疏及延平周氏説定爲夏制。

白虎通明堂記曰：禹納蠻夷之樂于太廟。

右夏廟享之樂

商廟享之樂

詩商頌那序：那，祀成湯也。微子至于戴公，其間禮樂廢壞。有正考甫者，得商頌十二篇于周之太師，以那爲首。疏：那之詩者，祀成湯之樂歌也。成湯創業垂統，制禮作樂。後世以時祀之。詩人述其功業而作此歌也。

猗與那與，置我鞉鼓。奏鼓簡簡，衎我烈祖。湯孫奏假，綏我思成。鞉鼓淵淵，嘒嘒管聲。既和且平，依我磬聲。於赫湯孫，穆穆厥聲。庸鼓有斁，萬舞有奕。我有嘉客，亦不夷懌。自古在昔，先民有作。温恭朝夕，執事有恪。顧予烝嘗，湯孫之將。傳：猗，歎辭。那，多也。鞉鼓，樂之所成也。夏后氏足鼓，殷人置鼓，周人縣鼓。衎，樂也。烈祖，湯有功烈之祖也。假，大也。嘒嘒然和也。平，正平也。依，倚也。磬，聲之清者也，以象萬物之成。周尚臭，殷尚聲。於赫湯孫，盛矣。湯爲人子孫也。大鐘曰庸。斁斁然盛也。奕奕然閑也。夷，悦也。先王稱之曰在古，古曰在昔，昔曰先民。有作，有所作也。恪，敬也。箋：奏鼓，奏堂下之樂也。以金奏堂下諸縣，其聲和大簡簡然，以樂我功烈之祖成湯。湯孫，太甲。又奏升堂之樂，弦歌之，乃安我以所思而成之。謂神明來格也。磬，玉磬也。堂下諸縣與諸管聲皆和平不相奪倫，又與玉磬之聲相依，亦謂和平也。此樂之美，其聲鐘則斁斁然有次序，其干舞又閑習。其禮儀温温然恭，執事薦饌則又敬也。

朱子集傳：磬，玉磬也。堂上升歌之樂，非石磬也。庸、鏞通。上文言鞉鼓管籥作于堂下，其聲依堂上之玉磬無相奪倫者，至于此，則九獻之後鐘鼓交作，萬舞陳于庭，而祀事畢矣。

陳氏樂書：堂上言「依我磬聲」，則戛擊鳴球、搏拊琴瑟之類舉矣。堂下言「鞉鼓管鏞」，則柷敔笙簫之類舉矣。那祀成湯，詳于樂而略于禮者，以其祖有功而樂象功故也。烈祖祀中宗，言清酤和羹之禮而不及樂者，以其宗有德而禮成德故也。閟宫言「萬舞洋洋」，美其形容之衆大也。此言「萬舞有奕」，美其綴兆之衆大也。由是觀之，萬舞之舞，在商爲大濩，在周爲大武，周官皆以大司樂掌之，其爲衆大可知。先儒謂以武王用萬人定天下，言之過也。

李氏光地曰：鐘有頌鐘，有笙鐘；磬亦有頌磬，有笙磬。庸即頌也，與歌聲相應者也。此庸字亦當包鐘磬，然乃在縣者，與上玉磬别也。以虞、周之樂推之，「庸鼓有斁」，此直言庸以人聲爲重也。虞書云「笙鏞以間」，此爲合樂。蓋未至間歌，則笙鏞未舉；未至合樂，則萬舞未陳。而上管聲磬聲之相依者則渾升歌，下管而言之實則兩段也。

烈祖序：烈祖，祀中宗也。箋：中宗，殷王太戊，湯之玄孫也。疏：烈祖詩者，祀中宗之樂歌也。謂中宗既崩之後，子孫祀之。詩人述中宗之德，陳其祭時之事而作此歌焉。

嗟嗟烈祖，有秩斯祜，申錫無疆，及爾斯所。既載清酤，賚我思成。亦有和羹，既戒既平。鬷假無言，時靡有爭。綏我眉壽，黄耇無疆。約軝錯衡，八鸞鶬鶬。以假以享，我受命溥將。自天降康，豐年穰穰。來假來饗，降福無疆。顧予烝嘗，湯孫之將。

朱子集傳：此亦祀成湯之樂。

殷武序：殷武，祀高宗也。疏：殷武詩者，祀高宗之樂歌也。高宗前世，殷道中衰，宫室不修，荆楚背叛。高宗有德，中興殷道，伐荆楚，修宫室，子孫美之。詩人追述其功而歌此詩也。經六章，首章言伐楚之功，二章言責楚之義，三章、四章、五章述其告曉荆楚，末章言其修治寢廟，皆是高宗生存所行，故于祀而言之，以美高宗也。

撻彼殷武，奮伐荆楚。罙入其阻，裒荆之旅。有截其所，湯孫之緒。維女荆楚，居國南鄉。昔有成湯，自彼氐羌，莫敢不來享，莫敢不來王，曰商是常。天命多辟，設都于禹之績。歲事來辟，勿予禍適，稼穡匪解。天命降監，下民有嚴。不僭不濫，不敢怠遑。命于下國，封建厥福。商邑翼翼，四方之極。赫赫厥聲，濯濯厥靈。壽考且寧，以保我後生。陟彼景山，松柏丸丸。是斷是遷，方斲是虔。松桷有梴，旅楹有閑。寢成孔安。

朱子集傳：舊説以此爲祀高宗之樂。此蓋特爲百世不遷之廟，不在三昭三穆之數，既成始祔而祭之之詩也。

禮記郊特牲：殷人尚聲，臭味未成，滌蕩其聲，樂三闋，然後出迎牲。聲音之號，所以詔告于天地之間也。注：滌蕩，猶摇動也。疏：殷不尚氣而尚聲，謂先奏樂也，不言夏，或從虞也。臭味未成，謂未殺牲也。殷尚聲，故未殺牲先摇動樂聲以求神也。闋，止也。奏樂三徧止，乃迎牲入殺。鬼神在天地之間，故用樂之音聲號呼告于天地之間，庶神明聞之，是求陽之義也。

陳氏樂書：凡聲，陽也。商人之祭，先求諸陽而已。商頌那，祀成湯也。樂之所依者磬聲，其名學以瞽宗，則主以樂教，瞽之所宗，皆尚聲之意也。

應氏鏞曰：殷人尊鬼，嚴于求神。樂闋至三而後迎牲滌蕩者，澡除洗雪于塵埃之境，播散發越于虛無之中，使無一毫之隔礙也。聲音之號者，以聲音而號召之，若以言語而詔告之，天地之間虛曠洞達，無不響答也。

右商廟享之樂

周廟享之樂

周禮春官樂師：凡樂，掌其序事，治其樂政。

李氏光地曰：凡祭饗之事也。序事者，陳列之次序。樂政者，作樂之政令。

典庸器：掌藏樂器。及祭祀，則帥其屬而設筍簴。注：設筍簴，視瞭當以縣樂器焉。横者爲筍，從者爲鐻。　疏：「設筍簴，視瞭當以縣樂器焉」，直云設，明是視瞭縣之可知。

陳氏樂書：樂出于虚而寓于器，本于情而見于文。寓于器則器異，異簴。見于文則文同，同筍。古者以梓人爲筍簴，鐘簴，飾以贏屬，磬簴飾以羽屬，器異，異簴故也。鐘磬之筍，皆飾以鱗屬，其文若竹筍，然文同，同筍故也。筍則横之，而設以崇牙，其形高以峻；簴則植之，而設以業，其形直以舉。靈臺詩曰「虡業維樅，賁鼓維鏞」，有瞽詩曰「設業設虡，崇牙樹羽」，明堂位曰「夏后氏之龍簨虡」，由是推之，筍虡之制，非特商、周有之，自夏后氏已然也。鬻子曰：「大禹銘于筍簴，教寡人以道者擊鼓，教以義者擊鐘，教以事者振鐸，語以憂者擊磬，語以訟者揮鞀。」其言雖不經見，彼蓋有所受，亦足考信矣。

小胥：正樂縣之位，王宮縣，諸侯軒縣，卿大夫判縣，士特縣，辨其聲。凡縣鐘磬，半爲堵，全爲肆。

李氏光地曰：樂縣，謂鐘磬之屬縣于筍簴者。宮縣，如宮牆然四面縣也。軒縣，如軒車然三面縣也。判縣，東西縣也。特縣，一面縣也。既正其位，又因而辨其聲也。凡鐘磬，編縣之，二八十六枚而在一簴，謂之堵。鐘一堵、磬一堵謂之肆。此所謂縣者皆肆也。若諸侯之卿大夫半天子之卿大夫，西縣鐘，東縣磬，士亦半天子之士，則縣磬而已，所謂堵也。

眡瞭：掌太師之縣。

李氏光地曰：縣之使得其位。

蕙田案：儀禮大射儀：「樂人宿縣于阼階東，笙磬西面，其南笙鐘，其南鑮，皆南陳。建鼓在阼階西，南鼓；應鼙在其東，南鼓。西階之西，頌磬東面，其南鑮，皆南陳。一建鼓在其南，東鼓，朔鼙在其北。一建鼓在西階之東，南面。簜在建鼓之間，鼗倚于頌磬，西紘。」樂縣之位見于經者如此，廟庭之縣當亦相近。至編鐘、編磬，各案律吕，亦必有位。眡瞭當掌之，而大司樂、大胥復展其聲，而察其合否也。

大胥：比樂官，展樂器。

李氏光地曰：比，校也。展，省也。皆所以待合樂，而爲有事之用也。

大司樂：凡樂事，大祭祀宿縣，遂以聲展之。注：叩聽其聲，具陳次之，以知完否。疏：言宿縣者，皆于前宿預縣之。「遂以聲展之」者，謂相扣使作聲〔一〕，而展省聽之，知其完否善惡也。

〔一〕「聲」上，諸本衍「樂」字，據周禮注疏卷二二删。

鄭氏鍔曰：作樂之時，樂縣之位正于小胥，既掌辨其聲矣，又扣擊其聲而展省之者，欲其知宫商不爽，金石諧和，庶其奏可以格神祇也。

陳氏禮書：樂縣，周官小胥：「王宫縣，諸侯軒縣，卿大夫判縣，士特縣。凡縣鐘磬，半爲堵，全爲肆。」蓋縣鐘十二爲一堵，二堵爲一肆。堵言合，是以爲宫；肆言全，而後可以陳列也。宫縣象宫室，軒縣闕其南，判縣左右之合，特縣于東方，或階間而已。諸侯之卿大夫半天子之卿大夫，諸侯之士半天子之士，則天子之卿大夫判縣，東西各一肆。東西各有鐘磬。諸侯之卿大夫判縣，東西各一堵。東磬西鐘。天子之士特縣，南一肆。諸侯之士特縣，南一堵。有磬無鐘。考之儀禮大射于群臣備三面而已，非軒縣也。先儒以爲宫縣四面，皆鐘、磬、鎛；軒縣三面，亦鐘、磬、鎛。判縣有鐘、磬而無鎛；特縣有磬而無鐘。大射避射位，北方鼓而已，此説是也。然則諸侯非大射，則阼階之建鼓蓋在東，而南陳應，鼙在其北，與朔鼙相應。然則大射阼階北方之鼓，非其常位也，禮器曰「廟堂之下，懸鼓在西，應鼓在東」是也。北齊之制，宫縣各設十二鐘於其辰位，四面設編鐘、編磬各一虡，合二十架，設建鼓於四隅，郊廟會同用之，此或髣髴古制歟？鄉射笙入立於縣中，西面，則東縣磬而已。

鄉飲磬階間縮霤，笙入磬南，則縮縣磬而已。此士特縣之制也。鄉射避射位，故縣在東。鄉飲非避射位，故縣在南。鄉射有卿大夫詢衆庶之事，鄉飲酒乃卿大夫之禮，皆特縣者，以詢衆庶，賓賢能，非爲己也，故皆從士制。燕禮，諸侯之禮，而工止四人，以從大夫之制，其意亦若此歟？鄭康成曰：鐘磬二八在一簴爲一堵。杜預曰：縣鐘十六爲一肆。服虔曰：一縣十九鐘。十二鐘當十二辰，更加七律。後周以鐘磬七正，七倍而縣十四。梁武帝以濁倍三七，而縣二十一。後魏公孫崇以鐘磬正倍參，縣之正聲十二，倍聲十二而縣二十四。隋牛弘據周官鄭之説及樂緯宮爲君，商爲臣，君臣皆尊，各置一枚，故後周十四而縣十六。唐制，分大小二調，以二十四枚爲大調，各有正倍，轉通諸均，天地、宗廟、蜡祭大架用之；十六枚爲小調，正通黄鍾、林鍾二均，釋奠、宗廟等小架用之。至於登歌、燕樂，亦縣十四，或七枚爲一格。宋因前代之制，止用十六枚，以十二枚爲正鐘，四枚爲清鐘。然考之於經，先王之樂以十有二律爲度數，以十有二聲爲之齊量。國語伶州鳩曰：「古者神瞽考中聲而量之以制，度律均鐘，紀之以三，平之以六，成於十二，天之道也。」唐段安節樂府雜録曰：「雅部十二鐘，每架各編鐘十二，各依律吕。」然則州鳩、安節之所述，皆與禮合，是古者凡縣鐘磬不過十二，而旋宫備矣。後世增之以至十四、十六、十九、二十一、二十四，唐兼用之，以二十四爲大調，而其下至於七枚而已，蓋皆惑於清、倍之法然也。或曰：左氏云：「中聲以降，五降之後，不容彈矣。」則降用半律爲清聲矣。國語「武王以夷則之上宫畢陳，以黄鐘之下宫布戎」，則上宫聲高爲清聲矣。以至晉師曠、師延之時，亦有清角、清徵，晉人笛法正聲應黄鐘，下徵應林鐘，則清聲所由來遠矣，特其用多寡不同，故有十三管之和、十九管之巢、三十六簧之竽、二十五絃之瑟，則清聲寓于其中可知矣。後世儒者以漢成帝犍爲郡水濱得古磬十六枚，正始中徐州薛城送玉磬十六枚，於是多宗鄭氏二八之説，用四清聲，以謂夷則、南吕、無射、應鐘四宫管短，則減黄鐘、大吕、太簇、姑洗四管之半以爲清聲而應之，則樂音諧矣。

蕙田案：編鐘十六，鄭氏説是，陳氏未的。詳見後「樂器」門。

又案：以上周廟享宿縣樂器。

周頌清廟序：清廟，祀文王也。周公既成洛邑，朝諸侯，率以祀文王焉。疏：清廟詩者，祀文王之樂歌。後乃用之于樂，以爲常歌也。故禮記每云「升歌清廟」，是其事也。

於穆清廟，肅雝顯相。濟濟多士，秉文之德，對越在天，駿奔走在廟。不顯不承，無射于人斯。

朱子集傳：此周公既成洛邑而朝諸侯，因率之以祀文王之樂歌。書稱「王在新邑，烝祭歲文王騂牛一，武王騂牛一」，實周公攝政之七年，而此其升歌之辭也。書大傳曰：「周公升歌清廟，苟在廟中，嘗見文王者，愀然如復見文王焉。」樂記曰：「清廟之瑟，朱絃而疏越，一倡而三歎，有遺音者矣。」鄭氏曰：「朱絃，練朱絃，練則聲濁。越，瑟底孔也，疏之使聲遲也。倡，發歌句也。三歎，三人從歎之耳。」漢因秦樂，乾豆上，奏登歌，獨上歌不以筦絃亂人聲，欲在位者偏聞之，猶古清廟之歌也。

尚書大傳：古者帝王升歌清廟，大瑟練弦達越，大琴朱弦達越，以韋爲鼓，謂之搏拊，何以也？注：練弦、朱弦，互文也。越，下孔也。凡練弦達越搏拊者，象其德寬和。君子有大人聲，不以鐘鼓竽瑟之聲亂人聲。清廟升歌者，歌先人之功烈德澤也，故欲其清也。其歌之呼也曰「於穆清廟」。「於」者，歎之也。「穆」者，敬之也。「清」者，欲其在位者偏聞之也。故周公升歌文王之功烈德澤，苟在廟中嘗見文王者，愀然如復見文王，故書曰「搏拊琴瑟以詠，祖考來格」，此之謂也。

宗元案：清廟祀文王固是，序又謂周公既成洛邑，朝諸侯，則是東都之廟，而非鎬京矣。烏有周頌開篇不首西都之頌，而反首東都者乎？朱子引書「王在新邑」云云，亦仍其訛。不知東都之文王廟頌自在卷末酌篇，而前儒亦皆誤解之也。今但以證清廟爲升歌之樂而引之，故未暇駁正爾。

禮記樂記：清廟之瑟，朱弦而疏越，一唱而三歎，有遺音者矣。注：清廟，謂作樂歌清廟也。朱弦，練朱弦，練則聲濁。越，瑟底孔也，畫疏之，使聲遲也。倡，發歌句也。三歎，三人從歎之耳。疏：清廟之瑟，謂歌清廟之詩，所彈之瑟也。朱弦，案虞書傳云：「古者帝王升歌清廟之樂，大瑟練弦。」此云朱弦，明練之可知也。不練則體勁而聲清，練則絲熟而弦濁。瑟兩頭有孔，疏通之使兩頭孔相連，孔小則聲急，孔大則聲遲。弦聲既濁，瑟聲又遲，是其質素。初一唱之時，但有三人贊歎之，言歎者少也。雖然有遺餘之音，以其貴在于德，所以有遺音，人念之不忘也。

陳氏樂書：清廟而以朱弦疏越之瑟和之，使人知樂意所尚，非在乎極音者也。且得毋遺音乎？老子所謂「大音希聲」，此也。

朱子曰：一倡三歎，蓋一人倡而三人和也。今解者以爲三歎息，非也。

陸氏佃曰：一倡而三歎，所謂嗟歎之不足，故詠歌之，於是爲至。遺猶忘也，言造其極者，忘其粗也。遺音與味，其於禮樂，可謂真得矣。

輔氏廣曰：三歎，謂聞者歎其有遺音也。有遺音，言弗盡其音也。有遺味，言弗盡其味也。於此有所遺，則於彼有所盡矣。

蕙田案：陸氏、輔氏二説可並存。

大戴禮禮三本篇：清廟之歌，一倡而三歎，縣一磬而尚搏拊，朱弦而通越。

蕙田案：縣一磬者，堂上之玉磬。商頌曰「依我磬聲」是也。其編磬則在堂下。

禮記祭統：聲莫重於升歌，此周道也。

方氏慤曰：經言升歌清廟，清廟者，文王之詩，故重升歌。

大嘗、禘，升歌清廟。注：清廟，頌文王之詩也。

陳氏樂書：清廟，頌文王清明之德，歌于堂上也。

明堂位：升歌清廟。疏：升，升堂也。升樂工于廟堂而歌清廟詩也。清廟以文王有清明之德，祭之于廟而作頌也。

周禮春官大師：大祭祀，帥瞽登歌，令奏擊拊。注：鄭司農云：「登歌，歌者在堂也。『付』字當爲『拊』，書亦或爲『拊』。樂或當擊，或當拊。登歌下管，貴人聲也。」玄謂拊形如鼓，以韋爲之，著之以穅。疏：謂凡大祭之時，大師有此一事。言「帥瞽登歌」者，謂下神合樂，皆升歌清廟，故將作樂時，大師帥取瞽人登堂，于西階之東，北面坐，而歌者與瑟以歌詩也。「令奏擊拊」者，拊所以導引歌者，故先擊拊，瞽乃歌也。歌者出聲謂之奏，故云奏也。又曰鄭云「樂或當擊，或當拊」者，先鄭之意，擊拊謂若尚書云「擊石拊石」，皆是作用之名，拊非樂器。後鄭不從者，此擊拊，謂若下文鼓朄及擊應鼙之類，彼朄鼙是樂器，則知此拊亦樂器也。「玄謂拊形如鼓，以韋爲之，著之以穅」者，此破先鄭拊非樂器，知義如此者，約白虎通引尚書大傳云「拊革，裝之以穅」。今書傳無者，在亡逸中〔一〕。

王氏昭禹曰〔二〕：擊拊，即書云「擊石拊石」，此堂上之樂也。小師云「登歌擊拊」，則擊拊者小師，而大師令奏之。

黄氏度曰：明堂位曰：「拊搏，玉磬，揩擊，大琴，大瑟，中琴，小瑟，四代之樂器也。」是登歌則擊磬戛擊琴瑟，戛擊、搏拊皆擊義，玉磬琴瑟皆有搏拊之名。

小師：大祭祀，登歌，擊拊。注：亦自有拊擊之，佐大師令奏。鄭司農云：「拊者擊石。」

疏：鄭知小師亦自擊拊，不共大師同擊拊者，見大師下管鼓朄，此小師下管別自擊應鼙，不同，明擊拊亦別可知，但小師佐大師耳。引先鄭拊爲擊石者，先鄭上注已解拊與擊同，後鄭不從，今引之在下者，以無正文，引之或得爲一義故也。

胡氏伸曰：拊，革鼓也。樂以登歌爲貴，凡以詠者，舉堂上之樂。

〔一〕「亡」，原作「三」，據光緒本、周禮注疏卷二三改。

〔二〕「王氏昭禹」，原作「王氏禹昭」，據味經窩本、乾隆本、光緒本乙正。

易氏祓曰：登歌則瞽矇，擊拊則小師，大師令其奏而已。

陳氏樂書：拊之爲器，韋表糠裏，狀則類鼓，聲則和柔，倡而不和，非徒鏗鏘而已。書傳謂「以韋爲鼓」，白虎通謂「拊革而糠」是也。其設堂上，書所謂「搏拊」是也。其用升歌，大師所謂「登歌，則令奏擊拊」是也。書謂之「搏拊」，明堂位謂之「拊搏」者，以其或搏或拊，莫適先後故也。既謂之搏拊，又謂之擊拊者，拊之或擊或拊，拊聲大小之辨。書以「擊石拊石」爲磬聲小大之辨，意亦如此。荀卿曰「縣一鐘而尚拊」，大戴禮曰「縣一磬而尚拊」，蓋一鐘一磬，特縣之樂也。拊設於一鐘一磬之東，其爲衆樂之倡可知矣。大祭祀登歌擊拊，固小師之職也，太師則令奏之而已。

李氏光地曰：師瞽登堂而歌，將歌之時，則令奏擊拊乃歌也。大師令奏擊拊，則小師擊拊。擊拊者，或當擊，或當拊。虞書曰「戛擊鳴球，搏拊琴瑟以詠」，政與此合。然其下有「笙鏞以間」，則間歌也。「簫韶九成」，則合樂也。儀禮雖鄉樂亦有升歌、笙入、間歌、合樂之四節，則此大祭祀備四樂可知。然禮不言者，蓋間則歌管之迭作，合則歌管之並興而已，故言登歌下管，足以該之也。

蕙田案：李氏釋擊拊，與尚書蔡傳同，陳氏則一主注疏，似李氏爲是。

禮記禮運：列其琴瑟。注：列其琴瑟者，琴瑟在堂而登歌。書云「搏拊琴瑟以詠」是也。

蕙田案：琴瑟之聲和，朱弦疏越，一唱三歎，貴人聲，使不亂也。

郊特牲：歌者在上，貴人聲也。疏：歌是人聲可貴，故升之在堂上。

馬氏晞孟曰：歌者，聲之發于口。發于口者，其聲精，故歌者在上也。

蕙田案：以上升歌，周廟享堂上之樂。

詩周頌有瞽序：有瞽，始作樂而合乎祖也。疏：大合諸樂而奏之，謂合諸樂器一時奏之，即經所云「鞉磬柷敔」、「簫管」之屬是也。知不合諸異代樂者，以序者序經之所陳，止說周之樂器。言既備乃奏，是諸器備集，然後奏之，無他代之樂，故知非合諸異代樂也。

有瞽有瞽，在周之庭。設業設虡，崇牙樹羽。應田縣鼓，鞉磬柷圉。既備乃奏，簫管備舉。喤喤厥聲，肅雝和鳴，先祖是聽。我客戾止，永觀厥成。傳：業，大板也，所以飾栒爲縣也。捷業如鋸齒，或曰畫之，植者爲虡，衡者爲栒。崇牙上飾卷然，可以縣也。樹羽，置羽也。應，小鞞也。田，大鼓也。縣鼓，周鼓也。鞉，小鼓也。柷，木控也。圉，楬也。箋：瞽，矇也。以爲樂官者，目無所見，於音聲審也。周禮「上瞽四十人，中瞽百人，下瞽百六十人」，有視瞭者相之。又設縣鼓。田當作「朄」。朄，小鼓，在大鼓旁，應鞞之屬也。聲轉字誤，變而作「田」。既備者，懸也，朄也，皆畢已也。

乃奏，謂樂作也。簫，編小竹管，如今賣餳者所吹也。管如篴，併而吹之。　疏：毛以爲，始作大武之樂，合於大廟之時，有此瞽人，其作樂者，皆在周之廟庭矣。既有瞽人，又使人爲之設其橫者之業，又設其植者之虡，其上刻爲崇牙，因樹置五采之羽以爲之飾。既有應之小鼓，又有田之大鼓，其鼓懸之虡業，爲懸鼓也。又有鞉有磬，有柷有圉，皆視瞭設之於庭矣。既備具，乃使鼓人擊而奏之。又有吹者，編竹之簫，併竹之管，已備舉作之，喤喤然和集其聲。此等諸聲，皆恭敬和諧而鳴，不相奪理，先祖之神於是降而聽之。於時我客二王之後，適來至止，與聞此樂，其音感之長，令多其成功。謂感於和樂，遂入善道也。此樂能感人神，爲美之極，故述而歌之。鄭惟應、田俱爲小鼓爲異，餘同。文須如此者，以樂皆瞽人爲之，故先言「有瞽有瞽」，於瞽下言於周之庭，則樂皆在庭矣。周人初改爲懸，故於諸樂先言懸事。於虡業言設，則柷圉以上皆蒙設文。其簫管則執以吹之，非所當設，於「乃奏」之下別言「備舉」。助祭之人蓋應多矣，獨言我客者，以二王之後尊，故特言之也。周禮瞽矇爲大師之屬，職播鞉、柷、圉、簫、管、弦、歌，是瞽爲樂官也。釋器云：「大板爲之業。」是業爲大板也。又解業之所用，所以飾栒爲懸也。懸之橫者爲栒，其上加之以業，所以飾此栒而爲懸設也。其形刻之捷業然如鋸齒，故謂之業。或曰畫之，謂既刻又畫之，以無明文，故爲兩解。業即栒上之板，與栒相配爲一，故通解栒虡之體，植者爲虡，橫者爲栒也。知者，以春官典庸器、冬官梓人及明堂位、檀弓皆言栒虡，而不言業，此及靈臺言虡業，而無栒文，皆與虡相配，栒、業互見，明一事也。名生於體，而謂之爲業，則是其形捷業，宜橫以置懸，故知橫者爲栒。既言業所以飾栒，則與之爲一，據栒定其橫植，而業統名焉，故不言橫曰業也。栒業既橫，虡者自然植矣。釋器云：「木謂之虡。」郭璞云：「懸鐘磬之木，木植者名虡。」虡既用木，則栒亦木爲之也。又知崇牙上飾卷然可以爲懸者，靈臺云：「虡業維樅。」樅即崇牙上飾卷然可以爲懸者也。繫於業而言「維」，明在業上爲之，故與此二文以互言業，不言栒也。虡者立於兩端，栒則橫入於虡。其栒之上，加於大板側著於栒。其上刻爲崇牙，似鋸齒捷業然，故謂之業。牙即業上之齒也，故明堂位云：「夏后氏之龍簨虡，殷之崇牙。」注云：「橫曰簨，飾之以鱗屬。以大板爲之，謂之業。殷又於龍上刻畫之爲重牙，以掛懸紘。」是牙即業之上齒也。以其形卷然，得掛繩於上，故言可以爲懸也。言掛懸紘者，紘謂懸之繩也。「樹羽，置羽」者，置之於栒虡之上角。漢禮器制度云：「爲龍頭及頷口銜璧〔一〕，璧下有旄牛尾。」明堂位於崇牙之下又云「周之璧翣」，注云「周人畫繪爲翣，載以璧，垂五采羽其下，樹翣於簨之角上，飾彌多」，是也。知「應，小鞞」者，釋樂云：「大鼓謂之𡒊，小者謂之應。」是應爲小鼓也。大射禮應鞞在建鼓東，則爲應和。建鼓、應鞞共文，是爲一器，故知「應，小鞞」也。應既爲小，田宜爲大，故云「田，大鼓也」。明堂位云：「夏后氏之足鼓，殷人楹鼓，周人縣鼓。」是周法鼓始在懸，故云「懸鼓，周鼓」。解此詩特言懸意也。若然，大射禮者，是周禮也。其樂用建鼓，建鼓則殷之楹鼓也。而大射用之者，以彼諸侯射禮略於樂，備三面而已，故無懸鼓也。鞉者，春官小師注云「鞉，如鼓而小，持其柄搖之，旁耳還自擊」，是也。「柷，木椌。圉，楬」者，以樂記有椌、楬之文，與此柷、圉爲一，故辨之。言木椌者，明用木爲之。言柷用木，則圉亦用木，以木可知而略之。太師注：「木

〔一〕「口」，原作「曰」，據光緒本、毛詩正義卷一九改。

柷，敔也。」是二器皆用木也。皋陶謨云「合止柷敔」，注云：「柷，狀如漆筩，中有椎。合之者，投椎於其中而撞之。敔，狀如伏虎，背上刻之，所以止鼓，謂之止。」釋樂云：「所以鼓柷謂之止，所以鼓敔謂之籈。」郭璞云：「柷如漆筩，方二尺四寸，深一尺八寸，中有椎，柄連底。挏之，令左右擊。止者，其椎名也。敔如伏虎，背上有二十七鉏鋙，刻以木，長尺擽之，籈者，其名也。」此等形狀，蓋依漢之大予樂而知之〔一〕。其栒簴、圉敔，古今字耳。瞽矇有視瞭者相之，又使此視瞭設懸鼓，因明設業以下，皆視瞭設之，非瞽自設也。春官序於「瞽矇」之下云：「視瞭三百人。」則一瞽一視瞭也。注云：「瞭，目明者也。」其職云：「掌太師之懸。凡樂事相瞽。」注云：「太師當懸則爲之。相謂扶工。」是主相瞽，又設懸也。以經傳皆無田鼓之名，而田與應連文，皆在懸鼓之上，應者應大鼓，則田亦應之類。太師職云：「下管，播樂器，令奏鼓朄。」注云：「爲大鼓先引。」是古有名朄引導鼓，故知田當爲朄，是應鞞之屬也。「簫，編小竹管」者，釋樂云：「大簫謂之言，小者謂之筊。」李巡曰：「大簫聲大者言言也。小者聲揚而小，故言筊。筊，小也。」郭璞曰：「簫大者，編二十三管〔二〕，長尺四寸。小者十六管，長尺二寸，一名籟。」易通卦驗云：「簫長尺四寸。」風俗通云：「簫參差象鳳翼，十管長二尺。」其言管數長短不同，蓋有大小故也。要是編小竹管爲之耳，如今賣餳者所吹，其時賣餳之人吹簫以自表也。史記稱伍子胥鼓腹吹簫，乞食吴市，亦爲自表異也。管如篴，併

〔一〕「大予」，原作「天子」，據味經窩本、乾隆本、光緒本、毛詩正義卷一九改。
〔二〕「二十三」，原作「二十二」，據味經窩本、毛詩正義卷一九改。

而吹之，謂並吹兩管也。小師注云「管如笛，形小，併兩而吹之，今大予樂官有之」，是也。釋樂云：「大管謂之簥。」李巡曰：「聲高大故曰簥。簥，高也。」郭璞曰：「管長尺，圍寸，併漆之，有底。」賈氏以爲如篪，六孔。

蕙田案：春官小師賈疏引廣雅云：「管，象簫，長尺，圍寸，八孔，無底。」八孔者，蓋傳寫誤，當從六孔爲正。此疏引郭璞云：「管長尺，圍寸，併漆之，有底。」案志稱十二管，斷兩竹節間而爲之，則當以無底爲是。

何氏楷曰：傳曰「黃帝使神瞽考中聲」，夏書曰「瞽奏鼓」，禮曰「御瞽幾聲之上下」，詩曰「矇瞍奏公」，國語曰「矇瞍修聲」，則瞽矇之職，自古以固然，非特周也。筍簴，所以架鍾磬；崇牙璧翣，所以飾筍虡。夏后氏飾以龍，而無崇牙；商飾以崇牙，而無璧翣；至周則極文而三者具矣。爾雅云：「大鼓謂之鼖，小者謂之應。」毛傳訓應爲小鞞，孔云：「此大射禮。應，鞞也。」陳祥道云：「大射有朔鼙、應鼙。」詩又以應配䡛，則朔鼙乃䡛鼓也。以其引鼓焉，故曰䡛；以其始鼓焉，故曰朔。是以儀禮有朔無䡛，周禮有䡛無朔，猶儀禮之玄酒，周禮之明水，其寔一也。鄭氏以應與䡛及朔爲三鼓，恐不然也。大射建鼓南鼓，應鼙亦南鼓而居其東；建鼓東鼓，朔鼙亦東鼓而居其北，則鼙與鼓皆建，而鼙常在其左矣。朔作而應應之，朔在西，應在東，則凡樂之奏常先西矣。案周禮大師職云：「大祭祀，帥瞽登歌，令奏擊拊，下管播樂器，令奏鼓𣂼，大饗亦如之。」小師職云：「大祭祀，登歌擊拊，下管擊應鼓徹歌，大饗亦如之。」是則鼓𣂼擊應皆在堂上擊拊之時，而鼓𣂼職於太師，擊應職於小師，則應比𣂼爲賤矣。儀禮應鼙、朔鼙，舊説謂應鼙者，應朔鼙也。朔者，始也。先擊朔鼙，次擊應鼙，擊應繼鼓𣂼而起，亦取其與𣂼相應，故名應耳。陳暘云：「於歌言登，則知管之爲降；於管言下，則知歌之爲上。堂上之樂衆矣，其所待以作者，在乎奏擊拊。堂下之樂衆矣，其所待以作者，在乎奏鼓𣂼。舜之作樂，言拊詠於上，言鼗鼓於下。樂記亦曰『會守拊鼓』，蓋拊爲衆器之父，鼓𣂼爲衆聲之君。以拊爲父，凡樂待此而作者，有子道焉。以鼓𣂼爲君，凡樂待此而作者，有臣道焉。」又云：「堂下之樂，以管爲本，器之尤小者也。應之爲鼓，鞞之尤小者也。」禮器曰：「縣鼓在西，應鼓在東。」作樂及其小者，乃所以爲備也。太師：「大祭祀，擊拊鼓𣂼。」亦此意歟？當堂上擊拊之時，則堂下擊應鼓𣂼以應之，然後播鼗而鼓矣。應施於擊拊，又施於歌徹，其樂之始終歟？縣鼓，毛云「周鼓也」。明堂位云：「夏后氏之足鼓，殷人楹鼓，周人縣鼓。」陳暘云：「昔少昊氏造建鼓，夏后氏加四足，商人貫之以柱，周人懸而擊之。縣鼓本出於建鼓，則縣鼓，大鼓也。應、田、縣鼓，先小後大，所以爲備樂也。」愚案：路鼓、鼖鼓，皆爲大鼓。以周禮考之，則此縣鼓乃路鼓。陳祥道以爲晉鼓，非也。周禮鼓人職云：「以雷鼓鼓神祀，以靈鼓鼓社祭，以路鼓鼓鬼享。」此祭宗廟，故知爲路鼓也。鞉，鄭玄云：「如鼓而小，持其柄摇之，旁耳還自擊。」劉熙云：「鞉，導也，所以導樂作。」亦作鼗。爾雅云：「大鼗謂之麻，小者謂之料。」又作鞀，月令云「修鞀鞞」，先儒謂小鼓，有柄曰鞀，大鞀曰鞞。愚案：此鼗即路鼓也。周禮大司樂職云：「靁鼓、靁鼗，冬日至於地上之圜丘奏之，若樂六變，則天神皆降，可得而禮矣。靈鼓、靈鼗，夏日至於澤上之方丘奏之，若樂八變，則地示皆出，可得而禮矣。路鼓、路鼗，於宗廟之中奏之，若樂九變，則人鬼可得而禮矣。」陳暘云：「鼗於鼓爲小，所以兆奏鼓者也。鼓以節之，鼗以兆之，作樂之道也。鼓則擊而不播，鼗則播而不擊。雷鼓、雷鼗六面，而工十有二，以二人各直一面，左播鼗，右擊鼓故也。靈鼓、靈鼗八面，而工十有六；路鼓、路鼗四面，而工八人，亦若是歟？商頌言『置我鞉鼓』，則鞉與鼓同植，非有播擊之異，與周制差殊矣。蓋鞉，兆奏鼓者也，作堂下之樂，必先鼗鼓者，豈非樂記所謂先鼓以警誡之意歟？」又云：「鞉、鼓二者，以同聲相應，故祀天神以雷鼓、雷鼗，祭地示以靈鼓、靈鞉，享人鬼以路鼓、路鼗。樂記亦以鞉鼓合而爲德音，周官少師亦以鞉鼓并而鼓之也。」磬，頌磬、笙磬也。陳暘云：「大射之儀，樂人宿縣於阼階東，笙磬西面；西階之西，頌磬東面。蓋應笙之磬謂之笙磬，應歌之磬謂之頌磬。笙磬在東而面西，頌磬在西而面東。頌磬歌於西，是南鄉、北鄉，以西方爲上，所以貴人聲也。笙磬吹於東，是以東方爲下，所以賤匏竹也。大射『鼗倚於頌磬，西紘』，頌磬在西而有紘，是編磬在西，而以頌磬名之；特磬在東，而以笙磬名之。」又云：「鼗，堂下之樂也。磬，堂上之樂也。堂下之鼗播，則堂上之磬作矣。故視瞭以播鼗爲先，而擊頌磬、笙磬次之。商頌言『鞉鼓淵淵』，繼之『依我磬聲』，亦是意也。」柷，毛云：「木椌也。」圉通作敔，毛云：「楬也。」陳祥道云：「柷，方二尺四寸，陰也。敔，二十七鉏鋙，陽也。樂作，陽也，以陰數成之；樂止，陰也，以陽數成之，固天地自然之理。」徐光啓云：「柷之制，中虛，蓋聲之所出，以虛爲本也。圉之制，中寔，蓋聲之所止，則歸寔也。」王邦直云：「樂記曰：『聖人作爲椌楬柷敔。』椌楬皆一物而異名，不言柷敔而言椌楬者，柷以中虛爲用而聲出焉，故又謂之椌；敔以伏虎爲形而聲伏焉，故又謂之楬。蓋聲之出也，樂由之合；聲之伏也，樂由之止焉，亦陰陽之義也。」陳暘云：「鞉，所以兆奏鼓，堂下之樂也。磬則上聲而遠聞，堂上之樂也。堂上堂下之樂備奏，其合止有時，制命於柷圉而已。」既備者，鄭云：「縣也，陳也，皆畢已也。」奏者，動作之義，此則指金奏而言。凡樂，必先奏鐘以均諸樂。所謂鐘，即十二律之鐘也。以周禮大司樂考之，「奏黄鍾，歌大吕，舞雲門，以祀天神」云云，此詩言「先祖是聽」，則其所奏可知也。賈公彦云：「奏者，奏擊以出聲，故據鐘而言；歌者，發聲出音，故據聲而説，亦互而通也。」欲作樂，先擊此二者之鐘，以均諸樂，是以鐘師云「以鐘鼓奏九夏」，鄭云：「先擊鐘，次擊鼓。」論語云「始作翕如」，鄭云：「始作謂金奏也。」又案周禮鐘師「掌金奏，凡樂事，以鐘鼓奏九夏」，大司樂職亦云：「凡大祭祀，王出入則令奏王夏，尸出入則令奏肆夏，牲出入則令奏昭夏。」彼所謂奏，雖兼用鐘鼓，而以金爲主，故名金奏。則此詩云「乃奏」，或即指三夏之奏，亦未可知。要之，當據鐘而言也。管以笙言，與商頌「嘒嘒管聲」不同。舉，説文云：「對舉也。」簫管之樂，俱在堂下，備舉而作之，則堂下之器無或遺者矣。上文但述樂器之名而已，此或言奏，或言舉，互相備也。陳暘云：「周官眡瞭『掌凡樂事，播鼗，擊頌磬、笙磬』，小師『掌教鼓、鼗、柷、敔、塤、管、簫』，瞽矇『掌播鼗、柷、敔、塤、簫、管』，是皆先鼗而磬次之，先柷敔而簫、管次之。是詩言鞉、磬、柷、圉，繼之簫、管備舉，固作樂之序也。論備樂而不及舞者，舞所以節八音也，言八音則舞舉矣。『喤喤厥聲』二句，以堂上之樂言，厥聲，人聲，謂登歌也。」

蕙田案：此詩以「有瞽有瞽，在周之庭」説起，則下所陳皆堂下之樂無疑。何氏以奏爲金奏，據鐘言之，其説可通。至訓管爲匏，訓厥聲爲登歌，則不免穿鑿附會。又考升歌時堂下之吹不作，下管時堂上之歌不作，間歌時堂上堂下更迭歌吹，亦不一時並作。何氏謂堂上擊拊時，堂下擊應鼓𣠽以應之，非也。笙磬亦編，見儀禮鄭注。何氏以笙磬爲特磬，亦非也。

朱氏公遷曰：此皆堂下之樂。

周禮春官大師：下管播樂器，令奏鼓𣠽。

李氏光地曰：下，堂下也。堂下之樂，以管爲主，而樂器從之。下管之時，樂器既播，亦令奏鼓𣠽，管乃作也。𣠽，小鼓也。案：虞書曰「下管鼗鼓」，其文正與此合。

小師：下管，擊應鼓。注：應，鼙也。應與朄及朔，皆小鼓也。其所用別未聞。　疏：鄭知應是應鼙，及有朔鼙者，案大射「建鼓在阼階西，南鼓，應鼙在其東」，以是知應是應鼙。彼又云「一建鼓在于西階之西，朔鼙在其北」，是知有朔鼙也。知皆小鼓者，擊鼓者即事之漸，先擊小，後擊大，故大射云：「應鼓在其東，朔鼙在其北，鼙者皆在人右。」鄭彼注云：「便其先擊小，後擊大。」既便其事，是鼙皆小鼓也。云「其所用別未聞」者，此上下祭祀之事，有應，有朄，無朔。大射有朔，有應，無朄。凡言「應」者，應朔鼙，祭祀既有應，明有朔，但無文，不可强定之，故云用別未聞也。

鄭氏鍔曰：及下管則擊應鼓，大師令奏鼓朄，小師則擊應鼓，不鼓朄。蓋朄者所以引鼜鼓，而應則以爲鼜鼓之應也。

王氏昭禹曰：應鼙爲朄鼓之和，朄鼓爲應鼙之引。朄必有應，應必有朄，互相備也。

陳氏樂書：道以無所因爲上，以有所待爲下。管之爲器，有所待而聲發焉，非若歌之出於人聲而無所因者也，故管爲堂下之樂。儀禮曰「下管新宮」是也。堂下之樂，以管爲本，器之至小者也。應之爲鼓，鞞之尤小者也。下管擊應鼓，蓋言稱也。禮器曰：「縣鼓在西，應鼓在東。」詩曰：「應田縣鼓。」爾雅曰：「大鼓謂之鼖，小鼓謂之應。」大祭祀，下管擊應鼓，是作樂及其小者，乃所以爲備也。大師「大祭祀，擊拊鼓朄」，亦此意歟？

禮記禮運：列其管、磬、鐘、鼓。疏：「管磬鐘鼓」，堂下之樂。書云「下管鼗鼓，笙鏞以間」是也。其歌鐘歌磬，亦在堂下。

陳氏樂書：先王作樂，莫不文之以五聲，播之以八音，故列琴瑟於南，列管於東，列磬於西，列鼓於北，所以正其位也。然琴瑟，絲音也，與瓦同於尚宮；管，竹音也，與匏同於利制；鼓，革音也，與木同於一聲；磬，石音也；鐘，金音也。故舉絲以見瓦，舉竹以見匏，舉革以見木，而五聲八音具矣。

蕙田案：疏堂下之説，是也。陳氏南北東西之位，又與白虎通不合。白虎通云：「笙在北方，柷在東北方，鼓在東方，琴在南方，塤在西南方，鐘在西方，磬在北方。」

禮器：廟堂之下，縣鼓在西，應鼓在東。注：犧尊、縣鼓俱在西，禮樂之器尊西也。小鼓謂之應。疏：縣鼓，大鼓也，在西方而縣之。應鼓，謂小鼓也，在東方而縣之。

蕙田案：應鼓，孔疏以爲縣之，則亦是縣鼓矣。周希聖以爲以縣鼓而對應鼓，則應鼓非縣，乃提之者也。云提之亦未是。應鼓、輴鼓、朔鼓皆小鼓，豈皆提之者乎？

祭統：夫大嘗禘，下而管象，朱干玉戚以舞大武，八佾以舞大夏，此天子之樂也。

注：管象，吹管而舞武、象之樂也。朱干，赤盾。戚，斧也。此武、象之舞所執也。佾，猶列也。大夏，禹樂，文舞也，執羽籥。文、武之舞皆八列，互言之耳。

陳氏樂書：清廟，頌文王清明之德，歌于堂上，以示之維清。奏文王象、武之事，管於堂下以示之。大武，武王之樂也，朱干玉戚以舞之，所以象征誅；大夏，姒禹之樂也，八佾以舞之，所以象揖遜。周公之廟得用天子之樂，雖歌舞以之可也。大嘗禘用天子禮樂如此，則郊社可知矣。

陸氏佃曰：言下而管象，則升歌之人下而又管象之。

蕙田案：凡樂，升歌在上，下管在下。堂上堂下，更代迭奏，謂之間歌。堂上堂下，一時並作，謂之合樂。陸氏以爲升歌之人下而又管象，恐不切事理。

明堂位：下管象，朱干玉戚，冕而舞大武〔一〕。皮弁素積，裼而舞大夏。注：象謂周頌武也，以管播之。朱干，赤大盾也。戚，斧也。冕，冠名也。諸公之服，自衮冕而下，如王之服也。大武，周舞也。大夏，夏舞也。疏：下，堂下也。管，匏竹，在堂下，故云「下管」。堂下吹管，以播象、武之詩，故云「下管象」也。案詩：「維清，奏象舞。」，襄二十九年見舞象箾南籥，知非文王之樂。必以爲大武，武王樂者，經云「升歌清廟，下管象」，以父詩在上，子詩在下，故知爲武王樂也。「朱干玉戚」者，赤質玉飾

〔一〕「大武」，諸本作「大舞」，據禮記正義卷二〇改。

斧也。「冕而舞大武」者，王着衮冕，執赤質玉斧而舞武王伐紂之樂也。上云「下管象」，謂吹大武詩，此云「舞大武」，謂大武之舞也。皮弁，三王之服，裼見美也。大夏，夏禹之樂也。王又服皮弁裼而舞夏后氏之樂也。六冕是周制，故用冕而舞周樂；皮弁是三王服，故用皮弁舞夏樂也。周樂是武，武質，故不裼。夏家樂文，文故裼也。若諸侯之祭，各服所祭之冕而舞，祭統冕而總干，以樂王尸，是也。

陸氏佃曰：大享之禮，與宗廟同，故亦升歌清廟，下管象、武，繼之夏籥序興是也。養老之禮，則異於大享，故升清廟，下管象，其舞則大武而已，無夏也。蓋武降大夏一等，文王世子登歌清廟，下管象，舞大武是也。燕禮則有勺而無大武，蓋勺降大武一等，儀禮所謂升歌鹿鳴，下管新宮，遂合舞樂，合樂則勺是也。

郊特牲：匏竹在下。

陳氏禮書：舜之時，堂上有戛擊，堂下有柷敔；堂上有鳴球，堂下有石磬；堂上有搏拊，堂下有鼗鼓也。詩言「設業設簴，崇牙樹羽，應田縣鼓，鞉磬柷圉，簫管備舉」，皆在周之庭。儀禮樂虡皆在兩階之間，此堂下之樂也。商頌曰「鞉鼓淵淵，嘒嘒管聲，既和且平，依我磬聲」，以言堂下之管鼓，依我堂上之磬聲也。詩注：「玉磬也。」觀周書有天球。春秋之時，齊國佐以玉磬賂晉；魯饑，文仲以玉磬告糴于齊。荀卿曰「縣一鐘而尚拊」，大戴禮曰「縣一磬而拊搏」，則自虞至周，堂上皆有玉磬矣。有磬必有鐘，此荀卿所以有一鐘之説也。燕禮、鄉射、大射皆席工于西階上，北面，東上。則堂上之樂，蓋皆西陳而北面也。儀禮工入則瑟先歌後，獻工亦瑟先歌後，而樂正常立于西階東。周禮登歌先擊拊，是樂正居東，歌在瑟西，而瑟又在拊西，其他不可考也。周禮鼓人「以晉鼓鼓金奏」，鎛師「掌金奏之鼓」，鐘師「以鐘鼓奏九夏」，記曰「入門而縣興」，春秋傳曰「入門而金作」，國語曰「金不過以動聲」，又曰「金石以動之」，先儒謂：凡樂，先擊鐘，次擊鼓是也。小胥「下管播樂器，令奏鼓朄」，瞽矇、眂瞭「凡樂事先播鼗」，朄則引大鼓者也；鼗，兆鼓者也。觀眂瞭播鼗，擊頌磬、笙磬，詩言「鞉磬柷圉」，儀禮大射「鼗倚于頌磬，西紘」，言鼗必及磬，設鼗必倚磬之紘，是鐘磬作則鼗作矣。及下管播樂器，而樂具作焉，乃鼓朄以先之，是鼗常在前而朄常在後也。先王賜諸侯樂，則以柷將之；賜子男，則以鼗將之。以鼗不以朄，則鼗先於朄可知矣。鐘磬之應歌者曰頌鐘、頌磬，其應笙者曰笙鐘、笙磬。春秋傳有歌鐘，與頌鐘、頌磬之義同。周禮有鐘笙，笙師：「祭祀享射，共其鐘笙之樂。」與笙鐘、笙磬之意同。先儒謂磬在東曰笙，笙，生也；在西曰頌，頌或作庸，庸，功也，豈其然歟？然頌磬在西，笙磬在東，朔鼙在西，應鼙在東，是堂下之樂貴西也。堂下之樂貴西，堂上之樂上東者，貴西所以禮賓，上東於西階之上，亦以其近賓故也。觀鄉飲酒、鄉射之用樂，皆樂正告備於賓，特燕禮告備于公，以明君臣之分而已，則樂爲賓設，可知矣。

蕙田案：以上下管興舞，周廟享堂下之樂。

周禮春官笙師：凡祭祀，共其鍾笙之樂。注：鍾笙，與鍾聲相應之笙。

黄氏度曰：書曰「笙鏞以閒」，蓋笙與歌間作，歌則以鍾節之，獨出祭祀享射，其他不出鍾笙，鍾從笙也。

眡瞭：凡樂事，播鼗，擊頌磬、笙磬。

李氏光地曰：言凡樂事，於樂作之時則播鼗，而又擊其頌磬、笙磬也。頌即庸也。與歌聲相應者曰頌磬、頌鍾，與笙聲相應者曰笙磬、笙鍾，皆于樂既作而奏之，故虞書曰「下管鼗鼓，笙鏞以閒」也。惟擊磬不擊鍾者，則磬師之屬擊之。

蕙田案：此周廟享間歌之樂。間，代也。堂上一歌，堂下一吹，迭相代也。

儀禮鄉飲、燕禮間歌三終，歌魚麗，笙由庚；歌南有嘉魚，笙崇丘；歌南山有臺，笙由儀是也。儀禮笙入三成，以笙入間歌也，即虞書「笙鏞以間」，凡樂上下皆同。

大司樂：以六律、六同、五聲、八音、六舞大合樂，以致鬼神示。注：大合樂者，謂徧作六代之樂。疏：云「大合樂」者，據薦腥之後，合樂之時用之也。此所合樂，即下云「若樂六變」、「若樂八變」、「若樂九變」之等，彼據祭天下神，此據正祭合樂。若然，合樂在下神後而文退下神在樂後者，以下神用一代樂，此用六代，六代事重，故進之在上。若然，下神不亞合樂而隔分樂之後者，以分樂序之，皆用一代，此三禘下神亦用一代，若不隔分樂，恐其相亂，且使一變二變之等，與分樂所用樂同，故三禘在下也。云「以致鬼神示」者，是據三禘而言。云「以和邦國」以下，亦據三禘之祭，各包此數事，故鄭引虞書以證宗廟云。云「大合樂者，謂徧作六代之樂」者，此經六樂即上六舞，故知徧作六代之樂。言徧作樂，不一時俱爲〔一〕，待一代訖乃更爲，故云徧作也。

蕙田案：以上周廟享合樂。

合樂有二：一則堂上堂下歌瑟及笙並作也，儀禮鄉飲酒禮合樂三終，周南關雎、葛覃、卷耳，召南鵲巢、采蘩、采蘋，孔子所謂「關雎之亂，洋洋盈耳者」是也。一則疏家謂徧作六代之樂。樂記曰「大章，章之也；咸池，備矣；韶，繼也；夏，大也。殷、周之樂備矣」是也。此條大司樂云大合樂，寔兼此二義。

〔一〕「不」，原作「而」，據光緒本、周禮注疏卷二二改。

乃奏夷則，歌小吕，舞大濩，以享先妣。注：夷則，陽聲第五，小吕爲之合。小吕一名中吕。先妣，姜嫄也。姜嫄履大人迹，感神靈而生后稷，是周之先母也。周立廟祀后稷爲始祖，姜嫄無所衵，是以特立廟而祭之，謂之閟宫。閟，神之。疏：祭法不見先妣者，以其七廟外非常，故不言。若祭當與二祧同，亦享嘗乃止。若追享，自然及之矣。閟宫，婦人稱宫，處在幽静，故名廟爲閟宫。

易氏祓曰：濩，養也，言成湯弔伐養天下也。故大濩之樂起于夷則之申，應以小吕之巳，以享先妣。而序于先祖之上，蓋主乎姜嫄而先後與焉。謂子孫之養，皆原于此，亦其類也。

李氏光地曰：周特尊事姜嫄，故妣先于祖，人道陰陽參焉，但以生物終始爲義而已。妣主育養，自巳至申，萬物致養，故用夷則、小吕之合律也。

乃奏無射，歌夾鍾，舞大武，以享先祖。注：無射，陽聲之下也，夾鍾爲之合。夾鍾一名圜鍾。先祖，謂先王、先公。疏：鄭據司服而言。但司服以先王先公服異，故别言。此則先王先公樂合，故合説，以其俱是先祖故也。

易氏祓曰：武功也。言武王偃武而卒其伐功，故大武之樂起于無射之戌，應以夾鍾之卯，以享先祖。而序于先妣之下，蓋主乎后稷而先公與焉。謂王業之大寔基乎此，亦其類也。

李氏光地曰：自卯至戌，萬物形就，故用無射、夾鍾之合律也。六樂用律與舞，皆以尊卑爲次，然于陰陽象各有合者，又如此。

陳氏禮書：太師掌六律六同，以合陰陽之聲。陽聲黄鍾、太蔟、姑洗、蕤賓、夷則、無射，陰聲大吕、應鍾、南吕、函鍾、小吕、夾鍾。蓋日月所會在天而右轉，辰者，日月所會也。謂之辰，則會之時；謂之次，則會之所；謂之宿，以其宿於此；謂之房，以其集於此，其寔一也。斗柄所建在地而左旋。轉旋雖殊，而交錯貿見，如表裏然。故子合于丑，寅合於亥，辰合於酉，午合於未，申合於巳，戌合於卯。故大司樂奏黄鍾，歌大吕，以祀天神；奏太蔟，歌應鍾，以祭地祇；奏姑洗，歌南吕，以祀四望；奏蕤賓，歌函鍾，以祭山川；奏夷則，歌小吕，以享先妣；奏無射，歌夾鍾，以享先祖，皆即其所合者用之也。唐之祭社，下奏太蔟，上歌黄鍾。趙慎言曰：「太蔟，陽也，位在寅。應鍾，陰也，位在亥。故斗建亥則日月會於寅，斗建寅則日月會於亥。是知聖人之制，取合於陰陽，歌奏之儀，用符於交會。今之祭祀，上下歌奏俱是陽律，有乖古法，請改黄鍾爲應鍾均。」此所謂知合聲也。

李氏光地曰：合辰之説，以斗建交會，左右相逢，然天運日行則有歲差，則今不與古合矣。蓋星日有差，而氣候之寒温、晷刻之長短則不差也。故交子月之一日，必與交丑月之一日同。交寅月之一日，必與交亥月之一日同；其餘合辰，無不皆然。古以斗建合朔爲説者，亦謂至此一日則斗柄移宫，而日月遷次，故指此以爲標識焉爾。今既天與歲差，而此説不可用，則當明其意焉可也。

又曰：十二月之合，氣候晷刻相似；十二律之合，則分寸長短懸殊。何也？曰：十二月之合，其氣候晷刻則同矣，然而陰陽之消長進退，豈可同乎哉？律也者，寫陽氣之消長者也，故亥則陽消於外，而寅則陽息於中。蓋相應而相反，雖相反而寔相應者也。故比而合之陰陽之道，乃備發斂之氣，乃和律之有合也，又豈與天地不相似哉？

凡樂，黄鍾爲宫，大吕爲角，太蔟爲徵，應鍾爲羽。路鼓路鼗，陰竹之管，龍門之琴瑟，九德之歌，九磬之舞，于宗廟之中奏之，若樂九變，則人鬼可得而禮矣。注：人鬼則主后稷，先奏是樂以致其神，禮之以玉而祼焉，乃後合樂而祭之。黄鍾生于虚危之氣，虚危爲宗廟。以此爲宫，用聲類求之。凡五聲，宫之所生，濁者爲角，清者爲徵、羽。鄭司農云：「路鼓、路鼗，兩面。九德之歌，春秋傳所謂水、火、金、木、土、穀謂之六府，正德、利用、厚生謂之三事，六府三事謂之九功，九功之德皆可歌也，謂之九歌也。」玄謂路鼓、路鼗四面。陰竹，生于山北者。龍門，山名。九磬，讀當爲「大韶」，字之誤。疏：「先奏是樂以致其神」者，致神則下神也。周之禮，凡祭祀，皆作樂下神，乃薦獻。薦獻訖，乃合樂也。云「禮之以玉而祼焉，乃後合樂而祭之」者，云禮之以玉，據天地；而祼焉，據宗廟，肆獻祼是也。云「黄鍾生于虚危之氣」者，以其黄鍾在子，子上有虚危，故云虚危之氣也。云「虚危爲宗廟」者，案星經，虚危主宗廟，故爲宗廟之宫也。宗廟用九德之歌者，以九德爲政之具，故特異天地之神。宗廟不言時節者，祫祭也。但殷人祫于三時，周禮惟用孟秋之月爲之。

薛氏季宣曰：人道終于北，而本統乎東。北方玄武虚危，有宗廟之象，故享人鬼用亥子丑之律，黄鍾、大吕、應鍾是也。然不可違其本統也。太蔟爲人統，故兼取東方之律，而以太蔟爲徵。

易氏袚曰：享人鬼者以路鼓、路鼗，作之于始，然後以陰竹之管、龍門之琴瑟，間歌于堂上，又以禹九德之歌、舜九磬之舞節樂于堂下，蓋以路爲人道之大。九磬、九德言后稷基于舜、禹之世而奏之于宗廟者，所以象王業之始也。

蕙田案：黄鍾爲宫，大吕爲角，太蔟爲徵，應鍾爲羽，此四調各自爲均，非黄鍾一均兼此四聲。蓋黄鍾爲宫，則黄鍾宫調也，其起調畢曲之律，即以黄鍾。大吕爲角，則大吕角調也，其起調畢曲之律，則以仲吕。太蔟爲徵，則太蔟徵調也，其起調畢曲之律，則以南吕。應鍾爲羽，則應鍾羽調也，其起調畢曲之律，則以夷則。蓋旋宫次序，各以五聲六律求之，則當之者名其調也。鄭氏避之不用之説，非是。樂有登歌，有下管，故郊特牲云：「歌者在上，匏竹在下。」易氏乃謂「以陰竹之管、龍門之琴瑟，間歌于堂上，又以禹九德之歌、舜九磬之舞節樂于堂下」，則是堂上亦有管，堂下亦有歌，豈其然乎？稽之傳記，合以路鼓、路鼗、陰竹之管爲堂下之樂，以龍門之琴瑟爲堂上之樂，堂上堂下更遞迭奏爲間歌，堂上堂下一時並奏爲合樂。九德之歌、九磬之舞，則合樂之事也。

又案：以上周廟享分用之樂。分樂有二：一則以合辰之樂分用之，即上二條享先妣先祖者是也。一則以六代之樂分用之，即此條以九德之歌、九磬之舞於宗廟之中奏之者也。分樂具此二義。

鍾師：掌金奏。凡樂事，以鍾鼓奏九夏。

李氏光地曰：金謂大鍾及鎛，不編者也。鎛比大鍾爲小，比編鍾則大也。金奏擊此鍾鎛，以爲奏樂之節也。鍾師擊鍾鎛，鎛師擊鼓。案杜子春、鄭康成皆以九夏爲詩篇，愚謂言歌又言奏者，則有詩篇，如騶虞、貍首、采蘋、采蘩是也；言奏不言歌者，則但如笙吹之類，而無詩篇，九夏是也。杜、鄭但以春秋傳肆夏、文王、鹿鳴並舉，故斷爲詩頌，然既别言金奏工歌，則二樂固有分矣。

蕙田案：李氏之言是也。金奏鐘鼓交作，既非所以和人聲，若歌奏間作，則又混于間歌，是知金奏有奏而無歌也。

鎛師：掌金奏之鼓〔一〕。注：謂主擊晉鼓，以奏其鐘鎛也。然則擊鎛者亦眡瞭。疏：鎛師不

〔一〕「鼓」，原作「歌」，據光緒本、周禮注疏卷二四改。

自擊鎛，使眡瞭擊之，但擊金奏之鼓耳。鼓人職云：「以晉鼓鼓金奏」，金奏謂奏金。金即鐘鎛，以金爲之，故言金。云「擊鎛者亦眡瞭」者，按眡瞭云「樂作，擊編鐘」〔一〕，不言鎛，鎛與鐘同類，大小異耳。既擊鐘，明亦擊鎛，故云亦眡瞭也。

凡祭祀，鼓其金奏之樂。疏：金奏之樂者，即八音是也，亦以晉鼓鼓之。

王氏與之曰：金，鐘聲也。奏者，所以擊其鐘也。

陳氏樂書：周人名官，多以小見大，故鎛師掌金奏之鼓謂之鎛師，猶守廟祧謂之守祧，典同律謂之典同也。今夫細鈞有鐘無鎛，昭其大也。大鈞無鐘，甚大有鎛，鳴其細也。細鈞，角、徵也，必和之以大，故有鐘無鎛。大鈞，宫、商也，必和之以細，故有鎛。則鎛，小鐘也。晉語、左氏鄭伯嘉納魯之寶鎛，晉人賂魯侯歌鐘二肆及其鎛，韋昭、杜預皆以爲小鐘。言歌鐘及其鎛，則鎛小鐘大可知。鐘師掌金奏，則大鐘也。鎛師掌金奏，則小鐘也。鄭康成曰「鎛如鐘而大」，孫炎、郭璞釋爾雅「大鐘謂之鏞，鏞亦名鑮」，不亦失小大之辨乎？許慎曰：「鎛，錞于之屬〔二〕，所以

〔一〕「擊鎛者亦眡瞭者按」八字，原脱，據光緒本、周禮注疏卷二四補。
〔二〕「錞」，諸本作「鐏」，據樂書卷五一改。

應鐘磬也。」於理或然。鐘師掌金奏之鼓，蓋有金而無鼓，不足以作樂，故鼓人掌六鼓四金之音聲，而晉鼓鼓金奏居一焉。然則鎛師掌金奏之鼓，豈晉鼓歟？

大司樂：王出入則令奏王夏，尸出入則令奏肆夏，牲出入則令奏昭夏。注：三夏，皆樂章名。疏：「王出入」者，據前文大祭祀而言。王出入，謂王將祭祀，初入廟門，及祭訖，出廟門，皆令奏王夏也。尸出入，謂尸初入廟門，及祭祀訖，出廟門，皆令奏肆夏。牲出入者，謂二灌後，王出迎牲及爓肉與體其犬豕，是牲出入皆令奏昭夏。先言王，次言尸，後言牲者，亦祭祀之次也。又曰：此三夏即下文九夏，皆是詩。詩與樂爲篇章，故云樂章名也。

鄭氏鍔曰：説者以肆夏爲時邁，所謂「肆于時夏，允王保之」是也。王夏、昭夏則無所考矣。

王氏詳説曰：九夏之名見于鐘師，此特言三夏，以三夏爲九夏之大。奏九夏者，鐘師也。令鐘師而奏三夏者，大師樂也。自納夏而下，則鐘師自奏矣。

蕙田案：安溪李氏謂金奏無詩篇，當是。注云「樂章」，或是奏而不歌也。

又案：以上周宗廟金奏之樂。

右周廟享之樂